민주사회정책연구원 총서 7

한국의 근대화와 물

홍성태 엮음

한울
아카데미

국립중앙도서관 출판시도서목록(CIP)

한국의 근대화와 물 / 지은이: 홍성태, 이미홍, 이상헌, 오은정,
염형철. -- 파주 : 한울, 2006
    p. ;   cm. -- (민주사회정책연구총서 ; 7) (한울아카데미
; 909)

권말부록으로 "연표로 보는 한국의 근대화와 물", "물 관련 기관
및 단체", "수계와 댐 현황" 수록
색인수록
ISBN   89-460-3643-5 93330

321.33-KDC4
33391-DDC21   CIP2006002669

머리말

1.

근대화는 우리의 삶을 어떻게 바꾸어 놓았는가? 1990년대 중반을 지나며 이 문제에 관한 많은 논의와 연구가 이루어졌다. 여기에는 두 가지 변화가 큰 영향을 미친 것으로 보인다.

하나는 지식사적인 것으로서 1980년대 말과 1990년대 초에 걸쳐 갑작스레 확산되었던 '탈근대' 논쟁이다. 프랑스 탈근대론의 '수입'을 중심으로 전개된 이 논쟁은 식민지적 연구 방식에 관한 비판으로 이어졌다. 그 결과로 이 땅에서 이루어진 근대화의 과정과 결과에 대한 관심이 커졌다.

다른 하나는 사회사적인 것으로서 박정희의 '조국 근대화' 이래로 우리가 이룬 고도성장과 민주화라는 거대한 역사적 변화이다. 사실 '탈근대' 논쟁이나 근대화에 대한 새로운 관심도 고도성장과 민주화에서 비롯된 현상이라고 할 수 있다. 지식사의 바탕에는 사회사가 자리 잡고 있는 것이다.

그런데 식민지적 연구 방식의 지속이라는 문제에도 불구하고 사회의 변화에 대한 관심은 커졌지만, 자연의 변화라는 더욱더 근원적인 변화에 대해서는 관심을 기울이는 사람이 거의 없었다. 이념의 좌우를 떠나서 자연을 사회의 외적 존재로 여기는 19세기적 사고방식의 한계가 이런 식으로 다시금 드러났던 것이다.

2.

이 연구는 여러모로 미흡하기는 하지만 다음과 같은 3가지 이론적 목표를 추구했다. 이 목표들은 이 책을 이루는 이론적 전제라고 할 수 있다.

첫째, 프랑스 탈근대론의 수입과 같은 식민지적 연구 방식을 벗어나서 우리의 근대화를 살펴보고자 하는 것이다. 이름도 생소한 프랑스의 누가 무엇을 얘기했는데 그게 대단한 것이라는 식의 주장은 제 아무리 정교해도 그 자체로는 식민지적 연구 방식을 답습하는 것일 뿐이다. 예컨대 '맑스 왈'을 '알튀세 왈'이나 '푸코 왈', '들뢰즈 왈'로 바꾼다고 해서 문제가 해결되지는 않는다.

둘째, 지식의 변화를 사회의 변화라는 더 근본적인 변화에 비추어 살펴보고, 나아가 사회의 변화를 자연의 변화라는 더욱더 근본적인 변화에 비추어 살펴보는 것이다. 모든 사회의 변화는 자연의 변화를 전제로 하는 동시에 초래하지 않을 수 없다. 이런 점에서 우리의 사회사 연구는 완전히 불구적이었다. 사회의 바탕인 자연의 변화에 대해 어떤 관심도 기울이지 않았을 뿐만 아니라 그런 생각조차 하지 못했던 것이다.

셋째, 생태 위기의 현실이라는 점에서 우리가 처한 상황을 검토하고 위기를 완화할 수 있는 실천적 과제를 검토하는 것이다. 이것은 일제의 식민지 근대화와 그것을 이어받은 박정희의 '조국 근대화'를 비판적으로 검토하고 그 구조적 유산인 '토건국가'를 극복할 수 있는 방안을 실천하는 것으로 이어져야 한다. 이런 점에서 이 책은 한국을 친환경적 국가로 만들고자 하는 미래적 목표를 추구한다.

3.

이 연구의 주제는 한국의 근대화에 따른 물의 변화이다. 여기서 근대화
는 무엇보다 공업화와 민주화에 초점을 맞추고 있다. 이 거대한 역사적
변화가 자연재인 물에 어떤 영향을 미쳤는가, 물과 연관된 문화에 어떤
영향을 미쳤는가, 이런 변화를 가져온 물 정책은 어떤 것이었는가, 이에
맞서서 물 운동은 어떻게 펼쳐졌는가 등이 이 책의 주요 내용이다.

이 연구를 통해 우리는 '금수강산'이 근대화를 거치면서 얼마나 거대하
고 조직적으로 파괴되었는가를 새삼스레 확인할 수 있었다. 이 문제에
대응한다며 여러 정책들이 시행되었다. 예컨대 1998년부터 2005년까지
무려 26조 원이 4대 강 수질개선사업에 투입되었다. 그러나 목표 달성률은
42.3%에 불과했다. 나아가 강변은 말할 것도 없고 각종 농수로와 깊은
산골의 계곡이나 개울까지도 시멘트 직강화로 파괴되고 있다.

이렇게 된 역사적 이유는 명확하다. 자연의 파괴를 당연한 것으로 여기
는 '파괴적 근대화'를 추구했기 때문이다. 더 큰 문제는 이러한 '파괴적
근대화'를 줄기차게 강행하는 거대한 이익집단이 형성되었다는 것이다.
그 결과 대형 댐이나 시멘트 직강화의 문제가 해결되기는커녕 오히려
정책적으로 확대재생산되는 무서운 '토건국가'의 상태에 이르게 되었다.
'경부운하' 구상은 그 극단적 예일 뿐이다.

이른바 '한강 르네상스' 프로젝트가 나름대로 토건국가의 문제를 개선
하고자 하는 노력의 산물이라면, 경부운하 구상은 토건국가 세력의 이익을
위해 토건국가의 문제를 극단화하고자 하는 시도이다. 경부운하 구상은
생태적으로나, 문화적으로나, 그리고 경제적으로도 대단히 큰 문제를 안
고 있다. 이런 구상이 '정치 지도자'에 의해 제기된다는 것 자체가 무모한

토건국가 세력의 위력과 불안한 이 나라의 상태를 잘 보여주는 듯하다.

자연의 보존은 물론이고 구조적 부패의 척결, 예산 배분의 합리화, 복지의 증진을 위해서도 토건국가의 개혁은 초미의 과제이다. '파괴적 근대화'는 후진성의 표상이다. 이제 이런 후진성에 종지부를 찍어야 한다. 경부운하 구상과 같은 후진적 토건국가 프로젝트는 더 이상 제기될 수 없도록 해야 한다. 물이 아름다운 모습을 되찾고 지킬 수 있도록 해야 한다. 그것만이 유일한 '선진화'의 길이다.

4.

이 연구는 2002년도 한국학술진흥재단 기초학문육성지원사업 인문사회분야 일반연구의 지원(KRF-2002-074-BS1516)으로 시작되었다. 이 책의 3장, 4장, 7장은 그 직접적 성과이다. 이 세 편의 글은 한국산업사회학회의 계간 ≪경제와 사회≫를 비롯한 학술진흥재단의 등재 후보지 이상의 학술지에 발표되었다. 이 자리를 빌려 연구를 선정해준 심사위원들과 지원해준 학술진흥재단에 감사의 말씀을 전한다.

이 연구를 한 권의 책으로 마무리하기 위해 네 편의 글을 더 모았다. 먼저 홍성태가 쓴 1장은 도요타재단의 지원을 받아 진행한 다른 연구의 성과물로서 『식민지의 일상: 지배와 균열』(문화과학사, 2006)에 실렸다. 역시 홍성태가 쓴 2장은 이 책을 위해 새로 쓴 것이다. 이미홍이 쓴 5장은 2006년 춘천물포럼에서, 이상헌이 쓴 6장은 공간환경학회의 학술지인 ≪공간과 사회≫에 발표되었다.

보론의 성격으로 이 연구와 관련된 두 편의 글을 더 모았다. 먼저 8장은 '동강댐' 반대운동에 관한 오은정의 석사학위 논문을 줄여서 고친 것이다. 9장은 '물 민주주의' 운동에 참여하고 있는 주요 운동가인 환경운동연합의 염형철 처장이 물 정책의 문제와 개혁 방안에 대해 쓴 것이다. 두

글은 '한국의 근대화와 물'에 관한 이해를 더욱 깊게 하는 데 큰 도움이
될 것이다.

　나는 연구책임자로서 이 연구의 기획과 진행에서 여러 고충을 겪기도
했지만, 또한 여러 연구자와 운동가와 주민들로부터 많은 것을 배우는
소중한 경험을 했다. 이 자리를 빌려 그 모든 분들께 깊은 감사의 말씀을
전하고자 한다.

2006년 9월 2일
월계동에서
엮은이 홍성태

차례

1부 | 한국의 근대화와 물 문화

제1장

식민지 근대화와 물 생활

▎ 근대 상수도의 보급과 일상생활의 변화

홍성태(상지대학교 교수, 사회학)

1. 머리말

근대화와 함께 우리는 온갖 인공물들을 이용해서 살아가게 되었다. 먹고 입고 자는 모든 일상생활에서 우리는 숱한 인공물들을 이용하고 있다. 이렇듯 인공화된 일상을 살다보니 우리는 자연을 그저 단순한 자원이나 안식처로 여기기 쉽게 되었다. 근대적 일상이란 인공화된 일상이며 자연의 중요성을 망각한 일상이다.

그러나 아무리 일상의 인공화가 이루어진다고 해도 우리는 자연을 떠나서 살 수 없다. 우리는 자연 속의 존재이며 자연을 구성하는 한 요소이기 때문이다. 우리의 생명이 영위되는 방식에 대해 조금만 관심을 기울이면 이런 사실을 아주 쉽게 깨달을 수 있다. 가장 좋은 예는 바로 공기와 물이다. 우리는 불과 1~2분만 숨을 쉬지 못해도 죽고 만다. 이런 점에서 이 세상에서 가장 귀한 것은 바로 공기이다. 우리는 이처럼 귀한 공기를 마구 더럽혀왔으며, 그 결과 각종 질병은 물론이요 지구온난화라는 대재앙까지 초래하게 되었다. 또한 우리는 1~2일 정도만 물을 마시지 않아도 죽고 만다. 단식을 할 때에도 물은 마셔야 한다. 이렇듯 귀한 물을 우리는 마구 더럽혀왔다. 그 결과 어디서나 깨끗한 물을 쉽게 마실 수 있었던 이 나라에서조차 오늘날 깨끗한 물은 아주 귀한 자원이 되었다(홍성태, 2004ㄱ).

그런데 우리는 언제부터 지금처럼 편리하게 물을 쓰면서 살게 되었을까? 공기와 물이 모두 우리의 생명을 유지하기 위해 가장 중요한 필수재인 것은 같지만, 둘의 물리적 속성의 차이 때문에 우리가 이용하는 방식은 판이하게 다르다. 공기를 편하게 마시는 데에는 호흡을 하는 것 외에 별 다른 노력이 필요하지 않다.[1] 그러나 물을 마시기 위해서는 많은 노력을 들여야 한다. 예컨대 물지게로 물을 져 날라야 하는 것이다. 오늘날 대부분의 사람들은 수도꼭지를 틀면 맑은 물이 쏟아져 나오는 사회에서 살고 있다. 그러나 수도꼭지에서 맑은 물이 쏟아져 나오기 위해서는 거대한 상수도 생산 및 배급 체계가 작동해야 한다. 우물이나 하천에서 물을 길어다 써야 했던 옛날에 비해 맑은 물을 쓰기 위해 필요한 개인의 노력이 말할 수 없이 크게 줄어들었지만, 사회적으로는 옛날과 비교할 수 없을 정도로 많은 노력과 새로운 기술을 이용해서 비로소 맑은 물을 쉽게 이용할 수 있게 된 것이다.

어쩌면 이러한 물 이용 방식의 변화야말로 근대화의 힘을 모든 사람들

---

[1] 물론 오늘날처럼 공업화로 말미암아 공기가 심하게 오염된 경우는 그렇지 않다. 공기의 오염을 막기 위해 막대한 비용을 들이고 사회적 투쟁을 벌여야 하는 것이다. 1950년대 초에 영국의 런던에서 거의 5,000명에 가까운 사람들의 목숨을 앗아간 스모그 현상은 그 대표적인 예이다. 오늘날 서울은 세계 최악의 미세먼지 오염국가로 손꼽힌다. 수도권에서는 대기오염 때문에 매년 1만 2,000명 정도의 사람들이 '조기 사망'하고 있으며, 2조 원에서 10조 원에 이르는 경제적 피해가 발생하고 있다는 연구 결과도 있다(홍성태, 2004ㄴ).

이 가장 쉽게 이해할 수 있는 변화였는지도 모른다. 그것은 누구도 쓰지 않고 살 수 없는 필수재의 이용 방식이 너무도 편해진 것을 뜻했기 때문이다. 그것은 물 없이 이루어질 수 없는 일상의 근대화를 뜻하는 것이면서, 나아가 근대화의 의미 자체를 모든 사람들에게 쉽게 심어주는 것이기도 했다. 이런 점에서 근대 상수도의 보급은 근대화를 이해하는 데서 큰 의미를 지닌다. 그렇다면 근대 상수도는 어떻게 보급되었고, 사회적으로 어떤 변화를 가져왔을까?

'식민지 근대화'는 논쟁적인 개념이다. '신친일파'의 식민지 근대화론은 조선이 자체적으로 근대화할 가능성은 없었으며, 1960년대 이후의 고도성장은 일제가 이룬 근대화의 연속선에 있다고 주장한다. 이와 달리 이 글에서 식민지 근대화는 일제가 한국의 자주적 근대화를 저지하고 저해한 '기형적 근대화'이자 '파행적 근대화'를 뜻한다(신용하, 2005: 8~9; 허수열, 2005). 여기서 우리가 유념해야 할 것은 근대화가 본래 모순적 과정이라는 사실이다. 그것은 한편에서 인류의 거대한 진보를 이뤘지만, 다른 한편에서 대량 학살과 생태 위기의 문제를 낳았다. 식민지 근대화는 식민지 민족 전체를 하나의 자원으로 전락시켜서 이런 근대화의 모순을 극도로 증폭시킨 근대화의 역사적 양상이다.

이런 전제 위에서 이 글은 일제 시대의 서울이라는 시공간을 무대로 근대 상수도의 보급과 일상의 변화에 초점을 맞춰 식민지 근대화가 조선인의 일상을 어떻게 바꾸었는가에 대해 살펴보고자 한다. 조선인의 일상 중에서도 이 글에서는 특히 물 생활, 곧 물과 관련된 생활의 변화에 대해 살펴보고자 한다.

2. 근대 상수도의 특징

일반적으로 우리는 '상수도'라는 말보다는 '수도'라는 말을 더 많이 쓴다. 요컨대 그냥 '수도'라고 하면 바로 '상수도'를 가리키는 것이다. 그러나 사실 엄밀히 말해서 '수도'는 '하수도'까지 포함하는 더 큰 개념이다. 오늘날 '수도'는 '상수도'만이 아니라 '하수도'와 '중수도'를 포함한다. 여기서 상수는 먹는 물로 사용할 수 있는 깨끗한 물을, 하수는 쓴 뒤의 물을, 중수는 하수를 인공적으로 간단히 정화해 재활용하는 물을 가리킨다.

근대 이전에는 상수와 하수의 구분이 그렇게 중요하지 않았다. 하수는 자연적으로 쉽게 정화되어 다시 상수가 되었기 때문이다. 물이 완전하게 순환되었던 것이다. 사실 이 세상의 물은 한정되어 있다. 그러나 자연에는 상수와 하수가 따로 존재하지 않는다. 물의 완전한 순환이 이루어지는 한, 우리는 유한한 물을 무한한 것처럼 사용할 수 있다. 그러나 근대화는 이러한 물의 순환을 깨뜨렸다. 근대화에 따라 하수는 쉽게 상수가 되지 못하게 되었다. 공업화에 따른 각종 인공적 오염 때문이다. 이제 하수를 상수로 만들기 위해서는 특수한 처리 과정을 거쳐야 하며, 그렇게 하더라도 좀처럼 상수가 되기 어려운 하수도 있다.[2]

물의 이용 방식이라는 면에서 보자면, '수도'가 근대에 들어와서 처음 나타난 것은 아니다. 사실 '수도'는 오랜 옛날부터 만들어졌다. 그중에서 가장 유명한 것은 고대 로마의 '수도'이다. 고대 로마인은 이미 2,000년도 더 전에 몇 백리나 떨어진 곳에서 깨끗한 지하수를 끌어다가 마실 물로 썼다. 그뿐만 아니라 고대 로마인은 인공적으로 정화 처리하지 않은 깨끗한 지하수만을 마실 물로 쓴다는 사상과 문화도 만들어냈다(鯖田豊之, 1996: 26~38). 고대 로마의 수도는 지금도 고대 로마를 대표하는 유적으로

---

2) 이런 점에서 보자면, 가장 훌륭한 하수정책이야말로 가장 훌륭한 상수정책이다. 하수를 돌보지 않는 상수정책이란 근원적으로 미흡한 것일 수밖에 없다.

남아 있으며, 또한 여전히 수도로 사용되고 있기도 하다.

일본도 근대 이전에 이미 대단히 발달된 수도를 만들어서 사용한 나라이다. 가장 좋은 예는 '에도'의 수도이다. 잘 알다시피 에도는 근대 이전의 도쿄를 가리킨다. 이곳은 본래 스미다가와를 비롯한 여러 강들이 흐르는 늪지였으나 도요토미 히데요시가 경쟁자였던 도쿠가와 이에야스를 이곳으로 보내면서 도시로 바뀌게 된다. 이에야스는 강들의 물길을 바꿔서 늪지를 택지로 만들어 도시를 세웠다. 그런데 마실 물은 멀리 떨어진 산에서 깨끗한 물을 끌어오지 않으면 안 되었다. 이렇게 해서 1590년에 최초의 수도가 만들어졌다. 물을 사람들에게 보급하기 위해 에도의 땅속으로 나무로 만든 수도관을 묻고 공동 우물을 설치했다. 이렇게 해서 땅 속에 묻힌 수도관로를 기준으로 길이 놓이고 집들이 들어서서 에도라는 도시가 만들어졌다(榮森康治郎, 1989). 이 수도는 단지 에도의 특성을 잘 보여주는 역사 유적을 넘어서 근대 이전에 일본이 이룬 물질문명의 수준을 잘 보여주는 역사 유적이다.

한국은 근대 이전에 수도를 만들어 사용하지 않았다. 한국에서 물의 이용과 관련해서 가장 대표적인 인공 시설은 지하수를 퍼 올리기 위해 만든 우물이었다. 우물보다 더 흔한 것은 하천의 물을 그대로 이용하는 것이었다. 여기에는 자연지리적 조건이 크게 영향을 미쳤다. '필요는 발명의 어머니'라고 하거니와, 한국에서는 수도를 만들 필요가 없었다. 어디서나 깨끗한 물을 쉽게 구할 수 있었기 때문이다. 물 환경이 대단히 뛰어났던 까닭에 굳이 수도를 만들기 위해 많은 노력을 들일 필요가 없었던 것이다. 거꾸로 말해서 같은 이유 때문에 수도를 만드는 등 물질문명의 발달이 지체되었다고 할 수 있을 것이다.

한국의 수도사는 바로 '근대 수도사'이다. 근대 수도는 전근대 수도와 확연히 구분되는 특징을 가지고 있다. 수도관이나 수도꼭지와 같은 것은 전근대 수도에서도 볼 수 있는 도구들이다. 근대 수도의 특징은 이런 몇몇 도구의 수준을 훨씬 뛰어넘어 관련된 기술 체계 자체의 변화에서 찾아볼 수 있다. 구체적인 기술 요소로 따지자면, 그것은 보통 '여과(濾過) 등의 정수 처리와 주철관 등에 의한 유압 급수의 유무'로 구분된다(山本豪, 1994: 17). 기계와 화학물질을 이용해서 더러운 물을 깨끗하게 공업적으로 생산하고, 그것을 다시 커다란 유압 기계와 주철관을 이용해서 멀리 떨어진 소비지로 보내는 것이다.[3] 이렇게 해서 소비자는 집 가까운 곳이나 바로 자기의 집안에서 깨끗한 물을 언제나 쉽게 쓸 수 있게 된다. 고된 노역을 들여서 집으로 날라야 했던 물이 집안의 수도꼭지만 틀면 언제나 쏟아져 나오는 희한한 세상이 되는 것이다.

근대 상수도의 가장 큰 특징은 이처럼 물의 공업적 생산에서 찾을 수 있다. 이를테면 근대화와 함께 우리가 마시고 쓰는 물도 다른 많은 물품과 마찬가지로 공장에서 기계와 화학물질을 이용해 생산하게 되었다. 우리가 흔히 '정수장'이라고 부르는 곳이 바로 '물 공장'이다. 예컨대 우리나라 최초의 정수장으로 1908년 8월에 준공된 '뚝도수원지 제1정수장'의 처음 이름은 '경성수도양수공장(京城水道揚水工場)'이었다.[4] 여기서 잘 알 수 있

---

3) 다시 말해서 근대 상수도는 화학공학과 기계공학과 유체공학과 토목공학 등이 어우러져서 만들어졌다. 이런 점에서 그것은 근대화의 한 상징이라고 할 수 있다.

4) 1989년 9월 11일 서울특별시유형문화재 제72호로 지정되었다. 1903년 12월 미국인 콜브란(Collbran)과 보스트위크(Bostwick)가 당시 대한제국 정부로부터 상수도 시설에 대한 특허를 받아 1906년 8월 기공해 1908년 8월에 준공한 서울 최초의 상수도 정수시설로 경성수도양수공장이라고 했다.

이 정수장은 자갈과 모래층에 물을 통과시켜 정수하는 완속여과(緩速濾過) 방법을 채택한 곳으로 21.2×35.1m의 여과지 6개소로 이루어진 총 4,433m² 규모였다. 처음 가동을 시작했을 때의 1일 정수용량은 12,500m²였는데 이것은 당시 서울 전체 급수량의 32%에 해당하고 약 16만 5,000명이 사용할 수 있는 양이었다. 송수실은 벽돌과 기와를 사용해 조적식구조(組積式構造)로 지었는데 입구에는 화강암 소재의 아치형 문틀이 있고 좌우 창에는 반원 아치형 창틀이 있는 312.4m² 규모의 근대식 건물로 현재는 수도박물관으로 사용된다. 전시물은 송수펌프·변압기·휠러블럭·응집모터 감속기·이형관·사이표·수력방지기·수도 계량기 등이 있다.

듯이 근대 상수도는 수도꼭지에 그치는 것이 아니라 그 뒤에 자리 잡고 있는 복잡한 기계와 화학물질과 수도관으로 이루어진 거대한 기술 체계를 뜻한다. 이 기술 체계에 비추어 보자면, 수도꼭지는 그야말로 빙산의 일각도 되지 못하는 것이다.

여기서 우리는 근대 상수도의 사회적 측면에 주목해야 한다. 근대 상수도를 이용하는 과정에서 우리 대부분은 수도꼭지 뒤에 자리 잡고 있는 거대한 기술 체계와는 거의 접촉하지 않는다. 그러나 우리는 그 거대한 기술 체계를 믿는다. 누군가가 그 거대한 기술 체계를 제대로 작동해서 우리에게 깨끗한 물을 보내줄 것이라고 믿는 것이다. 이러한 믿음의 바탕에는 공업을 가능하게 하는 과학의 보편성에 대한 믿음이 자리 잡고 있다. 요컨대 공업화의 핵심은 과학화이고, 근대 상수도는 일상의 변화를 통해 누구나 이것을 깨닫도록 하는 계기였다. 이러한 물의 공업화와 과학화를 바탕에 두고 물의 이용 방식에서 크게 3가지 사회적 변화가 이루어졌다.

첫째, '거리화'이다. 근대화 이전에 우리가 쓰는 물은 바로 우리 곁에 있는 것이었다. 그러나 근대화와 함께 물은 저기 어딘가에 있는 것으로 바뀌고 만다. 이로부터 또 다른 변화가 이루어지게 된다. 물이 우리 곁에서 멀어지면서 우리는 물에 대해 잘 모르게 된다. 근대화 이전에 우리는 우리가 쓰는 물에 대해 잘 알았다.[5] 그러나 근대 상수도의 등장과 함께 우리는 우리가 쓰는 물에 대해 잘 모르게 된다. 요컨대 물리적 거리화와 함께 지식의 거리화가 이루어지는 것이다.

둘째, '전문화'이다. 근대 상수도에서는 우리 자신을 대신해서 누군가가

정수장 시설은 지금도 성동구를 포함한 5개 구의 급수를 담당하고 있다(두산세계대백과 EnCyber).

5) 물론 이 경우에 '잘 알았다'는 것은 전통 지식과 지역 지식의 견지에서 그랬다는 것이다. 그것은 과학적 지식이 아니었다. 그러나 물을 전체 자연의 순환 속에서 파악한다는 점에서 환원론에 입각한 현대 자연과학의 문제를 보완할 수 있는 지식이었다.

깨끗한 물을 생산해서 우리에게 보내주게 된다. 그러나 그것은 대단히 복잡한 지식과 기계를 이용하는 과정이기 때문에 아무나 할 수 있는 것은 아니다. 그 '누군가'는 일련의 체계를 통해 필요한 지식과 기술을 습득한 '전문가'이다. 근대 상수도의 보급으로 누구나 물을 쉽게 이용할 수 있게 되었지만, 동시에 물의 생산과 보급은 철저히 전문화된 일이 되어 버린다. '물이 곧 생명'이라는 견지에서 보자면, 우리의 생명을 전문가에게 완전히 맡겨버린 것이다.

셋째, '독점화'이다. 전문가는 물을 단지 전문적으로 다룰 뿐만 아니라 사실상 물의 생산과 보급을 모두 독점한다. 우리는 어떤 물을 어떻게 만들고 있는가에 대해 잘 모른다. 안다고 해도 완전히 알지는 못한다. 근대 상수도의 자원인 원수의 오염이 심해지면서 이러한 독점화에 대한 불안과 불만이 커진다. 그러나 이러한 불안과 불만에 앞서서 물의 생산과 보급에 관한 전문가의 독점 자체를 당연한 것으로 여기는 태도가 널리 조장된다. 이렇듯 물의 생산과 보급을 둘러싸고 관리와 이용의 완전한 분리가 이루어진다.

이런 변화로 미루어 보자면, 근대 상수도는 근대화 자체를 응축하고 있다. 근대 상수도를 통해 우리의 삶은 훨씬 편리해지고 안전해졌다. 그러나 그와 함께 우리의 '무능화'와 물의 파괴라는 새로운 현상이 나타나게 되었다. 그리고 물의 생산과 보급을 독점한 일부 전문가가 정치세력과 강고한 연합체를 형성할 수 있게 되었다. 대형 댐의 건설을 통한 지역의 파괴라는 심각한 사회 문제의 바탕에도 근대 상수도가 자리 잡고 있다. 이런 점에서 근대 상수도는 근대 사회를 넘어서기 위해 극히 중요한 비판의 대상이다.

3. 서울의 상수도

1) 상수도의 건설

우리나라에서 근대 상수도가 가장 먼저 들어선 곳은 바로 서울이다. 물론 배수지와 수도관의 건설을 기준으로 보자면, 1894년에 완공된 부산 대청동 배수지를 최초의 근대 상수도로 꼽을 수 있다(홍성태, 2004ㄱ: 302). 그러나 '정수장'이라는 '생산 시설'을 기준으로 보자면, 1908년에 서울의 뚝섬에 완공된 '경성수도양수공장'으로 비로소 근대 상수도가 완비된 것이다. 그 내력은 다음과 같다.

서울의 상수도는 전차·전기 등을 도입한 미국인 콜브란(H. Collbran)과 보스트위크(H. R. Bostwick) 두 사람의 기획단(企劃團)이 광무 7년(1903) 12월 9일에 고종황제로부터 상수도의 시설·경영에 관한 특허를 받음으로써 시작했다.

그들은 광무(光武) 9년(1905) 8월에 이 특허권을 영국인들이 설립한 코리안 워터 워크사(Korean Water Works Co.)에 양도(讓渡)하지만 다시 그 공사 시행의 도급(都給)을 맡아 광무 10년(1906) 8월 1일에 착공, 융희(隆熙) 2년(1908) 8월에 준공해 급수(給水)를 시작했다. 준공 후는 코리안 워터 워크사가 경영을 맡았으나 1911년 1월에 일본의 삽택재벌(澁澤財閥)이 이를 매수(買收)하고 두 달 남짓 운영하다가 그해 4월 1일 영화(英貨) 28만 5,000 파운드[일화 환산(日貨換算) 280만 6,153엔]로 조선총독부(朝鮮總督府)에 매각(賣却)했다.[6]

---

6) "코리언 워터 워크사의 수도경영권이 오래 가지 못한 것은 일본인 삽택남작(澁澤男 爵)의 끊임없는 매수교섭(買收交涉)이 있었기 때문이다. 이 매수교섭은 한일합병 이전의 을사조약 때부터 있었으나 결정을 보지 못했던 것이다.

콜브란과 보스트위크에 의해서 부설된 서울의 상수도는 한강에서 취수(取水)해 뚝섬[독도(纛島)] 수원지(水源池)에서 침전(沈澱)·여과(濾過)·정수(淨水)한 후, 20인치 강관(鋼管)으로 수원지에서 3,334m 떨어져 있는 대현산(大峴山) 배수지(配水池)까지 송·양수(送揚水)해 여기서도 성내 일원(城內一圓)과 용산에 급수하는 체계를 취한 것이다.

만수면(滿水面)의 높이가 종로 네거리보다 67m 70cm 정도 높은 위치에 있는 대현산 위치에 두 개의 배수지를 설치하고 여기에 9,200여 톤[33만 729입방척(立方尺)]의 물을 저수(貯水)했었다. 당시 한 사람 하루의 최대 소비수량(消費水量)을 4입방척(立方尺)(약 111.3ℓ) 정도를 잡으면 16만 5,000인에 대한 12시간 분의 소요수량(所要水量)을 저장하게 된 것이다. 도수관(導水管)·송수관(送水管)·배수관(配水管) 등의 크기는 구경(口徑) 57.47cm에서부터 작은 것은 구경 5cm짜리까지 총연장 9만 543m의 강관 (鋼管)을 지하에 매설했으니 당시의 공사 규모로 봐서는 엄청난 대공사였음을 알 수 있다[(1912년 말 현재) http://seoul600.visitseoul.net/seoul-history/sidaesa/txt/5-2-6-2.html].

사실 우리나라는 자연지리적 조건이 좋아서 상수도를 만들 필요가 크지 않았다고 한다. 전국 어느 곳에서나 우물이나 하천을 이용해서 충분히

1911년 1월 24일 그동안 계속적인 매수교섭은 마침내 타결을 보아 수도경영권은 삽택남작에게 넘어가게 되었고 수도의 경영은 가칭 삽택 '신디케이트' 명의(名義)로 계속되었다. 1911년 3월 31일 수도경영권은 삽택 '신디케이트'로부터 2개월여 만에 다시 조선총독부로 넘어가게 되었는데 이는 총독부에서 매수했기 때문이다. 수도경영권을 매수한 조선총독부는 그해 4월 1일 그 경영권을 경기도장관에게 위양(委讓) 공공경영(公共經營)을 하게 되었다.

1922년 3월 31일, 수도의 경영권은 경기도로부터 경성부로 위양되었는데 이는 정부가 수도설비 일체를 무상으로 경성부에 양여(讓與)했기 때문이다. 이후 1945년 8월 15일까지 수도의 경영은 경성부 관리하에 이루어졌다(http://seoul600.visit-seoul.net/seoul-history/sidaesa/txt/6-3-5-1-1.html)."

물 생활을 꾸릴 수 있었던 것이다. 그러나 물의 부존량(賦存量)이 많지 않았던 지역이 개항장이 되어 인구가 급격히 늘어나게 되면서 이런 지역을 중심으로 수도에 대한 필요가 커졌다. 또한 콜레라가 만연하면서 수도의 필요성이 커졌는데, 이것도 역시 개항의 한 결과였다. 『서울육백년사』는 이것을 다음과 같이 설명한다.

이 땅의 도시 취락에 상수도 시설이 도입된 것은 개항기(開港期)에 들어와 서의 일이고 두 가지 측면에서 그 필요성이 강하게 인식되었다. 그 하나는 부산·인천·목포 등 개항장(開港場)이 된 신도시들은 물의 부존량(賦存量)이 적어 생활용수가 항상 부족 현상을 일으켰기 때문이었다. 이 땅에 있어서의 전통적 도시 취락들은 서울·평양·대구·전주·충주·상주·광주·경주 등의 예 에서 알 수 있듯이 그 지형상의 이유 때문에 물이 풍부한 곳에 발생하고 성장했는데 비해 부산이나 인천·목포 등지는 그 지형상 원래 자연수(自然水) 가 귀한 지대들이었으며 개항을 요구한 일본이나 구미각국(歐美各國)의 입장 에서는 물을 다른 방법(상수도)으로 확보할 수 있다는 계산에서 출발했었던 것이다. 그러므로 그들 즉 일본인·구미인(歐美人) 등은 거주할 당초부터 상수도 시설을 희구(希求)했으며 개항장에 이주한 정착자가 늘어나면서 우 물물의 절대량이 부족해지자 상수도 시설을 서두르지 않으면 안 될 불가피 한 실정에 놓이게 되었다.

상수도 시설을 촉구한 두 번째의 요인은 콜레라[호열자(虎列刺)]의 만연이 었다. 개항 전 이 땅에는 이질과 장티푸스, 그리고 천연두가 하나의 풍토병 (風土病)처럼 성(盛)했으나 콜레라는 없었다. 콜레라가 들어온 것은 개항 후인 고종 16년(1879년) 6월, 일본을 거쳐 부산에 들어온 것이 처음[7]이며,

---

7) 세계적으로 콜레라는 1817년에 인도의 벵골 지방에서 처음 등장해 유럽으로 퍼졌으 며, 조선에는 1821년에 중국을 통해 처음 전파되어 전국적으로 수십만 명이 죽었다 (이이화, 2004: 95). '호열자(虎列刺)'란 '호랑이가 찢듯이 아프다'는 뜻으로 격심한

그 후 1886년·1889년·1890년·1895년·1900년 전국에 크게 번져 많은 사망자를 냄으로써 여름철마다 닥쳐오는 연중행사의 하나처럼 되었으므로 상수도 시설이 강력하게 요청된 것이다(http://seoul600.visitseoul.net/seoul-history/sidaesa/txt/5-2-6-1.html).

그런데 이런 이유만으로 서울의 상수도의 건설을 설명할 수는 없을 것 같다. 19세기 말의 서울에서도 깨끗한 물을 구하는 것은 이미 중요한 사회적 과제가 되었던 것으로 보인다. 예컨대 『서울육백년사』의 다음과 같은 설명은 이런 사실을 시사한다.

> 엄밀히 따진다면 서울의 상수도는 콜브란·보스트위크에 의한 것보다 몇 년 앞서 시설된 일본인 거류지역(日本人居留地域)의 사설상수도(私設上水道)에서 비롯되었다. 진고개[니현(泥峴)]를 중심으로 오늘날의 을지로 2·3가 퇴계로 2·3가, 남산동 필동 일대의 지역에 집단 거주하던 일본인들도 당초에는 우물을 파서 생활용수(음료수 등)에 사용했다. 그러나 우물물은 냄새가 나고 염분이 많아 음료수로는 부적했다는 것이다. 1903년(광무 7), 즉 콜브란과 보스트위크에 의한 상수도 사업 특허 신청이 한국 정부에 제출되었던 것과 같은 해 2월에 일본인 중 임전(林田)·판본(坂本) 두 사람이 일본인 거류민들에게 전용급수(專用給水)할 목적으로 사설수도(私設水道) 부설허가원(敷設許可願)을 일본 영사관(日本領事館)에 제출했다. 남산의 계곡 다섯 군데를 막아 수원지로 하고 수원지 → 우물 → 여과지(濾過池) → 저수지 → 급·배수의 계통을 취하는 이 사설수도는 "한국 정부의 자체 사업 또는 그 특허에 의해 경성(京城) 전 시역(全市域) 또는 그 일부 지역에 상수도 사업이 실시될 때 아무런 이의(異議)도 제기할 수 없다"는 조건부로 10년 기한으로 특허가 내린다(http://seoul600.visitseoul.net/seoul-history/sidaesa/txt/5-2-6-3.html).

구토와 설사를 유발하는 콜레라의 고통을 잘 보여준다.

"우물물은 냄새가 나고 염분이 많아 음료수로는 부적했다"는 것은 비단 필동 일대의 일본인 거주 지역만의 상황이 아니었을 것이다. 그 무렵 필동 일대는 사실 큰 주거지역이 아니었고, 바로 남산에 이어져서 자연환경이 좋은 곳이었다. 이런 곳의 우물물이 음료수로 부적합했다면, 비슷한 상황에 처한 곳이 아마도 많았을 것이다.[8] 위생의 향상을 추구하기에 앞서서 일상생활을 이어가기 위해서도 19세기 말의 서울에서 근대 상수도의 건설은 이미 시급한 과제였던 것이다.

---

[8] 이 사실은 물장수에 관한 다음의 설명에서도 확인할 수 있다.

"서울에 물장수[수상(水商)]가 생겨난 정확한 연대는 알 수가 없다. 전해 오는 바에 의하면 1800년대 초[순조 연간(純祖年間)], 함경도의 한 고학생이 상경해 맛있는 우물물을 수용가(需用家)에게 배달급수(配達給水)해 그 노임(勞賃)으로 학자금에 충당한 것이 시초이며, 그 후도 주로 함경도의 영세민들이 올라와서 물장수를 업(業)으로 했으며 특히 함남(咸南) 북청군민(北靑郡民)이 가장 많았으므로 '북청물장수'라는 말이 생겨 오늘날까지 전해지고 있다.

그런데 물장수가 하나의 직업이 되자 점차 10~30호 정도씩, 각 물장수마다의 단골 구역이 생기고 각자의 단골 구역을 서로가 침범하지 않는다는 불문율(不文律)이 이루어졌으며 이 급수 구역[수좌 구역(水座區域)이라고도 한다]은 그 구역마다의 노임의 정도에 따라 양도 가격(讓渡價格)이 형성되어 하나의 무형재산권(無形財産權)이 되었다고 한다. 물장수의 수가 늘고 급수 구역이 정해졌으며 일정 구획의 급수권이 매매의 대상이 되자 물장수들의 조합, 즉 수상조합(水商組合)이라는 길드(guild)가 형성되고 급수 구역·매도 가격(賣渡價格) 등을 인준(認准)하게 되었으며 나중에는 부동산 매매 때에 등기문권(登記文券)이 오가는 것처럼 수좌인준증권(水座認准證券)이라는 것을 발급해 급수권 양도이전(讓渡移轉)의 공증서류(公證書類)로 했다는 것이다(이 수좌인준증권은 매매가 되었을 뿐 아니라 전당물(典當物)도 되고 담보로도 사용되었다고 한다. http://seoul600.visitseoul.net/seoul-history/sidaesa/txt/5-2-6-4.html)."

물장수가 이렇듯 어엿한 직업으로 자리 잡고, 수상조합과 수좌인준증권까지 만들어졌다는 것은 서울의 물 사정이 그렇게 좋지 않았다는 것을, 다시 말해서 이미 오래전부터 사실 수도를 만들 필요가 있었다는 것을 반증한다. 오래전부터 수도를 만들 필요는 있었으나 만들지 않았던 것이다. 도로를 개수할 필요가 있었으나 그렇게 하지 않았고, 벽돌이 필요했으나 생산하지 않았던 것과 같다.

2) 식민도시의 실상

19세기 말의 서울은 인구 20만 명 정도의 작은 도시였다. 당시 런던이나 뉴욕의 인구는 이미 수백만 명을 넘었으며, 도쿄의 인구도 100만 명을 넘는 세계적인 메트로폴리스였다(김광중, 2001: 11). 더 중요한 것은 도시의 질적 차원이었다. 서울은 근대 도시의 필수적 하부구조를 전혀 갖추고 있지 못했다.

19세기의 끝 무렵에 서울은 분명 미개하고 낙후된 도시였다. 집들은 대부분 처마가 잇닿아 있었고 그 사이로 사람이 간신히 빠져나갈 정도의 좁은 골목이 구불구불 이어져 있었다. 집들마다 장작을 때느라 낮은 굴뚝 사이로 매캐한 연기가 자욱했으며 드러난 하수도는 골목길을 타고 흘렀고, 변소는 모두 길가로 내어 오물이 골목에 질펀했다(서울시정개발연구원, 2000: 37∼39).

하수도의 미비에서 잘 드러나듯이 19세기 말의 서울은 근대적인 위생조건을 갖추고 있지 않았다(윤철환, 2001: 317). 그런데 19세기 말과 20세기 초에 걸쳐서 서울은 커다란 변화를 겪는다. 550여 년에 걸친 조선 시대 내내 '전형적인 전 산업 시대의 도시'였던 서울은 19세기 말과 20세기 초에 걸쳐서 새로운 근대 도시로 변하기 시작했다. 도로망의 정비를 비롯해서 상하수도와 전기 시설, 교통 체계의 개혁이 이루어졌다(이기석, 2001: 29).

그러나 서울의 근대화는 서울의 식민화이기도 했다. 일본이 주도한 서울의 식민지 근대화를 통해 서울의 역사는 심각하게 훼손되었으며, 또한 서울의 구조는 발달한 일본인 주거지역과 낙후한 한국인 주거지역으로 양분되는 이중도시의 모습을 보이게 되었다(서울시정개발연구원, 2000: 6

8~69).

　전통적인 조선인 거주지와 새로 형성된 일본인 거주지가 공간적으로 분리
되었고, 여기에 전차·전기·수도 등 공적 소비재가 일본인 거주지 위주로
우선 배치되었다. 거주민의 민족 구성에 의해 이원화된 도시 공간은 지배
민족과 피지배 민족이 나뉘어 거주하는 공간이자 일제에 의해 각각 문명과
미개로 규정된 별개의 세계였다(허영란, 1999: 78).

　이런 이중도시의 모습은 상수도의 보급에서도 잘 나타났다. 먼저 1912
년 말에 이루어진 조사에 따르면, 서울의 상수도 급수율은 32.1%로 나타
났다.

　1912년 말 현재의 조사에 의하면 당시 서울의 상수도 사용호수는 1만
8,033호(조선인 1만 13호, 일본인 7,981호, 기타 외국인 39호)로서 총 호수
에 대한 급수율이 32.1%였다고 하며 연간 총송수량(總送水量) 306만 4,000
톤, 일평균송수량(日平均送水量)은 8,394.5톤 정도였다고 한다. 그리고 당시
서울의 총 호수 5만 6,148호 중 상수도 사용 호수는 1만 8,033호로서
32.1%, 정호수(井戸水) 사용 호수가 3만 8호로서 53.4%, 하천수(河川水)
8,107호로서 14.4%를 각각 점했다고 한다(http://seoul600.visitseoul.net/
seoul-history/sidaesa/txt/5-2-6-2.html).

　서울이 본격적으로 근대적 경관을 보이게 된 1920년대에 들어서면
서울은 이중도시의 구조를 확고히 갖추게 된다. 서울은 청계천을 기준으로
크게 한국인 주거지역인 북촌과 일본인 주거지역인 남촌9)으로 나뉘었다.

---

9) "갑신정변 다음 해인 고종22년(1885년) 2월, 일본 공사관이 남산 기슭에 자리
　잡으면서 시작된 이 지역의 일본인 거주는 청일, 러일전쟁을 거치면서 급속히

이에 따라 상수도의 보급도 극히 편파적인 모습을 나타내게 되었다. 우선 서울의 인구 증가 추세를 간단히 살펴보자.

서울의 인구 증가 추세는 1911년 24만 5,020명, 1916년 25만 3,068명, 1921년 26만 1,698명, 1923년 28만 8,260명, 1925년 30만 2,711명으로 1911년에 비해 1925년도에는 약 24% 정도가 더 증가[10]하고 있음을 볼 수 있다. 또한 1929년 3월 말의 서울의 인구를 좀 더 자세히 살펴보면 다음과 같다.[11]

한국인	호수	5만 915호	인구	25만 4,525명
일본인	호수	2만 6,004호	인구	11만 7,018명
중국인	호수	988호	인구	4,928명
외국인	호수	152호	인구	608명

(http://seoul600.visitseoul.net/seoul-history/sidaesa/txt/6-10-4-2.html)

서울의 인구는 19세기 말부터 계속 늘어나기 시작해서 1942년에는 인구 100만을 넘게 된다. 서울로 몰려드는 한국인도 많았지만, 일본인의

확대되었으며, 한일합방 이후에는 충무로, 명동에 이르는 지역이 완전한 일본인 거주지역으로 변모되었다. 특히 1911년에 개설된 황금정 도로는 일본인 거주지를 청계천변까지 확장시키면 본정통과 함께 일본인 거주지의 중심가로로 성장한다" (서울시정개발연구원, 2000: 68). 황금정은 지금의 을지로, 본정은 지금의 충무로를 가리킨다. 일본인 거주지에 관한 좀 더 상세한 연구는 이기석(2001: 40~43)을 참조.

10) 『서울육백년사』에는 '50%'가 증가했다고 되어 있으나 이것은 '잘못'이다. 일제하 서울 시역과 인구의 변화에 대한 좀 더 자세한 연구로는 이기석(2001: 38~40)을 참조.

11) 1913년의 서울 인구는 27만 8,958명으로 한국인은 23만 8,397명, 일본인은 3만 8,397명이었다(서울특별시, 1991: 133).

수도 계속해서 크게 늘었다. 1929년에는 전체 서울 인구의 31%가 일본인이었다. 조선을 일본화하려는 일본의 식민정책에 따라 일본인의 이주가 적극적으로 장려되었고, 그 결과 전국 곳곳에 일본인 주거지역이 만들어졌으며, 서울에 거주하는 일본인의 수도 크게 늘어났던 것이다. 상수도의 보급은 이런 인구 비율에 비해 훨씬 더 편파적인 모습을 보였다.

> 1925년에 급수 구역 내 총 호수는 6만 7,530호이고 그중 한국인이 4만 7,116호, 일본인이 1만 9,442호, 기타 외국인이 972호인데, 그중 급수 호수는 총 32,085호로 보급률은 47.5%에 해당되며, 이를 국적별로 보면 한국인은 29.0%, 일본인은 89.9%, 기타 외국인 99.9%로 되어 있는바, 역시 위생사상의 보급 수준에서 뒤떨어져 있기도 했지만 식민지 통치하의 상황을 감안할 때 부족한 급수량을 공급해야 했으므로 아무래도 한국인에 대한 급수 허가의 우선순위가 일본인이나 기타 외국인에 비해 하위로 쳐졌기 때문일 것이라고 짐작된다(http://seoul600.visitseoul.net/seoul-history/si-daesa/txt/6-3-5-1-4.html).

일제 시대에 서울의 상수도는 4차례에 걸쳐 확장되었다. 1차 확장공사가 끝난 1922년에 서울의 상수도 보급률은 '호수대 40%, 인구대 39%'로 늘어났다. 그러나 민족별로 보면, 그 편차는 너무도 큰 것이었다. 한국인의 급수 호수는 29.0%로 평균에 훨씬 미치지 못했으나, 일본인의 급수 호수는 89.9%로 평균을 훨씬 넘어섰다.

4. 일상의 근대화

1) 근대 상수도의 충격

오늘날 상수도는 거의 모두 단독으로 사용하는 전용급수 방식으로 보급되어 있지만, 사실 오랫동안 주로 두 집 이상의 가구가 함께 쓰는 공용급수 방식으로 보급되었다. 꼭 공공 수도가 아니더라도 마당에 하나의 수도를 놓고 여러 가구가 함께 쓰던 방식을 떠올리면 좋을 것이다. 특히 처음에 서울의 상수도는 거리까지 연결되는 공용급수전에서 필요한 물을 받아가는 방식으로 보급되었다. 거의 우물과 비슷한 방식이었던 것이다. 상수도는 공장에서 거리로, 다시 거리에서 마당으로, 그리고 다시 마당에서 집안으로 옮겨갔던 것이다. 이러한 상수도의 변화 과정은 그대로 일상의 변화로 이어졌다.

물론 모든 사람들의 일상이 이런 변화를 겪었던 것은 아니었다. 계급과 민족의 차이에 따라 상수도의 보급뿐만 아니라 일상의 변화도 차별적으로 이루어졌다. 상수도의 보급에 이어 이루어진 주거 양식의 변화는 이런 사실을 잘 보여준다.

소위 문화주택지라는 곳에 들어서면 빨간 벽돌집이나 시멘트, 석회 벽에 지붕을 올린 이층집들을 볼 수 있었다. 이곳은 지상낙원이라고 불렸으며 현대문화를 향유할 수 있다는 이상적인 주택들이었다. 1930년대에 많이 지어졌던 개량 한옥이 주로 중산층이 살던 가옥 형태였다면 문화주택은 일본인과 조선인 상류층이 살던 집이었다. 이런 집들은 부엌이 실내로 들어오고 화장실과 목욕탕을 갖추고 있어 사람들의 부러움을 샀다. 이에 비해 대다수의 서민들은 과거처럼 초가집에 살거나 판잣집에 살았으며 그보다 더 극심한 빈곤에 시달렸던 사람들은 토막[2]을 지어 살았다(서울시정개발연구원, 2000: 119).

'신친일파'의 주장과 달리 일본 제국주의의 식민지 근대화는 특히 한민족에 대한 전면적 차별을 전제로 이루어진 것이었다. 식민지 근대화는 무엇보다 일본 제국주의의, 일본 제국주의를 위한, 일본 제국주의의 근대화였다. 일본 제국주의는 식민지 근대화를 통해 조선의 자연과 사람을 최대한 착취하고, 민족적 차별을 구조화하고자 했다.[13] 식민지 근대화의 이런 성격은 근대 상수도의 보급은 물론이고 주거 양식의 변화에서도 잘 드러났던 것이다.

일상의 핵심은 반복이다. 그렇기 때문에 일상은 흔히 사소하게 여겨진다. 늘 일어나는 일이기 때문에 귀하게 여겨지지 않는 것이다. 또한 그것은 내적으로 질적 차이가 있기는 해도 누구나 겪어야 하는 일이다. 예컨대 먹고, 싸고, 자는 것을 비롯해서 입고, 걷고, 듣고, 보고, 말하는 활동이 바로 일상의 대부분을 이룬다. 이런 활동은 누구나 늘 하는 것이라서 특별한 관심의 대상이 되기 어렵지만, 바로 이런 활동 때문에 우리의

---

12) 토막은 집이라고 할 수 없는 집이었다. 그것은 흙을 파고 바닥을 만든 뒤에 거적때 기로 바람을 막는 형태였다. 토막촌은 1910년대 말에 형성된 것으로 추정되며, 1940년 말에는 토막민의 수가 3만 6,000명에 이르는 것으로 조사되었다(서울시정 개발연구원, 2000: 103).

13) 1919년의 '3·1운동'을 계기로 조선의 실상을 세계에 널리 알리기 위한 책이 미국에서 발간되었다. 저자인 칼튼 켄달은 일본 제국주의의 악랄한 지배방식을 이렇게 고발했다. "한국의 사회적·지적·도덕적·경제적 생활은 두 계층으로 나뉘어져 있는데 하나는 일본인을 위한 것이고 다른 하나는 한국인을 위한 것이다. 애당초에서부터 국민 사이에는 정치적인 특혜와 차별 대우가 시작되었다. 사회적으로 한국인들은 일본인들의 모욕과 멸시의 대상이 되고 있으며 일본인들은 기회가 있을 때마다 한국인에게 상전 행세를 하고 있으며 모욕을 주고 있다. 한국인들은 자신이 동양 문명의 찌꺼기 조각과 같은 열등 종족에 지나지 않는 존재로 느끼도록 항상 강요를 받았다"(켄달, 1919: 36).

생명이 이어지는 것이다. 이런 점에서 일상은 우리의 생명을 이어가는 가장 고귀한 활동이 아닐 수 없다. 일상의 적분이 바로 우리의 인생이 아니겠는가?

근대화는 이런 일상에도 큰 영향을 미쳤다. 사실 바로 이 점에서 근대화는 비로소 총체적 변화가 된다. 단지 정치나 경제와 같은 영역의 변화에 그치는 것이 아니라 모든 사람의 생활 방식과 사고방식까지도 바꿔놓는 것이 근대화이다. 근대 상수도는 물 생활이라는 가장 기본적인 일상이 이루어지는 방식을 바꾸어 놓았다. 요컨대 '우물에서 수도로'라는 변화는 물 생활의 변화와 물 생활을 둘러싼 인간관계의 변화 등을 가져온 커다란 사회적 변화였던 것이다. 우물은 공동체에서 관리하지만, 근대 상수도는 전문가가 관리한다. 우물은 관리자와 소비자가 일치하지만, 근대 상수도는 관리자와 소비자가 분리되어 있다. 우물은 사람들을 만나게 하지만, 근대 상수도는 사람들을 만나지 못하게 한다.

이렇듯 근대 상수도의 등장은 여러 변화의 물질적 조건이 되었다. 바로 그렇기 때문에 그것은 근대화를 일상에서 체득할 수 있는 대단히 훌륭한 계기였다. 여기에는 물론 서울의 도시 기반 시설이 너무나 보잘것없었다는 사실이 큰 영향을 미치기도 했다.

대한제국 이전 서울에는 도시가 지녀야 할 공공의 시설과 도시적 공간 개념은 존재하지 않았다. 거리는 수챗구멍으로 흘러나온 오수와 쓰레기 냄새로 가득했다. 상하수도, 포장도로, 교통수단 등 변변히 갖춰진 도시 시설이 없었으며 삶에 필요한 모든 것은 개인과 가족이 중심이 되어 조달해야 했다(서울시정개발연구원, 2000: 39).

이런 상황은 1896년부터 빠르게 변하기 시작한다. 마치 1897년 10월 12일에 건국되는 '대한제국'을 준비하기라도 하듯이, 1896년 가을부터

길을 넓히고 포장하고 하수도를 개비(改備)하는 등의 '도로정비사업'이
시작되었던 것이다(서울시정개발연구원, 2000: 12~13).

그러나 이런 변화에도 불구하고 근대 상수도는커녕 수도조차 당시의
조선 사람들에게는 한 번도 생각해 보지 못했던 것이었다. 근대 상수도가
놓이고 거리의 급수전에서 물이 나오는 것을 본 사람들은 '일본인들의
요술'이라고 생각하기도 했다.

> 이즈음 서울에 한강물을 끌어다가 수도를 놓는다고 수통(수도관)을 묻는
> 것을 보고 사람들은 모두 이상하게 생각했다. 철관에서 쏟아지는 물을 보고
> 사람들은 일본인들이 요술을 부린다고 생각하기도 했다. 하지만 수도를
> 처음 놓기 시작한 것은 일본인이 아니었다. 미국인 콜브란이 1903년 고종에
> 게 허가를 받아서 시작한 것이다. 준공된 것은 1908년의 일인데 그 후
> 일본인이 인수했다(서울시정개발연구원, 2000: 44).

1920~1930년대에 다양한 주제로 식민지 조선의 근대화를 기록했던
유광열은 1929년에 쓴 「대경성 회상곡」이라는 글에서 막 근대화의 길에
들어선 1900년대 서울의 모습을 떠올린다. 여기에는 다음과 같이 근대
상수도에 관한 기억도 있다.

> 그해에 수도를 처음 놓는다고 수통을 묻는 것을 보았다. 조선 가정에서는
> 모두 이상하게 알았다. 그 먼 한강물을 시내로 끌어들인다는 것이 곧이들리
> 지 아니했다. 그래서 나는 일기책에 '실오백년래초견지사야(實五百年來初見
> 之事也)'라고 부친이 부르는 대로 써두었다(유광열, 1929; 김진송, 1999:
> 273).

한강물을 시내로 끌어들이는 것이 당시 조선 사람들에게는 믿기 힘든

'실로 오백년 역사에서 처음 보는 일'이었던 것이다. 그 물을 어떻게 '정수'해서 수도관으로 보내는가를 상세히 알았더라면 그 놀라움은 아마도 훨씬 더 커졌을 것이다. 이런 식으로 근대 상수도는 조선 사람들에게 엄청난 놀라움으로 다가갔을 뿐만 아니라 이와 함께 근대화에 관한 구체적인 인상을 심어주었다.

2) 물 생활의 근대화

근대 상수도와 함께 물의 이용 방식에서 나타난 가장 두드러진 변화는 물장수의 몰락이다. 1800년대 초에 나타났을 것으로 추정되는 물장수가 100년의 세월이 흘러 근대 상수도가 나타나면서 역사의 뒤안으로 사라지고 만 것이다. 아마도 이것은 근대 기술의 이용에 따라 대규모 직업이 완전히 사라진 최초의 예일 것이다.[14] 물론 물장수가 자연스럽게 사라진 것은 아니었다. 오히려 조선총독부의 막강한 군사력에 결국 물장수가 굴복하고 말았다고 보는 것이 옳을 것이다. 그 구체적인 내용은 다음과 같다.

융희 2년(1908) 8월에 서울상수도가 준공을 보자 코리안 워터 워크사는 이 전래(傳來)의 물장수들이 실직(失職)함으로써 생기는 혼란에 대비해 시내

---

14) 공업화의 진척에 따라 물 오염이 심화되고, 이에 따라 수돗물을 둘러싼 논란이 격화되었다. 이런 변화의 결과 1990년대 초부터 새로운 물장수가 대거 등장하게 되었다. 이들은 자신들이 파는 물을 '생수'라고 부른다. '살아 있는 물'이라는 뜻이다. 이런 작명의 직접적인 화용론 효과는 '수돗물은 죽은 물'이라는 것이다. 수돗물이 화학적으로 가공처리된 물이라는 점에서 이것은 명백한 사실이기도 하다. 수돗물 때문에 '생수'가 일상용수의 지위를 잃었으나, 다시 '생수'가 수돗물을 제치고 일상용수의 지위를 찾고 있는 것이다. 수돗물의 원수인 지표수의 오염이 너무도 심화되었기 때문이다. 지금의 '생수'는 모두 지하수인데, 지표수의 오염을 방치한다면, 결국 지금의 '생수'도 결국 '죽은 물'이 되고 말 것이다. 수돗물 자체가 '생수'가 될 수 있도록 해야 한다.

에 220전(栓)의 특설공용전(特設共用栓)을 설치하고 수상조합과 계약을 맺어 수상(水商)들이 이 공용전에서 물을 받아 종전대로 각 가호(家戶)에 급수하고 물 사용료를 납부토록 조치했다. 그런데 수상들이 물 사용료를 제때에 납부하지 않고 체납(滯納)하는 사례가 빈번히 일어났다. 이리해 다음해 10월 말부터는 코리안 워터 워크사의 직영(直營)으로 바꾸어버렸다. 즉, 미리 일반 물 수용자(需用者)에게 물표(票)를 팔고(한 짐에 1전씩), 공용 수전(共用水栓)이 있는 현장에 물표를 가지고 오면 회사 직속의 인부(人夫)가 수전(水栓)을 열고 직접 급수해주는 방법을 취한 것이다.

이렇게 하자 수상조합 간부와 물장수들이 합세해 회사 직속의 인부를 협박하고 수전(水栓) 자리에 모인 물 수용자들에게 폭행을 가해 해산시켰으며 회사에 모여와서 돌을 던지고 업무를 방해하는 등의 행패를 부려 회사 지배인(會社支配人)인 바함이란 자가 경찰의 보호를 받아 도피해야 하는 불상사가 일어났다. 이렇게 되자 회사 측은 수상조합과 다시 협의를 거친 후 조합 대표를 바꾸어 융희 4년(1910년) 1월 1일부터 다시 종전처럼 수상조합에 물을 공급하기 시작했었다(이상과 같은 일을, 가정마다 개별 급수가 실시되고 있는 현 실정에서는 쉽게 이해할 수 없겠지만, 8·15 이전까지만 해도 개별 급수라는 것은 오히려 예외의 일이었고 공용 수전이 일반적인 급수 형태였었다).

한일합방(韓日合邦) 후 서울의 상수도경영권이 총독부(總督府)로 이관된 후에도 수상조합을 공용 수전 지정판매인(指定販賣人)으로 하는 체계는 당분간 그대로 답습되었다. 총독부 경무총감부(警務總監府)는 1912년 7월 5일에 경성수상조합규약(京城水商組合規約)을 인가해 수상조합을 공인하고 있었다. 그러나 1914년에 이르러 수상조합의 물 사용료 수납이 부실할 뿐 아니라 물장수에 의한 급수는 위생상으로 좋지 않다고 해 수상조합정리비(水商組合整理費) 3만 7,900여 원(餘圓)을 지출해서 수좌권소유자(水座券所有者)의 손실 보상과 물장수에 대한 실업구제금으로 하고 수상조합은 폐지해 버렸다. 이로부터 일반 물 수용자(需用者)는 공설공용전(公設共用栓)에 가서 물표와 바꾸어 물을 공급받게 된 것이다(http://seoul600.visitseoul.net/seoul-history/sidaesa/txt/5-2-6-4.html).

우물이 전근대 물 생활을 보여주는 가장 보편적인 시설이라면, 물장수는 서울의 전근대 물 생활을 상징하는 직업이었다. 근대 상수도의 보급에 따라 물장수로 대표되는 전근대 물 생활이 사라진 대신에 새로운 근대 물 생활이 나타나게 되었다. 근대 상수도의 보급에 따라 직접적인 물의 보급 방식이 변했을 뿐만 아니라 그와 관련된 직업의 변화가 이루어지고 생활 방식의 변화까지 이루어지게 되었던 것이다.

새로운 근대 물 생활은 크게 집안에서 이루어지는 것과 집밖에서 이루어지는 것으로 나누어 볼 수 있다. 먼저 집안의 경우는 궁극적으로 입식 부엌, 수세식 화장실, 목욕탕을 통해 집안 생활의 합리화와 편리화가 이루어지는 것으로 귀결된다. 1920년대부터 나타나기 시작한 이른바 '문화주택'[15]은 그 좋은 예이다. 그러나 이런 변화는 식민지 시대는 물론이고 그렇게 멀지 않은 과거까지도 소수의 사람들만이 누릴 수 있는 '사치'였다. 그렇기는 해도 근대 상수도의 보급과 함께 새로운 근대 집안 물 생활이 이루어지기 시작하고, 이것이 근대 생활의 표준이자 지향해야 할 목표로 여겨지게 되었다. 물론 그것이 보편화되는 데에는 60년 정도의 시간이 더 필요했다(함한희, 2005).

새로운 '집 밖 물 생활'에서 가장 두드러진 것은 한강 물놀이였다. 수많은 사람들이 한강으로 몰려나가 물놀이를 즐겼다(신명직, 2003: 49~54). 그러나 이것은 근대 상수도는 물론이고 물의 인공적 변형과도 아무런

---

15) 건축양식으로는 '일본식 양옥'으로 분류된다. 이런 주택에 '문화'라는 이름을 붙인 것은 일본을 문화의 기준으로 강요한 식민지 근대화의 또 다른 예가 된다. 곧 여기에는 일본은 문화요, 조선은 야만이라는 이분법이 작동하고 있는 것이다.

관련이 없다. 근대 상수도와 관련이 깊을 것으로 보이는 새로운 '집 밖 물 생활'은 예컨대 이발소와 대중목욕탕16)의 등장에서 찾아볼 수 있다. 1930년에 쓰인 '도회생활 5계명'의 제1조를 보자.

제1조

이발사와 목욕탕 주인을 친하라.

제군이 도회에서 살려면 첫째 이발사와 목욕탕 주인을 먼저 친해 두어야 한다.

돈 육전이 없어 몸에서 악취가 물쿵물쿵 나고 불과 삼사십 전 이발료가 없어서 얼굴이 털투성이가 되고 장발이 되고 보면 혹 별종 색맹객이 있어 사상가나 철인으로 보아준다면 천행이지만 날카로운 시대처녀들의 눈이 잔나비 상판을 연상할 우려가 매우 많으니 연애하기는 벌써 빗나간 일이다. 그러니 돈 없을 때라도 마음 놓고 자가용처럼 쓸 이발관, 목욕탕이 있어야 한다(모던 모세, 1930; 김진송, 1999: 276).

이런 식으로 물을 사용해서 몸을 씻고 가꾸는 것이 일상화되는 것은 근대화의 중요한 양상17)이며, 그 바탕에는 깨끗한 물을 언제 어디서나 쉽게 쓸 수 있게 된 새로운 시대 상황이 자리 잡고 있었다.

또 다른 예도 있다. 1920년대에 서울은 이미 그 모습을 일신했다. 곳곳

---

16) "우리나라에 대중욕탕(공중욕탕)이 처음 설립된 것은 1924년 평양에서이다. 이때의 공중욕탕은 부(府)에서 직접 운영했으며 관리인을 따로 임명했다. 이들은 욕탕 사용료의 수납, 시설의 보수, 욕탕 사용인의 제한 등을 관리했다. 한편 서울에 공중욕탕이 처음 선보인 것은 1925년이었고 광복 당시 공중욕탕의 숫자는 48개였다(http://seoul600.visitseoul.net/seoul-history/sidaesa/txt/7-10-9-1-2.html)."

17) "남자들은 상투에 비듬이 끼면 높은 언덕에 올라가 머리를 풀고 흔들어 바람에 날려 보냈다. 서민 남자는 대부분 겨우내 거의 목욕을 하지 않았다(이이화, 2004: 104)." 여름에는 하천에서 자주 목욕을 했지만, 나머지 계절은 대체로 이런 식이었다.

에 '양관'이 들어서고, 곳곳에 새로운 술집이며 식당들이 들어섰다. 집밖의 여가와 유흥을 핵심 요소로 하는 일상의 근대화[18]가 확연히 전개되고 있었던 것이다. 그런데 이런 일상의 근대화에서 물은 핵심 요소였다.

"남촌의 카페 북촌의 빙수집"이라더니 요즘에는 북촌에도 어느 틈엔지 카페가 늘어간다. 불경기니 뭐니 해도 카페만은 풍성한 폼이 딴 세상이다.

여기는 새로 개업한 XX이다.

"노부꼬상-O! 삼방."

여급 감독인 듯한 모뽀(모던 뽀이 — 인용자)가 도-듬 보리식으로 외친다. 콜롬비아의 29년도 유행가에 젊은 양복쟁이들이 푼수 없이 뒤떠드는 광경, 독주에 취해 흐느적거리며 노래를 고함치는 신사 그리고 학생. 이 구석 저 구석에는 에로신이 점점이 전개된다(필자 미상, 1931: 김진송, 1999: 280~281).

'카페'와 '빙수집'으로 상징되는 새로운 서울의 모습은 근대 상수도와 밀접한 연관을 맺고 있었다. 사실 이것보다 훨씬 다양하고 많은 식당이며 음식들이 서울에 나타나게 되었다(이이화, 2004: 163~176). 이 모든 변화의 바탕에 근대 상수도가 자리 잡고 있었다. 일상의 근대화는 물 생활의 근대화를 기본 조건으로 하고 있었던 것이다.

5. 맺음말

식민지 근대화는 지구적 차원에서 전개된 근대화의 한 유형이다. 역사

---

18) 물론 이것은 남자는 밖에서 일하고 여자는 안에서 살림한다는 남성주의적 근대의 모습이다.

적으로 근대화는 크게 두 유형으로 전개되었는데, 다른 하나는 당연히 제국주의 근대화이다. 찬란한 제국주의 근대화의 역사는 비참한 식민지 근대화의 역사 위에서 이루어졌다. 이런 교차를 무시하고 근대화를 무조건 진보로 여기는 것은 한 눈을 감고 역사를 보는 것이 될 수밖에 없다. 근대화는 모순적 과정이었으며, 민족적 차별을 당연한 것으로 여기는 식민지 근대화는 더욱더 모순적인 과정이었다.

그러나 식민지 근대화도 근대화의 한 유형이었다는 사실에도 충분히 주목해야 한다. 파행적이고 기형적이었을지라도 식민지 근대화는 근대화의 한 유형이었고, 따라서 사회 전반에 걸쳐 이전에 볼 수 없었던 많은 변화를 가져왔다. 물론 모든 사회 영역에서 근대화가 진척되었던 것은 아니었다. 특히 권력을 다루는 정치 영역에서 식민지 근대화는 명확히 근대화를 저지하는 과정으로 나타났다. 정치적 근대화는 민주화를 뜻하는데, 민족적 차별이라는 전근대적 방식으로 작동하는 식민지 지배 권력은 결코 민주화를 추진할 수 없기 때문이었다. 그러나 일상생활 영역에서는 많은 변화가 이루어졌다. 그것은 식민지 지배 권력에 의해 도입된 자본주의의 시장을 만드는 과정이었으며, 사람들의 생활 방식과 의식을 바꿔놓는 과정이었으며, 식민지 지배 권력의 우월성을 입증하는 과정이기도 했다.

근대 상수도의 보급과 일상생활의 변화는 이런 식민지 근대화의 특징을 살펴볼 수 있는 좋은 사례이다. 이미 대한제국 시대에 서울의 근대 상수도가 건설되었고, 일본 제국주의는 네 차례에 걸쳐서 그것을 확장했다. 이렇게 해서 근대 상수도의 보급에 바탕을 둔 일상의 근대화가 이루어질 수 있게 되었다. 물장수의 소멸, 주거 양식의 변화, 이발소와 목욕탕의 등장, 카페와 빙수집의 등장 등은 모두 근대 상수도라는 새로운 하부구조의 건설을 바탕에 두고 이루어진 근대화의 양상이다. 이렇게 해서 일상의 합리화와 편리화, 그리고 문화의 다양화가 이루어지게 되었다. 그러나 모든 사람들이 이런 변화를 누린 것은 아니었다. 한민족에 대한 구조적 차별이 엄존하고 있었다. 가난한 한민족은 새로운 삶은 고사하고 낡은 삶조차 제대로 꾸려갈 수 없었다.

근대 물 생활이 사회 전반으로 확대되기 위해서는 일본 제국주의의 지배를 끝내야 했다. 일본 제국주의는 이중의 의미에서 근대 물 생활의 확산을 막았다. 하나는 민족적 차별의 구조화를 통해서 그렇게 했고, 다른 하나는 침략 전쟁에 자원을 쏟아 붓기 위해 그렇게 했다. 일본 제국주의의 패망과 함께 근대 물 생활이 사회 전반으로 확대될 수 있는 길이 비로소 활짝 열렸다. 그것은 일본 제국주의의 뜻대로 좌우되는 파행적 근대화를 끝내고 한민족이 주체가 되어 본격적 근대화를 추진할 수 있게 된 것을 뜻했다. 그러나 물론 모든 민족 구성원이 동등한 자격으로 그 과정에 참여했거나, 그 결과를 누리게 된 것은 아니었다. 또한 본격적 근대화를 통해 근대화의 모순이 약화된 것도 아니었다. 오히려 근대화의 정치적 제약이 해소됨으로써 그 모순이 더욱 강화되었다고 할 수도 있을 것이다.

물 생활이 우리의 삶에서 차지하는 비중은 대단히 크다. 그에 비해 관련 연구는 대단히 적다. 앞으로 근대 상수도의 건설 과정, 그것이 우리의 삶과 의식에 미친 영향, 나아가 우리의 자연에 미친 영향에 대해서도 더 깊은 연구가 이루어지기를 바란다. 무엇보다 근대화를 자연과 사회가 어우러져 이루어지는 변화로 파악하는 연구가 더욱 풍성하게 이루어져야 할 것이다.

참고문헌

김광중. 2001. 「20세기 서울의 성장과 변화」. 『서울 20세기 공간변천사』. 서울시정개
　　발연구원.

김진송. 1999. 『서울에 딴스홀을 허하라』. 현실문화연구.

모던 모세. 1930. 「도회생활 5계명」. ≪별건곤≫, 1930년 6월호.

서울특별시. 1977~1996. 『서울육백년사』.

＿＿＿. 1991. 『서울문화』.

서울시정개발연구소. 2000. 『서울 20세기: 100년의 사진기록』.

신명직. 2003. 『모던뽀이, 경성을 거닐다: 만문만화로 보는 근대의 얼굴』. 현실문화연구.

신용하. 2005. 「역사 속의 현재, 현재 속의 역사: 광복 60주년에 성찰하는 "식민지
　　근대화론"과 "연속성론"의 문제점」. 한국 사회학회 광복 60주년 기념 특별심
　　포지엄. 『한국 사회의 재구조화와 문화변동』. 2005년 6월 10일.

윤철환. 2001. 「서울 20세기 위생조건의 변화: 상·하수도의 발달」. 『서울 20세기
　　공간변천사』. 서울시정개발연구원.

이기석. 2001. 「20세기 서울의 도시성장: 전근대도시에서 글로벌 도시로」. 『서울
　　20세기 공간변천사』. 서울시정개발연구원.

이이화. 2004. 『한국사 이야기 22: 빼앗긴 들에 부는 근대화 바람』. 한길사.

유광열. 1929. 「대경성 회상곡」. ≪별건곤≫, 1929년 1월호.

켄달, 칼튼. 1975. 『한국독립운동의 진상』. 신복룡 역. 탐구당(원제는 *The Truth
　　about Korea*).

필자 미상. 1931. 「경성, 앞뒤골 풍경」. ≪혜성≫, 1931년 11월호.

함한희. 2005. 『부엌의 문화사』. 살림.

허수열. 2005. 『개발 없는 개발: 일제하, 조선 경제 개발의 현상과 본질』. 은행나무.

허영란. 1999. 「근대적 소비생활과 식민지적 소외」, 역사문제연구소 엮음. 2001.
　　『전통과 서구의 충돌: '한국적 근대성'은 어떻게 형성되었는가』. 역사비평사.

홍성태. 2004ㄱ. 「한국의 근대화와 물: '조국 근대화'와 물의 파괴를 중심으로」. ≪경
　　제와 사회≫, 62호/2004년 여름호.

＿＿＿. 2004ㄴ. 『서울에서 서울을 찾는다』. 궁리.

山本豪. 1994. 「日本の水道史」. 『水 - 水の生活文化史·水の博物館』. KBI叢書.

榮森康治郎. 1989. 『水わもとめて四00年』. TOTO出版.

鯖田豊之. 1996. 『水道の思想 - 都市と水の文化誌』. 中公新書.

근대화와 물 문화

홍성태(상지대학교 교수, 사회학)

1. 머리말

물을 자유롭게 이용하고 다스리는 것은 근대화의 핵심적 과제였다. 특히 공업화와 도시화라는 면에서 물의 개발은 근대화의 물질적 기초였다. 사실 물은 우리의 삶은 물론이고 모든 활동의 필수적 기초재이므로 물을 무시하고 우리는 어떤 사회적 변화도 이룰 수 없다. 요컨대 우리는 물을 잊고 살 수는 있어도 물이 없이는 결코 살 수 없다. 이 때문에 물은 오랜 옛날부터 커다란 정치적 의미를 지녔다.

한국의 근대화에서도 이런 사실을 쉽게 확인할 수 있다. 예컨대 박정희의 '조국 근대화'의 중요한 정치적 상징으로 소양강댐을 들 수 있다. 소양 강댐은 이른바 '다목적댐'으로서 치수와 이수와 발전의 모든 면에서 신기원을 이룬 것으로 선전되었다. 소양강댐은 이런 여러 용도를 가장 크게 구현한 댐이었기 때문에 박정희의 '조국 근대화'를 상징하게 되었다. 소양강댐은 '조국 근대화'의 위대성을 보여주는 거대한 문화적 상징물로, 따라서 이렇게 위대한 '조국 근대화'를 추진한 박정희 세력의 위대성을 선전하는 정치적 상징물이었다. 따라서 당연히 그것이 초래한 문제나 그것을 건설하는 과정에서 발생한 문제들은 언급하는 것조차 어려웠다.

물을 이용하고 다스리는 방식의 변화는 단순히 물이라는 자연재를 이용하고 다스리는 방식의 변화에 그치지 않는다. 그것은 우리가 살아가는 방식의 총체적인 변화와 깊이 연관되어 있다. 요컨대 우물과 수도 사이에는 거대한 사회적 변화가 자리 잡고 있다. 수도꼭지가 늘어가면서 우물은 점차 사라지게 되었고, 우물가의 만남과 이야기도 모두 사라지고 말았다. 이와 함께 개별 주민이나 마을은 물에 대한 자율적 관리권을 잃어버리고, 거대한 국가기구에서 중앙집중적으로 공급하는 물의 단순한 소비자로 전락하고 말았다. 이렇듯 근대화에 따른 물의 변화는 물이라는 자연재나 그와 관련된 하부구조의 변화를 넘어서는 문화적 변화이며 정치적 변화이기도 하다. 이 점에서 근대화에 따른 물의 변화는 우리가 겪은 근대화의 특징을 드러내 보여주는 생생한 사례이다.

이 글에서는 근대화와 함께 물 문화가 어떻게 변했는가에 대해 살펴보고자 한다. 근대화를 통해 우리는 대단히 편리하게 물을 이용할 수 있게 되었다. 가장 두드러지는 것은 샘물이나 우물이나 강물이나 빗물을 이용하던 데서 상수도를 이용하게 된 것이다. 어느 때나 수도꼭지를 틀면 맑은 물을 자유롭게 쓸 수 있게 된 것은 대단한 비약적 발전이 아닐 수 없다. 상수도는 마을의 복판에서, 집 마당으로, 다시 집안으로 옮겨졌다. 그 결과 수세식 변기, 샤워기, 입식 부엌 등을 갖춘 주거 양식이 보편적 주거 양식으로 널리 확산될 수 있었다. 우리가 제대로 깨닫지 못하는 사이에 물의 근대화는 우리의 삶을 크게 바꾸어 놓고 있었던 것이다. 물 생활의 변화를 통해 우리는 근대화가 이룬 성과를 쉽게 확인할 수 있다.

그러나 이와 함께 근대화가 초래한 물의 변화는 생태적 물 문화의 커다란 훼손과 파괴로 이어졌다. 요컨대 물의 근대화는 자연적 물의 훼손과 파괴를 초래했고, 또한 물이라는 자연과 조화를 이룬 생활 방식의 훼손과 파괴를 초래했다. 이런 점에서 물의 근대화는 근대화가 안고 있는 문제를 살펴볼 수 있는 좋은 예가 되기도 한다. 이제 이런 사실을 역사적으로 살펴보면서, 우리가 추구해야 할 '좋은 사회'에 대해 생각해 보도록 하자.

2. 물과 물 환경

물의 근대적 변화는 일제 시대에 일본인에 의해 이루어졌다.[1] 이 점에서 일제 시대에 이루어진 물의 근대적 변화는 '식민지 근대화'의 역사적 증거라고 할 수 있다. 그러나 그것은 이른바 '식민지 근대화론'자들[2]의 주장처럼 '역사적 발전'으로만 볼 수는 없는 역사적 변화였다. '식민지 근대화'는 제국주의를 주체로 하고 식민지를 대상으로 하는 일방적인 거대한 착취와 파괴의 과정이기도 했다. 따라서 '식민지 근대화'는 파편적

---

1) "1910년 경술국치와 함께 정치, 산업, 교육, 문화, 교통, 복지, 후생 등 모든 면에서 서양 문명의 모방을 위주로 하는 일본 기술이 주체가 되어 단행되었다. 따라서 모든 사업 주체는 일본인이었고, 한국인은 일부 노역을 제공하는 수동적 참여에 불과했다. 이것은 1945년 8월 15일 해방 당시의 공업전문학교(현재의 공업고등학교) 및 대학공학부 토목학과를 졸업한 중견 토목기술자가 전국을 통해 불과 25명 내외(기계, 전기 분야는 더욱 희소)인 것에서도 그 사실을 알 수 있다. 그것도 대부분 현장의 시공기술자로 채용되었을 뿐 토목기술의 핵심인 조사, 계획, 설계 및 시공 관리의 전 분야는 완전히 일본인에 의해 독점되었다"(한국수자원공사, 1994: 1장 1.2절의 나 항목).

2) 서울대 경제학과 교수였던 안병직과 그의 제자로 서울대 경제학과 교수인 이영훈이 주도하는 경제사학의 한 흐름을 가리킨다. 이들은 일제 시대와 박정희 시대를 일관된 '발전의 시대'로 해석하며, 일제와 박정희를 역사적으로 '미화'하는 주장을 계속하고 있다. 이들의 주장에 따른다면, '역사 바로 세우기'야말로 역사를 훼손하는 일이 되고 말 것이다. 실제로 이들은 '역사 바로 세우기'에 강력히 반대하고 저항한다.

이고 파행적이었다. 이런 사실은 물의 근대화에서도 잘 드러난다. 그러나 불행하게도 다른 경우와 마찬가지로 '식민지 근대화'도 '역사 바로 세우기'의 대상이 되지 않았다.

해방 이후 박정희의 '조국 근대화'와 함께 본격적인 댐 건설이 시작되었다. 1970~1980년대를 지나며 소양강댐, 안동댐(낙동강), 충주댐(남한강), 대청댐(금강) 등의 대형 댐들이 건설되어 오늘날과 같은 댐 체계가 확립되었다. 이 시기는 박정희와 전두환의 독재시기로서 두 시기의 뚜렷한 공통점으로는 우선 물의 개발이 국가 차원에서 강력하게 추진되었다는 점을 들 수 있다. 물의 개발에 반대하는 것은 단순히 국가 시책에 반대하는 것을 넘어서 무소불위의 독재 권력에 맞서는 것을 의미했다. 따라서 물의 개발에 반대하는 것은 대단히 어렵고 위험한 일이었다. 또 다른 공통점으로는 자연과 지역사회를 무참히 파괴하는 대형 댐을 건설하는 방식으로 물의 개발이 이루어졌다는 점을 들 수 있다. 이러한 역사적 과정을 통해 댐은 근대화의 확고한 상징이 되었다. 이로부터 댐에 반대하는 것은 아예 근대화에 반대하는 것으로 여겨지기에 이르렀다. 댐의 효용은 학교와 매체를 통해 널리 교육되고 선전되었으나, 그 한계와 문제는 제대로 알려지지 않았다.

1990년대에 들어와서 물 정책의 역사적 전환이 이루어진 것처럼 보이기도 한다. 그러나 사실은 그렇지 않았다. 근대화와 함께 4대 강의 수질이 크게 악화되었으므로 수질에 더 큰 주의를 기울이게 되기는 했지만, 댐 건설을 중심으로 한 물의 개발 방식은 조금도 바뀌지 않았다. 또한 일부에서 수질이 좋아지기도 했지만, 대부분의 하천에서 수질은 더 나빠졌다. 자연과 지역사회를 파괴하는 대형 댐들이 지금도 전국 곳곳에서 건설되고 있으며, 물을 더럽혀서 못 쓰게 만드는 파괴적 개발도 여전히 전국 곳곳에서 진행되고 있다. 수질을 개선하기 위해 많은 노력을 기울인다고 했으나 그 성과는 여전히 크지 않다.

원래 한국은 물이 맑고 깨끗하기로 유명한 나라였다. '금수강산'이라는 말에는 이런 뜻이 잘 담겨 있다. '금수강산'은 강과 산이 비단에 수를 놓은 것처럼 곱고 아름답게 어우러진 모습을 가리킨다. 그러나 근대화와 함께 전국의 모든 하천이 심각하게 오염되면서 '공해강산'이라는 말을 써야 할 지경에 이르렀다.[3] 목마른 길손이 손으로 떠 마시던 개천물은 '똥물'이 되었다. 더 심각한 것은 중금속 오염이었다.[4] 중금속 폐수가 그대로 하천으로 흘러들면서 많은 하천에서 물은 물이 아니라 '독극물'이 되어 버렸다. 이렇게 물을 파괴한 결과로 우리 자신이 파괴될 위기에 놓이고 말았다.[5]

이러한 물의 변화와 함께 물 환경의 급격한 변화가 이루어졌다. 옛날에는 인위적으로 물 환경을 바꾸는 것이 대단히 어려운 일이었다. 근대화에 따라 비로소 물 환경을 쉽게 바꿀 수 있게 되었다. 그 결과 선조들은 결코 볼 수 없었던 커다란 변화가 아무렇지도 않게 일어나게 되었다. 수천 년, 아니 수만 년을 두고 한결같이 흐르던 강물이 흐르지 않게 되고, 강가에서 하얗게 빛나던 모래들이 순식간에 사라져 버렸다. 대형 댐으로 강을 막아서 드넓은 호수를 만들고,[6] 시멘트 둑을 쌓아서 하천을 직강화하

---

3) 2000년대에 들어와서 '예술공장 두레'라는 창작집단은 <공해강산 좋을씨고>라는 제목의 마당극을 창작해서 이러한 현실을 비판하기도 했다.

4) 미나마타병이나 이타이이타이병과 같은 끔찍한 공해병이 모두 물의 중금속 오염으로 말미암아 일어났다는 사실을 떠올릴 필요가 있다.

5) 조갑제와 같은 박정희주의자들은 이런 파괴적 개발의 문제에 전혀 관심을 기울이지 않고 오로지 박정희를 '민족의 지도자'로 묘사하는 데만 골몰한다. 이런 점에서 박정희주의는 반생태적일 뿐만 아니라 반인간적이라는 근본적 문제를 안고 있다. 더욱 주의해야 할 것은 박정희를 비판하는 쪽도 똑같은 문제를 지닐 수 있다는 것이다. 박정희는 반생태적이어서 반인간적일 수밖에 없는 사회 체계를 만들었다. 따라서 박정희를 올바로 비판하기 위해서는 이 사회 체계의 문제에 올바로 대응해야 한다.

6) 한국의 주요 강들은 사실 더 이상 강이라고 하기 어렵다. 대형 댐들로 자연적

고, 둔치는 체육공원으로 이용하고, 둑 위에는 찻길을 내고, 배후습지에는 아파트들이 늘어서게 되었다. 이런 식으로 전국 곳곳에서 다양한 생명체들이 복잡하게 어우러져서 살아가던 물 환경이 철저히 파괴되었다.

파괴된 것은 다른 생명체들의 서식지만이 아니었다. 물 환경의 근대화는 오랜 시간을 통해 본래의 물 환경 속에서 자라난 문화를 파괴했다. 소월의 유명한 시를 보자.

> 엄마야 누나야 강변 살자
> 뜰에는 반짝이는 금모래빛
> 뒷문 밖에는 갈잎의 노래
> 엄마야 누나야 강변 살자

1922년에 소월은 이렇게 노래했다. 이 시는 본래의 모습 그대로 살아 있는 강변을 노래한다. 그러나 '조국 근대화'와 함께 이러한 강변은 빠르게 파괴되었다. 이제 금모래가 쌓여 있고 갈잎이 살아 있는 강변을 보기가 어렵게 되었고, 그 결과 소월의 시에 담겨 있는 정서 자체가 그 대상을 잃고 사라지게 되었다.

한강의 경우를 보자. 모래밭이 끝없이 펼쳐져 있던 아름다운 미사리는 이제는 시멘트 둑과 자동차 전용도로로 둘러싸인 삭막한 곳이 되고 말았다. 1965년 여름에 화가 장욱진은 미사리를 건너다보는 덕소의 강가 언덕에 살면서 '강가의 아틀리에'라는 글을 썼다.

여름의 강가에서 부서진 햇빛의 파편들이 보석처럼 반짝인다. 수면 위에 떠도는 아지랑이를 타고 동화가 들려올 것 같다. 물장구를 치며 나체로

흐름이 막혀 있기 때문이다. 한국의 주요 강들은 대형 댐들로 형성된 호수들의 연속체이다.

뛰노는 어린아이들의 모습에서 적나라한 자연을 본다. 그리고 천진했던 어린 시절에의 향수가 감미롭고 서글프게 전신을 휘감는 것을 느낀다. 태양과 강과 태고의 열기를 뿜는 자갈밭, 대기를 스치는 여름 강바람 — 이런 것들이 나 역시 손색없는 자연의 아들로 만들어 주는 것 같다. 이럴 때 나는 그림을 그리지 않아도 공허하지 않다. 자연의 침묵이 풍요한 내적 대화를 가능케 한다. 그럴 때 나는 물이 주는 푸른 영상에 실려 막걸리를 사랑해본다. …… 회색빛 저녁이 강가에 번진다. 뒷산 나무들이 흔들리는 소리가 들린다. 강바람이 나의 전신을 시원하게 씻어준다. 석양의 정적이 저 멀리 산기슭을 타고 내려와 수면을 쓰다듬기 시작한다. 저 멀리 노을이 지고 머지않아 달이 뜰 것이다. 나는 이런 시간의 쓸쓸함을 적막한 자연과 누릴 수 있게 마련해준 미지의 배려에 감사한다(장욱진, 1994: 59, 62).

이제 이런 글은 더 이상 쓰이지 않을 것이다. 장욱진을 감동시켰던 강가의 풍경은 1980년대의 한강종합개발사업과 신도시건설사업으로 완전히 파괴되고 말았다. '태양과 강과 태고의 열기를 뿜는 자갈밭'은 사라져 버렸다. '자연의 침묵' 대신에 자동차의 소음과 음식점의 요란한 간판이 우리의 눈과 귀를 괴롭게 한다.[7]

---

7) 나는 팔당댐으로 막히기 전에 백사장이 살아 있던 양수리의 모습을 기억하고 있다. 팔당댐이 막힌 뒤에도 덕소와 팔당과 양수리의 강가는 계속 아름다웠다. 그러나 1980년대 중반을 지나며 이 아름다운 강가에 급격한 개발의 바람이 불기 시작했다. 덕소는 아파트 단지들이 어렵게 들어선 난개발 도시가 되어 버렸고, 포플러와 선상 식당으로 유명했던 팔당은 이제 너무나 삭막한 곳이 되어 버렸으며, 양수리도 아파트와 도로로 크게 망가지고 말았다. 남한강과 북한강이 만나는 양수리에는 600년 동안 남한강을 굽어본 커다란 느티나무가 있다. 이 아름다운 나무는 팔당댐으로 물이 갇히면서 뿌리가 물에 잠기게 되어 시나브로 죽어가고 있다. 그와 함께 이 나무를 당신으로 모시던 아름다운 강릉 최씨 동족촌도 사실상 완전히 파괴되고 말았다.

3. 물 관념의 근대화

물과 물 환경이라는 물리적 요소의 변화와 함께 물 관념의 변화도 이루어졌다. 예컨대 근대 이전에 물은 대단히 복합적인 것으로 여겨졌다. 그것은 살아가는 데 없어서는 안 되는 자원일 뿐만 아니라 '경배의 대상'이면서 '수양의 대상'이기도 했다.[8] 이처럼 여러 이유에서 물은 소중했다. 물은 단순한 이용 대상이 아니라 그 자체로 깊은 의미를 가지고 있는 종교적이고 철학적인 대상이었다. 옛사람들은 흐르는 물을 보며 역사를 생각하고, 맑은 물을 보며 마음을 생각했다. 이런 물 관념은 늘 물을 보고 생각하며 살아야 하는 물과 밀착된 삶의 결과이기도 했다.

그러나 근대화와 함께 물은 무엇보다 자원으로 여겨지게 되었다. 그 핵심은 물을 경제재로 다루는 것이었다. 본래 한국에서 물은 '무한재'였다. 가난한 사람도 얼마든지 물로 배를 채울 수가 있었다. '물 쓰듯이 한다'는 말이나 '대동강 물 팔아먹은 봉이 김선달 이야기'에서 알 수 있듯이, 물은 '무한재'였기 때문에 '비경제재'였다. 그러나 '조국 근대화'에 따라 물 수요가 크게 늘고 물 오염이 심해지면서 물은 '유한재'가 되고 말았다. 물은 더 이상 '비경제재'가 아니라 돈을 주고 사야 하는 '경제재'가 되었다. 1960년대 말에 발표된 전경련의 한 보고서는 이러한 변화를 강조하고 국민의식의 개조를 촉구하기도 했다. 그리고 집집마다 수도가 놓이고, 계량기가 사용량을 숫자로 보여주고, 그에 따라 물 값을 내게 되면서,

---

8) 영주의 마애삼존불은 물가의 커다란 바위에 새겨진 것이다. 1,500년 전에 새겨진 이 불상은 물과 종교의 관계를 보여준다. 사실 물을 종교적 대상으로 여기는 것은 세계적인 것이다. 기독교나 힌두교의 세례의식은 그 좋은 예다. 왜 그럴까? 물은 더러운 것, 곧 죄를 씻어 없애기 때문이다. 물을 '수양의 대상'으로 여기는 것은 유교에서 분명하게 드러난다. 영주의 소수서원은 그 대표적인 장소이다. 여러 사람이 반복해서 그린 '고사관수도', 즉 고매한 선비가 물을 바라보며 명상에 잠긴 모습을 그린 그림은 유교와 물의 관계를 잘 보여준다.

물 관념은 확실히 경제적으로 바뀌게 되었다.[9]

또한 근대화에 따라 물의 생산과 소비가 구조적으로 분리된다. 이로부터 깨끗한 물의 생산은 국가가 할 일이라는 생각이 확립되었다. 이렇게 해서 삶은 더 이상 예전과 같은 식으로 물과 밀착될 수 없게 된다. 대다수 사람들에게 물과 삶의 관계는 그저 수도꼭지를 트는 것으로 좁혀지고 만다. 이런 변화는 물을 단순히 자원으로 여기는 태도를 조장했다. 물은 그 신성성을 잃고 그저 삶을 위한 작은 대상으로 여겨지게 된다. 물이 어떤 과정을 거쳐 집으로 들어오게 되는가 하는 것도 중요하지 않다. 다만 수도꼭지를 틀 때, 물이 콸콸 쏟아지는 것만이 중요할 따름이다. 이런 식으로 수도는 물이 지니고 있던 삶의 무게를 거의 없애 버리고 말았다. 물 오염이 심해지면서 물에 대한 관심이 수도꼭지를 벗어나기는 했지만, 이미 물의 의미는 '삶과 같은 것'에서 '삶을 위한 하나의 도구'로 줄어들었다.

이런 변화의 바탕에 과학주의의 문제가 자리 잡고 있기도 하다. 근대화에 따라 다른 모든 것과 마찬가지로 물은 과학적 분석의 대상이 되었다. 물의 좋고 나쁨을 설명하기 위해 생경한 과학 용어와 이론들이 동원되었다. 물의 오염이 심해지면서 이런 현상은 더욱더 강화되었다. 오염이 심하지 않다고 주장하는 쪽이나, 오염이 심하다고 주장하는 쪽이나, 과학 용어와 이론을 동원해서 논박을 하게 되었다. BOD나 COD에 관한 논의가 물에 관한 지식과 지혜를 대체하게 되었다. 정부가 나서서 물의 모든

---

9) 신자유주의와 함께 물은 본격적으로 상품화될 위기에 처했다. 그동안 한국에서 물은 경제재이지만 공공재의 성격이 훨씬 더 큰 것으로 다루어졌다. 신자유주의는 사회 전반에 걸쳐 공공재를 축소하고 경제재를 확대한다. 따라서 이에 맞서는 것은 대단히 중요한 과제이다. 그러나 이와 함께 대형 댐과 시멘트 직강화와 광역상수도로 대표되는 기존의 파괴적 개발도 근원적으로 개혁되어야 한다. 이를 위해 수자원공사와 같은 개발공사의 생태민주적 개혁을 이루어야 한다(홍성태 엮음, 2005).

것을 과학적으로 설명할 수 있게 되었다고 주장하고, 이어서 대다수 사람들이 그 주장을 받아들이게 되었다. 그 결과, 물은 아무것도 아닌 것이 되고 말았다. 물을 존중하던 태도는 사라지고 물을 설명하는 경쟁이 벌어지게 되었다. 그러나 이처럼 물을 둘러싼 과학적 논박이 치열해지면서 역설적으로 과학에 대한 불신이 커지게 되었다. 과학적 논박을 통해 갈수록 심해지는 물 오염을 과학이 제대로 해결하지 못하고 있다는 사실이 드러났기 때문이다. 서울의 수돗물을 둘러싼 과학적 논란과 수돗물 불소화를 둘러싼 과학적 논란은 그 대표적인 예이다.

그러나 이처럼 물이 과학적 분석의 대상이 되자 전문가들만이 물에 대해 잘 설명할 수 있다는 인식이 널리 퍼지게 되었다. 이것은 물 정책의 결정이라는 점에서뿐만 아니라 물 문제에 관한 책임이라는 점에서도 물 민주주의의 심각한 약화와 위험을 초래했다. 그 바탕에 자리 잡고 있는 근대 과학의 문제를 바로잡기 위해서 무엇보다 필요한 것은 과학의 독재에 맞서는 것이다. 오늘날 과학주의는 우리가 하루빨리 벗어버려야 할 과거의 부정적 유산이 되었다. 그것은 '지역 지식'을 무시한다는 점에서 '반과학적'이며, 또한 '지역 주민'을 무시한다는 점에서 '반민주적'이다. 과학의 이름으로 엄청난 잘못이 저질러질 수 있으며, 또한 엄청난 이권이 오갈 수 있다는 사실에 주의해야 한다. 예컨대 대형 댐의 필요성을 주장하면서 그 문제점에는 눈을 감는 과학은 잘못된 과학이다. 우리는 과학의 이름으로 거짓을 정당화하고 현실의 문제를 감추려는 시도가 횡행하고 있다는 주의해야 한다.[10] '과학적'이라는 주장 자체가 아니라 그 주장의 실제적 내용과 현실의 문제야말로 중요하다.

---

10) 이와 관련된 최근의 좋은 예가 '한탄강댐 건설 계획'이지만, 동강의 영월댐 건설 계획에도 같은 유형의 문제가 있었다. 수몰 예정 지역에 240개가 넘는 동굴들이 있었으나, 「환경영향평가서」에는 몇 개밖에 없는 것으로 기재되었던 것이다. 과학의 이름으로 거짓이 판치고 있다.

수돗물에 관한 불신은 근대적 물 정책의 문제를 잘 보여주는 물 관념의 중요한 내용이다. 수돗물은 강물을 원수로 해서 복잡한 정화 처리를 거쳐 생산되는 식수이다. 사실 그것은 공장에서 물건을 만드는 것과 같은 방식으로 생산된다.[11] 그것은 공업과 과학의 산물이다. 그러나 우리의 수돗물은 시민들로부터 큰 불신을 사고 있다.[12] 2002년 11월 26일에 열린 '서울시 수질평가위원회 2002 심포지엄'에서 발표된 조사 결과에 따르면, 서울 시민의 1.2%만이 수돗물을 그냥 마시고 14.1%는 전혀 마시지 않는 것으로 나타났다. 식수는 사람들이 마시는 물이다. 따라서 식수 정책은 물 정책의 핵심이며, 나아가 근대화의 핵심이다. 이에 대한 높은 불신은 물 정책이 큰 문제를 안고 있다는 것을 보여준다. 이것은 자연을 돌보지 않은 박정희식 '파괴적 개발'의 필연적 결과이기도 하다.

그러나 사실 박정희 시대에는 많은 사람들이 수돗물을 그냥 마셨다.[13] 문제는 박정희식 파괴적 개발의 결과로 물 오염이 더욱더 심해졌고 이에 대한 시민의 의식도 대단히 높아졌으나, 물 정책은 박정희식 파괴적 개발에서 결코 벗어나지 않았다는 것에 있다. 그 단적인 예는 하수처리의 미비이다. 상수와 하수의 구분은 절대적인 것이 아니다. 상수와 하수는 결국 하나의 물이 된다. 따라서 깨끗한 상수를 원한다면, 무엇보다 하수를 깨끗하게 해야 한다. 그러나 현실은 그렇지 않기 때문에[14] 상수원이 깨끗

---

11) 1908년 뚝섬에 건설된 최초의 현대식 정수장의 원래 이름은 '경성수도양수공장' 이었다. 원래의 이름이 정수장의 성격을 더 잘 보여준다.

12) 수돗물은 마실 수 없는 물이라는 생각이 하나의 상식으로 굳어졌다. 이처럼 수돗물에 대한 불신이 극도로 커지면서 생수 시장이 비약적으로 커졌다. 이와 함께 비싼 정수기가 많은 가정의 필수품이 되었다.

13) 당시의 학교를 떠올려 보자. 주번은 매일 아침마다 주전자에 물을 받아서 교실에 갖다 놓아야 했다. 그 물은 물론 수돗물이었다.

14) 1980년대 이후에 하수관거를 많이 건설하기는 했으나, 여전히 완전한 분리 처리는 전혀 이루어지지 않고 있다. 하수는 늘 상수원으로 그냥 흘러 들어가고 있다. 커다란 하수처리장이 건설된 중랑천에서도 이런 사실을 언제라도 쉽게 확인할

할 수가 없고, 따라서 수돗물이 여러 문제를 안을 수밖에 없으며, 또한 따라서 시민의 불신은 커질 수밖에 없다. 하수도를 제대로 정비하고 하수 처리장을 건설해서 하수를 제대로 위생 처리하는 것은 깨끗한 상수를 얻기 위한 전제 조건이다. 문제가 발생하는 곳에서 문제가 발생하지 않도록 해야 한다. 그러나 물 정책은 이런 전제 조건을 여전히 무시하며 상수원을 멀리 강의 상류로 옮기는 방식을 선호하고 있다.[15]

'물의 근대화'는 다른 모든 것과 마찬가지로 박정희의 '조국 근대화'를 통해 본격적으로 이루어지게 되었다. 그것은 조국 근대화가 자연과 문화를 고려하지 않은 근대화였다는 사실을 잘 보여준다. 조국 근대화는 경제성장을 위해 자연과 문화를 쉽게 희생해 버리는 '파괴적 개발'을 통해 이루어졌다. 또한 그것은 군사작전을 수행하듯이 경제성장의 목표를 설정하고 강력하게 밀어붙이는 '군사적 성장주의'의 방식으로 이루어졌다. 그 결과 물은 오염되었고, 물 환경은 파괴되었으며, 물 관념은 경제화되었다. 1990년대에 들어와서 낙동강 페놀 오염 사고 등의 커다란 사고를 계기로 이러한 파괴적 개발에 대한 비판과 대응이 점차 확산되어갔다. 그러나 실질적인 전환은 아직 멀기만 하다. 파괴적 개발은 여전히 전국 곳곳에서 행해지고 있다.

4. 물 생활의 근대화

'물의 근대화'는 '삶의 근대화'를 위한 기초이자 그 핵심적 내용이다.

수 있다.

15) 낙동강이 더러워지자 지리산에 대형 댐을 건설해서 부산에 식수를 공급하자는 계획이 추진되었다. 아닌 밤중에 홍두깨 같은 이런 파괴적 개발에 맞서서 수많은 사람들이 꽤 오랫동안 큰 괴로움을 당해야 했다.

근대적 삶은 전근대적 삶보다 훨씬 더 많은 물을 요구한다.[16] 근대적 삶의 이러한 특징은 자연을 파괴하는 대형 댐과 광역상수도의 건설을 정당화하는 근거로 악용되었다. 이렇게 해서 물의 대량생산·대량소비 체계가 이룩되었다. 그리고 이러한 환경 파괴적 체계를 전제로 '물 부족론'이 제시되고, 이 논리를 근거로 다시 물의 대량생산/대량소비 체계가 강화되고 있다. 반생태적 악순환의 체계가 형성된 것이다.

상수도는 근대적 삶의 한 축이다. 집집마다 수도를 쓰게 되면서 우물은 사라지게 되었다.[17] 이렇게 해서 우리는 물지게의 노역에서 벗어나게 되었지만, 또한 우물과 우물가 문화를 잃어버리게 되었다. 공동체의 해체와 개인주의의 강화라는 근대 사회의 한 특징은 물이라는 필수재를 공급하는 하부구조의 변화와 밀접한 연관을 맺고 있다. 각자의 집에서 물을 마음대로 쓸 수 있게 되는 것은 단순히 삶이 편리해지는 차원을 넘어선다. 그것은 아주 다른 방식의 삶을 살게 되는 것을 뜻한다. 우물가에 모여서 서로의 삶을 있는 그대로 확인하며 살던 시대는 이제 영원히 사라져 버렸다. 우물의 시대에 각자의 집은 결코 자족적인 단위가 아니었다. 삶의 기본 단위는 마을이었다. 따라서 개인이 마음대로 물을 쓰거나 버린다는

---

16) 이러한 사실은 샤워 문화와 수세식 화장실의 보편화로도 쉽게 알 수 있다. 심지어 수세식 화장실의 보편화는 국가적 사업으로 추진되고 있다. 최근에는 비데를 설치하는 집도 크게 늘고 있다. 비데 물살을 너무 강하게 조작해서 항문 부위를 다친 환자들도 많다고 한다. 이런 식으로 물 수요는 계속 늘어나고 있다. 중수 시스템의 보급은 이미 절실한 과제가 되었으나, 이에 대한 정부의 대응은 여전히 미미하기만 하다. '물을 아껴 쓰자'는 구호는 여기저기서 쉽게 볼 수 있지만, 정작 물을 아껴 쓰기 위한 제도는 제대로 만들어지지 않고 있다. 대신에 자연과 문화를 파괴하는 대형 댐 건설 계획만이 난무하고 있다.

17) 우물이 사라진 또 다른 중요한 이유로는 지하수의 오염을 들 수 있다. 우물은 지하수를 식수로 이용하는 한 방법인데, 근대화에 따라 지하수의 오염이 심해지면서 많은 우물이 사용할 수 없게 되었다. 다시 말해서 근대화는 지하수를 더럽히거나 없애는 방식으로 진행되었다.

것은 있을 수 없는 일이었다. 그러나 상수도가 보급되면서 각자의 집은 그 자체로 자족적인 단위가 된다. 이제 누구나 물을 마음대로 쓰고 버리게 된다. 이와 함께 깨끗한 물에 대한 책임은 물 생산을 전담하는 기구의 몫이 되어 버렸다. 이러한 사용과 책임의 분리는 물 문제를 악화시키는 근대적 물 체계의 중요한 특징이다.

오늘날 강은 주로 식수원으로 사용되고 있지만, 예전에 강은 중요한 운송로이기도 했다.[18] 본래 도로가 발달하지 않았던 우리나라에서는 사실 강이야말로 가장 중요한 운송로였다. 태백산과 오대산에서 베어낸 나무들을 정선의 아우라지에서 엮어 뗏목을 만들고, 떼꾼들은 그 뗏목을 타고 동강을 지나 남한강으로 들어가 서울로 흘러갔다. 전국 각지의 온갖 산물들이 강을 타고 흘러 다녔다. 강은 사람들을 이어주었다. 이렇게 해서 강의 흐름을 중심으로 문화권이 이루어졌다. 그러나 근대화와 함께 강의 이러한 기능은 끝장나고 말았다. 철도가 놓이고 찻길이 닦이면서 운송로로서 강은 그 빛을 잃게 되었다. 그러나 물길이 더 이상 운송로로 이용되지 못하게 된 가장 중요한 요인은 '물의 근대화'에서 찾아야 한다. 대형 댐들이 강을 막고 들어서면서 물길을 아예 이용할 수 없게 된 것이다. 물길은 사람들이 이용하는 운송로일 뿐만 아니라 다른 생명체들이 움직이는 통로이기도 하다. 물길을 완전히 막는 방식으로 대형 댐을 쌓았기 때문에 물고기와 같은 다른 생명체들도 도무지 이동할 수 없게 되고 말았다.[19]

강은 또한 중요한 휴식 공간이고 놀이 공간이었다. 그러나 근대화에 따라 강으로 가는 것 자체가 어려워지고 말았다. 강둑이 찻길로 바뀌었기

---

18) 큰 강만이 아니라 작은 하천들도 운송로로 이용되었다. 예컨대 중랑천에도 예전에는 나루가 있었다. 도로가 제대로 닦이지 않은 대신에 물길이 사람과 물자를 실어 날랐다.

19) 1973년 12월에 완공된 팔당댐에 어도를 설치하겠다는 계획이 2003년 가을에 발표되었다. 당연히 했어야 하는 일을 하겠다고 밝히는 데, 무려 30년이라는 기나긴 시간이 걸린 것이다.

때문이다. 한강의 경우가 가장 대표적인 예이겠지만, 지정된 장소에서 지하도나 육교를 통해야만 한강으로 갈 수 있다. 이런 식의 변화는 전국 곳곳에서 일어났다. 원주와 같은 지방 도시에서도 똑같은 변화가 일어났다. 둑 위에는 찻길이 놓였고, 따라서 찻길을 건너야 비로소 물가에 닿을 수 있게 되었다. 이런 상황에서 1980년대에 들어와서 한강종합개발계획을 통해 새로운 변화가 이루어졌다. 그 핵심은 강가에 시멘트 둑을 쌓아 강을 직강화하고 둔치를 체육공원으로 바꾸는 것이었다. 이 사업의 뒤를 이어서 비슷한 사업이 전국 곳곳에서 벌어지게 되었다(우효섭, 2001). 이렇게 해서 강가는 다시 휴식 공간이자 놀이 공간으로 바뀌었다. 그러나 그렇다고 해서 강이나 강가가 예전처럼 되살아난 것은 결코 아니었다. 사실 그것은 또 다른 '파괴적 개발'이었다.

경기민요 한강수타령은 한강에서 어떻게 놀았던가를 잘 보여준다. 한강수타령 속의 한강은 깊고 맑은 물이 흐르는 강이며, 낚싯배와 놀이배 등 여러 기능과 모양의 배들이 떠 있는 강이다.

> 한강수라 깊고 맑은 물에 수상선 타고서 에루화 뱃놀이 가잔다
> * 아하 아하 에헤야 에헤야 어허야 얼싸함마 둥게디여라 내 사랑아
> 조요한 월색은 강심에 어렸는데 슬렁슬렁 배 띄워라 에루화 달맞이 가잔다
> 한강수라 맑고 맑은 물은 주야장천 흘러서 노들로 흐르고 흐르네
> 멀리 뵈는 관악산 웅장도 하고 돛단배 두서넛 에루화 한가도 하다
> 유유히 흐르는 한강물 위에 뗏목 위에 노래도 에루화 처량도 하다
> 앞강에 뜬 배는 낚시질 거루요 뒷강에 뜬 배는 님 실러 가는 배란다
> 노들에 버들은 해마다 푸르른데 한강을 지키던 님 지금은 어디 계신가
> 양구 화천 흐르는 물 소양정을 감돌아 양수리를 거쳐서 노들로 흘러만 가누나

정선 영월 흐르는 물 단양팔경 감돌아 여주 벽절 지나서 노들로 흘러
드누나

이런 모습의 한강은 이제 어디서도 볼 수 없다. 양구, 화천에서 소양정을
돌아 양수리를 거쳐 노들로 흘러갈 수도 없다. 화천에도 댐이 들어섰고,
소양강에도 댐이 들어섰으며, 양수리에도 댐이 들어섰다. 영월에도 대형
댐이 들어설 뻔했으며, 단양팔경은 충주댐으로 크게 훼손되었다. 여주를
지난 물길도 역시 팔당에서 갇혀야 한다.[20] 한강종합개발사업을 필두로
전국 곳곳에서 벌어진 하천의 위락공원화사업은 망가진 하천을 되살리는
것과는 거리가 먼 것이었다. 그것은 '조국 근대화'의 폐해를 바로잡는
것이 아니라 그것을 소비사회에서 요구하는 방식으로 바꿔서 밀어붙이는
것이었다.

'조국 근대화'에 따라 없어진 것에 대해 다시 서울의 한강을 예로 들어
살펴보자. 미사리는 드넓은 모래밭과 여울이 어우러진 너무나 아름다운
곳이었다.[21] 이곳이 완전히 파괴되면서 이곳의 문화도 사라져 버렸다.
대표적인 예가 '세계유일의 한국 전통 낚시'인 견지낚시이다. 여울이 좋고
물이 좋아서 이곳은 천혜의 견지낚시터였다. 그러나 이제 그것은 괴로운

---

20) 양수리는 남한강과 북한강이 만나서 한강이 되는 곳이다. 팔당에서 경안천을
품에 안고 한강은 서울로 흘러든다. 그러나 팔당에 댐이 들어서서 한강은 제대로
흐르지 못한다. 한 주민은 "20년 전에 피라미 잡던 곳에서 10년 전에 다시 투망질
을 하니 뻘만 잔뜩 올라오더라"고 증언했다(주민 면담 자료, 2003.7.18). 뻘은
댐의 효율을 떨어뜨리는 주범이다. 따라서 댐이 들어선 모든 곳에서 뻘 지도를
만들어서 체계적인 대응책을 세워야 한다.
21) 미사리는 그 이름대로 남한강과 북한강이 싣고 온 모래가 쌓여 만들어진 '아름다운
모래벌판'이었다. 수만 년 동안 쌓인 이곳의 모래와 자갈은 불과 몇 년 안에
모두 파헤쳐져 일산과 분당의 아파트에 사용되었다. 그리고 이제는 상류에 댐들이
많이 생겨서 더 이상 한강은 모래를 이곳에 쌓지 못하고 있다. 미사리는 서울
시민이 가장 즐겨 찾던 강변이었다.

추억이 되고 말았다. 다음은 한 견지인의 회고이다(조성욱, 미상).

지금은 조정경기장이 들어서 있는 곳! 대한민국의 온갖 가수들이 다 모여 아르바이트하는 곳! 울긋불긋한 네온과 카페, 음식점들의 오폐수들이 형식 적인 여과를 거쳐 상수원으로 흘러드는 요지경 같은 곳!

견지인의 휴식처이며 천혜의 견지터를 어느 날 갑자기 잃어버린 곳! 이곳 이 바로 오늘날의 미사리입니다. 미사리 앞에 당정섬이라는 예쁜 이름을 가진 섬이 있었습니다. 섬 주위를 커다란 포플러로 방풍림이 형성되었었고, 땅콩 밭을 지나 강가로 내려갈라치면, 굵은 호박돌밭과 이어지는 자갈 밭…… 그리고 은빛 모래……

발목을 간지럽히는 모래 뻘을 이리저리 헤집어 놓으면 씨앗을 뿌려 놓은 듯 노랗게 드러나곤 했던 한강의 재첩들…… 당정섬에 부딪혀 하얀 포말을 이루고, 잔뜩 산소를 머금고 아래로 아래로 흘러가며 그냥 떠먹어도 가슴까 지 시원하던…… 맑은 한강 물

장마가 그치고, 물색이 맑아 올 무렵이면, 발목 찰랑이는 모래밭에 수많은 곡선을 그으며 촘촘히 박혀 있던 말조개 무리들…… 다슬기…… 그리고 주위를 지나치는 온갖 종류의 물고기 떼들……

지금은 한강 개발과, 골재 채취로 없어져 버린 지 오래고, 하도 아쉽고 분해서 당정섬의 마지막 모습을 찍어 둔 사진엔 오렌지색 포클레인이 올라 가 있습니다.

이 인용문은 근대화를 통해 우리가 얼마나 많은 것을 잃어버렸는가를 잘 보여준다. 참으로 아름다운 풍경과 많은 물고기들을 자랑하던 곳이 삽시간에 사라져 버렸다. 강가는 시멘트로 완전히 포장이 되었으며,[22]

---

22) 한강종합개발사업은 한강을 대대적으로 준설하고 섬들을 없애고 모래와 자갈밭을 없애고 강가를 시멘트로 포장해 버렸다. 김포에서 팔당에 이르는 긴 구간이 시멘트

맑은 모래와 자갈이 무성하던 곳에는 이제 개흙만 잔뜩 쌓여 있다. 나무들이 무성하던 강둑은 널따란 자동차 전용도로로 바뀌었다.

한강종합개발사업은 '한강종합파괴사업'이라고 해야 옳을지도 모른다. 박정희의 '조국 근대화' 시기에 강변도로가 만들어지고, 강가에 아파트들이 들어서기 시작하고, 밤섬이 폭파되고, 난지도가 쓰레기 산으로 바뀌기 시작하고, 여의도가 개발되기 시작했다. 한강종합개발사업은 이런 '파괴적 개발'을 멈추고 상처를 어루만지는 것이 아니라 더욱 대규모로 펼치는 것이었다.

1970년 이후의 본격적인 서울의 도시 개발과 유역의 도시형 토지 이용 변형 등은 한강의 자연생태계를 크게 변화시키고 말았다. 특히 1988년 서울 올림픽을 대비해 실시된 한강종합개발사업과 하상정비사업은 홍수 예방과 수자원의 효율적인 이용, 친수공간의 확보 등에 긍정적인 효과를 주었으나, 하천의 고유 생태계를 어지럽히는 부작용을 낳고 말았다.

1982년 9월에 착공한 한강종합개발사업의 주된 내용을 보면 ① 행주대교에서 팔당댐에 이르는 52km에 인공저수로를 만들어 수상교통로로 활용하며, 여러 수상경기를 열 수 있는 시설을 건설해 쾌적한 생활공간을 만들고, ② 210만 평의 고수부지를 조성해 체육공원·편의시설·광장·공원녹지 등으로 개발하며, ③ 서울시의 교통체증 현상을 줄이기 위해 대규모의 강변도로를 건설하고, ④ 한강수의 오염을 막기 위해 대규모의 하수처리장을 건설, 현재 심각한 문제가 되고 있는 한강의 비정상적 생태계를 정상적인 생태계로 살린다는 등 한강을 지역 주민에게 되돌려 주자는 친수 목적에 근거했다. 그러나 정작 이러한 한강종합개발사업은 한강의 자연 하천의 모습을 앗아 갔으며, 생물 서식지 교란으로 한강 생태계를 크게 바꾸어 놓는 결과를 초래했다.

로 포장되었다.

한강은 본디 상류·중류·하류가 뚜렷이 구별되는 지형적인 영향으로 하천의 친수 기능을 위한 좋은 조건을 갖춘 곳이었다. 여가 공간과 환경 공간으로서의 한강의 가치는 상류 지역은 경관 감상의 장소로서, 중류는 수상 레저 공간으로서, 하류는 강변 휴식 공간으로서 크게 평가되었다. 그러나 이러한 **한강의 공간적 가치는 하안과 하상의 인위적 공사로 인해 크게 저하되었다**(서울특별시사편찬위원회, 2001: 61; 강조는 인용자).

수도꼭지를 트는 것으로 물을 마음껏 편하게 이용하며 사는 것은 근대적 삶의 전제 조건이다. 그리고 경제성장이 이루어지고 여가 수요가 커지면서 물을 즐기는 사람들이 늘어났다. 자동차를 몰고 강둑 위에 놓은 자동차 전용도로를 달려 강가 습지를 밀어 없애고 들어선 카페에 가서 차를 마시며 음악을 듣고 커다란 창 너머로 풍경을 즐긴다. 근대적 삶의 편리함과 즐거움의 뒤에는 이렇듯 자연과 문화의 파괴라는 큰 문제가 자리 잡고 있다.

5. 맺음말

물의 근대화는 자연스럽게 이루어진 변화가 아니었다. 한국의 경우에 물의 근대화는 일제의 식민지 근대화에서 박정희의 '조국 근대화'를 거쳐 최근에 이르기까지 줄곧 강력한 국가권력이 과학을 내세워서 하향적으로 근대적 물 정책을 강행해왔다. 이로써 물 정책에 관한 '전문가 집단의 독점화'가 이루어졌다. 과학의 영향을 강조해서 말한다면, '물의 근대화'는 물 정책을 독점한 전문가 집단이 주도한 역사적 변화였다고 할 수 있다.

그러나 물론 이 전문가 집단은 국가권력으로부터 결코 독립적이지 않았다. 민주국가에서도 전문가 집단은 국가권력으로부터 독립적이기 어렵다. 하물며 박정희의 반민주적 총통체제 아래에서는 더 말할 것도 없었다. 박정희가 과제를 던지면 전문가 집단은 '해결'했다. 그것이 정말 민주적이냐, 정말 합리적이냐에 대한 질문은 억압되었다. 대형 댐과 시멘트 직강화를 좋은 것으로 여기는 '특정한 과학'으로 무장하고 '근대화'의 사명감에 불타는 과학자와 기술자가 박정희의 '파괴적 개발'을 이끌고 나가는 강력한 세력이 되었다.

과학이 파괴를 정당화했다는 것은 사실 불행한 일이다. 그러나 더 불행한 것은 박정희가 죽었어도 그가 만들어 놓은 사회 체계는 여전히 작동하고 있다는 사실이다. 예컨대 대형 댐의 계획과 실행 과정에 일반 시민은 사실상 참여할 수 없다. 공청회와 같은 절차가 있기는 하지만, 그것은 밀실에서 마련된 계획을 형식적으로 공개하는 자리일 뿐이다. 박정희 정권 아래서 이러한 일반 시민의 배제는 당연한 것이었다. 그러나 이러한 반민주적 행태는 과학의 이름으로 정당화되었다. 한마디로 전문가들이 잘 알아서 하는 일이니 잘 모르는 일반 시민들은 그저 '굿이나 보고 떡이나 먹어라'는 것이었다. 물론 이런 반민주적 행태는 무엇보다 박정희 정권이 반민주적이라는 데서 비롯된 것이었다.

그러나 민주화가 이루어졌다는 오늘날에도 이런 반민주적인 행태가 여전히 과학의 이름으로 행해지고 있다는 점에 주의해야 한다. 사실 박정희의 독재는 과학을 매개로 작동했다. 박정희의 독재는 군사력만으로 이루어진 것이 아니었다. 온갖 근대 과학이 그의 독재를 정당화하는 데 이바지했다. 여기서 나아가 과학은 그 자체로 정치적 권력이 되어 버렸다. 정치적 독재는 끝났을지라도 과학의 독재는 끝나지 않았다.[23] 환경 파괴적 근대

---

23) 이 문제는 이른바 '황우석 사태'에서 더욱 극적으로 드러났다. 서로 적대적 관계에 있는 모든 정치인과 언론들이 앞을 다퉈 황우석에게 머리를 조아렸다. '황우석 사태'는 과학이 얼마나 쉽게 신비화될 수 있는가, 또한 신비화된 과학이 얼마나

과학에 대한 비판이 이제는 적지 않은 사회적 흐름을 이루게 되었지만, 그럼에도 불구하고 여전히 환경 파괴적 근대 과학은 무엇보다 강력한 영향력을 발휘하고 있다. 더욱이 이것은 박정희의 '조국 근대화'를 통해 거대한 산업을 형성하게 되었다. 이렇게 해서 환경 파괴적 근대 과학의 폐해를 바로잡는 것은 결국 우리 경제의 구조를 바꾸는 과제와 맞물리게 되었다.

대형 댐 정책[24]의 생태적 전환은 한국 사회의 민주화 정도를 가늠하는 하나의 시금석이라고 해도 좋을 것이다. 다행스러운 것은 시민사회의 성숙에 따라 대형 댐 정책에 대한 강력한 저항이 이루어질 수 있게 되었고, 나아가 대형 댐의 파괴적 영향에 대한 분석과 비판도 깊이 있게 이루어지고 있다는 사실이다.[25] 이러한 저항은 민주화의 심화라는 점에서 더욱더 중요하다. 박정희의 '조국 근대화'를 통해 대형 댐 건설은 무조건 올바른 것으로 확립되었다. 그러나 많은 사람들이 대형 댐의 문제를 지적하고 건설교통부와 수자원공사에 맞서 싸우는 과정에서 박정희의 '조국 근대화'를 통해 강력하게 확립되었던 대형 댐의 신화가 무너지게 되었다. 대형 댐은 댐이 들어서는 지역을 위한 시설이 아니며, 그 관리권도 지역 주민들이 아니라 중앙 정부가 가지고 있다. 대형 댐에 반대하는 투쟁은 핵 발전에

무서운 위력을 발휘할 수 있는가를 잘 보여주었다.

24) 이것은 반생태적 물 정책의 상징이다. 이와 함께 시멘트 직강화 정책도 발본적으로 개혁되어야 한다.

25) 그러나 정부는 여전히 '물 부족론'을 내세워 대형 댐 정책을 밀어붙이고 있다. 정부는 대형 댐의 엄청난 파괴와 폐해를 여전히 무시하고 있는 것이다. 이와 관련된 논란도 다른 것과 마찬가지로 과학적 논의의 형태를 취하고 있다. 그러나 수자원공사와 같은 조직들이 박정희의 '조국 근대화'를 위해 만들어진 개발 전문 조직이라는 점에 주의를 기울여야 한다(오관영, 2003). 이런 조직들은 대규모 개발, 곧 대규모 파괴를 위해 만들어졌으며, 여전히 그런 일을 곳곳에서 벌이고 있다. 따라서 이런 조직들을 그대로 두고 '전환'을 얘기하는 것은 무의미하다. '전환'에 대한 가장 강력한 저항 세력이 바로 이들이기 때문이다.

반대하는 투쟁과 마찬가지로 민주화 투쟁이며 분권화 투쟁이다.

물 문화의 변화는 한국의 근대화가 갖고 있는 특징을 집약적으로 보여준다. 파괴적 물 정책이 박정희식 '파괴적 개발'의 중요한 동력이었다는 점에서 보자면, 박정희식 파괴적 개발의 문제를 바로잡기 위해서는 파괴적 물 정책을 바로잡아야만 한다. 그 방향은 '생태적 전환'으로 요약될 수 있을 것이다. 그 주요 내용은 폐수 방류를 절대 금지하고, 물 사용량을 OECD 평균 수준으로 줄이며, 물 환경을 시멘트 둑과 대형 댐으로부터 해방시키는 것 등이다. 이러한 전환은 우리의 생존이 달린 과제이다. 이 과제를 성실히 추구하면서 우리는 새로운 물 문화를 만들어가게 될 것이다. 그것은 편협한 과학주의와 상품화 논리에서 벗어난, 자연과 문화를 존중하는 '오래된 미래'의 물 문화이다.

참고문헌

김한용 외. 2002. 『한국사진과 리얼리즘: 1950∼60년대의 사진가들』. 눈빛.

벡, 울리히(Beck, Ulich). 1997. 『위험사회』. 홍성태 역. 새물결.

부산시 중구청. 2001. 「지역사회발달사」, http://visit.junggu.busan.kr/history/h1_
　　4_5.asp.

서울특별시사편찬위원회. 2001. 『한강의 어제와 오늘』.

역사문제연구소 편. 1996. 『한국의 '근대'와 '근대성' 비판』. 역사비평사.

염형철. 2003. 「댐과 개발의 시대는 갔다」. 《환경과생명》, 2003년 봄호.

오관영. 2003. 「개발의 전위대, 개발 공사들을 해부한다」. 《환경과생명》, 2003년
　　가을호.

우효섭. 2001. 「하천환경개선사업의 평가와 전망」. 《건설기술정보》, 2001년 8월호.

윤양수·최지용·김선희. 1993. 「국토개발전략과 한강종합개발」. 서울YMCA 시민사
　　회개발부 주최. 『한강물 되살리기 심포지움: 한강 생태계 보전과 지속가능한
　　개발』.

이병천 엮음. 2003. 『개발독재와 박정희 시대: 우리 시대의 정치경제적 기원』. 창비.

장욱진. 1994. 『강가의 아틀리에』. 민음사.

조석필. 1993. 『산경표를 위하여: 백두대간의 원상회복을 위한 제안』. 산악문화.

조성욱. 연도 미상. 「사라진 여울들」. http://www.gyeonji.com/story/joseongwook2-01.htm.

충북참여자치시민연대. 2002. 「지방개혁의제: 환경분야」. http://www.citizen.or.
　　kr/100/R1.htm.

한국수자원공사. 1994. 『한국수자원공사 25년사』.

한기봉 외. 2001. 「마을 하수처리시스템 구축에 관한 연구 I」. 국립환경연구원.

홍성태 엮음. 2005. 『개발공사와 토건국가』. 한울.

長谷川公一. 2003. 『環境運動と新しい公共圈』. 有斐閣.

KBS <환경스페셜>. "강의 해방"(2000. 11. 1).

홍성태. <양평에서>. 주민 면담 자료(2003. 7. 18).

제3장 근대화와 물의 파괴

홍성태(상지대학교 교수, 사회학)

1. 머리말

　물은 우리가 살아가는 데 없어서는 안 되는 자연재이다. 그러나 이
세상에는 물이 모자라서 괴로움을 겪고 있는 사람들이 대단히 많다. 우리
도 가뭄이 심할 때는 각종 용수는 물론이고 식수조차 없어서 많은 사람들
이 큰 괴로움을 겪는다. 또한 물은 모자라도 걱정이고 넘쳐나도 걱정이다.
폭우가 쏟아지고 홍수가 일어나게 되면, 애써서 가꾼 논밭이 쑥대밭이
되어 버리고, 집이며 재산이 모두 물에 휩쓸려 가버리고, 심지어 많은
사람들이 목숨을 잃기도 한다. 그러므로 오랜 옛날부터 물을 다스리고
자유롭게 이용하는 것은 정치의 핵심 과제였다.[1]

---

1) 고대 중국의 우임금 이야기는 이런 사실을 잘 보여준다. 그는 황하의 성난 물을
　다스린 공으로 요와 순의 뒤를 이어 왕이 되었다(정재서, 2002). 비트포겔은 『동양의
　전제주의』(1957)에서 중국에서는 대규모 관개 시설을 관리하기 위해 강력한 전제정

제3장 근대화와 물의 파괴 _69

오늘날 우리는 대부분 집에서 수도꼭지를 트는 것으로 물을 자유롭게 이용하며 살아가고 있다. 또한 곳곳에 댐을 짓고 시멘트 둑을 쌓아서 그 어느 때보다 강력하고 효과적으로 물을 다스리고 있는 것으로 보인다. 우리가 이런 식으로 물을 이용하고 다스리게 된 것은 그렇게 오래되지 않았다. 이런 변화는 모두 근대화의 결과이다. 필요한 물을 자유롭게 이용하고 넘치는 물을 적절히 다스리는 것은 오랜 옛날부터 모든 사람의 큰 꿈이었다. 그런데 근대화를 통해 마침내 이 꿈이 이루어진 것처럼 보였다. 마치 근대화를 통해 비로소 굶주림의 공포에서 풀려날 수 있게 된 것처럼, 근대화를 통해 물을 자유롭게 이용하고 다스릴 수 있게 된 것처럼 보였다.

1990년대에 들어와서 탈근대성에 관한 논의를 계기로 근대성과 근대화에 관한 논의가 새롭게 촉발되었다. 서구의 여러 이론들을 둘러싼 논의들로 시작된 이 논의는 1990년대 중반을 지나면서 오늘날의 한국 사회가 만들어진 역사적 과정에 대한 여러 분석들로 나아갔다. 이러한 분석은 특히 식민지 시대의 변화와 박정희 시대의 변화에 초점을 맞춰 이루어지고 있다(역사문제연구소 편, 1996; 이병천 엮음, 2003; 한국정신문화연구원 편, 2001; 2002; 2004). 아마도 전자는 한국 사회의 근대화가 시작된 시기이며, 후자는 그것이 본격화한 시기이기 때문일 것이다. 이렇듯 한국의 근대화에 관한 연구가 활발하게 이루어지면서 한국 사회에 관한 이해도 한층 깊어지고 있는 것으로 보인다.

그러나 이런 와중에도 물과 같은 자연재의 변화에 대해서는 별다른 연구가 이루어지지 않고 있다. 사실 근대화에 따른 물의 변화는 그 자체로 근대화의 중요한 문화적 정치적 내용이며, 따라서 우리가 겪은 근대화의 특징을 드러내 보여주는 좋은 사례가 될 수 있다. 이처럼 이 글에서는

치가 필요했다는 '수력국가론'을 폈다(이상헌, 2003). 이 연구는 물과 권력의 관계에 초점을 맞춘 드물고도 흥미로운 연구이지만, 동양 정체론에 입각해 있다는 중대한 문제를 안고 있기도 하다.

근대화에 따른 물의 변화를 사회의 외부에 존재하는 자연의 변화가 아니라 근대화라는 사회적 변화의 중요한 내용이자 그 특징을 밝혀주는 역사적인 사례로 파악하고자 한다. 이 바탕에는 자연의 변화를 사회의 변화와 통합해서 살펴보고자 하는 생태적 관점이 자리 잡고 있다.

하나의 개념으로서 근대화는 공업화와 도시화를 중심으로 이루어진 생활 방식의 변화에 초점을 맞추고 있다. 이 개념은 제2차 세계대전 이후 미국에서 만들어졌으며, 이른바 '근대화론'을 통해 널리 퍼졌다(홍성태, 2002: 60~63). 근대화론에서 추구한 근대화는 사실 '자본주의적 공업화'에 해당되는데, 근대화론의 가장 큰 문제는 이런 변화를 발전과 동일시한다는 것이다.[2] 이 글은 근대화론을 비판하며 그 교정을 추구하는 성찰적 근대화론의 관점에 서 있다(Beck, 1992; Giddens, 1990). 성찰적 근대화론에서는 역사적 현상으로서 근대화가 결코 발전과 동일시될 수 없으며, 오히려 대량 학살과 생태 위기에서 알 수 있듯이 커다란 문제를 안고 있다고 본다. 이러한 문제를 해결하기 위해 성찰적 근대화론에서는 시민정치의 활성화를 통한 전문가 체계와 대의제의 변화를 특히 중요한 정치적 과제로 제시한다.

사실 근대화는 유례없이 거대한 개발과 파괴의 과정이었다(Berman, 1982: ch.1). 우리의 경우도 그렇다. 박정희의 '조국 근대화'는 이런 사실을 잘 보여준다(홍성태, 2003). 근대화에 따른 물의 변화는 급격한 공업화와 도시화의 과정이었으며, 동시에 자연과 문화의 급격한 파괴의 과정이기도 했다. 이 글에서는 이러한 파괴에 초점을 맞춰 근대화에 따른 물의 변화에 대해 살펴보고자 한다. 또한 논의의 결론으로서 물의 생태적 전환을 위한 과제와 난점을 대략적으로 제시할 것이다.

---

2) 이에 관해 국내에서는 1960년대부터 많은 논의가 이어졌다(홍석률, 1999). 한국정경연구소 편(1975)은 유신의 와중에 '조국 근대화'를 이끌었던 주요 논자들의 논의를 모았다. 김진균(1983)은 이러한 근대화론에 대한 비판으로서 중요하다.

2. 물과 근대화

근대화는 단순히 사회의 변화에 그치지 않는다. 거기에는 대단히 격렬하고 급속한 자연의 변화가 따랐다. 근대화를 총체적 변화로 이해하기 위해서는 당연히 이런 자연의 변화에도 깊은 관심을 기울여야 할 것이다(구승회, 1995; Norgaard, 1994; Murphy, 1994). 특히 물의 변화는 중요하다. 다시 말할 것도 없이 물은 모든 생명 활동의 원천이기 때문이다. 바로 이 때문에 물을 다스리고 이용하는 것은 근대화의 핵심적 과제가 되었으며, 이를 위한 여러 사업과 시설은 근대화의 핵심적 상징이 되었다.

여기서는 우선 물의 변화를 중심으로 근대화의 전개 과정을 시기별로 나누어 보고자 한다. 이를 통해 물의 변화가 이루어진 과정을 정리하고, 그 사회적 맥락을 되새겨 볼 수 있을 것이다. 다음의 <표 3-1>은 근대화에 따른 물의 변화와 관련된 주요 사안을 정리한 것이다.

<표 3-1> 근대화와 물의 변화에 관한 약사

1894년	부산 대청동 배수지 시설 - 최초의 현대식 상수도 시설
1908년	서울의 상수도 준공(1906년에 착공) - 정수장을 갖춘 최초의 상수도 시설
1910년	상수보호규정 공시
1943년	수풍댐 완공(1937년 착공)
1957년	괴산댐 완공(1952년 착공)
1958년	청계천 복개 공사 시작
1961년	「하천법」 제정, 「상수도법」 제정, 수자원국 신설
1965년	수자원종합개발10개년계획(1966∼75년)
1966년	「하수도법」 제정
1967년	한국수자원개발공사 설립(1988년 한국수자원공사로 개명)
1968년	한강개발3개년계획
1970년	4대강종합개발계획 발표(1971∼81년)
1973년 10월	소양댐 완공(1967년 착공)

1973년 12월	팔당댐 완공(1966년 착공)	
1981년	영산강 하굿둑 완공(1978년 착공)	
1986년	한강종합개발사업 준공(1982년 착공)	
1987년	낙동강 하굿둑 준공(1983년 착공)	
1989년	맑은물공급종합대책(총리실)	
1990년	금강 하굿둑 준공(1983년 착공)	
1991년 3월	낙동강 페놀 오염 사건	
1992년 6월	4대강별수질보전계획(환경부)	
1994년 1월	낙동강 수돗물 악취 발생 및 중금속 검출 사건	
1996년 7월	물관리종합대책(환경부)	
1998년 11월	한강수계상수원수질관리특별종합대책	
1999년 2월	「한강특별법」	
9월	「댐 건설 및 주변 지역 지원 등에 관한 법률」	
12월	낙동강수계물관리종합대책	
2000년 10월	금강수계물관리종합대책, 영산강·섬진강수계물관리종합대책	
2001년 1월	「3대강특별법(낙동강, 금강, 영산강·섬진강)」	
12월	댐 건설 장기 계획 확정	
2003년 7월	청계천 복원 공사 시작	
11월	한강 하구 생태 보전을 위한 연대회의(한강하구연대) 발족	

여기에서 볼 수 있듯이 근대식 상수도는 조선 말부터 만들어지기 시작
했으며, 근대식 댐[3]은 일제 때부터 만들어지기 시작했다. 이처럼 상수도와
댐으로 대표되는 물의 근대적 변화는 크게 일제 시대, 박정희 시대, 1980년
대, 그리고 1990년대 이후의 네 시기로 나누어 살펴볼 수 있다.

첫째, 일제 시대. 조선 말부터 시작된 물의 근대적 변화는 이 시대에

---

3) 댐의 우리말은 둑이다. 이런 점에서 우리나라 최초의 댐은 백제 때 만든 '벽골제'라
고 한다. 그러나 오늘날 우리는 댐이라는 말에서 단순히 둑을 떠올리지 않는다.
댐은 분명히 둑 이상의 것이다. 그것은 강을 막고 들어선 거대한 구조물이다. 이러한
댐은 서구에서도 19세기에 들어와서 만들어지기 시작했으며, 보통 둑에 비해 크기
와 부작용이 훨씬 크다.

들어와 더욱 대규모로 전개된다. 이러한 변화는 1920년대 이후 일제가 침략 정책의 일환으로 북한 지역에 건설한 여러 발전용 댐[4]들을 통해 상징적으로 드러난다. 그 대표적인 예로는 압록강에 건설된 수풍댐을 들 수 있다. 이렇듯 일제 시대에 활발히 이루어진 물의 근대적 변화는 오로지 일본인의 설계로 이루어졌으며(한국수자원공사, 1994), 이런 점에서 권력과 지식을 독점한 제국주의의 지배 아래서 펼쳐진 '식민지 근대화'[5]의 좋은 사례라고 할 수 있다.

둘째, 해방부터 1970년대 말에 이르는 시기. 1950년대 중반부터 많은 댐들이 지어지기 시작하며, 1957년에는 우리 손으로 설계한 최초의 댐인 괴산댐[6]이 완공되었다. 이 시기를 대표하는 것은 1960~1970년대에 걸쳐

---

4) 세계 최초의 수력발전소는 1892년에 미국 오리건 주에 건설된 웨스팅하우스의 발전소와 비와호(Biwa湖) 물을 이용한 교토 시영 발전소이다. 우리나라 최초의 수력발전소는 1905년 동양금광회사의 운산금광에서 자가용으로 청천강의 지류인 구룡강에 설치한 것이며, 일반 영업용 전기사업의 수력발전은 1912년 12월 원산수력전기(주)에서 시작했고, 최초의 대규모 수력발전소는 1929년에 완공된 부전강발전소이다. 물론 일제가 발전용 댐만 건설한 것은 물론 아니었다. 수적으로 가장 많은 것은 관개용 댐들이었다(한국수자원공사, 1장 1.1절의 나 항목과 1.2절의 나 항목). 그러나 관개용 댐들은 크기나 구조에서 발전용 댐보다 훨씬 작고 단순했다. 박정희가 소양강댐을 '조국 근대화'의 상징으로 삼았던 것은 일제가 수풍댐을 '식민지 근대화'의 상징으로 삼았던 것에서 배운 것으로 보인다.
5) '식민지 근대화'는 말 그대로 '식민지 시기에 이루어진 근대화'를 뜻한다. 이를 둘러싸고 1990년대 중반부터 수탈론과 개발론을 두 축으로 논쟁이 이어지고 있다 (한국정신문화연구원 편, 2004). 이런 논쟁과는 다소 다른 차원에서 식민지 근대화는 '제국주의가 좌지우지한 근대화'였다고 할 수 있다. 댐의 설계가 모두 일본인 전문가에 의해 이루어졌다는 것은 이런 사실을 보여주는 직접적인 증거이다.
6) 괴산댐은 근대화의 상징으로 대대적으로 선전되었다. 그러나 현재 괴산댐은 퇴적물이 너무 많이 쌓여 근대화의 한계와 문제를 잘 보여주는 대표적인 사례가 되었다 (KBS <환경스페셜>, '강의 해방'). 주민들은 괴산댐재개발저지대책위원회를 구성해서 댐의 해체를 요구하고 있지만, 건설교통부는 이런 뜻을 무시하고 재개발 계획을 진행하고 있다(충북참여자치시민연대, 2002).

서 펼쳐진 박정희의 '조국 근대화'사업이다. '소양강댐'은 경부고속도로와 함께 그 대표적인 상징물이다.[7] 박정희 시대에 들어와서 물의 근대적 변화를 위한 각종 제도와 기구도 정비되었다. 또한 수자원종합개발계획과 같은 국가 계획이 처음으로 마련되어 추진되었다.

셋째, 1980년대. 이러한 포괄적인 개발의 시대는 1980년대 말까지 이어져서 전국 곳곳에 수많은 댐들이 들어섰고 낙동강, 금강, 영산강의 하구에는 거대한 하굿둑이 들어섰다. 이와 함께 1980년대에 들어와서 중동 특수의 쇠퇴와 소비사회화를 바탕으로 한강종합개발계획이 추진되고, 이를 계기로 전국적으로 물 환경의 급격한 변화가 이루어지기 시작한다. 시멘트둑으로 물가를 막고 하천을 직선화하며 둔치를 운동장형 공원이나 주차장으로 개조하는 것이 이 변화의 물리적 핵심이다. 그 결과 전국의 대다수 하천이 본래의 자연성을 거의 잃어버리게 되고 말았다.[8]

넷째, 1990년대 이후의 시기. 이 시기의 가장 중요한 특징은 수질에 관한 논란이 사회적으로 널리 퍼져갔다는 것이다. 박정희의 '조국 근대화'는 자연을 파괴해서 고성장을 이루는 파괴적 개발의 과정이었다. 하천의 오염은 그 좋은 예이다. '조국 근대화'에 따라 물은 급격히 더러워졌다. 이런 상황에서 1991년 4월에는 낙동강 페놀 오염 사건이 일어났다. 이 사건은 수질에 대한 전 국민적 경각심을 불러일으켰다. 이로써 수질을

---

7) 박정희는 1972년 11월 25일의 소양강댐 담수식에서 소양강댐을 "우리 인간이 대자연에 엄청난 도전해, 인간의 의지로 자연을 극복하고 개가를 올린 산 증거"라고 칭송했다.

8) 이런 변화는 특히 도시 하천에서 두드러지며, 서울은 이런 변화의 선두에 서 있다. 예컨대 1960년대에 서울의 청계천이 복개되면서 전국적으로 '복개 열풍'이 불었다. 1960년대는 '복개의 연대'였다(손정목, 2003ㄴ: 190~191). 다시 1980년대에 들어와서 한강종합개발사업이 이루어지고 전국적으로 이것을 모방한 '하천 개발 열풍'이 불었다. 생태적 관심이 높아진 지금도 한국의 하천은 반생태적 복개와 개발의 틀에서 벗어나지 못하고 있다. '청계천복원사업'도 청계천의 역사와 자연을 파괴하는 또 다른 '청계천개발사업'일 뿐이다(청계천복원추진본부, 2004; 홍성태, 2005).

개선하기 위한 대책이 물 정책의 핵심으로 떠오르게 되었다. 그러나 그 성과는 여전히 좋지 않다.

3. 물의 근대화

근대화를 통해 물은 어떻게 변했는가? 또는 근대화의 이름으로 물은 어떻게 파괴되었는가? 이제 물의 근대화가 가장 급격하게 이루어진 박정희 시대를 중심으로 이 문제에 대해 좀 더 구체적으로 살펴보자. 물의 근대화는 근대적 상수도9)와 하수도10)의 건설로 시작되었다. 그러나 물의

---

9) 근대적 상수도는 1894년 부산에서 일본인에 의해 처음으로 도입되었다. "초량왜관 시대에 왜관 안에는 우물이 있어 개항 당시에는 이것을 이용했다. 그러나 개항 후 일본 군함의 빈번한 출입과 거류 일본인의 증가로 급수 문제가 시급한 과제로 대두되게 되었다. 이에 따라 1880년에 처음으로 보수천 상류로부터 지금의 광복동 거리까지 대나무 홈통으로 물을 끌어들이는 시설을 했고, 그 후 1886년에는 더 굵고 큰 나무통으로 물을 끌어들이는 시설을 했다. 그러나 물은 날이 갈수록 모자라 1894년 보수천 상류에 물을 모으는 둑인 집수언(集水堰)을 만들고 자연여과 장치를 시공했고 이와 아울러 거류지 가까운 높은 곳에 대청동 배수지를 설치했다. 이 상수도 시설은 비록 일본인들의 필요에서 설치되기는 했으나 뒷날 부산 상수도의 기원이 되었다"(부산시 중구청, 2001). 서울에는 1908년에 미국인에 의해 뚝섬에 최초로 설치되었는데, 뚝섬 정수장의 당시 이름은 '경성수도양수공장(京城水道揚水工場)'으로 공업적으로 생산된 물이 근대식 상수라는 사실을 잘 보여준다. 일본 최초의 근대식 상수도는 1887년 요코하마에 설치된 것이다. 또한 서구에서 근대식 상수가 개발된 것은 1804년이며, 오늘날 널리 사용되고 있는 미국식 여과법은 1884년에 개발되었다.

10) "근대식 하수도가 건설되기 시작한 것은 우수배제의 목적으로 1663년부터 유럽에서 설치되기 시작 …… 영국에서는 1810년 무렵 수세식 화장실이 발명되면서 오물도 하수도로 운반하게 되어 지금의 하수도와 같은 기능을 담당하기 시작 …… 우리나라는 예부터 인분을 비료로 농지에 시비해왔기 때문에 대부분의 화장실 구조가 수거식이었고, 이로 인해 하수도 시설의 발달이 지연"(한기봉 외, 2001:

근대화는 상수도와 하수도를 넘어서는 대단히 포괄적인 변화이다. 여기서는 이것을 물 자체와 물 환경으로 나누어 살펴보고자 한다.

첫째, '물 자체'의 변화. 이 세상에는 많은 물이 있다. 그것은 짠물과 민물, 단물과 센물, 지하수와 지표수, 그리고 얼음과 구름 등 여러 모습으로 존재한다. 그러나 그 모습이 어떻든 간에 자연 속에서 물은 끊임없이 순환하며 생명을 기른다. 순환과 생육은 물의 본성이다. 그러나 근대화와 함께 이러한 본성은 망가지고 말았다. 물 오염은 단순히 물이 더러워진 것을 넘어서 이러한 본성이 망가진 것을 가리킨다. 더러워진 물은 순환하지 않고, 따라서 생육할 수 없다. 그것은 파괴된 자연의 어두운 상징이다. 물론 오염 자체가 새로운 현상인 것은 아니다. 예컨대 청계천처럼 많은 하수가 유입되던 하천은 옛날에도 더러웠다. 그러나 근대화는 오염의 양과 질에서 큰 변화를 가져왔다. 특히 결코 자연적으로 정화되지 않는 '공업적 오염'[11]은 근대화가 낳은 완전히 새로운 문제이다.

시기적으로 보았을 때, 이러한 변화는 박정희 시대에 가장 명확하게 나타났다. 박정희의 '조국 근대화'는 공장의 굴뚝에서 내뿜는 검은 연기를 발전의 상징으로 여기는 파괴적 개발[12]의 방식으로 이루어졌다. 이 때문

---

16).

11) 대표적인 예로는 화학 오염과 중금속 오염을 들 수 있다. 유기물질이 많지 않아 맑아 보이는 물이 화학물질과 중금속으로 심하게 오염되어 있을 수도 있다. 이러한 '공업적 오염'은 우리의 지각 능력을 벗어나서 존재하기 때문에 더욱더 위험하다.

12) '파괴적 개발'이란 자연을 경제성장의 장애물이나 자원으로만 파악하고 이루어지는 개발을 뜻한다. 자연의 복합적 가치, 특히 생태적인 가치를 제대로 인정하지 않아서 결국에는 생태계의 파괴로 이어지게 된다. 또한 파괴적 개발은 자연의 물리적 파괴에 그치지 않는다. 그것은 자연을 파괴하는 경제의 구조화를 통해 자연의 파괴를 당연시하는 심성을 널리 퍼뜨린다. 인간의 문명은 자연의 개발을 통해 형성되고 유지된다. 개발에는 자연을 가능한 지키는 보존형 개발과 그렇게 하지 않는 파괴형 개발이 있다. 예컨대 물의 오염을 막을 수 있는 기술을 최대한 사용하는 제도를 갖추고 제대로 운영하는가는 그 중요한 기준이 될 수 있다(홍성

에 공업화와 도시화가 유례없이 빠르게 이루어졌을 뿐만 아니라 극독성 폐수와 오수가 하천으로 마구 쏟아져 들어갔다. 예컨대 서울의 한강을 보자. 흔히 '한강의 기적'이라고 말하지만, 그것은 '한강의 경악'이기도 했다. 근대화에 따라 한강물이 더러워지기 전에 서울 사람들은 한강물을 그냥 식수로 이용했다. 겨울에 한강물이 얼면 그 얼음을 쌓아두었다가 여름에 식용으로 이용했다.13) 그러나 '조국 근대화'와 함께 한강은 빠르게 더러워졌다. 이 때문에 한강물을 그냥 식수로 사용하지 못하게 된 것은 물론이고, 나아가 한강물이 너무 더러워져서 하류의 취수장은 폐쇄되기에 이르렀다. 또한 한강은 서울 시민의 가장 중요한 놀이터이기도 했다. 특히 여름에는 수많은 시민들이 한강으로 몰려나와서 물놀이를 즐겼다.14) 그러나 한강이 더러워지면서 1960년대 말에는 물놀이마저 금지되고 말았다.15)

물 오염의 만연이야말로 근대화에 따른 물 자체의 변화에서 가장 중요하고 두드러진 현상이다. 잘 알다시피 이러한 물 오염의 원인은 더러운 하수를 정화하지 않고 내버리는 것이다. 이 문제를 막을 수 있는 기술적 수단은 물론 있다. 오염원이 가정이건 축사이건 공장이건 오염을 막을 수 있는 기술적 수단은 충분히 있다(下水道多目的活用硏究會, 1997). 특히

태, 2000과 2004).

13) 1958년에 서울의 한강에서 채빙하는 모습을 찍은 손규문의 사진은 좋은 자료이다 (김한용 외, 2002). 그때까지도 한강물을 그냥 먹을 수 있었다.

14) 김한용 외(2002)에 실린 김한용의 <서울 한강 인도교 부근, 1947~48>을 보면, 한강이 얼마나 즐겁고 상쾌한 장소였는가를 잘 알 수 있다. 이 사진은 남녀노소를 떠나서 수많은 시민들이 한강에서 여러 방식으로 놀고 있는 모습을 생생하게 보여준다.

15) 오염이 심해지면서 한강은 시민의 삶으로부터 점점 멀어지게 된다(윤양수·최지용·김선희, 1993). 제1한강교 부근 수영 금지(1962년), 한남동 나루터 폐쇄(1969년), 보트 놀이 금지, 한강 하류 어획 금지, 뚝섬 나루터 폐쇄(1973년), 노량진, 영등포, 김포, 선유 취수장 폐쇄(1979년), 뚝섬 수영장 폐쇄(1981년) 등으로 이어졌다.

정부는 하수처리장을 건설해서 오염을 막을 책임이 있다. 순환의 원리에 따라 하수가 결국은 상수가 된다는 사실에 비춰 보자면, 맑은 하수정책은 결국 맑은 상수정책의 핵심이라고 할 수 있다. 하수정책은 상수정책과 동전의 양면을 이루어야 한다(堀越正雄, 1995). 그러나 한국은 하수정책과 상수정책이 완전히 분리되어 있으며, 또한 여전히 허술한 하수정책을 펼치고 있는 나라이다. 처리해야 할 하수의 용량과 수질을 잘못 예측해서 건설된 하수처리장들이 전국 곳곳에서 심하게 오염된 하수를 쏟아내고 있다(박완철, 1998).[16]

둘째, '물 환경'의 변화. 여러 지질학적 요인들이 작용해서 만들어지는 물 환경은 숱한 생명체의 서식지이자 인간의 생활권을 이루고 문화를 빚어낸다.[17] 물 환경은 사람에게도 다른 생명체에게도 대단히 중요하다. 물을 보호하는 것은 단순히 물의 오염을 막는 것뿐만 아니라 물 환경을 원래 모습대로 지키는 것을 뜻한다. 그러나 물 환경이 변하지 않는 것은 아니다. 시간이 흐르면서 물 환경도 계속해서 변한다. 10년이면 강산도 변한다는 말이 있듯이 옛날에도 물 환경은 변했다. 또한 옛날에도 인위적으로 물 환경을 바꾸는 경우가 있었다. 예컨대 대구의 신천은 조선 시대에 많은 사람들이 고생해서 만든 물길이었다. 서울의 청계천도 본래 자연하천이었으나, 양 옆에 둑을 쌓고 개수해 인공하천인 '개천'이 되었다.

---

16) 2003년 10월 5일에 환경부는 전국의 201개 하수처리장의 20%가 하수를 제대로 처리하지 못하고 있다는 조사 결과를 발표했다. 예컨대 구리시 하수처리장은 하루에 16만 톤을 처리할 수 있는데 23만 톤에 가까운 하수가 유입되는 것으로 조사되었다(≪중앙일보≫, 2003.10.5).

17) 우리의 전통적 지리관은 근대의 지질학적 지리관과 달리 산줄기를 눈에 보이는 대로 그린다. 이것이 산맥과 다른 '산경'이다. 18세기 중반에 여암 신경준은 『산경표』를 써서 이런 지리관을 정리했다. 『산경표』의 지리관은 물줄기를 중심으로 사람들의 삶이 이루어진다는 것을 잘 보여준다(조석필, 1993의 1부). 근대의 지질학적 지리관은 이런 사실을 보여주지 못한다.

그러나 물 환경의 급격한 변화는 분명히 근대화의 결과이다. 옛날에는 인위적으로 물 환경을 바꾸는 것이 대단히 어려운 일이었다. 근대화에 따라 막강한 공업력을 이용해 비로소 물 환경을 쉽게 바꿀 수 있게 되었다.[18] 그 결과 선조들은 결코 볼 수 없었던 커다란 변화가 아무렇지도 않게 일어났다. 수천 년, 아니 수만 년을 두고 한결같이 흐르던 강물이 더 이상 흐르지 않게 되고, 강가에서 하얗게 빛나던 모래들이 순식간에 사라져 버렸다. 무엇보다 두드러지는 예는 대형 댐이다. 예컨대 1985년에 완공된 충주댐으로 말미암아 옛 단양의 18개 마을 중에서 무려 10개 마을이 물에 잠겼다. 옛 단양의 2/3가 물에 잠겨 버렸다. 고구려 때는 남진기지로 중요시되었으며, 수몰 지역 유적 조사에서는 구석기 시대의 동물 화석과 주먹도끼들이 발굴되었다(신경림, 1992: 35~36). 이렇듯 오랜 역사와 문화가 모두 물에 잠겨 버렸다.

시멘트 직강화의 폐해도 크다. 여름철 홍수 때에 물이 빨리 빠져나가도록 하천 선형을 직선화하고 물가를 시멘트로 포장했다. 이 때문에 하천 생태계가 심각하게 파괴되었을 뿐만 아니라 오랜 시간을 통해 이루어진 우리의 물 문화도 파괴되었다. 예컨대 1922년에 소월은 "엄마야 누나야 강변 살자"고 노래했다. 이 시는 원래 그대로 살아 있는 강변을 노래한다. 그러나 '조국 근대화'와 함께 강변은 빠르게 파괴되었다. 시멘트로 뒤덮인 강변에는 갈잎이 필 수 없고, 직강화된 하천에는 금모래가 쌓일 수 없다. 전국 어디서고 이제 금모래가 쌓여 있고 갈잎이 살아 있는 강변을 보기가 어렵게 되었고, 그 결과 소월의 시에 담겨 있는 정서 자체가 그 대상을 잃고 사라지게 되었다.

다시 한강을 예로 들어보자. 모래밭이 끝없이 펼쳐져 있던 아름다운 미사리는 이제는 시멘트 둑으로 둘러싸인 썰렁한 곳이 되고 말았다. 1965

---

18) 이런 점에서 다이너마이트, 굴삭기, 덤프트럭, 레미콘 등은 단순히 기계의 차원을 넘어서 근대화의 유력한 상징, 특히 남성적 상징을 갖는다.

년 여름에 화가 장욱진은 미사리를 앞에 둔 덕소에 살면서 '강가의 아틀리에'라는 아름다운 글을 썼다(장욱진, 1994). 그러나 장욱진을 감동시켰던 강가의 풍경은 전두환과 노태우가 밀어붙인 1980년대의 한강종합개발사업과 신도시 건설사업으로 완전히 파괴되고 말았다(서울특별시사편찬위원회, 2001: 60~61). 자연의 모습은 사라지고 자동차의 소음과 음식점의 요란한 간판과 강가를 메우고 들어선 아파트들이 우리의 눈과 귀를 괴롭게 한다. 1990년대에 들어와 6차선의 자동차 전용도로가 강가에 새로 놓였으며, 그와 함께 덕소는 아파트가 빽빽이 들어선 곳으로 바뀌었고, 팔당 상수원 곳곳에도 많은 숙박업소들이 들어서게 되었다.[19]

'물의 근대화'는 박정희의 '조국 근대화'를 통해 본격적으로 이루어지게 되었다. 그것은 조국 근대화가 자연과 문화를 제대로 고려하지 않은 근대화였다는 사실을 잘 보여준다. 조국 근대화는 경제성장을 위해 자연과 문화를 쉽게 희생해 버리는 '파괴적 개발'을 통해 이루어졌다. 또한 그것은 군사작전을 수행하듯이 경제성장의 목표를 설정하고 강력하게 밀어붙이는 '군사적 성장주의'의 방식으로 이루어졌다. 그 결과 우리는 많은 물을 쉽게 쓸 수 있게 되었지만, 이것은 물 자체의 오염과 물 환경의 파괴를 대가로 치루고 이루어진 성과였다. 1990년대에 들어와서 이러한 파괴적 개발에 대한 비판과 대응이 점차 확산되어갔다. 그러나 실질적인 전환은 아직 먼 것으로 보인다.

---

19) 팔당 상수원 주변의 숙박업소는 1990년 238개에서 2001년 598개로 크게 늘었다. 2000년대에 들어와서는 이른바 펜션이 늘고 있는데, 이것은 대형 숙박업소임에도 법적으로는 개인 주택이어서 숫자조차 정확히 파악되지 않고 있다(≪한국일보≫, 2003.10.15). 2004년 3월 현재, 하루 10만 톤가량의 폐수가 팔당호로 들어가고 있는 것으로 추정된다(KBS <9시 뉴스>, 2004.3.31).

4. 물 파괴에 맞서서

물 파괴의 문제에 효과적으로 대응하기 위해서는 물 파괴의 논리에 주목할 필요가 있다. 그것은 박정희의 '조국 근대화'를 통해 형성되었으며, 아직도 별로 변하지 않은 채 작동하고 있다. 박정희는 강력한 물리력을 동원해서 물의 근대화를 밀어붙였다. 그러나 물리력만으로 물의 근대화가 이루어진 것은 아니었다. 물리력만큼이나 중요한 구실을 한 것은 과학이었다.[20] 박정희의 파괴적 물 정책은 무엇보다 과학으로 정당화되었다. 그것은 두 단계로 이루어졌다. 먼저 물에 대한 과학적 이해가 물 정책의 전제 조건으로 확고히 자리 잡는다. 모든 물 정책은 과학적 연구를 전제로 해서 입안되고 실행되는 형식을 취한다. 이어서 전문가 집단이 물 정책을 온전히 떠맡는 '물 관리의 전문화'가 이루어진다. 이렇게 해서 일반 시민이 물 정책의 결정 과정에 끼어들 수 없는 비민주적 구조가 만들어진다.

박정희의 파괴적 물 정책을 대표하는 것은 대형 댐 정책이다.[21] 박정희 정권은 전기 생산, 수자원 확보, 홍수 조절 등의 여러 목적을 동시에 이룬다는 명목으로 '다목적댐'을 여기저기에 지었다. 그것은 '조국 근대화'의

---

20) 폭력과 과학의 결합은 박정희 개발독재의 중요한 특징이다. 그것은 민주의 허울을 쓴 반민주, 합리의 허울을 쓴 반합리의 개발 방식이라고 할 수도 있다. 이와 관련된 중요한 예로 서울의 개발을 들 수 있다(손정목, 2003ㄱ: 13~18).

21) 물 정책은 보통 이수, 치수, 환경정책으로 나뉘지만, 이 글의 논의 방식으로는 물 자체와 물 환경에 관한 것으로 크게 나뉜다. 어떻게 나누더라도 대형 댐의 파괴적 영향은 두드러진다. 박정희 시대의 파괴적 물 정책을 보여주는 또 다른 예로는 수질정책을 들 수 있는데, 박정희의 조국 근대화는 수질 보존에 대해 사실상 어떤 조치도 취하지 않았다. 실제로 수질 보존이 중대한 과제로 떠오른 것은 1991년의 낙동강 페놀 오염 사건 이후이다. 그러나 놀랍게도 이 사건이 일어난 뒤에도 낙동강의 수질은 더욱 나빠졌으며, 여전히 크게 개선되지 않은 상태이다. 당시 낙동강 유역의 문제를 다룬 한 보고서는 낙동강의 오염 문제가 파괴적 개발의 구조적 산물임을 보여준다(≪부산일보≫ 특별취재반, 1992).

거대한 상징이었다. 그 대표적인 예가 바로 소양강댐이다. 그러나 이러한 대형 댐은 넓은 지역이 수몰되고 많은 물길이 막힌다는 점에서 대단히 환경 파괴적인 시설이다(염형철, 2003). 이 때문에 세계 곳곳에서 대형 댐을 허물고 건설을 반대하는 운동이 활발히 펼쳐지고 있다(McCully, 1996). 그런데 시대가 변하고 민주화가 되었다고 하는데도 이 나라의 대형 댐 정책은 전혀 변하지 않고 있다.[22] 이 점에서 시대는 변하지 않았다. 대형 댐의 문제를 바로잡으려 하는 새로운 세계적 추세에 비춰 보자면, 단순히 시대가 변하지 않은 것이 아니라 거꾸로 가고 있다고 해도 좋을 것이다.

대형 댐은 그 자체로 큰 문제이지만, 이것을 정당화한 방식은 더 큰 문제였다. 그것은 대형 댐의 문제를 문제로 삼는 것 자체를 막는 방식이었다. 그 결과 오랫동안 대형 댐의 문제는 진지한 논의의 대상이 될 수도 없었다. 여기서 무엇보다 먼저 다음과 같은 두 가지에 주의를 기울일 필요가 있다.

첫째, 대형 댐은 근대 과학에 입각한 과학주의의 산물이었다. 대형 댐의 필요성과 건설 방법에 관한 모든 논의는 과학적 논의의 형식을 취한다. 사실 대형 댐은 근대 과학의 성과이기도 하다. 그러나 여기에는 큰 문제가 있다. 무엇보다도 대형 댐의 계획·건설·운영 과정에 일반 시민은 사실상 참여할 수 없다. 우리의 경우에는 심지어 필요한 정보를 얻는 것조차 어렵다.[23] 대형 댐은 박정희의 독재가 과학을 매개로 작동했다는 사실을

---

22) 2002년도 국제대형댐위원회의 명부에 한국의 대형 댐은 모두 1,214개로 기록되었다. 이로써 한국은 세계 7위의 대형 댐 보유국이 되었으며, 국토 면적당 밀도로는 세계 1위의 대형 댐 보유국이 되었다. 그런데도 건교부는 27개의 댐 건설을 추진하고 있으며, 농림부는 2,451개의 저수지 건설을 추진하고 있다(염형철, 2003: 43).

23) 이와 관련된 최근의 중요한 사례로는 소양강댐 누수 은폐 사건을 들 수 있다. 수자원공사는 언제나 "아무런 문제가 없다"고 밝혔으나 사실은 1998년에 누수 부분이 발견되어 2002년에 대규모 보강 공사를 벌였다. 그러나 그 구체적인 내용

잘 보여준다. 나아가 대형 댐을 둘러싼 최근의 논란들은 박정희의 독재가 끝났어도 그의 독재를 정당화했던 과학은 여전히 그 힘을 잃지 않고 있다는 사실을 보여준다. 성찰적 근대화론에서 지적하듯이, 과학 자체가 중요한 정치적 투쟁의 대상인 것이다. 따라서 '과학적'이라는 주장 자체가 아니라 그 주장의 실제적 내용과 그것이 빚어내는 현실의 문제에 주목해야 한다. 우리는 과학의 이름으로 거짓을 정당화하고 현실의 문제를 감추려는 시도가 횡행하고 있다는 데에 주의해야 한다.[24]

둘째, 대형 댐은 철저한 국가주의의 산물이었다. 대형 댐이 들어서면 엄청난 규모의 수몰 지역이 생기게 된다. 그것은 곧 자연과 문화와 사회의 대규모 파괴를 뜻한다. 넓디넓은 산과 들이 물에 잠겨 사라지고 오랜 옛날부터 사람들이 살아오던 자취들이 모두 사라져 버린다. 숱한 마을들이 물에 잠겨 없어지고 사람들은 여기저기로 흩어지고 만다.[25] 그런데 박정희 정권은 '공익의 논리'를 내세워 이런 파괴를 정당화했다. 그러나 그 기준은 무엇이며, 또한 그 판정 주체는 누구인가? 모든 것은 국가권력이 정했다. 아니, 국가권력을 장악한 박정희가 정했다(손정목, 2003ㄱ). 다목적 댐 건설 논리 ― 수몰민의 이주와 희생을 당연시하는 국가주의적 공익 논리 ― 는 '국가주의의 내면화'를 촉진시켰다. 시민사회가 아직 제대로 형성되지도 않은 상황에서 국가에 맞선다는 것은 사실 감히 상상조차 할 수 없는

에 대해서는 여전히 밝히지 않고 있다.

24) 이와 관련된 최근의 좋은 예가 한탄강댐 건설 계획이다. 건설교통부와 수자원공사가 강력하게 밀어붙이고 있는 이 댐의 건설 계획은 유역 면적과 같은 기본적인 자료조차 엉터리라는 사실이 이미 명백하게 밝혀졌다(녹색미래 외, 2003). 이런 상황에서도 건설교통부와 수자원공사는 한탄강댐 건설 계획을 밀어붙이고 있다.

25) 2003년 8월 17일 양구에서 소양댐 수몰민을 만나 면담했다. 이 분은 많은 수몰민들이 제 명대로 살지 못했다고 증언했다(주민 면담 자료, 2003). 졸지에 조상 대대로 살아오던 고향 마을을 떠나게 된 수몰민들은 극심한 '수몰 스트레스'에 시달렸고, 그 결과 새로 옮겨간 곳에 제대로 적응하지 못하고 화병을 앓다가 자살한 사람들이 많았다는 것이다.

일이었다.[26] 이런 식으로 '수몰민'이라고 불리는 '환경 난민' 또는 '개발 난민'이 양산되었다. 전국에 들어선 수많은 대형 댐들은 모두 이런 사연을 담고 있다. 그것은 자연과 문화와 사회의 거대한 수장지이다.[27] 이런 점에서 대형 댐 정책의 전환은 한국 사회의 민주화 정도를 가늠하는 하나의 시금석이라고 해도 좋을 것이다. 그러나 불행하게도 대형 댐 정책은 아직도 바뀌지 않았다. 지금도 정부는 전국 곳곳에서 대형 댐 정책을 밀어붙이고 있다.[28]

한편 민주화와 함께 대형 댐 정책에 대한 강력한 저항[29]이 이루어질 수 있게 되었고, 나아가 대형 댐의 파괴적 영향에 대한 분석과 비판도 깊이 있게 이루어지게 되었다. 박정희의 '조국 근대화'를 통해 대형 댐 건설은 무조건 올바른 것으로 확립되었다. 그러나 이런 결과는 대형 댐의 필요성과 구실을 일방적으로 선전하고 그 문제와 폐해를 완전히 감춘 데서 비롯된 것이었다. 시간이 흘러 대형 댐의 문제가 명백하게 드러나고, 민주화에 따라 지역 주민들이 시민으로서 자기의 권리를 주장할 수 있게 되었다. 대형 댐의 문제를 지적하고 건설교통부와 수자원공사에 맞서 싸우는 과정에서 박정희의 '조국 근대화'를 통해 강력하게 확립되었던 대형

---

26) 양구에서 면담한 주민은 "나라에서 하는 일이니 반대한다는 것은 생각조차 하지 못했다"고 말했다.

27) 탐진댐으로 사라질 유치마을을 기억하기 위해 이 마을의 마동욱 씨가 만들어 운영하고 있는 유치마을 사이트에서 이 사실을 생생히 확인할 수 있다.

28) 그 이유로 정부는 '물 부족론'을 제시하고 있다. 예컨대 2011년까지 12억 톤의 물이 부족해질 것이라는 주장이다. 그러나 이 계산은 10년 동안 생활용수와 공업용수가 20%씩 늘어나고 인구가 6.7% 늘어난다는 잘못된 전제 위에 서 있다(염형철, 2003: 46).

29) 1990년대 이후에 이루어진 몇 가지 예로는 영월댐 반대운동, 내린천댐 반대운동, 지리산댐 반대운동, 한탄강댐 반대운동, 송리원댐 반대운동, 도암댐 철거운동, 괴산댐 철거운동 등을 들 수 있다. 이런 운동들을 바탕으로 전국적인 차원의 댐 반대 연대운동이 펼쳐지고 있다. 이와 관련해서 nodam.or.kr을 참조.

댐의 신화가 무너지고 국가주의가 흔들리게 되었다. 대형 댐은 댐이 들어서는 지역이 아니라 멀리 떨어진 도시를 위한 시설이며, 그 관리권도 지역 주민들이 아니라 중앙 정부와 그 산하기관인 수자원공사가 가지고 있다. 이런 점에서 대형 댐에 반대하는 투쟁은 핵 발전에 반대하는 투쟁과 마찬가지로 민주화 투쟁이며 분권화 투쟁이다.

'물 파괴'에 맞서는 이러한 투쟁은 1990년대를 지나며 크게 두 줄기로 이어지고 있다. 첫째, 희생을 강요당한 지역 주민들의 생존권 투쟁이다. 지역 주민들은 더 이상 일방적인 희생의 논리를 받아들이지 않는다. 지역 주민들은 단순히 희생의 대가로 보상을 받고 마는 것이 아니라 물 정책의 주체가 되어 물 정책 자체를 바꾸고자 한다. 둘째, 생태적 가치를 추구하는 시민운동의 확산이다. 물을 단순히 자원이나 경제재나 과학적 분석의 대상으로 여기는 것이 아니라 삶의 원천이자 여러 생물이 어우러져 살아가는 생태계로 회복하고자 하는 운동이 널리 펼쳐지고 있는 것이다(이병철 외, 2000; 이노우에 토시히코 외, 2002).

5. 맺음말

한국의 근대화는 철저한 하향식으로 이루어졌다.[30] 박정희 이래의 물 정책은 강력한 국가권력을 통해서 물 자체와 물 환경을 삽시간에 크게

30) 물론 그렇다고 해서 근대화가 물리적 억압으로만 이루어진 것은 아니다. 국민의 참여를 '동원'하기 위한 국가동원체제가 만들어져서 작동했던 것이다. 각종 '건전가요', 민방위, 반상회 등이 그 예이다. 이 체제의 기본 논리는 공산주의라는 '적'의 위협에 맞서기 위해 국가의 명령에 따라야 한다는 것이다. 여기서 국가가 어떻게 구성되고 작동하는가는 조금도 중요하지 않았다. 이렇듯 반공주의와 국가주의는 박정희의 파괴적 개발을 떠받치는 두 기둥이었다. 이런 점에서 민주화는 생태적 전환의 중요한 조건이 되었다.

바꿔 놓았다. 이런 변화를 통해 우리는 많은 물을 편하게 쓸 수 있게 되었다. 그러나 이런 변화는 엄청난 파괴를 대가로 치루고 이루어진 것이기도 하다.

우리는 자연 속의 존재이다. 자연은 단순히 우리의 생존을 위한 자원이 아니다. 자연이 망가진 곳에서는 우리의 삶도 위태로울 수밖에 없다. 서울을 비롯한 수도권에서 대기오염으로 매년 1만 1,000명의 사람들이 조기 사망하고 있다는 사실은 이 점을 잘 보여준다(경기개발연구원, 2004). 파괴적 개발의 근대화를 통해 망가진 자연을 되살리는 것은 우리의 생존을 위한 절박한 과제이기도 하다.

이런 반성 위에서 생태적 근대화의 요청이 제기되고 있다. 이것은 성찰적 근대화를 생태적 차원에서 구체화하는 것이라고 할 수 있다. 그 출발은 근대화를 생태파괴적인 것과 생태보존적인 것으로 나누어 살펴보는 것이며, 그 목표는 생태파괴적 사회를 생태보존적 사회로 바꾸는 것이다. 그 대표적인 예로는 핵 발전정책의 폐지와 태양광 발전정책의 확대를 들 수 있다(이필렬, 2001; 김해창, 2003).

물의 경우는 어떻게 할 수 있는가? 무엇보다 대형 댐의 건설을 중단하고 해체하는 쪽으로 옮겨가야 한다. 물길을 막는 아버지 곤의 치수 방식은 실패했고, 물길을 여는 아들 우의 치수 방식은 성공했다(정재서, 2002). 우리도 우의 치수 방식을 따라야 한다. 대형 댐 중심의 물 정책은 지표수를 깨끗하게 관리하고 숲과 늪지를 보존하는 방식으로 바뀌어야 한다. 또한 물가를 시멘트로 뒤덮고 하천을 직강화하는 치수 방식을 바꿔서 물가의 자연과 본래의 하천을 되살려야 한다. 예전에 그랬듯이 어디서나 맑은 물을 마시고 즐길 수 있도록 하는 것이다.

물의 생태적 전환에 반대하는 쪽에서는 대형 댐이 아니라면 물 부족에 대처할 수 없다고 한다. 그러나 한국은 물 부족 국가가 아닐 뿐더러 숲과 늪은 대형 댐보다 훨씬 효율적인 녹색 댐이다(염형철, 2003; 이상헌, 2003).

또한 시멘트 직강화가 아니라면 홍수에 대처할 수 없다고 하는 사람들도 있다. 그러나 2003년의 태풍 '매미'에 따른 피해를 조사한 결과는 시멘트 직강화를 내세운 하천의 난개발이야말로 홍수의 주범이라는 사실을 잘 보여준다(환경운동연합, 2003).

물의 생태적 전환에서 정말로 큰 문제는 과학을 내세운 '파괴의 산업화'일 것이다. '토건국가'론에서 잘 보여주듯이 거대 토건산업은 파괴적 근대 과학을 내세우고 끈끈한 정경유착의 그물을 이용하며 자연과 문화를 파괴해 막대한 이윤을 챙긴다(McCormack, 1996). 깊디깊은 산 속까지 시멘트 직강화사업을 벌이고 있는 한국도 이미 이런 '토건국가'에 속한다. 토건업계에서는 심지어 전국의 모든 큰 하천을 운하로 연결하자는 주장을 펼치고 있기도 하다. 원활한 운송로의 건설을 내세운 이런 파괴적 주장은 토건업계의 이익을 떠나서는 결코 이해될 수 없는 것이다(박병상, 2003).

물 자체나 물 환경의 파괴에서 잘 알 수 있듯이 한국에서 물의 생태적 전환은 대단히 시급한 사회적 과제이다. 그러나 한국에서 물의 생태적 전환은 대단히 어려운 과제이다. 물 정책을 좌지우지하는 건설교통부와 수자원공사가 여전히 파괴적 개발을 강행하고 있는 것이 가장 큰 문제이다. 물의 생태적 문화적 재생을 위해 물 정책을 발본적으로 재검토하고 그 추진 체계를 재구축해야 할 것이다.

참고문헌

경기개발연구원. 2004. 『경기도 지역 대기오염의 사회적 비용 추정 및 적적 수준 달성방안』.

구승회. 1995. 『에코필로소피』. 새길.

기든스, 앤서니(Anthony Giddens). 『포스트 모더니티』. 이윤희·이현희 옮김. 1991. 민영사.

김진균. 1983. 『비판과 변동의 사회학』. 한울.

김한용 외. 2002. 『한국사진과 리얼리즘: 1950~60년대의 사진가들』. 눈빛.

김해창. 2003. 『환경수도, 프라이부르크에서 배운다』. 이후.

녹색미래 외. 2003. 「한탄강댐 건설 추진에 대한 고발장」.

매코맥, 개번(Gavan McCormack). 1998. 『일본, 허울뿐인 풍요』. 한경구 외 옮김. 창작과비평사.

맥컬리, 패트릭(Patrick McCully). 2001. 『소리 잃은 강』. 강호정 옮김. 지식공작소.

박병상. 2003. 「물 흐르듯 흐르지 못하는 물 이야기」. ≪환경과생명≫, 2003년 봄호.

박완철. 1998. 「생활하수 및 축산폐수의 합리적인 처리대책」. 녹색연합 배달환경연구소. 『한국환경보고서 98/99』.

벡, 울리히(Ulich Beck). 1997. 『위험사회』. 홍성태 옮김. 새물결.

부산시 중구청. 2001. 「지역사회발달사」. http://visit.junggu.busan.kr/history/h1_4_5.asp.

≪부산일보≫ 특별취재반. 1992. 『낙동강 살아나는가』. 지평.

서울특별시사편찬위원회. 2001. 『한강의 어제와 오늘』.

손정목. 2003ㄱ. 『서울 도시계획이야기 1』. 한울.

_____. 2003ㄴ. 『서울 도시계획이야기 5』. 한울.

신경림. 1992. 『강따라 아리랑 찾아』. 문이당.

역사문제연구소 편. 1996. 『한국의 '근대'와 '근대성' 비판』. 역사비평사.

염형철. 2003. 「댐과 개발의 시대는 갔다」. ≪환경과생명≫, 2003년 봄호.

오관영. 2003. 「개발의 전위대, 개발 공사들을 해부한다」. ≪환경과생명≫, 2003년 가을호.

우효섭. 2001. 「하천환경개선사업의 평가와 전망」. ≪건설기술정보≫, 2001년 8월호.

윤양수·최지용·김선희. 1993. 「국토개발전략과 한강종합개발」. 서울YMCA 시민사회개발부 주최. 『한강물 되살리기 심포지엄: 한강생태계 보전과 지속가능한 개발』.

이노우에 토시히코(井上智彦) 외. 2004.『세계의 환경도시를 가다』. 유영초 옮김. 사계절.

이병천 엮음. 2003.『개발독재와 박정희 시대: 우리 시대의 정치경제적 기원』. 창비.

이병철 외. 2000.『생태마을 길잡이』. 녹색연합.

이상헌. 2003.『세상을 움직이는 물: 물의 정치와 정치생태학』. 이매진.

이필렬. 2001.『에너지 전환의 현장을 찾아서』. 궁리.

장욱진. 1994.『강가의 아틀리에』. 민음사.

전경련. 1969.『수자원 개발의 현황과 기본 방향』.

조석필. 1993.『산경표를 위하여: 백두대간의 원상회복을 위한 제안』. 산악문화.

청계천복원사업추진본부. 2004.『청계천복원 실시설계(안)』.

충북참여자치시민연대. 2002.「지방개혁의제: 환경분야」. http://www.citizen.or.kr/
    100/R1.htm

한국수자원공사. 1994.『한국수자원공사 25년사』.

한국정경연구소 편. 1975.『정경연구 창간 10주년 기념특호: 근대화의 현단계』.

한국정신문화연구원 편. 2001.『근대화전략과 새마을운동』. 백산서당.

_____. 2002.『박정희 시대 연구』. 백산서당.

_____. 2004.『식민지 근대화론의 이해와 비판』. 백산서당.

한경구. 2003.「전통 문화와 생활 속에서의 물」. ≪환경과생명≫, 2003년 봄호.

한기봉 외. 2001.「마을 하수처리시스템 구축에 관한 연구 I」. 국립환경연구원.

홍석률. 1999.「1960년대 지성계의 동향: 산업화와 근대화론의 대두와 지식인사회의
    변동」. 한국정신문화연구원 편. 1999.『1960년대 사회변화연구: 1963~1970』.
    백산서당.

홍성태. 2000.『위험사회를 넘어서』. 새길.

_____. 2002.「근대화에서 근대성으로」. ≪문화과학≫, 31호.

_____. 2003.「근대화와 위험사회」. ≪문화과학≫, 35호.

_____. 2004.『생태사회를 위하여』. 문화과학사.

_____. 2005.『생태문화도시 서울을 찾아서』. 현실문화연구.

환경운동연합. 2003.「태풍 매미 관련 피해 조사 보고서: 국토 난개발이 부른 환경재앙」.
    환경운동연합 토론회.『태풍 매미의 교훈과 방재정책 발전방향』. 2003.10.1.

堀越正雄. 1995.『日本の上水』. 新人物往來社.

下水道多目的研究會. 1997.『下水道最先端 - 下水道の多目的活用』. 理工図書.

Berman, Marshall. 1982. *All that is Solid Melts into Air: The Experience of Modernity*. Penguin.

McCormick, John. 1989. *The Global Environmental Movement*. Belhaven Press.

Murphy, Raymond. 1994. *Rationality and Nature*. Westview Press.

Norgaard, Richard. 1994. *Development Betrayed*. Routledge.

Wittfogel, Karl. 1957. *Oriental Despotism*. Vintage.

정재서. 2002. "곤과 우의 치수". ≪한국일보≫(2002. 8. 7).

KBS <환경스페셜>, "강의 해방"(2000. 11. 1).

홍성태. <양구에서>. 주민 면담 자료(2003. 8. 17).

유치리 기록 사이트. www.uchimaul.com.

댐반대국민행동 사이트. nodam.or.kr.

2부 | 한국의 근대화와 물 정책

제4장

한국 물 정책의 변화*

이미홍(국토도시연구원 책임연구원, 행정학)

제도는 역사를 통해 진화하지만,
효율적인 균형점에 항시 도달하는 것은 아니다.
— March and Olson, 1989

1. 서론

1) 연구의 목적 및 의의

물 정책[1]을 둘러싼 논란이 끊이지 않고 있다. 1980년대에서 1990년대로 넘어오는 시기에 발생한 낙동강 페놀 사건은 기업의 사회적 책임 논쟁

---

* 이 글의 일부분은 2005년 5월 ≪한국사회와 행정연구≫에 발표된 이미홍의 글을 정리한 것이다.

1) 이 연구에서 사용되는 '물 정책'이란 용어는 다소 생소한 용어이다. 일반적으로는 '수자원정책', '수질정책'으로 양분되어 사용된다. 이는 수자원을 관리하는 건설교통부와 수질을 관리하는 환경부가 관리를 나누어 함으로써 파생된 결과이다. 하지만 건강하고도 효율적인 물 관리를 위해 통합에 관한 논의가 있고(지속가능발전위원회 공청회 자료집, 2003) 한국의 전체적인 물 관리정책을 파악한다는 의미에서 이 글에서는 '물 정책'이란 용어를 사용하고자 한다.

을 가열시키며 환경청을 환경처로 그리고 환경부로 승격·확대시켰다. 또한 1997년 이후 나타난 댐 건설 반대운동은 국책사업의 정당성에 의문을 제기하는 중요한 기폭제가 되었으며, 이러한 경향은 새만금 갯벌 매립 반대운동과 천성산 고속철도 건설 반대 등으로 이어지고 있다. 또한 수자원 수요 예측에 있어서도 정부와 수자원공사는 물이 미래에 부족할 것이니 댐이나 광역상수도를 계속 늘리는 정책을 실시해야 한다고 주장하고 시민단체는 물 수요 예측은 잘못되었고 이제는 공급 위주의 정책이 아닌 수요를 관리하는 정책으로 전환되어야 한다고 주장한다. 이러한 논란과 저항을 놓고 정부에서는 이를 중요한 '정책 실패(policy failure)' 사례로 간주하고 있으며, 심한 경우 국가의 기능과 정부 정책에 대한 중대한 도전으로 생각하고 있는 형편이다. 도대체 이러한 입장 차이는 왜 발생하는 것일까?

우리는 과거 30~40년간 공식적으로 그리고 묵시적으로 근대화를 해야겠다는 목표를 가지고 줄기차게 그 과정을 수행해왔다. 물 정책에 있어서도 마찬가지다. 우리나라는 전 세계에서 그 유례를 찾기 힘들 정도의 성공적인 댐 건설과 광역상수도, 하천치수 등 각종 근대적인 물 관리 기술, 제도 등을 도입해왔다. 그럼에도 불구하고 1990년대에 이러한 근대화 과정은 왜 비판받고 도전받아야 하는가? 이 연구는 이러한 문제의식에 기초해 한국의 근대화 과정을 물 정책을 통해서 해석하고자 한다. 근대화 과정 속에서 진행된 물 정책을 살펴봄으로써 물 정책이 근대화 과정에서 어떻게 전개되었는지를 서술하는 것이 이 글의 목적이다. 이러한 논의는 현재 일어나고 있는 '물'을 둘러싼 분쟁이나 갈등의 원인을 직접적으로 해결하지는 못하겠지만 과거를 돌아봄으로써 현재의 제도를 점검하고 미래의 정책 방향을 제시하는 데 도움이 될 것이다.

이 연구의 의의는 다음과 같다. 첫째, 기존의 한국 근대화를 탐구한 논문들은 다수가 경제 분야에 초점을 맞추었다(이향순, 1999; 김해동, 1993; 고영복, 1992). 이는 한국의 경제발전이 '한강의 기적'이라 불릴 만큼 성장

세가 급격한 것이었고, 따라서 이러한 경제성장 동인을 해석하고자 하는 노력이 많았기 때문이다. 하지만 이 연구처럼 한국의 근대화 과정 속에서 '물'의 변화를 연구하는 경우는 매우 드물었다. 이 연구는 이러한 분야에서 국내에서 시도되는 초창기 연구 중의 하나가 될 것이다.

둘째, 물 정책을 통해 근대화 과정을 설명하는 연구가 특히 한국에서 적실한 것은 한국의 근대화 과정의 가장 중요한 주체가 정부였기 때문이다. 한국의 경제성장 원인을 모색할 때 정부의 역할 및 관료제의 특성은 언제나 주요한 동인으로 등장한다(Amsden, 1989; Wade, 1990; Johnson, 1987). 심지어 세계은행조차 신고전 경제학파의 논리의 예외로 한국 정부의 시장 개입 효율성을 인정하기도 했다(World Bank, 1993). 특히 한국의 경제기획원과 같은 경제관료 조직의 특수성은 일본의 통산성과 마찬가지로 경제성장의 견인차 역할을 한 것으로 인정받고 있다(염재호, 2000: 36). 특히 한국처럼 해방 이후 사회적 기반이 미비하고, 군사 쿠데타를 통해 정통성 확보가 결여된 정부가 들어설 경우 정부가 의도적·적극적으로 개입해 발전을 유도할 수밖에 없다(김해동, 1993: 14). 따라서 물 정책을 통해 한국의 근대화 과정을 해석하는 것은 한국 현실을 올바로 해석하는 데 중요한 연구가 될 것이다.

셋째, 기존 물 관련 정책 연구는 대부분 정책 실패—예를 들어 낙동강 페놀 사건, 시화호 오염, 위천공단 입지 선정 문제, 새만금 간척사업 등—의 원인을 탐구하거나(전영평, 1994; 정준금, 1995; 송인성 외, 1996; 김인환, 1997; 윤양수 외, 1998; 이원희, 1999; 김종길, 2001; 사득환, 2003) 물을 둘러싼 갈등 관리(김선희, 1996; 박기묵, 1997; 전진석, 2003)와 관련되어 있다. 상하수도 공급 시설과 관련된 민영화나(우동기 외, 1996) 시설관련 경제성 분석(유금록, 2001; 2002)들도 종종 등장하는 주제였다. 근래에 들어서는 물을 둘러싼 자율 관리나 거버넌스와 관련된 논의들(홍성만·주재복, 2003; 배응환, 2003), 수리권(최연홍, 2002)이나 수요 관리(김일중, 2002; 최승업, 2003) 연구들도 등장하고 있다. 하지만 이 연구와 같이 물 정책을 과거로부터 현재까지 정리하고 이를 통해 한국의 근대화 과정을 탐구하는 논문은 거의 전무하다시피 하다.

넷째, 바람직한 정책 대안의 결정과 집행에는 과거에 축적된 경험과 지식이 활용될 수 있어야 한다는 점에서 이 연구는 의미가 있다. 이는 정책 과정이 근본적으로 학습(learning)의 과정이기 때문이다(최종원, 1995: 152). 풋남(Putnam)도 "제도는 역사에 의해 형성된다(Institutions are shaped by history)"고 하면서 제도의 실제적 성취는 제도가 작성하고 있는 사회적 맥락에 의해서 규정된다고 추론하고 있다(Putnam, 1994: 9). 과거의 물 정책을 되돌아보는 것은 제도를 작성하는 사회적 맥락이 어떻게 변해왔고, 그것이 현재 어떻게 투영되었는지를 보여주는 중요한 계기가 될 것이다. 이는 또한 미래의 정책 목표를 세우고 이를 실행할 수단을 찾는 데 있어서도 의미가 있다.

2) 연구의 범위 및 방법

이 연구의 시간적 범위는 20세기 초부터 현재까지(1894~2004)이며, 8개 시기로 구분된다. 첫 번째 시기는 20세기 초반부터 해방까지(1894~1945)이며 두 번째 시기는 해방 이후부터 5·16쿠데타까지(1946~1960)이다. 세 번째는 제3공화국(1961~1972) 시기로 5·16부터 유신헌법 공포까지로 정했다. 네 번째 시기는 제4공화국(1973~1979) 시기로 유신헌법 공포부터 10·26까지이다. 다섯 번째는 5공화국(1980~1987) 시기로 전두환 대통령 재임 시절이며, 여섯 번째는 제6공화국(1988~1992) 시기로 노태우 대통령이 재임한 기간이다. 7번째 시기는 문민정부(1993~1997) 시기, 8번째는 국민의 정부(1998~2002)와 참여정부 초기(2003~2006)가 포함된다. 8개의 시기 구분은 해석에 어려움이 있다. 따라서 시대를 다시

<표 4-1> 연구의 시간적 범위

시기 구분	정책 내용	
식민지 시대 및 해방 후 혼란기(1894~1960)	1기(1894~1945)	2기(1946~1960)
박정희 시기(1961~1979)	3기(1961~1972)	4기(1973~1979)
1980년대(1980~1992)	5기(1980~1987)	6기(1988~1992)
1990년대(1993~2006)	7기(1993~1997)	8기(1998~2006)

범주별로 묶었다. 8개 시기 중 1·2기는 식민지 시대 및 해방 후 혼란기로 볼 수 있으며, 3·4시기는 박정희 시기, 5·6시기는 1980년대, 7·8시기는 1990년대로 지칭될 수 있다.

<표 4-1>은 연구의 시간적 범위를 정리한 것이며, 다시 분야별로 나누어 제시될 것이다. 제시될 분야는 댐 정책, 상하수도 정책, 하천 관리정책, 치수 정책, 농업용수 및 지하수 관련 정책, 수질 정책이다.

특히 이 연구에서 3번째·4번째 시기인 박정희 시기는 중요하다.[2] 이는 1960~1970년대를 근대화가 시작된 출발점으로 일반적으로 보고 있으며,[3] 경제적인 면, 객관적인 지표와 사회적인 기준들을 통합적으로 포괄해 사회 전반이 근대화되었다고 평가할 때, 그리고 비농업 인구가 많아지고 '나 스스로 잘살아 보자, 부자가 되어 보자' 하는 개척에 대한 의식이 사람들 사이에서 확장된 것은 1960~1970년대부터였다는 의미에서(고영복, 1992: 344~345) 박정희 시기는 한국의 중요한 근대화 시기라고 할 수 있다. 또한 이러한 국가주도의 근대화 경향이 1980년대까지 영향을 미친다는

---

2) 박정희 시기의 산업화와 민주화에 대한 여러 학자들의 소논문은 이병천 외(2003)를 참조할 것.

3) 물론 역사학이나 다른 사회과학적인 시각에서는 개화 시대에 벌써 근대적인 의식이 있었고 또 자본주의적인 맹아도 있다고 판단해, 사실은 근대화가 그 이전부터 시작되었다고 주장하기도 한다. 또 의식이나 관념적 측면에서 보면, 근대화의 기원을 실학사상까지 거슬러 올라가는 경우도 있다(고영복, 1992: 344).

점에서 박정희 시기는 물 정책에 있어서도 가장 중요한 시기라 할 수 있다.

연구 방법은 주로 광범위한 문헌 연구를 수행한다. 한국의 수자원정책사와 관련된 각 기관의 자료(농수산부·농업진흥공사, 1985; 한국수자원공사, 1994; 김여택, 1995; 내무부·중앙대책본부, 1995; 구도완, 1996; 한국환경기술개발원, 1996; 한국수자원학회, 1997; 한국수자원학회·한국수자원공사, 1997; 낙동강보존회, 1999; 안경모, 2002; 손정목, 2003)와 해방 이후 현재까지 물 정책 관련 신문 검색(《조선일보》)이 이루어졌다. 《조선일보》를 검색한 이유는 일제 시대부터 현재까지 지속적으로 발간되었으며, 과거 신문까지 인터넷을 통해 검색이 가능했기 때문이다. 이러한 결과는 현실적으로 연구의 범위가 워낙 장기간이고 시간과 비용의 한계로 《동아일보》까지 포괄할 수 없었기 때문이기도 하다. 하지만 본 논문의 경우 '물'과 관련된 구체적인 사실 확인에 신문기사가 사용되었으므로 대상 신문에 따른 편차는 별로 없다고 가정할 수 있다. 이러한 자료들을 토대로 우리나라의 물 정책을 해석하는 작업이 이루어졌다.

글의 구성은 다음과 같다. 2절에서는 이론적 고찰로 물과 정책, 근대화와 연관된 '근대성, 합리성' 개념을 설명한다. 3절에서는 본격적으로 물 정책이 우리나라 근대화 과정에서 어떻게 진행되었는지를 분야별(댐, 상수도, 하천, 치수, 농업용수 및 지하수, 수질)로 설명한다. 4절에서는 분석 결과로부터 나온 우리나라의 물 정책의 특성과 이에 대한 대안을 제시하게 될 것이다.

2. 이론적 고찰

1) 물과 정책

자연과 사회는 매우 포괄적인 차원에서 관계를 맺는다. 이전에는 자연과 사회가 분리된 채로 사고되었다. 자연은 미개한 상태이고 이러한 자연은 인간의 제도나 기술을 통해 계몽되어야 하는 대상이었다. 근대적 지식이 보는 자연은 데카르트적 자연으로서 분석, 정복, 통제, 관리의 대상이지 공감이나 교감의 대상은 아니었다. "근대적 주체는 논리와 이성의 주체로서 권력을 행사하고, 무의미의 자연세계에 의미를 부여하는 적극적 행위자로 본질적으로 규명된다(이종수, 2000: 28)"는 요약이 가능했다. 하지만 자연과 사회는 분리된 채로 작동하는 것이 아니라 시간의 흐름에 따라, 그리고 공간의 차이에 따라 서로 통합되어가면서 변화해 간다. 다시 말해서 일반적으로 사회와 분리된 자연이 있는 것이 아니라 역사적·지리적으로 상이한 방식으로 '자연·사회'라는 존재가 계속 형태를 바꾸어 가는 것이며, 이 과정은 모순과 갈등으로 가득 찬 것이다(Swyngedouw, 1999).

자연의 중요한 요소 중에 하나인 '물'은 기본적으로 생태적 요소이지만, 사회·경제·정치·문화 분야를 가로질러 독특한 역사와 지리를 만들어간다. 물은 인간의 생명 유지 활동에 필수적일 뿐만 아니라 쾌적한 문화생활을 위해서도 필수적이다. 인간다운 삶을 유지하기 위해 필요한 물을 공급하고 분배하며 처리하기 위해서는 이를 담당하는 정치제도와 경제체제가 필요하고, 물을 소비하는 관행이 뒤따르게 되며, 이 관행은 일정한 상징과 담론, 그리고 의미 부여를 동반하게 된다(이상헌, 2002: 478). 특히 물을 공급하고 분배하며 처리하는 역할은 주로 정부가 담당해왔고, 이러한 과정이 근대화 이후 대규모로 진행되다 보니 이를 관장하는 정부 정책이 중요한 요소가 되었다. 정부가 물을 관리하는 체제를 정치적으로 그리고 경제적으로 어떻게 형성시키고 유지해 나가느냐에 따라 그 사회의 정치적·경제적·문화적·생태적 조건들은 변화될 것이다.

이러한 논의와 관련되어 가장 유명한 것은 칼 비트포겔(Karl Wittfogel)의 수력사회(hydraulic society)론이다. 비트포겔은 자신의 저서 『동양 전제주의(Oriental Despotism: A Comparative Study of Total Power)』에서 고대 아시아 사회에 왜 '전제주의'라는 독특한 정치·경제 시스템이 등장하게 되었는가 하는 문제를 물의 대규모 사용에 따른 사회 관계의 변화라는 관점에서 풀어나갔다. 비트포겔에 따르면 근동아시아와 중국, 그리고 인도 등에서 동양적 전제주의가 나타나게 된 이유는 그 사회가 '수력사회'였기 때문이다.

수력사회란 기술 관료 중심의 강력한 정부가 관리하는 대규모의 관개 시설과 홍수 통제 시설을 이용해 농업을 경영하는 '수력 농업'에 기초한 사회이다. 대규모 관개 시설은 강우에 의존하는 촌락 단위의 소규모 물 관리 행태를 대체했고, 촌락들 간의 관개 시스템을 지배하는 관리 조직을 요구하게 되었다. 따라서 필요한 농업용수를 안정적으로 확보하고 분배하는 데 있어서 전문적인 기술(당시의 수문학, 천문학, 수학, 건축술 등)을 보유한 기술 관료들이 요청되었으며, 이들은 당시의 생산수단인 토지를 소유하지 않았지만 물 관리와 관련된 기술을 토대로 점차 지배적인 권력을 행사하는 지배계급으로 성장하게 되었다(Wittfogel, 1957: 26~27). 관개 시설로 인한 안정적인 농업용수 공급에 대한 대가로 농민들은 화폐나 곡물 같은 조공 혹은 강제 노역과 같은 부역을 제공했다(Wittfogel, 1957: 49~86). 이러한 강제 노역을 통해서 대규모 관개 시설이나 홍수 통제 시설만이 아니라 국가 방위를 위한 성벽, 운하, 도로, 대도시, 왕궁, 왕묘, 기념비 등도 건축했는데, 이러한 공사를 통해서 전제국가는 다시금 절대 권력을 공고히 하며, 이에 필요한 정치 조직을 정비할 수 있었다(Wittfogel, 1957: 42~48). 결국, 비트포겔의 수력사회론은 물의 사용과 관리가 정치 권력의 형성

과정에 깊이 배태(embedded)되어 있다는 것을 보여주고 있다. 도널드 워스터(Donald Worster)는 비트포겔의 수력사회론에 기초해 미국 서부 캘리포니아에서 나타난 물의 정치화과정을 역사적으로 보여주고 있다(Worster, 1985). 워스터 역시 대규모로 물이 공급되고 관리될 경우 권위주의적으로 정치화됨을 주장했다(이상헌, 2002: 483~484).

2) 근대성과 합리성

(1) 근대화(근대성)의 개념

근대성은 보통 국민국가 성립, 자본주의 발달과 산업화, 개인주의, 시민사회, 합리주의적 정신 및 과학기술의 발달, 그로부터 야기된 세속화, 도시화 등으로 구현된다고 정의된다. 근대성은 '새로운 시대에 대한 인식'이며, 여기서 새로움이란 자신들의 시대가 지나간 시간과는 전적으로 다른, 그리고 더 나은 것이라는 의미를 갖는다. 근대성은 따라서 질적인 초월을 포함하는 역사의식을 의미하는 것이다(박지향, 2003: 27~28). 근대화는 전통성에 근거를 둔 사회 유형을 벗어나서 합리적이고 과학적이며 실증주의적인 근대성에 토대를 둔 사회로 변모하는 장기적이고 점진적인 사회 변동 과정이다. 바꾸어서 말하자면 근대화는 합리적이고 과학적인 모더니즘, 곧 근대주의가 지배하고 또 구현된 사회를 가리킨다. 합리성과 과학주의에 기초한 모더니즘이 인간의 사고와 생활 방식은 물론이고 예술과 정치 그리고 경제와 문화 모두에 스며들고 그 토대를 이룸으로써 전통사회의 음울하고 칙칙한 암흑과 미몽에서 깨어나고 계몽되는 것을 의미한다(이향순, 1999: 16).

이러한 근대화는 서구사회에서 시작되었지만 후발 국가나 저개발국에 도입되었을 때는 서구와는 다른 특이한 진로를 걷게 된다. 특히 한국의 급속한 성장을 설명하는 대표적인 이론으로 발전국가론과 유도국가론을 들 수 있다. 발전국가론은 전후 일본의 급속한 경제 복구와 발전은 국가가 시장에 개입해서 간섭하고 지도한 덕분이라는 주장이다. 시장이 미발달한 후진국들에서는 국가의 적극적인 노력과 개입에 의해서 시장과 경제의 발달이 가능한데, 일본과 같은 선발 산업화 국가들과는 또 다르게 후발주자들인 동아시아의 한국, 대만, 싱가포르, 홍콩 등에서는 성공적인 산업화를 위해 국가의 역할이 한층 더 중요했다는 것이다. 이러한 맥락에서 나중에 발전국가론은 이들 동아시아 국가들의 성공적인 산업화와 급속한 경제발전을 이들 국가들의 강력한 경제 정책 추진력과 심도 깊은 시장 간섭에서 찾는 이론 틀로 체계화되었다(Amsden, 1985; 1989; Haggard, 1990; Wade, 1990).

초닥(Chodak, 1973)은 아프리카의 근대화 유형을 산업근대화(industrial modernization), 문화접변근대화(acculturative modernization), 유도근대화 (induced modernization)로 분류했다. 특히 유도근대화는 근대적인 것으로 생각되는 수준의 경제와 문화를 지향하는 목적 지향적이고 계획적인 정부 활동의 결과에 의한 것이다. 신생 국가에서 산업 사회의 규범, 가치, 조직의 수용을 유도하고 정치, 경제, 행정, 교육제도, 대중매체 등의 근대적인 제도를 도입하는 것이다. 이는 단지 모방에 그치는 것이 아니라 고도의 수준에 있는 기술과 방법을 이용하는 동안에 그 자체가 높은 발전수준을 성취할 수 있도록 국가 자신의 잠재력의 최대 발전을 위해 노력하는 것이다. 그리하여 전통문화를 계승, 발전시키며 새로운 문화로 결합시키는 것이다.

무엇보다 한국의 근대화 과정은 경제발전과 같은 등식으로 표현될 정도로 자본주의화와 경제발전에 초점이 맞춰진 것이 특징이다(이향순, 1999; 김해동, 1993; 고영복, 1992). 이향순(1999: 11)은 이러한 한국사회의 경제 편향 근대화가 한국 사회의 경제성장에는 일정 정도 기여했지만 시민사회의 형성과 정치발전 등의 사회의 다른 부문의 근대화를 지체 또는 저지시

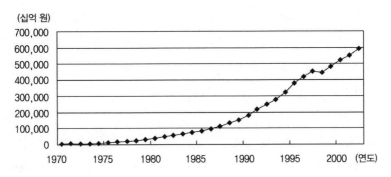

<그림 4-1> 우리나라 GDP 증가 추이

(십억 원)

자료: 통계청 http://kosis.nso.go.kr/ 재구성

키는 결과를 초래해 결국은 국민경제를 IMF 외환 위기와 같은 파국으로
이끌었다고 주장하고 있다. 따라서 대안적인 근대화는 경제 중심의 발전이
아니라 사회 각 부문이 균형을 이루는 발전을 지향하는 것이며, 경제발전
과 동시에 사회, 문화, 정치, 규범 및 가치 체계를 근대적으로 바꾸는
것이라고 주장하고 있다. 김해동(1993: 14~15)은 규범적 혹은 이론적인
측면에서는 근대화가 정치·사회 부문의 발전 측면을 포함하지만, 대개
정부 주도적이고 급속한 근대화를 추진한 국가들은 부분적인 정치, 사회
근대화와 더불어 경제적인 근대화에 보다 적극적으로 치중해 추진하기
때문에 다른 사회적 부문의 근대화가 사장되는 결과를 낳고 있다고 설명한
다. 고영복(1992: 346)은 특히 우리의 근대화가 자생적이고 내부에서 배태
된 것이 아니었으며 정치적인 목표에 의해 위로부터 아래로의 하향적인,
어떤 면에서는 강요된 근대화였음을 강조하고 있다. 이러한 여러 가지
제약점을 극복해야 할 필요성 때문에 의도적이고 계획적인 요소가 포함되
어 있는 것이 한국의 근대화의 특색인데 이렇게 하여 결국은 사회 전반의
근대화가 아닌 경제적인 근대화의 길을 걷게 되었다고 볼 수 있다.

<그림 4-1>은 한국의 국내총생산 증가 추이이다. 1998년에 IMF 외환 위기로 한 번 주춤한 적은 있지만 한국의 경제성장이야말로 '중단 없는 전진'이었으며, 근대화의 가장 뚜렷한 징표라고 할 수 있다. 1970년 2조 7,000억 원에 불과하던 국내총생산은 2002년 596조 원에 달하고 있다. 산술적으로 보면 200배 이상 성장한 것이다.

(2) 합리성의 개념 및 구분

정책연구에 있어서 합리성은 경제학자들이 추구하는 합리성과는 다르다.[4] 경제학자는 목표 달성을 위한 최적 대안의 제시에만 관심을 쏟는다. 그의 관점에서는 의사 결정자의 지식과 인지 능력의 한계는 큰 고려 변수가 아니며, 대안의 탐색 과정이나 구체적 선택 과정은 선택된 최적 대안의 중요성에 비하면 큰 의미가 없다. 하지만 정책학자의 관점에서 중요한 관심사항은 최적 대안의 제시뿐만 아니라 인간의 인지 능력의 한계가 개인적 또는 집단적 의사 결정 과정에 어떠한 영향을 주는가, 제한된 인지 능력을 갖고 있는 의사 결정자가 어떠한 과정을 거쳐 선택 가능한 대안을 탐색하며, 그러한 대안들의 결과를 예측할 수 있는 신념 체계가 어떻게 형성되는가, 그리고 의사 결정자가 어떠한 기준에 의해 최종 대안을 선택했는가 등을 포함해야 한다(최종원, 1995: 152). 즉, 사회 문제들과 이에 대응하는 정책은 매우 복잡한 양상을 띠고 있으므로 과학적·기술적 분석에만 의존하기보다는 다양한 구성원들 사이에 존재하는 이해와 기대를 설득·협상 등을 통해 조정하는 능력이 더욱 중요한 역할을 한다. 이렇게 설득·협상 등과 같이 사회의 어떤 쟁점이 환기되거나 해결되는 행위 자체가 바로 정치적 과정이며, 이것이 곧 정책 결정 과정이 갖는 특징이라고 할 수 있다(김렬 외, 1996: 92).

---

4) Max Weber, Karl Manheim, Herbert Simon, Paul Diesing의 합리성 개념들은 백완기(1993)를 참조할 것.

이러한 정책 과정이 갖는 특징을 고려한다면 정책 과정에서의 합리성은 '완전한 의미의 합리성(full rationality)'5)이 되지 못하면 오히려 '제한된 합리성(bounded rationality)'에 의해 재구조화되며 때때로 '의도하지 않은 결과(unintended outcome)'를 동반하게 된다는 것을 알 수 있다.6) 그렇다면 어떠한 정책 결정에 대해 역사적으로 합리적인가 불합리한가를 평가하는 일괄적인 기준을 설정하기는 어렵다는 결론에 도달할 수 있다. 우리가 판단할 수 있는 것은 단지 사람들의 인지 능력이 확대되고 사회적·역사적 맥락이 변화함에 따라 '합리성'의 내용이 변화하고 기존 사회가 가지고 있던 '합리성'과의 괴리와 갈등이 존재한다는 사실의 확인뿐이다.

이와 관련해서 제노브(Genov, 1991)의 연구를 주목할 수 있다. 제노브 (1991: 200~211)는 '합리성의 다차원성'을 인정하면서, 다양한 측면의 합리성 기준과 이에 따른 유형을 설명하고 있다. 특히 시간관(time perspective)에 의거해 단기적 합리성(present rationality)과 장기적 합리성 (prospective rationality) 개념을 논의했다. 전자는 현재에 급하게 직면한 사건이나 이에 대한 임시방편적인 대응에 초점을 두는 현재 지향적인 활동을 가리키며 장기합리성은 다소 먼 미래에 안정적으로 대응하기 위한 미래지향적인 활동에 역점을 두는 차원을 가리킨다.

물론 이 두 가지 개념이 엄격하게 분리되기는 어렵다. 왜냐하면 장기적 인 합리성을 추구한다고 해도 구체적 상황과 사건들을 직면했을 경우에 단기적인 합리성이 활성화되기 때문이다. 하지만 초기에 합리성을 설정하 고 기획하는 단계에서 시간을 안정적으로 보고 장기적인 안목과 구성을

---

5) '완전한 의미의 합리성'에 대한 자세한 설명과 개념이 가지는 한계는 최종원(1995: 135~146)을 참고할 것.
6) '제한된 합리성'에서 대표적으로 논의되는 개념은 Simon(1976)의 절차적 합리성 (procedural rationality)과 Friedman(1953) 진화론적 합리성(evolutionary rationali- ty)이다. 자세한 사항은 최종원(1995)을 참조할 것.

한 이후에 단기적인 합리성을 축적해 가는 것과 당초부터 단기적인 합리성을 통해서만 현실에 대응하는 것은 시간에 대한 근본 가정에서뿐만 아니라 합리성이 실제 구현된 결과에 있어서도 적지 않은 차이를 유발할 수 있다.

즉, 단기적인 합리성에만 집착하게 되면 예측 불가능한 정치·경제적 변수에 직면했을 때, 적절하게 반응할 수 있는 대응 능력이 저하되는 반면 장기적인 합리성에 기초한 행위는 내적 저항력을 지니고 있기 때문에 기획한 것을 유지하기 위해 노력하게 된다. 또한 이러한 두 가지 합리성의 차이는 구체적인 문제 해결(problem-solving)의 방식에 있어서도 차이를 가져오는데 단기적 합리성은 당시의 사건이나 상황에 대한 해결 과정 자체에만 관심을 기울이게 되는 반면, 장기적 합리성은 당시의 문제 해결 과정도 중요하지만 궁극적으로 도달하게 될 바람직한 결과를 지향하게 된다(정재동 외, 2003: 3) 이러한 시간에 따른 합리성 개념은 본 연구와 같이 역사적으로 장기간의 정책 변동을 살펴보는 데 중요한 분석 기준이 될 것으로 생각한다.

이와는 별도로, 엘스터(Elster, 1983)는 합리성 개념을 협의와 광의로 구분해 설명하고 있다. '협의의 합리성'에서는 의사 결정자의 행동 목표(소망, 선호)와 신념(belief)이 외생적으로 주어졌다고 가정되고, '광의의 합리성'에서는 그러한 가정이 없다. 또한 협의에서는 선호와 신념이 내적 일관성만이 문제되며 그의 내용적 합리성은 문제 삼지 않으나, 광의에서는 내용적 합리성이 요구된다(최종원, 1995: 133). 위에서 제시한 시간적 합리성과 연관시켜 볼 때, 단기적 합리성은 외부에서 목표와 신념이 외생적으로 주어지는 경우가 많고 내용적 합리성보다는 목표 달성이 중요하다. 이에 비해 장기적 합리성은 내용적 합리성을 기준으로 합리성을 평가할 때가 많다.

3. 한국 물 정책의 변화

<그림 4-2>는 한국의 용수 분야별 공급 추이를 나타낸 것이다. 1965년 연간 50억 톤의 물을 공급하던 것이 2001년에는 350억 톤을 공급할 수 있게 되었다. 산술적으로 따지면 물 공급은 7배로 늘어난 셈이다. 생활용수(5억 6,000만 톤에서 73억 톤으로), 공업용수(10억 톤에서 29억 톤으로), 농업용수(65억 톤에서 158억 톤으로) 모두 공급이 증가한 것을 알 수 있다. 무엇보다 1970년대까지는 없었던 개념인 하천유지용수가 2001년에는 71억 톤 수준으로 공급되고 있음이 특이하다.

<그림 4-3>과 <그림 4-4>는 용수 분야별 점유율을 비교한 것이다 (1969년과 2001년). 30년 동안 농업용수는 80%에서 48%로 줄어들었으며 생활용수는 7%에서 22%로 증가했다. 이는 한국의 농업 부문이 쇠퇴하고 도시화, 산업화가 확대되었다는 근대화의 일반적인 현상이 물 정책에도 반영되었다고 해석할 수 있다. 상대적이긴 하지만 공업용수의 경우는 전체

<그림 4-2> 용수 분야별 공급 추이

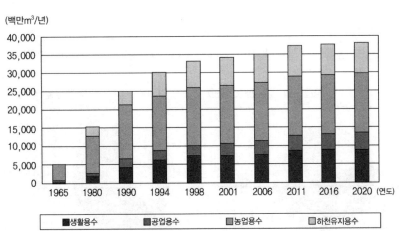

자료: 건설교통부, 『수자원장기종합계획(Water Vision 2020)』, p.34.

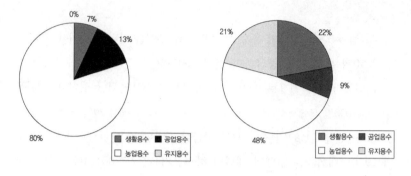

<그림 4-3> 용수 분야별 점유율(1969년)   <그림 4-4> 용수 분야별 점유율(2001년)

에서의 점유율이 다소 줄어든 것을 볼 수 있다. 무엇보다 괄목할 만한
수요 증가는 유지용수로 2001년 점유율이 21%로 생활용수에 육박하고
있다.

1) 댐 정책

<그림 4-5>와 <그림 4-6>은 한국 용수의 공급원별 점유율을 비교한
것이다(1980년과 2001년). 하천수 취수량(128억 톤에서 161억 톤), 댐 공급량
(33억 톤에서 126억 톤), 지하수 공급량(13억 톤에서 37억 톤으로) 모두 늘어났
지만 댐 공급량의 늘어난 정도가 가장 크다. 점유율로 보면 1980년 73%에

<그림 4-5> 공급원별 점유율(1980년)   <그림 4-6> 공급원별 점유율(2001년)

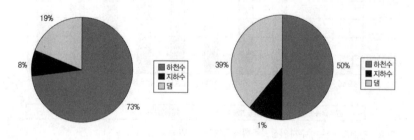

해당하던 하천 취수율은 2001년 50%로 줄어들었으며, 댐의 공급 점유율은 19%에서 39%로 증가했으며 지하수 개발도 8%에서 11%로 증가한 것을 볼 수 있다. 댐에 대한 의존도가 근대화 과정을 거치면서 증가한 것을 볼 수 있다.

<표 4-2>는 한국의 댐 정책 약사를 정리한 것이다. 식민지 시대 및 해방 후 혼란기에는 수력발전 위주로 댐(부전강댐, 보성강댐, 수풍댐)이 건설되다가 박정희 시기에는 다목적댐 건설 위주로 댐 정책이 진행되었다. 1980년대에는 이러한 댐 건설이 지속적으로 확대되다가 1990년대 들어서는 댐 건설 저지와 더불어 지속가능한 수자원 개발 방식에 대한 논의가 활발하게 이루어지고 있다.

우리나라 초기의 댐 정책은 매년 불어 닥치는 수해를 예방하고 부족한 식수를 공급하며 무엇보다 부족한 에너지원을 수력발전으로 보충한다는 점에서 꼭 필요한 사업이었다. 당장 먹을 물과 산업 활동의 기반이 되는 에너지원의 부족이라는 측면에서 댐 건설은 '협의의 단기적 합리성'에 근거하면 가장 시급한 정책이었다. 식민지 시기의 일본의 댐 건설 전략은 남한과 북한이 따로 진행되었는데 수력발전에 유리한 자연조건을 가진 북한의 경우 중공업화시책으로 대규모 수력발전소를 건설했다. 특히 1941년에 압록강 본류에 건설된 수풍댐은 높이 106m, 콘크리트 부피 323만m^{3}의 중력식 콘크리트 댐으로 5년이라는 짧은 기간에 근대적 기계화시공에 의해 완공됨으로써 일본의 댐 기술을 전 세계에 알리는 계기가 되었다(김여택, 1996 한국의 댐(3): 125~126). 이에 비해 남한 지역은 한반도의 식량 생산 기지화 시책으로 미곡 증산을 위해 규모는 크지 않으나 많은 관개용 댐을 건설했다. 해방 이후 이승만 대통령의 경우 괴산댐 건설은 제일 긴급하고 요긴한 일이었다.

특히 생산 시설을 움직이려고 해도 전력이 충분하지 못한 상황에서 국내기술로 댐을 지었다는 것은 당시로서는 매우 중요한 의미를 지닌다.

<표 4-2> 한국의 댐 정책 약사

시기 구분	정책 내용	시기별 특성
식민지 시대 및 해방 후 혼란기 (1929~ 1960)	1929 부전강댐 완공(1925~1929) 1937 수력 보성강댐 완공 1943 수풍댐 완공(1937~1943) 1948 내무부 토목과 이수과 설치 1957 수력 괴산댐 완공(1952~1957)	수력발전 위주의 댐 건설
박정희 시기 (1961~ 1979)	1961 수자원국 신설(경제기획원 소속, 국토건설청 산하) 1962.6.1 국토건설청 해체, 건설부로 확대 개편 1964. 10 「국토건설종합계획법」 제정 1965 수자원종합개발10개년계획(1966~1975) 1965.2.1 수력 춘천댐 완공(1961~1965) 1965.12 다목적 섬진강댐 완공(1960~1965) 1965 수력 의암댐 완공(1962~1965) 1965 한강 유역 조사 사업 시작(1971년 완료) 1966 낙동강 유역 조사 사업 착수(1972년 완료) 1966.4.2 「특정다목적댐법」 제정 1966.8.3 「한국수자원개발공사법」 제정 1967 한국수자원개발공사 설립 1968 금강 유역 조사 사업 시작 1968 영산강 하구 조사 시작(1971년 완료) 1968 수력 청평댐 완공(1943~1968) 1968 수력 화천댐 완공(1944~1968) 1969.10 남강댐 완공 1970.12 4대강종합개발계획(1971~1981) 1970 4대강유역종합개발위원회 신설 1972. 한국대댐회의 창립 및 국제대댐회 가입 1973.10 다목적 소양강댐 완공(1967~1973) 1974 수력 팔당댐 완공 1976.10 다목적 안동댐 완공(1971~1977) 1978. 낙동강유역종합개발사업 기공	댐 건설 사업의 기반 마련. 다목적댐 건설 시기

1980년대 (1980~1992)	1980.12.2 대청댐 완공 1980 수자원장기종합개발계획(1981~2001) 수립 1980 양수 청평댐 완공 1981.12. 영산강 하굿둑 완공 1985.10 충주댐 완공 1985 양수 삼량진댐 완공 1986 평화의 댐 건설 발표 1986 수력 전곡(연천)댐 완공 1987.11.6 낙동강 하굿둑 완공 1987.12.4 「한국수자원공사법」 제정 1989 합천댐 완공(1982~1989) 1989 홍수 조절 평화의 댐 완공(1987~1989) 1990 수자원장기종합계획(1991~2011) 수립: 수자원 보 전에 대한 중요성 추가 1990 금강 하굿둑 완공 1991 다목적 횡성댐 완공 1991 수력 도암(강릉)댐 완공 1992 다목적 주암댐 완공(1984~1992)	댐 건설의 확대
1990년대 (1993~ 현재)	1993 다목적 임하댐 완공(1984~1993) 1994 건설부 수자원심의관실과 경인운하과 신설 1994 양수 방식 무주댐 완공 1996 다목적 부안댐 완공(1991~1996) 1997 수자원장기종합계획(1997~2011) 1997 댐건설저지국민연대 발족 1997 내린천댐 건설 저지 1999.9.7 「댐건설및주변지역지원등에관한법률」 제정 1999 건설교통부 수자원국으로 개편 1999 다목적 남강댐 완공(1987~1999) 2000.6.5 동강댐 건설 백지화 대통령 공식 선언 2000 횡성댐 완공 2001 건설교통부 12개 댐 계획 발표 2004. 한탄강댐 갈등 조정 합의 2004. 수자원장기종합계획 보완 시작	주민과 환경단체 저항에 의해 댐 건설 일부 저지/ 지속가능한 수자원 개발 방식 논의

괴산댐을 통해 이승만 대통령은 우리나라의 경제가 점점 진전되어서 자급 자족하는 나라로 갈 수 있다는 희망을 국민들에게 심어주려고 했다(김여택, 1995, 한국의 댐(12): 39).

무엇보다 박정희 시기의 댐 건설 사업은 괄목할 만한 성장을 이루게 된다. 최초의 조직(수자원국), 최초의 수자원 계획(수자원종합개발10개년계획), 전면적인 4대 강 유역 조사도 3공화국 때 시작되었다. 박정희 시기의 댐 정책에 있어 가장 괄목한 만한 사건은 우리나라의 대표적인 다목적댐인 소양강댐 건설이라고 할 수 있다.

박정희 대통령은 빈곤 퇴치를 위해 경제개발을 강하게 추진했다. 경제 개발의 구체적인 하위 목표는 식량 자급, 공업의 고도화를 위한 중화학공업 육성, 경제 부흥을 위한 사회간접자본의 확장이었다. 이 3가지 목표는 농업용수 개발, 공업용수 개발, 수력발전소, 다목적댐 건설 등 수자원정책과 직접적인 연관이 있다. 농업용수 개발을 통해 식량을 자급하고 공업용수를 개발해 중화학공업을 육성하며, 다목적댐을 지어 사회간접자본시설을 확보하는 것은 당시로서는 누구도 이의를 제기할 수 없는 '합리적'인 정책이었다.

당시의 학자들도 이러한 정부 정책을 적극적으로 지원했다. 장학순 (1962: 28~29)은 국가 총력을 경도해 자주 경제 재건의 기틀이 되는 경제개발5개년계획의 성공적인 달성을 위해서는 산업개발의 기반이 되는 수자원의 효율적인 개발이 시급히 요구되었다. 최영박(1968: 12)은 흔히 자금, 기술, 토지, 노동력만 있으면 공업이 발전하고 경제가 발전한다고 생각하는데 실제로 수자원이 산업 및 사회구조면에 얼마나 중요한 위치를 차지하는가를 우리는 인식하지 못한다고 하면서 경제발전에 수반해서 인구의 대도시 집중, 산업구조의 변화가 수자원 수요를 증대시킨다는 것을 정치인은 물론 기업인·기술자 모두가 알아야 한다고 주장하고 있다. 이외에도 이원환·변근주(1969: 42)는 "물 개발과 관리를 제대로만 할 수 있다면 빈곤을 탈피해 확실히 부강한 나라가 될 수 있고, 우리들의 생활도 풍부할 것이고 인심도 오늘날보다는 좋아질 것이다"라고 수자원 개발과 관리를 경제발전의 기본적 요소로 인식함을 보여주었다.

문제는 한국이 이러한 정책을 추진할 인적·물적 자원이 부족했다는 점이다. 따라서 다른 산업정책과 마찬가지로 초기의 댐 정책은 차관을 통해 진행되었다. 이향순(1999: 20~21)은 비서구사회의 근대화 특성 중 하나로 서구를 완전한 근대화의 모범적인 모델로 설정하고 그 모델을 그대로 따라하는 방식을 들고 있다. 한국 역시 이러한 경로를 답습했다. 해방과 더불어 미군정이 실시되고, 이승만 초대 대통령을 위시해서 미국 유학을 했거나 영어를 능통하게 하는 인사들이 대거 등용되었으며, 미국식의 학교제도와 교과 과정을 위시해서 사법 및 정치 제도가 도입되었다. 무엇보다도 한국 전쟁에서 미군이 주축이 된 유엔군이 참전하고 전후에도 미군이 주둔하게 되고 원조경제체제에 의존하게 되면서 이러한 경향은 더욱더 두드러졌다. <표 4-3>은 4대 강 유역 조사를 개관한 것으로 한강 유역 조사는 USA-ID가 낙동강유역조사사업과 영산강하구조사사업은 UNDP/FAO가 금강유역조사사업은 대일청구권자금으로 시행된 것으로 나와 있다. 서울시의 경우도 상수도 확장을 위해 1959년 11월 미국 개발차관기금(DLF: Development Loan Fund) 400만 불을 정부에 요청한 예가 있다(≪조선일보≫, 1959.11.17).[7]

이러한 댐 건설은 5공화국 때도 계속 확장된다. 박정희 시기가 소양강댐으로 대변된다면, 5공화국은 충주댐으로 대변된다. 소양강댐이 북한강을 제어할 수 있는 댐이었다면 충주댐은 남한강을 제어할 수 있는 댐으로

---

7) 한국뿐 아니라 선진국의 '원조'를 통해 댐이 건설된 사례로는 브라질의 이타이푸 댐, 중국의 삼협댐, 과테말라의 칙소이댐 등이 있다. 모리타키 겐이치로(2005)는 이러한 선진국의 원조가 선진국의 수주 감소 때문에 적자에 허덕이는 '자국의 엔지니어링 회사와 건설회사의 생존 지원' 때문으로 원인을 분석하고 있다.

<표 4-3> 4대 강 유역 조사 개관

한강유역 조사사업	1965년 10월 22일 한국과 미국 정부 대표 간에 한강 유역 조사사업에 대한 협정 체결. 이 결과 1966년 3월 15일 한강 유역 합동조사단이 업무를 개시. 1966년을 기점으로 1971년까지 5개년사업으로 실시된 본 사업은 1968년 5월 1일 한국수자원개발공사에 흡수 통합되어 1971년 12월에 사업이 완료(USA-ID 작업)
낙동강유역 조사사업	1966년 12월 20일 업무를 개시하고 1971년 1월 1일 한국수자원공사에 흡수 통합되어 1972년 3월에 사업이 완료(UNDP/FAO 작업)
금강유역 조사사업	1968년에 대일청구권자금을 주 재원으로 한국수자원개발공사와 일본공영주식회사가 합동으로 조사사업에 착수
영산강유역 조사사업	1960년부터 1967년까지 UNDP/FAO의 자금지원으로 농수산부와 네덜란드의 기술용역단인 NEDECO가 합동으로 영산강 하굿둑에 대한 기본 계획과 경제성 및 기술적 타당성 조사가 이루어짐. 영산강 유역조사사업은 1968년 7월 1일부터 1971년 12월 31일까지 약 3년 6개월간 한국수자원개발공사에 의해 실시

자료: 김여택, 『한국의 댐(1)~(12)』(1995), 토목 43(1)~43(12)의 관련 부분 발췌 정리.

의미를 가진다. 또한 낙동강 하굿둑 건설도 당시의 중요한 수자원개발사업 중에 하나였다. 이외에도 북한의 수공을 막을 목적으로 지어진 평화의 댐 건설이 이 시기에 특기할 만한 건설 사업이다.

결론적으로 댐 정책에 대한 필요성이 최고 정책 결정자나 정부로부터 외생적으로 주어졌으면, 단기간의 경제성장을 위해서 댐 건설을 적극적으로 수행했다는 점에서 1960년대부터 1990년대 중반까지 한국의 댐 정책은 '협의의 단기적 합리성'에 기반을 둔 정책 수행이었다고 평가할 수 있다.

이렇게 '협의의 단기적 합리성'에 기초한 댐 정책은 1990년대 중반 들어 대규모 '댐 건설 반대운동'에 직면하게 된다. 댐 건설 반대운동의 연원은 낙동강 하굿둑 반대운동으로 거슬러 올라간다. 낙동강 하굿둑의 경우 철새도래지였던 을숙도 지역 보존을 중심으로 반대운동이 전개되었다. 과거에는 고려의 대상이 아니었던 생태계 보전 문제가 댐 정책과 연계되어 제시되었지만 사회적으로 큰 파장을 일으킬 정도는 아니었다.

댐 건설 저지가 사회적으로 본격적으로 이슈화되기 시작한 것은 내린천 댐과 동강댐 저지이다. 특히 동강댐 저지의 경우 한국의 댐 정책과 환경운동사에 있어 매우 중요한 사건으로 기록된다. 1990년 경기 북부지역의 홍수로 강원도 지역이 피해를 입게 되면서 영월댐 타당성 조사가 진행되고 1991년 건설교통부가 영월댐 건설 계획을 발표하게 된다. 발표 후 1996년까지는 외견상 큰 사회적 반대가 없었다. 하지만 1997년 8월 환경단체가 댐 건설 반대운동에 참여하게 되면서 사태는 반전된다. 이러한 현상이 나타나게 된 원인으로는 댐 자체에 대한 인식 변화가 가장 주요한 것으로 나타난다. 1990년대 들어오면서 대형 환경 사건이 속출하고 환경 의식이 고양됨에 따라 댐이 경제적 가치를 창출해주는 재화로 인식하던 시각이 변화하게 되었다. 댐을 통해 얻는 경제적 이익보다 댐이 건설되어 발생하는 생태 및 환경 문제가 지역 경제를 피폐하게 만들 수 있다는 인식이 발생한 것이다(이민창, 2003: 148).

이러한 반대에도 불구하고 정부는 1997년 9월에 댐 건설 예정 지역 지정 고시를 했고, 1999년 2월에는 댐 건설 강행을 발표했다. 하지만 댐 건설 반대 의견이 우세를 나타낸 결과 2000년 6월 대통령이 영월댐 건설 백지화를 발표하게 됨으로써 최초의 댐 건설 반대 사례로 남게 되었다. 이후에 각종 댐 건설은 시민단체와 지역 주민의 반대로 난항을 겪고 있으며, 한탄강댐의 경우 지속가능발전위원회의 갈등 조정을 거쳐 기존의 다목적댐을 소규모의 홍수 조절용 댐과 2개의 천변 저류지로 전환하는 대안에 합의한 상황이다. 향후의 향방에 대해서는 더 논의가 필요하지만, 한탄강댐은 지속가능한 수자원 개발 방식에 대한 논의를 공론화했다는 점에서 의미가 있다. 이와 같은 공론화 시도는 계속되고 있다. 무엇보다 수자원 계획에서 가장 상위 계획이라고 할 수 있는 수자원장기종합계획

수정 보완에 있어 정부 추천 전문가와 시민단체 추천 전문가가 협의체를 이루어 진행되고 있다는 것은 향후 지속가능한 수자원 개발 방식을 도출할 수 있는 가능성을 열어주었다는 측면에서 의미가 있다고 할 것이다. 이러한 갈등 조정 방식들은 한국 사회에서 보기 드문 거버넌스 유형으로 주목받고 있다.

분명히 1990년대 들어 한국의 댐 정책은 다른 양상을 보이고 있으며, 이전에 합리적이라고 생각되었던 댐의 편익들이 생태계 보호 및 지역 개발과 관련해 고려하게 되었다. 무엇보다 이러한 환경 이슈와 지역 개발에 대한 관점이 단기적인 이득 부분에서 미래 세대를 고려한 장기적인 이득 부분으로 확장되었다는 점에서 우리나라 댐 정책이 단기적 합리성에서 장기적 합리성으로 전환되고 있다고 평가할 수 있다. 또한 댐 주변의 생태계 현황과 지역의 내생적 이익을 포괄한 비용 및 편익 분석에 대한 요구는 내용적 합리성에 대한 요구라고 볼 수 있다. 이러한 요구는 비단 댐 수몰 지역에 국한된 것은 아니다. 댐 건설 영향에 대한 대도시 지역 주민들의 평가도 긍정적이기보다는 부정적이다(곽승준 외, 2003: 15). 결론적으로 1990년대 후반부터 한국의 댐 정책은 '광의의 장기적 합리성'에 기초한 정책으로 전환하고 있다고 설명할 수 있다.

그렇다면 이러한 변화는 어떻게 일어나게 되었는가? 변화의 원인은 두 가지로 설명할 수 있다. 한 가지는 개발 연대의 확장이고 다른 하나는 댐 건설로 인한 비용과 편익이 공간적으로 분리된다는 사실이다. 1970~1980년대 댐 정책은 국민들의 필요에 의해서, 경제개발을 위한 하나의 밑거름으로 그리고 경제를 부흥시킬 공공사업으로서 추진된 점도 있으나 이러한 댐 건설의 확장은 개발 연대를 키우게 된다. 이러한 개발 세력이 나타나게 된 원인은 대통령들의 댐에 대한 관심 때문이다.[8] 대통령들의

---

8) 정치적인 목적으로 댐을 건설하는 사례는 외국에서도 발견할 수 있다. 대표적으로 동서냉전 시대에 발전도상 여러 나라의 댐 건설에 대해서 미소 양국이 지원한

댐에 대한 관심은 일정 정도 계속되었지만 특히 '경제개발'보다 '건설'이라는 용어를 더 선호했던 박정희 시대에는 그 정도가 더 강했다. 이러한 건설에 대한 선호는 해방 후 이루어졌던, '국가건설(state building or a construction of state)'이라는 슬로건에서 비롯되었다. 전쟁으로 인해 파괴된 도로·건물·시설 등을 복구하는 데 국가적 총력을 기울이게 되면서 '건설', '재건', '부흥'은 한국의 개발주의를 상징하는 언어가 되었다. 아울러 전후 복원과 재건 업무가 국가적 우선 과제가 되면서 정부 내에서 이를 담당한 부서인 부흥부가 핵심 부서로 떠올랐는데, 이를 통해 건설 혹은 개발의 제도화가 이루어지고, 또한 권력화가 이루어지기 시작했다. 부흥부를 확대 개편한 건설부는 본래 국가 건설 및 경제 기획을 담당하도록 되어 있었지만, 토목 공사 업무를 담당했던 관료들로는 경제의 계획적 개발을 관장하기가 힘들다는 판단에 따라 얼마 뒤 '경제기획원'으로 확대 개편되었다(1961년 7월 21일). 하지만 부흥부의 국토 건설 업무를 승계했던 건설부의 기능은 경제기획원 산하에 신설된 '국토건설청'으로 집중되었다(조명래, 2003: 37~38).

하지만 경제기획원과 건설부는 엄밀히 따지면 그 성격이 다르다. 경제기획원은 서구에서 교육받은 고급 엘리트로서 전문가 집단이었던 것에 비해 건설부는 군 출신 비율이 43.5%에 달해(염재호, 2000: 44) 좀 더 박정희 대통령에 우호적이었을 것으로 생각한다. 특히 소양강댐의 규모를 결정짓는 과정에서 건설부와 상공부의 다툼이 있었다. 이때 박정희 대통령이 건설부의 손을 들어줌으로써 건설부의 박정희 대통령에 대한 충성도는

것이 대표적이다. 이집트에 건설된 아스완 하이댐의 경우 소련의 원조로 지어졌다. 이 댐은 나일 강의 홍수와 가뭄 완화, 관개지의 확대, 전력 생산의 확대를 목적으로 하는 거대 댐으로 1966년에 완성되었다. 건설목적은 경제개발상의 목적보다도 '국가적 위신의 기념비' 만들기라는 정치적 목적을 목표로 했다(모리타키 겐이치로, 2005).

더욱더 높아지게 된다.[9] 이러한 과정을 통해서 박정희 대통령은 자신의 정당성을, 건설부는 사업과 조직을 공고화했다.

무엇보다 1973년 소양강댐 건설은 1960~1970년대 경제개발과 '잘살아 보겠다'는 국민의 열망과 성취를 시각적으로 보여준 사건이었다. 국민들은 소양강댐을 바라보면서 우리도 무엇인가를 해낼 수 있다는 벅찬 성취감에 가득 찼다. 특히 박정희 시대에는 북한과의 경쟁을 통한 반공 이데올로기가 기승을 부리던 시기였는데 이는 댐 정책에도 반영된다. 소양강댐은 압록강의 수풍댐보다 15m 높다는 것이 신문에 대대적으로 보도되었다(≪조선일보≫, 1973.10.16). 하지만 무엇보다 북한과의 관계에 있어 댐이 정치적으로 이용된 것은 5공화국과 6공화국 시절의 평화의 댐이었다. 1986년 10월 29일 이규효 건설부장관은 "북한이 서울을 삽시간에 쓸어버릴 수 있는 엄청난 규모의 금강산댐을 건설한다"는 내용의 대국민 성명을 발표했다. 뒤이어 건설, 국방, 통일, 문공 등 장관들이 합동성명을 통해 정부는 금강산댐에 대한 대응 댐인 평화의 댐 건설 계획을 내놓았고 전국은 '반북·반공'의 열기에 휩싸인다. 온 국민의 열화와 같은 성원과 호응 속에 평화의 댐 성금 모금 행사가 대대적으로 전개돼 유치원생부터 칠십 노인까지 앞다퉈 성금을 내어 그 모금액은 600억 원을 넘어선다(최재승, 1994). 어쨌든 댐은 1987년에 기공해 1989년에 준공하는 우리나라

9) 아래 표는 소양강댐에 대한 건설부 안과 한전 안을 비교한 것이다. 경제성 비교에 있어서도 건설부 안이 한전 안보다 불리한 것으로 나타난다. 이는 경제적 합리성 차원에서만 댐의 규모가 정해지지 않는다는 것을 보여준다(≪조선일보≫, 「소양강댐 논쟁」, 1967.9.12).

	건설부 안(중댐)	한전 안(저댐)
댐 높이	122m	86m
총 저수량	29억 톤	10억 톤
건설비	203억 원	114억 원
홍수 조절 용량	8.5억 톤	
연간 발전량	3.7억 kwH	2.5억 kwH
경제성 비교	1.41	1.29

댐 건설사상 최단 기간에 건설을 마치게 된다. 결국 이러한 댐 건설에 대한 정치적 지원은 댐 건설이 합리적인 과정이었음에도 불구하고 내재적으로 개발 연대를 키우게 되는 원인이 되었다.

댐 건설이 노정하고 있는 또 한 가지 문제는 이러한 댐 건설의 비용과 편익이 공간적으로 분리된다는 점이다. 전체적으로 보면 한국의 근대화는 수혜층이 있고, 그 이면에 소외층이 있는 식으로 진행되어 왔다. 근대화를 통해 덕을 본 사람들은 근대화가 가지고 있는 순기능적인 혜택을 누린 사람들이며 이들은 근대화의 긍정적인 면을 평가하고 있는 반면, 사회적으로 낙오된 사람들은 역기능적이고 반발적인 명분을 가지고 근대화를 공격하거나 비난할 수 있는 가능성을 안고 있는 것이 우리의 현실이다(고영복, 1992: 354~355). 댐 정책에 있어 근대화의 피해를 본 사람들은 수몰민과 상수원 보호를 위해 토지이용규제를 받는 지역 주민들이다. 수자원공사의 통계에 의하면 16개의 다목적댐을 건설하면서 수몰에 따른 이주민은 총 16만 6,965명이며, 총 수몰 면적은 303.25km^{2}에 이른다(최석범, 2003: 7에서 재인용). 수몰민들의 대부분은 비자발적 이주민이라고 볼 수 있는데, 문제는 이들의 이주가 강제적이어서 재정착 과정이나 그 결과가 매우 불확실한 상황에 놓이게 되며, 많은 경우 실패한 것으로 나타난다는 사실이다. 이는 이주민들이 새로운 이주지로 가서 적응하면서 살아갈 환경에 대한 고려가 아직까지 정책적으로 이루어지지 않았다는 것을 반증한다. 예를 들어 안동댐 수몰 지역 주민들이 집단으로 이주한 서부 단지와 충주댐 수몰 지역 주민들이 집단으로 대거 이주한 신단양 단지의 경우도 정기 시장의 복원 및 관광 단지 조성에 의한 생계 유지 전략은 실패한 것으로 드러났다(이영진, 2003: 150).

강원도 양구군 수몰민의 경우에도 다른 이주민에 비해 많은 보상을 받았지만 도시 생활 경험 부족으로 사기를 당해 재산을 탕진하고, 결국 적응에 실패해 자살하는 사례가 종종 있었다고 한다(인터뷰 결과, 2003.

8. 18). 수몰민들의 경우 대부분 관료 우위와 국가에 대한 자기희생적 가치를 가지고 있어서 국가가 하는 댐 건설 사업에 대해 큰 문제를 제기하지 않았다(이영진, 2003: 94). 이른바 '대(大)'를 위해 '소(小)'를 희생한다는 국가주의적 논리가 댐 건설 사업의 정당화 논리였고, 이를 수몰 이주민들은 내면화했던 것이다(이상헌, 2003: 65~66). 하지만 이러한 현실에도 불구하고 수몰민에 대한 사회적 관심은 매우 미약한 것이었다. 1976년 안동댐 건설 당시 지역문화유산 수몰과 관련된 논란이 있었지만 식수나 한강의 수질 문제에 대해서 목청을 높이는 언론도 수몰민에 대해서는 매우 인색한 듯 관련 기사는 찾기가 힘들 정도이다. 이렇듯 소외된 사람들의 목소리는 1980년대 중반까지 배제되다가 1990년대 들어 폭발적인 전국규모의 환경단체의 등장으로 내린천댐, 동강댐 같은 계획이 백지화되는 사태에 이르게 된 것이다.

2) 상하수도정책

<그림 4-7>은 한국의 상하수도 보급률 추이를 나타낸 것이다. 해방직후 상수도 보급률은 18% 수준이었는데 이마저 전쟁을 겪으면서 16% 수준으로 줄어든다. 하지만 2001년 상수도 보급률은 87.8%에 이른다. 이 수준이면 웬만한 시·군·구에는 상수도가 들어가 있다고 볼 수 있다. 하수도는 이보다는 건설이 늦는데 1984년 47.9% 수준에서 2001년 63.8%의 하수도 보급률을 나타내고 있다.

<표 4-4>는 한국의 상하수도 정책의 약사를 보여준다. 식민지 시기에 소규모로 서울 등 일부 특수지역을 중심으로 상하수도가 건설된 것 말고는 3공화국 시절까지 상하수도 정책은 거의 전무한 실정이다. 광역상수도나 공업용수도가 댐을 전제로 운영되는 사업이고 보면 3공화국 시기에 댐이 지어진 연후에 광역상수도나 공업용수도가 4공화국 때부터 확장된다고

<그림 4-7> 상하수도 보급률 추이

자료: 통계청 http://kosis.nso.go.kr/ 재구성

<표 4-4> 한국의 상하수도 정책 약사

시기 구분	정책 내용	시기별 특성
식민지 시대 및 해방 후 혼란기 (1929~1960)	1894 부산 대청동에 배수지 설치(최초의 현대식 상 　　　수도 시설) 1905 일본인들이 자가 급수 목적으로 부산 범어사에 　　　최초의 수원지 조성 1906 뚝섬에 수원지 조성 1908 서울의 상수도 준공(1906~1908) 1909 수도급수에 관한 규정 공포 1910 상수보호규정 공시	소규모 특정 지역에 상수도 사업 시작
박정희 시기 (1961~1979)	1961. 12. 31「수도법」제정 1973 산업기지개발공사 광역상수도 사업 시작 1974 공업용수도 수원·안양 완공(1971~1974) 1977 공업용수도 대덕 완공(1976~1977) 1978 공업용수도 광양(1) 완공(1974~1978) 1979 광역상수도 수도권(1) 완공(1973~1979)	중화학공업 육성을 위한 공업단지 개발과 함께 시작된 공업용수도와 광역상수도 사업 시작

1980년대 (1980~1992)	1980 공업용수도 울산(1) 완공(1962~1980) 1980 공업용수도 포항 완공(1969~1980) 1981 광역상수도 수도권(2) 완공(1977~1981) 1981 공업용수도 창원 완공(1966~1981) 1982 광역상수도 구미권(1) 완공(1979~1982) 1984 건설부에 상하수도국 신설 1984 광역상수도 금강 계통 완공(1976~1984) 1987. 12. 10 광역상수도 대청댐 계통 완공(1984~1987) 1987 공업용수도 거제 완성(1977~1987) 1988 광역상수도 수도권(3) 완공(1984~1988) 1988 광역상수도 남강계통 완공(1985~1988) 1988 광역상수도 태백권 완공(1985~1988) 1989 광역상수도 달방댐 완공(1985~1989)	광역상수도와 공업용수도의 확대
1990년대 (1993~현재)	1993 광역상수도 섬진강 계통 완공(1988~1993) 1994 광역상수도 수도권(4) 완공(1989~1994) 1994 공업용수도 군산 완공(1989~1994) 1994 공업용수도 대불 완공(1990~1994) 1994 환경부에 상하수도국 신설 1995 광역상수도 금호강 계통 완공(1985~1995) 1995 광역상수도 주암댐 계통 완공(1989~1995) 1996 광역상수도 구미권(2) 완공(1992~1996) 1996 공업용수도 울산(2) 완공(1990~1996) 1996 포철, 경상도 낙동강 영천댐 물싸움 1997 물 관리 민영화 시작, 광주하수처리장 1997 광역상수도 부안댐 계통 완공(1993~1997) 1997 공업용수도 광양(2) 완공(1988~1997) 1998 광역상수도 보령댐 계통 완공(1992~1998) 1998 광역상수도 주암댐(2) 완공(1993~1998) 1998 공업용수도 녹산 완공(1994~1998) 1999 광역상수도 수도권(5) 완공(1992~1999) 1999 공업용수도 아산(1) 완공 (1994~1999) 2000 광역상수도 충주댐 계통 완공(1994~2000)	광역상수도와 공업용수도의 계속적인 확대

2000 광역상수도 제주도 완공(1994~2000) 2001 광역상수도 밀양댐 계통 완공(1994~2001) 2001 광역상수도 동화댐 계통 완공(1995~2001) 2001 광역상수도 포항권 완공(1995~2001)	

이해할 수 있다. 특이한 점은 댐 정책이 1990년대 들어 주춤한 것과는 대조적으로 상하수도 사업은 갈수록 확장되고 있음을 볼 수 있다.

실제로 물 정책의 변화 중 20세기 들어 가장 먼저 눈에 띄는 분야는 상하수도이다. 영국인들도 일본의 한국의 식민지 경영을 합리화하는 과정에서 일본이 제공한 상수도 시설을 아래와 같이 높이 평가했다.

"결국 일본은 한국인들에게 제 시간에 도착하는 기차, 법률의 지배, 최신 상수도 시설을 제공해주지 않았는가? 무엇 때문에 한국 사람들은 불평하는가? 오히려 고맙다고 해야 할 것"이라며 (영국인들은) 혼잣말로 일본인을 "훌륭한 작은 사람들"이라고 부르면서 코벤트 가든으로 <나비부인>을 보러 갔던 것이다(박지향, 2003: 213).

일본인들은 1906년부터 1908년 사이에 서울의 상수도를 준공한다. 지역별 편차가 크기는 했지만 상수도 시설은 기차와 더불어 근대화의 중요한 상징이었다. 상수도 시설은 위생과도 밀접한 관련이 있어 주로 일본인들이 많이 거주하고 있는 서울과 부산을 중심으로만 이루어졌다. 한국전쟁을 거치면서 파괴된 상수도 시설은 처참하다고밖에는 표현할 수가 없다. 1951년 3월 18일에 행정건설대가 도착했을 때 뚝섬·구의 광장·노량진 등 각 수원지에는 공산군의 시체와 탄피 등이 가득 차 있었으며 펌프실·여과실·약품창고·취수탑·동력설비·사무실·사택 등이 거의 모두 파괴되어 있었다고 한다. 전 시내에 거미줄처럼 쳐져 있던 송수관·배수관도 수없이 파괴되어 전체 상수도 시설의 50%가 파괴된 것으로 집계되었다. 그리하여 이 상수도 시설의 응급 복구에만 1년 반 이상이 걸려 제대로 송·배수된 것은 1952년 5월 말부터였다(손정목, 2003: 86).

하수도도 미흡한 수준이었다. 서울의 경우 1968년 하수도는 24% 정도밖에 완비되어 있지 않았으며 그마나 낡은 데가 많아 장마철만 되면 역류하기 일쑤였다. 새로운 주택가가 건설될 때에도 하수도망은 무시되거나 경시되어 장마 때만 되면 질퍽한 웅덩이가 주택가 곳곳에 생길 지경이었다(≪조선일보≫, 1968.7.5일 기사).

전쟁을 겪고 해방을 거치면서 엄청난 식수난에 국민들은 시달리게 된다. 식수난은 거의 매년 여름을 장식하는 기사였으며 서울시정의 가장 중요한 골칫거리 중에 하나였다(≪조선일보≫, 1973.7.7일 기사). 심지어 식수난은 살인을 부르기도 했다. 1970년 부산시 감천동에서 우물을 둘러싸고 50명의 여인들이 패싸움을 벌여 1명이 숨지는 사고가 발생했다. 이들은 마을에 상수도 시설이 없어 서로 우물을 파는 과정에서 상대편 때문에 자신들의 우물이 마른다고 말리는 과정에서 시비가 붙은 것으로 나타났다(≪조선일보≫, 1970.2.12일자 기사). 같은 해 5월에는 서울 성북구에서 수도 시설을 가진 사람과 물을 얻으러 온 이웃 주민 간에 실랑이가 벌어지면서 1명이 사망하는 사고까지 벌어졌다(≪조선일보≫, 1970.5.31일자 기사). 이러한 사건들은 근대화 과정에서 식수에 대한 국민들의 결핍과 열망이 얼마나 대단한 것이었는가를 보여주는 증거이다. 이런 측면에서 한국의 초기 상수도 정책은 국민들의 생존과 직결된 가장 시급한 물 정책이었다고 할 수 있다.

이는 다음과 같은 자료에서도 입증된다. <그림 4-8>은 한국의 도시화율(도시인구/전체인구)과 상수도 보급률 추이를 비교한 것이다. 도시화율은 1945년 13%에서 1995년 78.5%로 증가했으며 상수도 보급률은 18%에서 82.9%로 증가했다. 두 개의 수치는 거의 비슷하게 증가하고 있다.

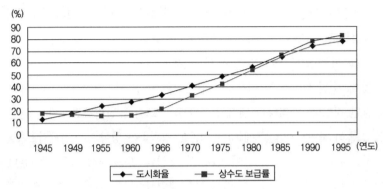

<그림 4-8> 도시화율과 상수도 보급률 변화 추이

자료: 통계청 http://kosis.nso.go.kr/ 재구성.

1960년대, 1970년대 상수도 보급률은 도시화를 따라가지 못했지만 1985년을 기점으로 상수도 보급률이 도시화율을 앞서고 있다. 이때부터 식수난에 대한 기사는 차츰 사라지게 된다. 이는 도시화의 근간으로 상수도 보급이 얼마나 중요한 사업인가를 보여주는 것이다.

<그림 4-9>는 급수도시의 증가를 나타낸다. 1947년에 40개에 불과하던 급수도시 수는 2001년 905개에 달하고 있다. 1995년과 1996년 약간의 감소 추세를 보이는 것은 행정구역 개편에 따른 것으로 급수도시는 계속

<그림 4-9> 급수도시 증가 추이

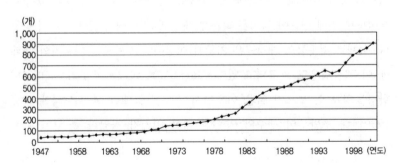

자료: 통계청 http://kosis.nso.go.kr/ 재구성.

증가하고 있다.

이러한 광역상수도의 확대는 '협의의 단기적 합리성'에 의거하면 가장 효율적으로 국민들에게 식수를 제공하는 중요한 수단으로 평가할 수 있다. 하지만 이로 인해 야기되는 문제도 존재한다.

첫째, 수원(水原)과 물 이용자와의 거리의 증대, 즉 '지리적인 원격화'와 관련된 것이다. 모리타키 겐이치로(2005)의 표현을 빌리자면, '가까운 물'을 소홀히 하면서 '먼 물'에 대한 의존을 강화하는 방향으로 전환되었음을 의미한다. 광역상수도는 간이상수도와는 달리 먼 곳에서 물을 끌어온다. 안산공단의 물은 팔당댐에서 끌어온다. 광역상수도는 권한을 중앙에 집중화시킨다. 상하수도 사업도 전력산업과 마찬가지로 어느 정도의 광역화가 비용 절감의 요인이 될 수 있다. 따라서 지방자치단체는 전문화된 물 전담 기관인 수자원공사에게 광역상수도망을 깔아 줄 것을 건의하고 이러한 경향은 자율적인 물 관리보다는 중앙집권화된 물관리체제를 양산한다.

두 번째 제기되는 문제는 수돗물 불신 공방이다. 수돗물 품질과 관련해서는 워낙 식수난이 1960년대까지 극심했기 때문에 수질보다는 상하수도를 확충하라는 요구가 많았다. 하지만 1970년대 들어서면서 우물과 수돗물의 안전성에 대해서 우려가 높아지고 있다. 1973년 시흥군에서는 인근 태평방직에서 흘러 보낸 폐수로 인해 우물물이 오염돼 문제가 되었다는 기사가 보도되었다(≪조선일보≫, 1973.4.27일 기사). 특히 노후된 송수관 부식으로 인해 병균이 들어올 확률에 대한 우려는 여러 곳에서 터져 나왔다. 실제로 수돗물의 대장균은 기준치 이상이었고 탁도는 기준치의 45배에 이르는 경우도 보고되고 있다(≪조선일보≫, 1977.4.16일 기사). 더구나 한강물의 오염 보도가 줄을 이으면서 수돗물에 대한 불신은 극에 달해 1980년대 초반부터 생수와 약수에 대한 인기가 높았다.

방학이 돼 시골에 돌아가면 "수돗물을 먹었더니 얼굴이 희어졌다"하고 방학이 끝나 도시에 나오면 "샘물을 먹더니 얼굴이 검어졌다"는 말을 듣곤 하던 것이 겨우 20~30년 전의 일이다. 물론 수돗물 속에 표백제가 들어 있어 얼굴을 희게 한 것은 아니지만, 수돗물에 대한 인식은 그만큼 긍정적이 었다. 한데 지금은 샘물을 먹는다면 부러워하고 수돗물을 먹는다면 뒤진 것 같은 정반대의 인식이 보편화되고 있음은 웬 까닭일까. …… 시민의 수돗물에 대한 인식이 "98%가 오염된 물"이라는 여론 조사도 있었듯이 수돗물이란 설거지하고 빨래나 하는 허드렛물일 뿐, 먹을 수 있는 물이 못 된다는 것은 상식화된 사실이다. 그래서 생수며 지하수 장수가 판치고 산 가까이 사는 사람들은 온통 산에서 솟는 물을 떠다가 식수로 삼고 있다. 밀어닥치는 대형 국제 행사를 두고 가장 크게 부각될, 그러면서도 망각되고 있는 창피가 아닐 수 없다. 오염이 돼 있기에 불신이 생겼을 것이지만, 여기에서 우리가 문제 삼고 싶은 것은 오염치가 높고 낮고 하는 물리적 차원이 아니라 불신이라는 심리적 차원이다(≪조선일보≫, 1985.7. 30 「수 돗물 왜 못 믿는가」, 사설 일부 발췌).

이러한 경향은 1990년대를 관통해 21세기에도 이어져 근래의 보도 자료에 의하면 우리나라 국민 중 수돗물을 먹고 있는 사람은 전체 인구의 1%에 불과할 정도로 수돗물에 대한 신뢰는 땅에 떨어져 있다. 더구나 관망 부식으로 인한 미생물로 인한 수돗물 오염은 상수도의 광역화가 수돗물의 품질과 밀접한 관련이 있는 요소임을 보여주고 있다. 이러한 수돗물에 대한 불신은 1995년도에 생수 시판을 허용하는 빌미가 되었으 며, 이는 자연 자원의 상품화로서의 문제점뿐 아니라(Barlow et al., 2002) 지하수 난개발이라는 환경 파괴 문제까지 불러오는 악순환을 불러일으키 고 있다. 그렇게나 바라던 수돗물 공급이 이제 도시화율을 넘어설 정도로 확대되었는데 정작 식수로서 제대로 기능을 못하는 것을 우리는 어떻게 이해해야 할까?

<그림 4-10> 1인 1일당 급수량 추이

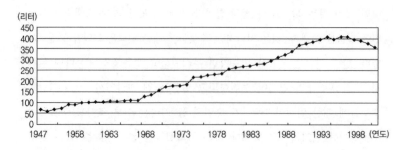

자료: 통계청 http://kosis.nso.go.kr/ 재구성.

이러한 두 가지 문제점과 더불어 상수도 정책에 있어서 핵심은 과잉
수자원 개발과 관련된 사안이다. 물 수요를 둘러싼 논쟁은 동강댐 건설
백지화 과정에서 제기되었다. 댐 건설이 전제가 된 수요 예측은 인구나
산업의 동향 등 지역 경제 사회의 현실에 관한 기초적인 데이터 분석의
결과에 비춰 과대 계상되었다는 주장이 제기된 것이다. 이러한 주장은
데이터의 신뢰성과 더불어 공급 위주의 정책은 수요 관리 위주의 정책으로
전환되어야 한다는 주장과 연계된다. 실제로 아래 데이터는 이러한 가능성
을 보여준다. <그림 4-10>은 1인 1일당 급수량 추이를 나타낸 것이다.
1인 1일당 급수량이 1947년 66ℓ에서 꾸준히 계속 증가해 1997년 409ℓ로
최고치를 기록하다가 2001년 361ℓ로 다소 감소하는 추세이다. 1998년
동강댐 건설 논쟁 중에 댐 정책과 상수도 정책에 있어 공급 위주의 정책이
갖는 문제점이 끊임없이 지속됨에 따라 수요 관리정책이 도입되었고(이미
홍 외, 1998) 향후 이러한 감소 현상은 계속될 것으로 보인다.
이러한 경향은 기존에 공급을 지지하던 '물 부족' 논리에 대한 일대
전환을 의미한다. 물을 아껴 쓰고 재활용하는 것은 과잉 개발로 인한
물 낭비를 '부자유'스럽게 하는 하나의 조치로 생각할 수 있으며, '낭비의

보증'으로 여겨졌던 댐 건설의 논리도 희석되는 효과를 가지게 된다. 따라서 수요 관리는 '광의의 장기적 합리성'으로 상수도 정책이 전환되는 신호탄으로 볼 수 있다.

3) 하천 관리정책

<그림 4-11>은 한국의 공유수면 매립 건수와 매립 면적을 나타낸 것이다. 매립 건수는 1962년 33건으로 시작해 1965년 543건으로 최고치를 이루어 1971년까지 100여 건을 기록하고 있다. 이후 계속 감소해 1998년 21건이다. 이에 비해 면적은 점차 대규모화하는 경향을 보이고 있다. 1962년 161만 6,023m²이던 공유수면 매립 면적은 1995년 1억 6,053만 2,990m²로 최대를 이룬다. 동양 최대 사업이라는 새만금 사업의 영향으로 보인다.

이러한 경향은 <표 4-5>에 제시한 하천 관리정책의 약사를 통해서도 알 수 있다. 하천개발정책은 시기별로 특징이 있는데 박정희 시대의 경우 강변을 매립해 아파트를 건설하는 정책을 폈다. 1980년대의 경우 이수·치

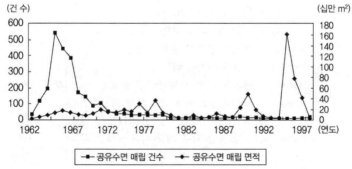

<그림 4-11> 공유수면 매립 건수 및 매립 면적 추이

자료: 통계청 http://kosis.nso.go.kr/ 재구성.

수·친수 공간 확보라는 명목 하에 한강종합개발이 대대적으로 실시되었으며, 1990년대에는 직강하천과 시멘트로 황량해진 강변 공간, 소규모 하천 복개에 대한 반대 여론으로 대안적인 하천 개발 형태―양재천, 청계천 복원 등―이 나타나고 있다.

식민지 시대 일본은 조선 하천 조사라는 명목하에 대대적인 하천조사사업을 시작했다. 하지만 이는 한국의 근대화를 위해서라기보다는 자신들의 식민지 경영의 편의를 위한 것이었다. 1960년대 말까지 한강은 경원선 철길이었고 뚝섬도 이름 그대로 섬이 되는 일이 잦았다. 7월에서 9월까지의 3개월간 며칠씩 집중호우가 내리면 한강은 바다가 되었고 갈수기에는 백사장의 연속이었다. 그 당시의 한강물은 관리가 되지 않았고 강물은 자원이 아니었다(손정목, 2003: 294).

<표 4-5> 한국의 하천관리정책 약사

시기 구분	정책 내용	시기별 특성
식민지 시대 및 해방 후 혼란기 (1929~1960)	1928　　조선하천조사서 발간	식민지 경영을 위한 하천 조사
박정희 시기 (1961~1979)	1961. 12　청계천 복개 공사 완공(1958~1961) 1961.12.19 「공유수면관리법」 제정 1961.12.30 「하천법」 제정 1967.12.27 여의도 윤중제 공사 기공 1968　　한강개발3개년계획 1968　　여의도 개발 시작(1972년 완료) 1968　　한강 서빙고 지구 개발 시작(1973년 완료) 1968　　한강 성수 지구 개발 시작(1972년 완료) 1968　　한강 풍납 지구 개발 시작(1975년 완료) 1969　　한강 중지도 개발(1973년에 완료)	강변 개발 시대

	1969	한강 압구정 지구 개발(1973년에 완료)	
	1970	한강 반포 지구 개발(1972년 완료)	
	1971	한강 잠실 지구 개발(1974년 완료)	
	1972.12	동진강 수리간척사업 준공	
	1973	「산업기지개발촉진법」 제정	
	1974	한국수자원개발공사가 산업기지개발공사로 명칭 변경(여천, 창원, 온산, 구미 산업단지 조성 착수)	
	1975.12	「공공용지취득및손실보상에관한특례법」 제정	
	1978	산업기지개발공사 반월 신도시 개발 완료	
	1979.10.26	삽교호 방조제 준공	
1980년대 (1980~1992)	1981	전국 주요 하천 기초 조사(1983년 완료)	한강종합개발
	1982	한강하류부종합개발(1985년 완료)	
	1983	한강종합개발 기본 계획 수립	
	1985.2.1	한강·낙동강·섬진강 하천 정비 기본 계획 수립 고시	
	1985	한강종합개발사업 준공	
1990년대 (1993~현재)	1995.1.5	「소하천정비법」 제정	생태적 여건을 고려한 하천 개발 대두
	1995	양재천 자연형 하천조성사업 시작	
	1996	환경단체들 하천 복개 반대운동 전개	
	1999	새서울우리한강사업계획 발표	
	2001	수자원국에 하천관리과 신설	
	2002	청계천복원계획 발표	
	2003.7.1	청계천 고가도로 철거, 복원 공사 시작	

박정희 시대의 하천 관리정책이야말로 경제적인 이유를 위해 자연경관이 얼마나 파괴되었는지를 보여주는 극명한 예라고 할 수 있다. 잠실에서 김포까지 한강 연안 양쪽에 거의 끊이지 않고 아파트의 숲이 병풍을 이루고 들어서 있다. 동부이촌동처럼 재건축된 곳은 특히 그 병풍의 벽이 두텁고 높다. 그리고 강을 따라 자동차 전용도로가 달린다. 북쪽 연안에는 고가도로까지 겹쳐져 있다. '천혜의 자연', 한강은 이렇게 자동차 도로,

아파트 단지로 겹겹이 둘러쳐진 채 시민의 품에서 벗어나 있다(강홍빈·주명덕, 2002: 126).

한강변이 이러한 변화를 겪은 것은 1968년 '불도저' 김현옥 시장이 '한강개발3개년계획'을 착수했기 때문이다. 세운상가, 낙원상가, 청계천 고가도로, 광화문 지하도 등을 건설하면서 온 서울 장안을 파헤친 불도저 시장은, 제1한강교에서 김포비행장까지 제방을 쌓아 '자동차 전용도로'를 만들면서 2만 4,000평의 금싸라기 택지가 '저절로' 생겨나는 것을 목도한다. 여기에 착안한 김시장은 1968년부터 그 스스로 '민족의 예술'이라며 찬탄하던 '한강개발3개년계획'에 착수한다. 그 핵심은 윤중제를 쌓아 여의도를 개발하는 것이었지만, 또 하나의 핵심은 한강변 74km 양안에 제방도로를 만드는 것과 겸해서 69만 7,000평의 택지를 조성하는 일이었다. 사업비는 택지 매각으로 조달할 구상이었다(강홍빈·주명덕, 2002: 127~130).

하천을 개수하면서 부수적으로 생기는 택지를 활용하는 것과, 아예 땅장사를 위해 영리적으로 강을 매립하는 것은 다르다. 불행하게도 김현옥의 '한강개발3개년계획'은 후자였다. '공유수면 매립 공사'가 그것이다. 이 일에 적극적으로 나서는 것은 건설부 산하 한국수자원개발공사였다. 수자원개발공사는 당시 소양강댐을 짓기 위한 재원 마련이 필요했는데, 춘천댐, 의암댐, 청평댐, 팔당댐 등으로 인해 한강의 수위가 낮아지면서 발생한 유휴지를 매립해 분양함으로써 재원을 마련해 보자는 의견이 나왔다(안경모, 2002: 48).

이렇게 수자원개발공사는 간판을 달고 그 첫 사업으로 한강 이촌동 백사장의 준설 면허를 그 모체이며 한강관리청인 건설부에서 따낸다. 이렇게 하천을 매립해서 택지를 제공하는 사업은 여의도, 서빙고, 성수, 풍납, 압구정, 반포, 잠실로 확대되면서 대한주택공사, 현대건설, 삼익주택, 한양주택, 라이프주택, 삼부토건, 대림 등이 개발 이익을 나누어 가지게 된다.

이러한 한강변 택지 개발 사업이 얼마나 당시에 각광을 받았는지는 다음의 인용문을 보면 알 수 있다.

공유수면 매립 공사는 참으로 황금알을 낳는 거위였다. 국유 하천에 면허를 받아 제방을 쌓는다. 그것도 건설업 비수기인 겨울철에 놀고 있는 장비와 인력을 이용해서이다. 그 다음해 비수기에 모래를 부어 택지를 만든다. 그러면 정부기관이나 국영업체에서 일괄 매수해 간다. 아파트를 지으면 짓는 대로 돈이 된다. 모두에게 좋은 일이었다. 경제성장과 함께 급속히 늘어나는 신중산층을 수용할 주택이 대량 공급되니 좋고, 강변에 자동차도로가 생겨나니 좋으며, 홍수를 막을 제방이 생겨나니 좋았다. 재벌급 건설업체가 자라나면 고용이 늘어나서 좋고 중동에서 건설수주를 키울 수 있어서 좋았다. 이 모든 것이 정부의 재정투자 없이 이룩되는 일이었다. 그러니 강변에 나무가 없다든가, 아파트가 **빽빽**이 들어서 한강의 경치를 막는다든가 하는 데는 신경 쓸 겨를이 있었을 것인가?(강홍빈·주명덕, 2002: 134에서 인용).

이러한 한강은 누가 봐도 국민의 쉼터는 아니었다. 수질 문제까지 심각해지면서 한강은 골칫거리로 부상하게 된다. 특히 '환경권'을 헌법에까지 명시한 제5공화국은 한강을 진정한(?) 국민들의 쉼터로 만들려는 움직임을 보인다. 그것이 바로 한강종합개발사업이다. 한강종합개발사업은 총 3,483억 원을 들여 1982년부터 1985년까지 실시된 사업이다.

병든 한강을 살리고 한강 운하 시대를 여는 한강종합개발계획이 확정돼 28일 착공됐다. 총 사업비 3,483억 원을 들여오는 1985년까지 추진될 이 사업은 하상을 정리, 저수로를 만들어 유람선이 다닐 수 있는 뱃길을 만들고 강변 고수부지에는 체육공원, 유원지, 산책로, 자전거 전용도로를 꾸며 시민을 위한 휴식 및 위락 시설로 확보하고 강남 쪽 제2한강교~천호대교 간

26km에 강변도로를 신설 또는 확장, 동~서 관통도로를 개설하며, 탄천, 청계, 중랑, 난지도, 안양천에 대규모 하수처리장을 시설하고 강 양편에 하수관로를 묻어 생활하수와 공장폐수를 하수관을 통해 강 하류로 흘려보내 한강 수질을 보전하는 것을 내용으로 한 대역사다(≪조선일보≫, 1982.9.29 일 기사).

한강종합개발계획이 얼마나 대규모로, 그리고 일사천리로 진행되었는지를 보여주는 것이 <그림 4-12>이다. <그림 4-12>는 하천 개수 연장 추이를 보여준다. 1967년 4,600km에 불과하던 하천 개수는 1981년에는 6,412km로 미미한 증가세를 보이다가 1982년 1만 7,186km로 1년 사이에 2배를 넘어서 3배에 이르는 대폭적인 증가를 보인다. 1년 사이에 이러한 엄청난 증가세는 한강종합개발의 여파로 보인다. 한강종합개발은 세계의 유수한 도시 중 가장 아름다운 강을 소유하면서도 그 강을 본연대로 가꾸지 못하게 했다. 한강종합개발은 양안에 설치한 자동차 전용도로로 인해 시민들의 접근을 차단시켰고 그나마 조성된 고수부지는 여름에는 물에 잠겨 사용하지 못하는 실정이다. 더군다나 이러한 한강종합개발의

<그림 4-12> 하천 개수 연장 추이

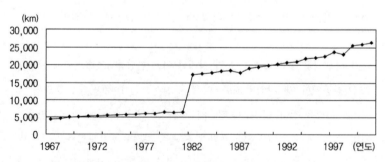

자료: 통계청 http://kosis.nso.go.kr/ 재구성

성과는 지방으로 고스란히 전이되어 하천을 한강과 같은 고수부지로 만들기 위해 지방의 상당수 자연형 하천들을 직강화하는 현상을 일으켰다.

하천을 직강화함으로써 물을 하류로 빨리 배수시켜 홍수나 호우로부터 피해를 막으려는 의도는 단기적으로 합리적으로 여겨질 수 있으나 장기적으로 보았을 때 오히려 이러한 직강화는 홍수 피해를 하류에 집중적으로 전가시키는 결과를 낳았다. 하천은 하나의 생태계로 자연의 시스템이다. 하지만 직강화된 하천은 이러한 기존의 자연적인 물 순환 시스템이 인공적인 물 환경 시스템으로 전환되었다고 해석할 수 있다. 하지만 이러한 개발 방식은 1990년대 들어 지양되고 있다. 양재천과 같은 자연형 하천을 만들려는 움직임이 여기저기에서 일어나고 있으며 청계천 복원은 2005년 최고의 히트 상품으로 지정될 정도로 하천 관리정책에 있어 일종의 패러다임의 전환을 주도하고 있다. 하천관리정책에 있어서도 '광의의 장기적 합리성'에 의거한 정책이 도입되고 있다고 평가할 수 있다.

4) 치수정책

우리나라의 물 정책 중 어찌 보면 가장 근대화되지 못한 부분이 치수정책이다. <그림 4-13>을 보면 풍수해 이재민 수는 초창기에 많았고 점점 줄어들고 있으나 그 피해 규모는 커지고 있다. 가장 많은 이재민을 낸 해는 1972년으로 656,361명으로 집계되고 있다. 당시에 수도권 지역에 집중호우가 발생해 서울도 큰 수해를 입은 것으로 나타난다. 가장 큰 피해 규모는 1998년으로 1조 6,000억에 달하는 재산 손실을 입었다. 1998년에는 경기 북부에 기록적인 호우와 태풍 야니(YANNI)의 영향으로 피해가 컸던 것으로 보인다.

이렇듯 풍수해(風水害)와 한해(旱害)는 거의 매년 우리나라를 찾아오고 있다. 이와 더불어 매년 수해 의연금이나 가뭄 극복 성금을 모금하는

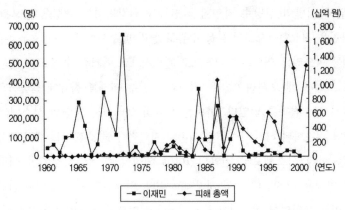

<그림 4-13> 풍수해로 인한 이재민수와 피해 규모 추이

자료: 통계청 http://kosis.nso.go.kr/ 재구성.

것이 각 방송국들의 연례 행사가 되고 있다. 왜 근대화 과정 속에서 우리는 더욱더 자연재해의 위험 앞에 내던져지고 있는가? 아무리 근대화가 빠른 속도로 진행된 한국 사회의 경우도 풍수해에 대한 피해에서는 비켜가지 못하고 있다. 문제는 이렇게 풍수해가 커지는 원인이 과거에는 자연재해에 있었다면 근래에는 오히려 산업화·도시화라는 근대화의 결과물이 도리어 그 원인이 되고 있다는 점에서 문제가 있다(심재현, 2003: 147).

<표 4-6>은 한국의 치수정책의 약사이다. 너무나 재해가 빈번해서 약사에는 피해가 큰 재해만을 포함시켰다. 치수정책의 경우도 박정희 시기에 어느 정도 제도적인 완비가 이루어졌다.

치수정책은 하천관리정책과 매우 밀접한 연관성을 갖는다. 강둑을 막아 아파트를 만드는 작업에서 매년 범람하는 물을 다스리기 위한 하천 개수는 꿩 먹고 알 먹고 식의 전략이었다. 이러한 물을 길들이기(tamed) 위한 노력은 하천 개수와 빗물펌프장 등으로 나타났다.

<표 4-6> 한국의 치수정책 약사

시기 구분	정책 내용		시기별 특성
식민지 시대 및 해방 후 혼란기 (1929~1960)	1925.7.18 1959.9.15	을축년 대홍수 태풍 사라호	속수무책인 대규모 재해
박정희 시기 (1961~1979)	1961.10	재해대책업무 이관(내무부에서 국토건설청으로)	재해대책 기구 설립, 녹화 및 하천 정비 계획
	1962.3.2	「재해구호법」 제정	
	1962.6.1	풍수해대책위원회 규정 제정	
	1963.6.2	최초 풍수해대책위원회 개최	
	1963.12.5	「방조제관리법」 공포	
	1965.6.3	전국 대가뭄	
	1967.2.18	「풍수해대책법」 제정	
	1967.4.1	방재기구 보강	
	1967.7~8	전국 가뭄	
	1967	수자원국 내에 재해대책본부 설치	
	1968.7.1	건설부 수자원국 방재과 신설	
	1969.9.1	남부 지방 호우	
	1972.8.1	집중호우, 서울 수해	
	1973.3.1	치산녹화10개년계획	
	1974.7.4	한강 홍수통제소 개소	
	1975.1.2	치산녹화 3차년도 사업 계획 확정	
	1975	하천정비기본계획(한강, 낙동강 및 금강의 직할 하천)	
	1977.12	방재 계획 관제 신설	
	1978	한강하천정비기본계획	
1980년대 (1980~1992)	1980.7.21	집중호우	계속되는 재해
	1981.9.1	태풍 아그니스	
	1981	전국 주요 하천 기초 조사(1983년 완료)	
	1984.8.31	집중호우, 서울 큰 수해	
	1985.1.28	낙동강 수계 수해 상습지 개선사업	
	1985.3.16	낙동강 수계 홍수 예경보 설치	

	1985.10 전국 상습침수지구 일제 조사	
	1987.7.15 태풍 셀마	
	1987.7.21 중부지방 집중호우 및 태풍 베논 내습	
	1987.8.30 태풍 다이나	
	1987.12.15 방재계획과 및 방재시설과 확대 개편	
	1989.7.1 영산강 수계 치수사업계획 수립	
	1989.7.25 집중호우(경기, 광주, 충북, 전북, 경남, 경북)	
	1989.7.28 태풍 쥬디 내습	
	1990.3.26 방재계획과와 시설과를 방재과로 통합	
	1990.9.9 집중호우: 한강하류 일산제 무너짐	
	1990.12.27 풍수해대책업무를 건설부장관에서 내무부 장관으로 이관	
	1991.4.23 중앙재해대책본무 업무기능 이관(건설부에 서 내무부로)	
	1991.7.20 집중호우	
	1991.8.22 태풍 글라디야스 내습	
	1991.12.10 국제자연재해경감10개년국가위원회설치 (안) 의결	
1990년대 (1993~현재)	1993.10 신재해대책종합추진계획 수립	대규모 피해를 야기하는 재해
	1994.4.21 내무부 방재담당관과 재해복구담당관 신설	
	1994.12.23 내무부 방재계획관을 방재국으로 확대 개편	
	1994 가뭄	
	1995.8.19 집중호우 및 태풍	
	1996.7.26 경기 북부 지역 집중호우	
	1998.8.3 경기 북부 지역 집중호우 발생	
	1998.9.29 태풍 야니 내습	
	1999.7.23 집중호우 및 태풍 올가 내습, 경기 북부 지 역 집중호우	
	2000.8.23 집중호우 및 태풍 프라피룬 내습	
	2001 가뭄	
	2002 강릉 태풍 루사 피해	
	2003 남해안 및 경상도 지역 태풍 매미 피해	

<그림 4-12>에서도 보았듯이 하천 개수는 계속 진행되고 있다. 이런 식의 하천종합개발은 한강변의 모습을 완전히 딴판으로 만들어 놓았다. 홍수 범람을 예방하기 위해 물을 되도록 빨리 하류로 빼려는 노력은 강을 직강화했고, 친수라는 명목하에 시멘트를 바르고 고수부지를 조성하기에 이르렀다. 특히 1990년대 들어 경기 북부 도시들과 중랑천을 중심으로 한 도시 지역의 호우는 많은 우려를 자아내고 있다. 김창완(1998)은 이러한 범람의 원인이 지방 정부들의 고수부지 활용이었다고 지적한다.

중랑천 상류인 의정부 구간의 고수부지 활용은 고질적인 교통난을 해소하고 주민의 휴식처로 활용하기 위한 의정부시의 고육지책이었을 것으로 생각이 들지만 너무한 것 같다. …… 자연적으로 구부러진 하천을 곧게 펴고, 울퉁불퉁한 고수부지를 천편일률적으로 평평하게 정지해 포장 블록을 깔고, 쭉 뻗은 도로를 놓아 교통난을 해결하는 것들이 일견 하천을 멋지게 만드는 것처럼 보일지는 모르겠지만 매우 위험한 일이다. 구부러진 하천을 곧게 만드는 것은 그만큼 물을 빨리 하류로 흘려보내 하류의 피해를 가중시킬 수 있다. 고수부지를 보도블록, 콘크리트 등으로 포장하는 것은 도로에 윤활유를 뿌리는 것과 같다. 유속이 빨라지고 흐름이 제방의 형상을 따라 부드럽게 흐르지 않고 좌충우돌하며 흐르게 된다. 하천 바닥에 여울과 소가 있고 고수부지에 기복이 있고 잡초가 있는 자연 상태의 하천을 콘크리트로 피복해 놓으면 유속이 2~3배 빨라진다. 이와 같이 유속이 빨라지면 운동에너지는 4~9배 증가되어 파괴를 걷잡을 수 없게 된다(김창완, 1998: 5~6에서 인용).

특히 우리나라 제방은 하천에서 채취한 모래로 쌓은 제방이 많기 때문에 하천 수위가 높거나 월류된 경우에는 제방이 파괴되기 쉽다는 점을 일반인도 인식할 필요가 있다(김창완, 1998: 6). 더 심각한 것은 전국적인 현상이지만 주차장이나 공원 등을 조성하거나 홍수터를 정지하면서 원래 하천에 있던 골재는 채취해 매각하고 대신 쓰레기를 매립했기 때문이다. 지금이라도 쓰레기를 파내고 이번 홍수로 퇴적된 모래로 채우는 것이 하천 환경을 보전하는 첫걸음이다. 이러한 도시 지역의 호우 재해를 막는 최선의 길은 하천이 본래의 기능을 제대로 발휘할 수 있도록 고수부지의 도로와 주차장을 드러내고 원상 복구하는 것이다(김창완, 1998: 8). 치수정책에 대해서는 아직 뚜렷한 대안이 제시되고 있지 못하다. 다만 제방과 같은 선적(線的) 방어에서 천변 저류지와 같은 면적(面的) 방어로 전환되어야 함이 제시되고 있다.

5) 농업용수 및 지하수 관련 정책

우리나라 초기의 주력 사업은 농업이다. 식민지 시기에는 수리조합을 중심으로 우리 농촌 사회는 유지되고 있었다. 해방 이후 박정희 초기까지 농업은 모든 분야에서 우위를 차지했다. 물 정책에 있어서도 마찬가지다. 농업용수 관리는 일제 시대를 거쳐 박정희 초기까지 가장 중요한 분야였다. 천수답을 벗어나기 위한 각종 저수지 축조와 지하수 개발은 댐 개발 방식과 마찬가지로 차관과 해외기술자들로 인한 개발이었다. 하지만 1980년대 들어 이러한 경향은 급속하게 퇴색하게 된다. 이는 한국의 산업정책에서 농업은 사양산업이 되었기 때문이다.

<그림 4-14>는 한국의 농가 인구 감소 추이를 나타낸 것이다. 1970년 480만 명이던 농가 인구는 2001년 200만으로 줄어들었다. <그림 4-15>와 <그림 4-16>은 한국의 산업구조 구성을 비교한 것이다(1970년과 2001년). 1970년 51%를 차지했던 농업은 2001년 10% 수준으로 줄어들어 1/5의 감소를 보이고 있다. 이에 비해 제조업과 사회간접자본 및 서비스업은 증가하는 추세를 보이는데 제조업은 14%에서 20%로 사회간접자본

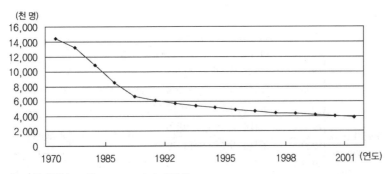

<그림 4-14> 농가 인구 감소 추이

(천 명)

자료: 통계청 http://kosis.nso.go.kr/ 재구성.

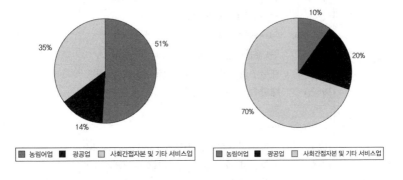

<그림 4-15> 산업구조 구성비(1970년)   <그림 4-16> 산업구조 구성비(2001년)

및 서비스는 35%에서 70% 수준으로 두 배 증가한 것으로 나타났다.

농업용수도 농업의 쇠락과 같은 길을 걷는다. <표 4-7>은 한국의 농업용수 및 지하수 관련 정책 약사이다. 농업용수를 위한 보와 지하수개발은 제3공화국까지는 활발하게 진행되었으나 제조업과 서비스업에 자리를 내 준 농업은 조직의 끊임없는 통합과정을 겪으면서 축소되게 된다. 특히 농업기반공사는 1990년대 들어 새만금 사업을 위시한 갯벌매립사업을 적극적으로 추진한다.

<표 4-7> 농업용수 및 지하수 관련 정책 약사

시기 구분	정책 내용		시기별 특성
식민지 시대 및 해방 후 혼란기 (1929~1960)	1906	「수리조합조례」 제정	수리조합 전성기 중추 산업으로서 농업 육성
	1908.2	전북옥구수리조합 설립(수리조합 효시)	
	1917.7	조선수리조합령 반포	
	1926.6	동양척식주식회사에 토지개량부 설립	
	1927.7	조선토지개량주식회사 설립	
	1938.5	조선토지개량협회 발족	
	1940.7	조선수리조합연합회 발족	
	1949.6	조선수리조합을 대한수리조합으로 개칭	
	1950.6	조선농지개발영단과 대한수리조합연합회를 통합	
	1952.4	「농지개혁사업특별회계법」 공포	
	1953.6	식량증산 및 수리시설의 복구를 위한 원조 협정(UNKRA 등과의 협정)	
	1953.9.9.	「수산업법」 제정	
	1957.8.2	「농약관리법」 제정	
박정희 시기 (1961~1979)	1961.12	대한수리조합을 토지개량조합으로 개칭	농업용수를 위한 보와 지 하수 개발
	1962.1	대한수리조합연합회를 토지개량조합연합회 로 개칭	
	1962.1	「토지수용법」 제정	
	1964	농업용 지하수 사업 서부경남지역에 최초 착수	
	1965	식량증산7개년계획 및 전천후농업용수개발 계획 수립	
	1966	농림부 농지국 내에 개간간척과 설립(지하 수 사업 전담)	
	1967.1.1	「농어업재해대책법」 제정	
	1967.12.1	농어촌개발공사 발족	
	1967	한국 관정식 관개사업 착수(농림부 요청에 의해 UNDP에서 시행)	
	1969.2	지하수개발공사 설립	
	1970.1	토지개량조합을 농지개량조합으로 개칭	
	1970.2	농업진흥공사 발족(토지개량조합연합회와	

		지하수개발공사 합병)	
	1971.9	사단법인 농지개량회 설립	
	1973.9	농지개량조합이 농지개량조합연합회로 개칭	
	1975.10	제2차 농업종합개발계획 확정	
	1975.12	「내수면어업개발촉진법」	
	1976.10	영산강 농업개발 1단계 준공	
	1978.1.27	영산강 농업개발 2단계 준공	
	1978.4	공법인 농지개량조합연합회 설립	
1980년대 (1980~1992)	1981.3.	농지개량조합 통폐합 조정	산업화에 자리를 빼앗긴 농업
	1981.3.2	「온천법」 제정	
	1990.7.2	농어촌진흥공사 설립(농업진흥공사 흡수)	
	1991.11.28	새만금간척사업 착공	
1990년대 (1993~현재)	1993.12.10	「지하수법」 제정	생수 시판으로 인한 지하수 고갈, 간척으로 인한 갯벌 파괴. 계속되는 농업 관련 단체들의 합병
	1995.5	생수 시판	
	1998.7.16	농림부 영산강4단계간척사업 백지화	
	1999.5.19	새만금간척사업 일시 중지	
	1999	21세기 물 부족 시대를 대비한 농촌용수종합이용계획 수립	
	2000.1.1	농업기반공사 설립(농지개량조합, 농지개량조합연합회, 농어촌진흥공사 통합)	
	2001.5.25	새만금 사업 재개 확정 발표	
	2003.7.15	서울행정법원 새만금 사업의 집행 정지 신청 받아들임	

무엇보다 안타까운 것은 농업의 경우 자체적으로 가지고 있던 자율적인 역량들이 없어지고 정부의 보조에만 의존하는 안타까운 상태로 전락했다는 점이다. 농조를 중심으로 농업용수를 알뜰히 관리하던 농민들은 농조가 농업기반공사로 통폐합됨에 따라 정부에 농업용수 관리를 맡기고 있어 농민들 스스로는 절약하고자 하는 유인도 갖지 못하고 있는 상태이다.[10]

---

10) 농업용수 사용과 관련된 '정부의 실패'는 고재경·이정전(1999)을 참조할 것.

예전에는 물 이용자인 농민의 지연적 집단이 가까이에 있는 계류 등을 수원으로 삼아 용수로나 저수지 등의 수리 시설을 자신들의 공동 노동에 의해 건설하고, 이것들을 스스로 공동 관리했지만, 정부가 대규모 댐이나 간선 수로를 만들어 줌에 따라 농민은 그 시설의 단순한 수익자로 비용을 부담하는 수동적인 존재로 바뀌었다. 아직 대안이 뚜렷이 제시되고 있지 않으나 상수도 정책에서 비판했듯이 주변 가까이 수원(水原)을 개발해 이를 관리하는 '물 민주주의'의 복원이 대안으로 제시되고 있다.

6) 수질정책

수질정책은 다른 정책들에 비해 최근에 제시된 정책이다. 하지만 수질에 대한 우려는 이미 근대화 초기부터 존재해왔다. 다음은 이미 1963년부터 한강물 수질 오염의 심각성을 단적으로 보여준다.

> 여름철이 가까워오면 한강물이 그럽게 된다. 휴일이 되면 강물 변두리에 인산인해를 이루던 광경이 기억에 새롭다. 특히 한강 인도교 상류는 도심지와 가깝기도 해 여름철에는 서민의 오아시스가 되곤 했다. 그런데 금년에는 강물에 대장균이 많을 뿐만 아니라 너무도 더러운 물이므로 수영을 금지하지 않을 수 없다는 당국의 발표가 있었다. 돈 안 들이고, 힘 안 들이고 매일처럼 찾을 수 있었던 피서지를 빼앗기는 셈이다. … 그런데 인간의 소위로서 강물이 오염되어 그것을 자연의 수영장으로 이용하지 못하고 쳐다보기만 해야 한다는 것은 여간 야속한 일이 아니다. 현대인은 자연을 극복하고 조화해 자신의 생활을 합리화시키고 능률을 올리게 하고 있는데 스스로 이용도 못하게 만들고 있다는 후진성에 대해서는 큰 부끄러움을 느껴야 하겠다. 왜 한강수가 그림의 떡이 되었는가 생각하는 동시에 각자가 스스로의 생활 주변을 돌아볼 필요가 있을 것 같다. 비만 오면 한숨을 쉬어야

하고 강물을 즐길 수 없는 안타까움을 맛볼 때는 환경을 타파할 용기도 내봐야 할 것이다(≪조선일보≫, 1963.5.29, 사설 「한강수영역을 뺏기는 심정과 대책문제」).

최초의 하천오염도 조사는 1968년에 실시되었는데 이미 대장균과 세균의 오염이 한강과 만경강의 경우 한도치(10mℓ당 2만 5,000마리)의 수십 배에 달하는 것으로 나타났다(≪조선일보≫, 1968.4.24). 차철환(1968: 33)의 연구를 보면 한강의 하천오염의 경우 도시하수의 영향이 가장 적은 상류 지역인 광장리 부근의 수질(BOD, COD, PH 대장균군 등)이 극심하게 오염되어 있어 외국의 상수도 원수 수질 기준과 비교하면 이미 이용될 수 없는 정도이고 특히 보광동 정수장 원수 취수장 근처의 경우는 수질에 있어서 대장균, 일반 세균 수가 전 한강수질 중 가장 심각하게 오염되어 있다.

또한 안양천의 수질은 공장영업장의 점차적 증가로 「공해방지법」에서 규정하고 있는 공장폐수 수질 기준보다 훨씬 초과하고 있는 실정에 있다(차철환, 1968: 33). 이를 토대로 볼 때 이미 수질 오염에 대한 우려는 1960년대 후반부터 존재했다고 볼 수 있다.

이러한 경향은 산업화가 지속되는 1970년에 들어서면 더 심해져서 인근 공장폐수 때문에 못자리가 썩어가서 정부에 항의를 하는(≪조선일보≫, 1970.4.23.) 사태가 벌어지고 있다. 특히 청계천, 우이천, 안양천의 경우 1970년도에 측정한 오염치가 700ppm, 946ppm, 672ppm으로 상당한 수준이다(1970년 5월 21일 기사). 한강 노량진의 경우 1970년도에 50ppm, 낙동강 구포의 경우 1968년에 253ppm을 기록하기도 했다.

김동민(1970: 31)도 이 나라에 있는 그 많은 하천과 호수가 정도의 차이는 있지만 격증하는 오염의 위협을 받고 있으며, 번영하는 나라의 심각한 사회 문제로서 논쟁의 대상이 되고 있다고 한탄했다. 즉, "지속적인 경제개

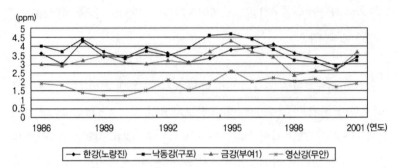

<그림 4-17> 4대 강 수질 변화 추이

자료: 통계청 http://kosis.nso.go.kr/ 재구성.

발계획에 의해 건설되고 있는 여러 공장에서 나오는 폐수는 질적인 측면과 양적인 측면에서 그 변화가 많고, 아직까지 우리가 경험하지 못한 유해한 폐수를 거의 처리함이 없이 부단히 유출시키고 있으며, 또한 도시에 집중된 인구도 매일 넘쳐흐르는 배설물과 폐기물을 오수의 형태로 유출시키고 있으니, 이러한 폐수 및 오수를 받는 것이 우리의 하천이고, 그것이 문제가 된다"라고 설파하고 있다.

공식적인 수질 오염에 대한 기록은 1980년대 중반부터 나온다. <그림 4-17>은 4대 강 수질을 하류 채취 지점을 중심으로 1980년대 중반부터 표기한 것이다. 전반적으로 낙동강의 수질이 좋지 않음을 알 수 있다. 특히 낙동강에서 수질 사고가 빈번했던 1990년대 초반에 낙동강 수질은 3.5~4.5ppm 수준으로 4대 강 중에서 가장 나쁨을 알 수 있다.

<표 4-8>은 한국의 수질정책 약사를 표기한 것이다. 식민지 시기와 해방 이후에는 관련된 정책이 전무하며 박정희 시대 3공화국 때 공해방지법과 같은 법적인 조치가 강구되지만 위에서 언급된 대로 별 실효는 없다. 본격적으로 수질 오염이 심화된 때는 4공화국 때로 오염의 심화와 더불어 낙동강보존회와 같은 시민단체가 등장하기도 하는데, 이러한 경향은 5공화국 때까지 지속된다. 수질정책에 있어서 획기적이며 폭발적인 정책 증가

<표 4-8> 한국의 수질정책 약사

시기 구분	정책 내용		시기별 특성
식민지 시대 및 해방 후 혼란기 (1929~1960)			수질정책 전무
박정희 시기 (1961~1979)	1963	「공해방지법」 개정	수질 오염 심화
	1967	보사부 환경위생과에 공해계 신설	
	1973	보건사회부 위생국 공해과 발족	
	1973	물고기 떼죽음 사건(전남 순천 와룡읍 제2 수원지, 농약 오염에 의한 사고)	
	1974	물고기 떼죽음 사건(충북 진천읍 진천 저수지)	
	1975	보건사회부 환경위생국 수질보전과 신설	
	1977	「환경보전법」 제정, 수질 환경 기준, 배출 허용 기준 마련	
	1978	낙동강보존회 발족, 낙동강 하굿둑 건설 반 대운동	
	1978	부산 명장 정수장 중금속 검출	
	1979	환경영향평가제도 도입	
	1979	식수 중금속 오염 사건(울산공단 6가 크롬)	
1980년대 (1980~1992)	1980	환경청 신설, 수질보전국 신설, 수질 측정망 운영	폭발적으로 수질 오염 사고 발생
	1982	한강유역환경보전종합계획(1983년 완료)	
	198.2	중랑천 환경정화시범사업 실시(1984년 완료)	
	1982	환경보전장기종합계획 수립(한강, 낙동강, 금강, 영산강)	
	1983	공업 단지에 폐수종말처리장 설치(정비된 배출 허용 기준 적용)	
	1983	물고기 떼죽음 사건(수원 서호 PCB 오염)	
	1983	목포 영산강보존회 창립	
	1984	5대 강 수은 검출 사건 발생	
	1987	비소 오염(경기도 시흥군 소래읍 우물물)	
	1989.8	수돗물 중금속 오염 사건(수도권)	

	1989.9	맑은 물 공급 종합대책, 40개 호소에 대한 환경 기준 설정	
	1989	낙동강 하구 생태계보전지역 지정	
	1989	식수 오염(1차 물 파동): 수돗물 중금속 기준치 초과	
	1990	상수원 수질보전특별대책지역(팔당호와 대청댐 주변 지역 지정)	
	1990.8.1	「수질환경보전법」 제정	
	1990	팔당호 골재 채취 반대운동	
	1990	환경청, 환경처로 승격	
	1990	수질 관리 환경처로 전담	
	1990	수돗물 발암 물질 파문(2차 물파동)	
	1991.3.8	「오수·분뇨·축산폐수처리에관한법률」 제정	
	1991.3	낙동강 페놀 오염 사고(1차·2차)	
	1991	수돗물 오염에 대한 시민단체 대책협의회 구성	
	1991	공단 폐수 업무 환경처 수질보전국으로 이관	
	1991	지방으로 수질 단속 권한 이양	
	1991	4대강수질개선종합대책 발표	
	1991	대구 비산 염색 공단 폐수 불법 방류 사건과 사실 폭로	
	1991	「환경범죄의처벌에관한특별조치법」 제정	
1990년대 (1993~현재)	1993.7	맑은 물 공급 종합대책 재수립	수질 오염 방지 관련 법제 강화
	1993	환경운동연합, 배달환경클럽 등 전국 규모의 환경단체 결성	
	1993	청색증 환자 국내 첫 발생	
	1994.1	낙동강 수돗물 악취 사건, 발암 물질인 벤젠, 톨루엔 검출	
	1994.4	영산강 수돗물 악취 사건 및 물고기 떼죽음 사건	
	1994.8	임진강 물고기 떼죽음 사건	
	1994	건설부 상하수도국, 보건부 음용수관리과를 환경부로 이관	
	1995.1.5	「먹는물관리법」 제정	

1995	낙동강 물고기 떼죽음 사건	
1995	대구 위천 공단 건설을 둘러싼 분쟁 표면화 (1989년 시작)	
1995	강원도 양양 양수발전댐 건설 반대운동	
1996	대청호 녹조현상 발생	
1996	시화호 사건: 해양 방류	
1996	임진강 물고기 떼죽음 사건	
1997	탄천 물고기 떼죽음 사건	
1997	우포늪 생태계보전지역 지정	
1999.2.8	「한강수계상수원수질개선및주민지원에관한법률」, 「습지보전법」 제정	
2001	수돗물 바이러스 논란	
2002.1.14	「낙동강수계물관리및주민지원등에관한법률」, 「영산강·섬진강수계물관리및주민지원등에관한법률」, 「금강수계물관리및주민지원등에관한법률」	

는 페놀 사건과 수돗물 중금속 오염 사건 등 각종 수질 오염 사고에 기인한 바가 크다. 이정전 외(2003: 12)는 수질정책 분야는 오염 사고가 정책 발달의 기폭제가 되었다고 평가하면서, 오염사고로 비등한 국민 여론이 때로는 예산부처의 보수적인 시각을, 때로는 지역 주민의 이기주의를, 때로는 기업의 강력한 로비의 힘을 극복하고 환경부처의 권능을 확대하고 환경 예산을 팽창시키며 환경 규제를 강화하는 정책의 창이 되었다고 평가했다.

4. 결론

이 연구는 한국의 근대화 과정을 물 정책의 분야별 흐름을 통해 고찰하고자 하는 목적으로 기술되었다. 특히 근대성의 중요한 특징 중에 하나인

'합리성'을 기준으로 댐 정책은 좀 더 밀도 있게 분석했다.

우리나라 댐 정책은 국가 주도의 근대적인 물 관리 기술과 제도로 초기에는 숱한 풍수해와 극심한 식수난을 해결했다. 하지만 이러한 근대적인 기술과 제도는 정치적으로 이용되는 경우가 많았고 더욱이 개발 연대들은 제도의 경로의존성(path-dependency)을 벗어나지 못하고 확장하고 있는 추세이다. 또한 댐 건설 과정에서 나타난 수몰민 문제와 원수 보호를 위해 토지이용규제를 받고 있는 상류 지역 주민들과의 갈등은 절차적 합리성에 대한 문제까지 제기하고 있는 실정이다. 이러한 부분이 1990년대 시민단체를 중심으로 한 저항 세력들의 도전을 받고 있는 이유다. 결국 1970~1980년대 한국의 댐 정책은 단기적이고 협의적 개념에서는 합리성의 범주에 들어갔으나 1990년대 들어 환경 인식의 확대와 NGO·지역 주민들의 참여에 따라 광의의 장기적 합리성으로 전환되고 있으며, 댐 건설을 둘러싼 정부와 시민단체의 대립은 이러한 '합리성'들 간에 괴리라고 진단할 수 있다.

상하수도 정책 역시 급격한 도시화로 인한 수요로 지속적으로 설비를 증가시켰으나 이러한 광역상수도 체계가 물의 수송을 '원거리화'시킴으로써 물의 품질과 관련된 수질 문제가 대두되었다. 분명 상하수도 시설의 확장으로 식수난을 해결한 것은 '단기적 합리성'에 부합하는 것이었지만, 이로 인해 발생한 수질 문제를 해결하기 위해서는 좀 더 광의의 장기적 합리성을 추구할 필요가 있다. 댐 반대운동으로 인해 댐을 더 이상 짓지 못하고, 수요의 확장이 주춤해짐에 따라 상하수도 정책은 공급 위주의 정책에서 깨끗한 물의 공급이라는 정책 목표로 전환되고 있다.

하천관리정책 역시 이러한 '합리성'들 간에 괴리가 나타나는 영역이다. 근대화 과정에서 하천관리정책은 크게 두 가지 특징을 가지고 있다. 먼저 치수를 목적으로 강을 직강화했으며, 강 양안에 강변도로와 아파트를 비롯한 건설 사업을 수행했다. 하지만 해마다 발생하는 홍수로부터 도시를 보호하기 위해 직강화한 하천은 많은 물을 하류로 보내 범람시키고, 시민들이 접근하기 어렵게 만드는 등 문제를 야기했다. 따라서 근래에는 생태적 특성을 고스란히 살린 자연형 하천의 조성이라는 새로운 정책목표를 가지고 정책을 추진하고 있다.

그렇다면 이러한 '합리성'의 괴리에 대한 대안은 무엇인가? 이에 대해서는 인간이 처할 수밖에 없는 '제한된 합리성(bounded rationality)'과 이로 인한 '의도되지 않은 결과'에 대한 이해를 가져야 한다. 또한 한국의 근대화가 '위로부터의 근대화', '타율적 근대화'에 영향받은 바가 크다는 점도 인정해야 한다. 이러한 점을 인정한다면 이제 대안적인 근대화는 각 사회가 가진 고유한 문화와 가치 그리고 구조에 맞는 근대성을 찾아내어 그것을 구현하는 '아래로부터의 근대화', '자율적 근대화'가 추진되어야 할 것이다.

일례로 벡(Beck U.)은 이에 대한 대안으로 재귀적 근대화(혹은 성찰적 근대화: reflexive modernization)의 필요성을 강조한다. 그에 의하면 1차 근대화론은 전통사회를 해체하고 이에 서구적 발전 원칙을 적용하는 것으로 일반적으로 도시화, 기술 성장, 경제 성장을 추구하는 것이다. 그러나 이는 불균등 발전과 위험사회(risk society)의 생태 위협을 야기하는 원인이 되며, 이로 인해 근대화 자체가 근대성의 본질적 구조 및 원칙과 충돌한다. 그러나 근대화는 자의식화된 혁신 과정이다. 즉, 근대화는 스스로 노후화되고 혁신할 수 있는 과정인데, 이처럼 스스로 반성하고 노후화된 것을 혁신함으로써 결국 근대를 완성해 가는 것이 재귀적 근대화이다. 재귀적 근대화는 근대화가 자신이 생산한 위협과 위험을 통해 자신의 노후화된 토대를 정면으로 대면하고 이를 깎아내는 과정을 거침으로써 미래를 보다 더 근대답게 만들어 나가는 자동적 사회 변형 과정인 것이다. 이런 혁신 과정이 전제될 때 고전적 1차 근대화인 기술 진보, 경제성장, 도시화는 이후의 재귀적 근대화 과정에서 대안적 기술 진보, 생태 친화적 경제성장,

생태도시화를 가져올 수 있다(이도형, 2000: 52~53).

김종길(2001: 105)도 지금까지 현대 사회가 이룩해 놓은 근대화가 목적 합리성과 양자택일의 논리에 따라 진행된 '단순한' 것이었다면, 앞으로 진행될 근대화는 한층 복합적인 사유와 패러독스 담론의 수용을 요구하는 '복잡한' 것이 될 것이라고 예상하면서 우리가 함께 만들어가야 할 근대화는 '근대화의 근대화', '생태적 근대화', '성찰적 근대화'라고 이야기했다. '단순 근대화'가 전통적인 사회 형태들을 탈구시킨 다음, 합리성과 양자택일의 논리에 따라 다시 자리매김하는 것이었다면, '성찰적 근대화', '생태적 근대화'는 성숙된 근대성으로 산업사회의 제 현태와 지배 담론을 해체한 다음에 새로이 구성되는 것이어야 한다.

댐 정책과 관련해서는 불합리성을 교정하기 위한 대안으로 이미 많은 학자들은 지방분권적이며 거버넌스적인 물 관리를 제안하고 있다. 최지용(2001: 112)은 "시민이 먹는 상수도의 수원을 당해 시 지역 내에서 관리하는 것이 가장 합리적이며, 이런 측면에서 본다면 상수원을 지자체 내에서 확보하는 방안은 가장 바람직스러운 것이다"라고 주장하고 있으며 심명필(2001: 23)은 1980년대 이전까지 물 관리의 주체는 기술자, 경제학자, 환경 전문가, 사회학자의 시대였다면 1990년대 이후에는 해당 지역 주민, NGO, 대중적 승인이 주체가 될 것이라고 이야기하고 있다. 한국의 물 정책은 이러한 주체들의 의견을 잘 담아낼 수 있는 그릇으로서의 역할을 하기 위해서 다시 한 번 이 시점에서 정비되어야 할 것이다.

이 연구의 한계는 다음과 같다. 첫째, 이론의 정교화 부분이다. '합리성'의 개념을 단기적·장기적으로 제시하기는 했으나 이를 분석할 하위적인 이론 구조화 부분이 미비하다. 관련 연구에 대한 좀 더 깊은 탐구가 이루어져 좀 더 정교한 분석틀이 도출되어야 할 것이다. 따라서 이 글은 다분히 시론적이고 직관적인 한계를 벗어나지 못하고 있다. 둘째, 연구의 범위와 시기가 매우 넓은 관계로 좀 더 정교한 분석이 이루어지지 못했다. 특히 시기 설정 문제는 또 다른 연구 주제가 될 정도로 중요하다. 단순 근대성은 한국의 물 정책에 있어 어느 지점까지 계승되어 왔으며, 어떤 계기로 변화하고 있는가는 사적 연구에 있어 매우 중요하다. 하지만 이 연구가 초창기 연구이다 보니 <표 4-1>과 같은 기계적인 분류를 시도할 수밖에 없었다. 셋째, 좀 더 이러한 역사적 연구가 현재의 정책이나 제도에 함의를 던져주기 위해서는 '협의의 단기적 합리성'이 '광의의 장기적 합리성'으로 전환하게 된 동인에 대한 연구가 수행되어야 할 것이다. 특히 1990년대 시민단체를 중심으로 한 저항이 어떠한 기작에 의해 제기되고 수행되었는 지는 이러한 동인을 연구하는 데 가장 핵심적인 부분이 될 것이다. 넷째, 이 연구는 주로 한국의 경우에 비추어 분석이 실시되었다. 만약 '합리성'의 전환이 단순근대화의 보편적인 특징이라면 서구의 근대화 과정에도 이러 한 과정을 겪었을 것이다. 외국과의 비교연구를 통해 이러한 점이 밝혀진 다면 '합리성' 변동 이론의 일반화에 있어서 도움이 될 것이다.

참고문헌

건설교통부. 2001. 『수자원장기종합계획(Water Vision 2020)』.

고영복. 1992. 「한국사회근대화의 기능과 역기능」. 동국대학교 일본학연구소 ≪일본학≫, 제11호, 343~356쪽.

곽승준. 2003. 「댐 건설 영향에 대한 대도시 지역주민들의 평가: 계층화 분석법을 적용하여」. ≪지역연구≫, 19(2), 1~20쪽.

구도완. 1996. 『한국 환경운동의 사회학』. 서울: 문학과지성사.

국무총리실 수질개선기획단. 1999. 『수질개선 지원기관 1999연구발표보고서』.

_____. 2000. 『2000 물 관리백서』.

_____. 2001. 『2001년도 물관리통계자료집』.

김렬·고재경. 1996. 「환경정책 결정과정에서의 정치적 합리성: 주민 참여형태와 정부 대응 방식을 중심으로」. ≪한국행정학보≫, 30(4), 91~104쪽.

김선희. 1996. 「광역수질오염문제를 둘러싼 지역 간 갈등 해소방안」. ≪환경정책≫, 4(2), 221~245쪽.

김여택. 1995. 「한국의 댐 (1)~(12)」. ≪토목≫, 43(1)~43(12).

김인환. 1997. 「물관리체제의 효율화 방안」. ≪환경정책≫, 5(1), 169~196쪽.

김일중. 2002. 「우리나라 물 부족 문제와 정책과제」. ≪환경정책≫, 10(3), 5~23쪽.

김종길. 2001. 「패러독스의 도전과 정책 과정에서의 패러독스 활용전략: 동강댐 건설을 둘러싼 논의를 중심으로」. ≪한국사회학≫, 35(3), 83~108쪽.

김해동. 1993. 「근대화와 관료부패의 관계에 관한 연구」. ≪행정논총≫, 31(2), 14~35쪽.

낙동강보존회. 1999. 『낙동강보존회 21년사』. 부산 (사)낙동강 보존회.

내무부·중앙재해대책본부. 1995. 『재해극복 30년사(1963~1993)』.

농수산부·농업진흥공사. 1985. 『지하수개발사』.

모리타키 겐이치로(森瀧健一). 2005. 「일본 수자원정책의 문제점과 개선 방향」. 정의의 눈으로 바라보는 물 문제, 그리고 민주주의 기조 강연 자료.

박기묵. 1997. 「하천의 상·하류지역 간 물분쟁 해결 모형: 부산시와 대구시의 분쟁을 중심으로」. ≪한국행정학보≫, 31(4), 272~243쪽.

박지향. 2003. 『일그러진 근대』. 서울: 푸른역사.

배응환. 2003. 「거버넌스의 실험: 네트워크조직의 이론과 실제 - 대청호살리기운동본부를 중심으로-」. ≪한국행정학회보≫, 37(3), 67~93쪽.

백완기. 1983. 「합리성에 관한 소고」. ≪한국정치학회보≫, 제17권, 395~414쪽.

사득환. 2003. 「불확실성. 혼돈 그리고 환경정책: 시화호 매립사례를 중심으로」. ≪한국정책학회보≫, 12(1), 223~248쪽.

손정목. 2003. 『서울 도시계획이야기 1』. 서울: 한울.

송인선 외. 1996. 「영산강 오염 관련 계획 및 시설에 관한 연구」. ≪환경정책≫, 4(2), 72~96쪽.

심명필. 2001. 「댐 건설 여건 변화와 새로운 댐정책 개선방안」. ≪토목≫, 49(10), 19~27쪽.

안경모. 2002. 『지도를 바꾸고 역사를 만들며』. 대전: 한국수자원공사.

염재호. 2000. 「제도 형성의 동인과 변화: 한국 근대화와 관료제의 제도론적 분석」. 한국정치학회 한국정치사 기획학술회의. 36~49쪽.

우동기 외. 1996. 「상수도사업의 민간참여방안」. ≪환경정책≫, 4(2), 245~268쪽.

유금록. 2001. 「지방하수도사업의 효율성: 확률변경분석」. ≪한국행정학회보≫, 35(4), 275~295쪽.

_____. 2002. 「외환위기 이후 지방상수도사업의 생산성 변화 분석」. ≪한국행정학회보≫, 36(4), 281~302쪽.

윤양수 외. 1998. 「시화지구의 지속가능한 관리방안 연구」. ≪환경정책≫, 6(1), 151~164쪽.

이도형. 2002. 「발전행정론의 재구성을 위한 시론: 현대 발전이론의 이론적 시사점과 발전 전략적 함의를 중심으로」. ≪한국행정학보≫, 36(4), 43~63쪽.

이미홍. 2005. 「한국 수자원 정책의 합리성: 댐 정책을 중심으로」. ≪한국사회와 행정연구≫, 16(1), 253~274쪽.

_____. 2005. 「물관리정책의 과거와 현재」. 지속가능발전위원회. 『지속가능한 물관리정책』. 박영사. 3~23쪽.

_____. 2005. 「개발주의와 수자원공사」. ≪민주사회와 정책연구≫, 통권 7호, 88~113쪽.

이민창. 2003. 「정책변동의 제도론적 분석: 그린벨트와 영월댐 사례를 중심으로」. 서울대학교 박사학위 논문.

이병천 외. 2003. 『개발독재와 박정희 시대』. 서울: 창작과비평사.

이상헌. 2002. 「칼 비트포겔 수력사회론 재해석과 실천적 함의」. 이론과 실천 모임. 『국토와 환경: 공간계획론의 새로운 접근』. 서울: 한울아카데미.

_____. 2003. 「한국의 근대화와 물: '물 운동'을 중심으로」. 2003년 민주사회정책연구원 학술대회 자료집. 52~79쪽.

이영진. 2003. 「비자발적 이주민의 적응전략에 관한 연구: 댐 수몰 지역 이주민을 대상으로」. 대구대학교 대학원 박사학위 논문.

이원환·변근주. 1969. 「우리나라 수자원개발의 실태조사에 관하여」. ≪대한토목학회지≫, 17(2), 42~49쪽.

이원희. 1999. 「시화호 개발정책실패의 정책학적 교훈」. ≪정책분석평가학회보≫, 9(1), 137~155쪽.

이종수. 2000. 「21세기 지방행정의 탈근대적 패러다임과 행정의 대응」. ≪중앙행정논집≫, 14(2), 23~35쪽.

이향순. 1999. 「한국사회 근대화의 성공과 실패」. 『담론 201』, 11~50쪽.

장학순. 1962. 「한국의 수자원과 물 문제: 수자원 개발의 새로운 방향에 대한 제의」. ≪대한토목학회지≫, 10(1), 26~29쪽.

전영평. 1994. 「환경규제 실패의 모형구성과 그 적용: 대구 염색공단 폐수규제 사례」. ≪한국정책학회보≫, 3(2), 147~172쪽.

전진석. 2003. 「새만금 간척사업의 정치경제와 정책옹호연합모형」. ≪한국사회와 행정연구≫, 14(2), 207~234쪽.

정재동·최용선. 2003. 「정부관료제의 진화과정의 합리성 연구: 행정자치부의 조직변천사를 중심으로」. 2003 한국행정학회 동계학술대회 자료집.

정준금. 1995. 「사회적 위기에 대한 정책대응과정분석: 낙동강 페놀 오염 사건을 중심으로」. ≪한국행정학보≫, 29(1), 23~46쪽.

조명래. 2003. 「한국 개발주의의 역사와 현주소」. ≪환경과 생명≫, 2003년 가을호, 31~53쪽.

최석범. 2003. 「댐 계획법과 수자원현안」. 미간행논문집.

최승업. 2003. 「최근 미국의 물절약 시책과 추진 현황: 수요관리정책 관련」. ≪환경정책≫, 11(1), 105~126쪽.

최연홍. 2002. 「수리권의 공평한 분배와 이용: 수리권 법, 제도의 개선으로부터 행정으로」. ≪환경정책≫, 10(2), 5~35쪽.

최영박. 1968. 「대도시와 수자원문제」. ≪도시문제≫, 3(7), 2~12쪽.

최재승. 1994. 『물밑의 하늘: 평화의 댐 그 진실을 밝힌다』.

최종원. 1995. 「합리성과 정책연구」. ≪한국정책학회보≫, 4(2), 131~160쪽.

최지용. 2000. 「정부의 물관리정책과 지자체의 역할」. ≪도시문제≫, 35(385), 103~114쪽.

한국수자원공사. 1993. 『21세기를 바라보는 수자원 전망』.

_____. 1994. 『한국수자원공사 25년사』.

한국수자원학회·한국수자원공사. 1997. 『한국의 수자원 개발 30년』.

한국수자원학회. 1997. 『한국수자원학회 30년사』.

한국환경기술개발원. 1996. 『한국의 환경 50년사』.

홍성만·주재복. 2003. 「자율규칙형성을 통한 공유재 관리: 대표적 수질개선 사례를 중심으로」. ≪한국행정학회보≫, 37(2), 469~494쪽.

환경부. 1999. 『환경비전 21』.

_____. 1991~2000년 각 연도. 『환경백서』.

Amsden, Alice. 1985. "The State and Taiwan's Economic Development". P. B. Evans. D. Rueschemeyer. and T. Skocpol. ed. *Bringing the State Back In. Cambridge*. England: Cambridge University Press. pp.78~106.

_____. 1989. *Asia's Next Giant: South Korea and Late Industrialization*. New York: Oxford University Press.

Barlow, Maude. Clarke Tony. 2002. *Blue Gold: The Fight to Stop the Corporate Theft of the World's Water*. Stoddart Publishing Co Ltd. 2002. 『블루 골드』. 이창신 역. 서울: 개마고원.

Beck, Ulrich. 1986. *Risikogesellschaft: auf dem Weg in eine andere Moderne*. Frankfurt am Main: Suhrkamp. 『위험사회: 새로운 근대성을 향하여』. 1997. 홍성태 역. 서울: 새물결.

Chodak, S. N. 1973. *Societal Development*. New York: Oxford.

Elster, J. 1983. *Sour Grapes*. Cambridge University Press.

Genov, Nikolai. 1991. Toward a Multimensional Concept of Rationality: The Sociological Perspective. *Sociological Theory, 9(2)*, pp.208~211.

Haggard, Stephan. 1990. *Pathways from the Periphery: The Politics of Growth in the Newly Industrializing Countries*. Itaca. New York: Cornell University Press.

Johnson, Chalmers. 1987. "Political Institutions and Economic Performance: The Government-Business Relationship in Japan. South Korea. and Taiwan". in Frederick C. Deyo. ed. *The Political Economy of the New East Asian Industrialism*. Ithaca: Cornell University Press.

Lowry, William R. 2003. *Dam Politics: Restoring America's Rivers*. Washington. D. C.: Georgetown University Press.

McCormack, G. 1996. *The Emptiness of Japanese Affluence*. New York: Sharpe. 『허울뿐인 풍요: 제로성장사회를 위하여』. 한경구 외 옮김. 서울: 창작과비평사.

Putnam, Robert D. 1994. *Making Democracy Work Civic Traditions in Modern Italy.* Princeton: Princeton University Press. 『사회적 자본과 민주주의』. 2000. 안청시 외 옮김. 서울: 박영사.

Singh, Satyajit. 1997. *Taming the Waters: The Political Economy of Large Dams in India.* India: Oxford University Press.

Stine, Jeffrey K. 1993. *Mixing the Waters: Environment. Politics. and the Building of the Tennessee-Tonbighee Waterway.* Akron. Ohio: The University of Akron Press.

Swyngedouw, E. 1999. "The production of nature: Water and Modernisation in Spain". *AAAG. Vol. 89. 3.*

Thompson, Susan Jean. 1992. *Water Resource Development Policy in Agriculture.* Cornell University Doctor thesis.

Wade, Robert. 1990. *Governing the Market: Economic Theory and the Role Government in East Asian Industrialization.* Princeton: Princeton University Press.

Wittfogel, K. 1957. *Oriental Despotism: A Comparative Study of Total Power.* New York: Vintage Books.

Woo-Cumings Meredith. 1999. *The Developmental State.* Itaca and London: Cornell University Press.

World Bank. 1996. *The East Asian Miracle: Economic Growth and Public Policy.* Washington. D.C.: The World Bank.

Worster, D. 1985. *Rivers of Empire: Water. Aridity. and the Growth of the American West.* New York: Pantheon Books.

수자원정보센터 http://kiss.kowaco.or.kr/index.htm.
≪조선일보≫ http://www.chosun.com.
통계청 홈페이지 http://www.nso.go.kr.
한국학 전자도서관 http://www.kdatabase.com/index.jsp.
환경부 홈페이지 http://www.moenv.go.kr.

제5장

물 문제의 형평성 이슈 및 향후 과제*

이미홍(국토도시연구원 책임연구원, 행정학)

물이 고르게 분포되어 있지 않다는 사실이 모두에게 물을 공평하게 분배하는 것을 가로막는 이유가 되어서는 안 되며, 물을 지탱가능하게 이용하기 위해서는 모두가 깨끗하고 안전한 물을 유지하는 데 책임을 져야만 한다. 가난하다는 이유로 안전하고 깨끗한 물에 접근할 수 있는 권리가 거부되어서는 안 되며 부유하다고 해서 물을 함부로 낭비하는 것이 정당화될 수는 없다.

— 「물 민주주의를 위한 춘천 물 선언」 중에서

1. 머리말

참여정부 들어 형평에 대한 관심은 매우 높아졌다. 집권 초기부터 지금까지 꾸준히 추진하고 있는 균형발전 정책은 수도권 이외의 지방도 수도권과 같은 경쟁력을 갖게 하고자 하는 국토의 '형평'에 관한 정책이다. 효과에 대한 논쟁이 치열한 부동산 정책 역시 자산 가치로써의 아파트와 토지가 양산하는 소득불균등 현상을 해소하고자 도입된 정책이다.

더 나아가 2006년 1월 노무현 대통령은 신년 연설을 통해 양극화 해소 및 재원 마련 대책을 내놓았다. 8·15 경축사에서도 대통령은 '통합'을 강조하면서 양극화 해소와 동반 성장이 사회 통합의 필요 조건임을 강조하

* 이 글은 이미홍이 2006년 9월 <춘천 물포럼>에서 발표한 글을 일부 수정한 것이다.

기도 했다. 이는 중산층의 감소로 인한 소득양극화가 우리 사회의 여러 가지 문제의 원인으로 진단되었기 때문이다. 실제로 통계청 조사 결과 올 2/4분기 도시근로자 가구의 소득 상위 20%와 하위 20%의 소득 격차는 5.24배로 지난 2000년 이후 6년 만에 최대로 벌어졌다(≪서울경제≫ 8.7일자 기사). 이는 외환 위기 때, 최대 소득 격차를 기록했던 5.49배에 근접하는 수치로 참여정부의 여러 가지 형평정책에도 불구하고 소득불균형이 심화되고 있음을 보여주고 있다. 따라서 양극화 해소를 포함한 형평정책은 참여정부의 집권 후반의 중요한 정책으로 계속적으로 논의의 중심이 될 전망이다.

이러한 양극화 논의를 포함한 형평에 대한 관심은 여러 가지 의의를 지닌다(홍종학, 2006). 첫째, 그동안 양적(quantity)으로 분석하던 경제성장을 질적(quality)인 분석으로 전환하는 계기가 되었다. 고도의 경제성장률로 대표되던 양적 경제성장에 대해 '성찰적' 반성이 일어나면서 이제는 몇 퍼센트의 경제성장을 이뤘나보다는 그렇게 이룬 경제성장이 어떻게 배분되고, 여기에서 소외되는 사람들은 없는지에 대한 질적인 경제성장에 대한 관심이 증가했다. 둘째, 측정에 있어서도 평균(mean)을 넘어 분포(distribution)를 중시하게 되었다. 전 사회 집단의 특성을 무시한 평균 얼마라는 숫자는 이제 여러 집단의 위치와 상황을 파악하는 분포에 대한 관심으로 전환되고 있다. 마지막으로 단기적 수익(return)에 대한 관심을 넘어서서 저소득층에 대한 사회적 안전망을 확보함으로써 사회 통합을 저해할 수 있는 위험(risk)을 관리하는 장기적 전망에 관심을 가지게 되었다.

물 문제에 있어서도 형평은 중요하다.[1] 이는 물이 없으면 생명이 존재할

---

1) 형평은 정책 평가에서 중요한 기준 중 하나이다. 일반적으로 효율성과 형평성은 정책을 평가하는 중요한 양대 산맥인데, 최소 비용으로 최대 효과, 같은 효과를 최소의 비용으로 달성한다는 효율성과 효과성에 대한 연구는 많지만, 형평성에 대한 연구는 미진한 형편이다. 물론 효율성을 해치지 않으면서 평등을 구현하는

수 없다는 물이 가지는 생명재로서의 특징에서 비롯된 것으로 최소한 물을 마시고 이용할 수 있어야 한다는, 이것이 전 인류의 권리라는 내용에 선험적 동의가 있기 때문이다. 생명재로서뿐만 아니라 희소한 자원인 물이 가지고 있는 경제재로서의 성격에서도 형평 문제가 중요하다. 희소한 자원을 배분하는 과정에서 누구에게 얼마만큼을 배분할 것인가는 효율성의 원칙만을 적용하기에는 현실의 정치적 장벽이 높기 때문이다. 이수뿐 아니라 치수와 하천 환경 분야에도 형평에 대한 관심이 증가하고 있다. 매년 발생하는 집중호우로 인해 주로 하천변에 거주하는 저소득층에게 피해가 돌아가는 문제에 대한 대책이 필요하다. 또한 하천 환경에 있어서도 각 지방자치단체에서 경쟁적으로 도입하고 있는 생태형 하천 조성이 접근성이나 자산 가치 증식 등에 있어 저소득층에 불리하지는 않는지 점검할 필요가 있다.

이렇게 점차적으로 물과 형평에 대한 관심이 높아져가고 있는 상황에서 이 글은 우리나라의 물 문제에 있어서 형평의 개념과 관련 이슈를 제기하고 향후 어떠한 과제를 풀어나가야 할지를 제시하는 것을 목적으로 한다. 아직 이러한 논의를 구체화하기에는 데이터가 부족하지만 앞으로 데이터가 축적되고 이론이 성숙해지면 구체적인 분석이 가능할 것이다. 이러한 연구 분야가 성숙되면 우리는 다음과 같은 질문에 답할 수 있을 것이다. 한국의 저소득층은 물 정책[2]으로 인해 어떠한 편익과 피해를 보았는가?

정책을 도출하는 것이 모든 정책 결정자들의 소망이겠지만, 현실적으로 그러한 정책을 도출하기는 어려워 보인다. 일반적으로 능률성과 공평성은 최적 정책의 판단에 있어서 상충되는 기준으로서 서로 트레이드 오프(trade off)되어야 할 관계를 가지고 있는 경우가 더 많다(Okun, 1975; 노화준, 2002에서 재인용). 따라서 효율과 형평은 일정 정도 상충 관계에 있으며 조화로운 정책을 도출하기보다는 정책 결정자의 가치관에 따라 각 목표에 가중치를 부여한 정책을 도출하고 이를 시행하는 것이 현실적으로 더 타당하다.

2) '물 정책'이란 용어는 다소 생소한 용어이다. 일반적으로는 '수자원정책', '수질정책'

대도시가 중소도시보다 물 정책의 혜택을 더 받았는가? 한국의 물 정책이
계층 간 혹은 지역 간 차별적인 영향을 미친다면 이러한 불평등을 극복할
수 있는 대안은 무엇인가?

2. 물의 가치와 형평성 개념

1) 물의 가치

(1) 공공재·생명재로서의 물

몇 년 전 서점가에 물과 관련된 책이 베스트셀러가 되었다. 책 제목은
『물은 답을 알고 있다』로 10만 명 이상의 독자가 이 책을 읽었다. 이
책은 물의 결정이 주위의 자극에 의해 모양을 달리한다는 것을 시각적으로
보여준 책이다. 즉, 깨끗한 환경에서 채취하거나 좋은 말과 음악을 들려
준 물의 결정체는 완벽한 형태를 이루는 반면 그렇지 않은 물은 결정체를
이루지 못한다는 사실을 보여줌으로써 우리나라뿐 아니라 일본, 유럽 등지
에서도 큰 반향을 일으켰다. 이 책의 주장을 가장 상징적으로 압축하고
있는 내용은 다음과 같다.

> 물은 단순한 물질이 아니라 대자연의 생명력의 표현이며, 정화 작용과
> 만물을 생성하고 기르는 신비한 힘을 가지고 있다(에모토 마사루, 2006:66).

으로 양분되어 사용된다. 이는 수자원을 관리하는 건설부와 수질을 관리하는 환경
부가 나누어 관리함으로써 파생된 결과이다. 하지만 건강하고도 효율적인 물 관리
를 위해 통합에 관한 논의가 있고(지속가능발전위원회 공청회 자료집, 2003) 한국의
전체적인 물 관리 정책을 파악한다는 의미에서 이 글에서는 '물 정책'이란 용어를
사용하고자 한다.

인용된 내용에서 물에 대해 인간이 고대로부터 가졌던 경외감과 물이 인류에게 앞으로 나타날 여러 가지 문제를 해결할 수 있을 거라는 물의 힘에 대한 신뢰를 느낄 수 있다. 물은 단순한 재화가 아니라 인류의 생존에 필수불가결한 존재이며, 더 나아가 치유와 정화 작용을 수행하는 만물의 근원이다.

비슷한 맥락에서 인도인들은 "물은 삶 그 자체이며, 우리의 땅, 우리의 식량, 우리의 생계, 우리의 전통, 그리고 우리의 문화가 모두 그것에 의존한다"고 생각한다. 이슬람의 전통적인 가르침에서 '샤리아(Sharia)', 즉 '길'이란 말은 원래 '물로 향하는 길'이자 궁극적으로 '목마름을 해결할 권리'를 의미한다(모드 발로·토니 클라크, 2002: 144). 이렇게 물은 철학적 관점에서 숭배받는 대상이다.[3]

이외에도 물이 생명의 기원이라는 것은 과학적 관점에서도 다루어진다. 오늘날 대부분의 과학자들은 지구 표면에서 가장 넓은 바다가 생명체의 기원이고 다양한 생물 환경을 통해 진화 과정을 결정짓는 데 중요한 역할을 한 것으로 생각하고 있다. 약 35억 년전 원시 바다에서 남조류가 발생했으며, 약 20억 년 전에는 박테리아와 같은 미생물이 발생된 것이 과학자들에 의해 증명되었다(류재근, 2004:37). 이외에도 생명체의 60~95%가 물로 이루어진 점, 섭씨 4도에서 밀도가 가장 크기 때문에 얼음의 밀도가 물의 밀도보다 작아 겨울에 호수나 강물이 얼어붙어도 얼음 아래에 물이 흐르는 현상 등을 물이 가지는 생명의 신비로 간주한다. 무엇보다 물은 다른 물질을 녹이는 용해성을 가지고 있어 혈액순환을 통해 생명 유지가 가능하게 하고, 생활에서는 목욕이나 세탁을 가능하게 한다.

---

[3] 자연에 대한 철학적 설명을 처음으로 시도한 고대 그리스의 탈레스는 신의 힘을 자연의 힘으로 바꾸어 놓으면서 물이 만물의 근원이라고 주장했다. 그 후 그의 제자들은 물 이외에 불, 흙, 공기를 포함하는 4원소를 만물의 근원이라고 주장하게 되었다(류재근, 2004).

이외에도 물은 일반 재화와는 달리 비경합성과 비배제성을 갖고 있다는 점에서 공공재로 분류할 수 있다. 비경합성이란 여러 소비자들이 동시에 소비할 수 있음을 의미하며 비배제성은 가격을 지불하지 않은 소비자를 소비로부터 배제하기 어려움을 나타낸다. 하늘에서 내리는 비는 경쟁성과 배제성이 없으므로 공공재이다. 계곡의 물, 강물, 호수, 바닷물, 샘물 등도 순수공공재의 성격을 가진다.

생명재로써 혹은 공공재로써든 이러한 관점에서 물은 소유의 대상이 아니다. 물은 신성한 존재로서 단지 이용할 수 있을 뿐이다. 따라서 지혜롭게 이용하기 위해서는 불편부당(不偏不黨)한 공공이 관리해야 한다. 자연 자원에 대한 국가의 관리도 물이 국가 소유라는 것이 아니라 국가관리권의 표현일 뿐이다. 국가는 자연 자원의 소유자는 아니지만 공공의 이익을 대변하는 '관리자'로서 자연 자원을 관리하는 것이다. 요약하면 정부가 책임지고 나서서 공공재·생명재로서의 물을 이윤 추구의 논리가 아닌 인간의 기본 권리로서 평등하게 사용되도록 해야 한다(이상헌, 2003:17)는 것이다.

(2) 경제재로서의 물

생명재나 경제재로서 물에 대한 논의가 고전적인 것이라면 근래에 들어서는 경제재로서의 물에 대한 관심이 증가하고 있다. 급속한 인구 증가, 생활수준의 향상, 산업화와 도시화 과정에서 나타난 물에 대한 수요, 환경오염의 심화는 물 부족 현상을 야기했고 전 세계적으로 물에 대한 위기의식이 대두되었다. 사실 물이라는 것이 어디에서나 구할 수 있는 것이라면 효율적으로 물을 관리해야 할 필요성은 줄어든다. 전 세계적으로 사용 가능한 물의 양이 줄어들고 지역적·계절적으로 강우량이 편중되기 때문에 나타나는 불균형 문제를 해결하기 위해서 경제재로서의 물의 가치가 나온다.

무엇보다 경제재로서의 물의 가치를 상승시킨 것은 물 빈곤지수(WPI:

Water Poverty Index)로 대표되는 물 위기에 대한 인식이다. 물 빈곤지수는 재생 가능한 수자원량, 수자원 개발 정도, 수자원 관리 능력, 물 이용의 효율성과 수질·생태 환경 등의 현황을 통합해 산정한 지표로서 1~100의 범위로 표시한다. 우리나라의 물 빈곤지수(WPI)는 62.4로 전체 147개 국 중 43위이다. 29개 OECD 국가 중 20위로서 낮은 수자원 환경에 처하는 것으로 나타났다(건설교통부, 2006:10). 하지만 물 빈곤지수의 하위 항목인 접근(access) 항목으로 추정했을 때는 147개 중 26위로 좀 더 나은 수자원 환경을 가지고 있는 것으로 평가할 수 있다. 형평 문제에서는 이러한 접근 항목이 더 유효한 지표일 것으로 판단된다.

수자원은 '물'이라는 유형의 재화를 공급하는 원천이 되는 동시에 '물로 부터 서비스'라고 하는 무형의 편익을 제공하는 수단이 되기도 한다. 같은 물이라도 그것이 어떠한 상태에 있는지 또는 용도가 무엇인지에 따라 필수재·공공재·사적재적 성격을 띤다. 그야말로 담기는 그릇에 따라 물의 모양이 변하듯이 물이라는 재화의 속성도 변한다고 볼 수 있다.

그렇다고 이러한 관념이 근래에 제기된 것도 아니다. 우리가 '호적수'라 는 의미로 자주 쓰고 있는 라이벌(rival)이라는 어휘의 어원은 강을 의미하 는 영어의 리버(river)에서 생긴 말이다. 영어의 리버는 라틴어 리발(rival)에 서 나온 것으로 원래의 뜻은 '반대 쪽 강가의 주민'이라는 뜻이다. 이는 옛적부터 고기를 잡고 논밭에 물을 대기 위해 강을 두고 이쪽과 저쪽이 서로 경쟁하거나 충돌한 현상에서 나온 말로 해석되며, 여기서 강은 경제 재로서 서로 제로섬 게임(zero-sum game)을 하는 재화로 묘사된다. 하지만 강물이 마르거나 오염되면 다 같이 파멸하게 되므로 강 양안의 마을 사람 들이 서로 힘을 합쳐 물을 찾으러 다니기도 했다. 따라서 강을 사이에 둔 마을 사람들은 경쟁자이자 공동 운명체였다.

2) 형평성 개념 및 적용

(1) 형평성 개념 및 대상

형평성만큼 이해하기 어려운 개념이 없다. 그래서 그런지 우리는 일상 생활에서 공평, 평등, 정의 등을 엄밀하게 분리하지 않고 사용한다. 분배나 참여, 분권도 형평과 관계된 용어로 자주 등장하는 용어이다. 사전적 의미 로만 보면 형평(balance)은 '균형이 맞음'을 의미하는 다소 물리학적으로 건조한 단어이며, 공평(equity)은 '어느 쪽으로도 치우치지 않고 고름'을 의미한다. 평등(equality)은 '권리, 의무, 자격 등이 차별 없이 고르고 한결같 음'을 말한다. 평등은 둘 또는 그 이상의 개인·집단 또는 지역들이 동등하 게 취급받는 것을 의미한다.[4] 일반적으로 정책에 있어 형평성은 공평성과 같은 의미로 받아들여진다.[5]

---

4) 평등의 개념은 다음과 같이 구분해 개념을 정교화할 수 있다. 포괄적 평등 (inclusionary equality)과 제한적 평등(exclusionary equality)이 그것이다. 여기서 제한적 평등은 어떤 자격 조건을 가진 사람들 가운데서의 평등을 말한다. 또 한 가지 중요한 구분은 어떤 부분에 속하는 개인들(segmental subjects) 간의 평등과 블록 간의 평등(bloc regarding equalities)의 구분이다. 블록 간의 평등에 있어서는 하위집단 간에 서로 동등하게 취급됨을 의미하므로 정책의 초점이 하위집단에 주어진다. 남녀평등이라고 하면 국민을 남자와 여자라는 하위집단으로 나누고 남자 라는 하위집단과 여자라는 하위집단이 동등하게 취급되어야 한다는 것을 의미한다 (노화준, 2002).

5) 이에 비해 가장 포괄적인 단어는 정의(justice)이다. 정의는 '진리에 맞는 올바른 도리', '개인 간의 올바른 도리', '사회를 구성하고 유지하는 공정한 도리'로, 유명한 논의로는 존 롤즈(John Rawls)의 「정의론」이 있다. 롤즈의 평등체제는 두 가지 원리로 이루어져 있다. 제1원리는 시민들의 기본권으로서의 자유는 모든 사람들에 게 균등하게 할당된다(최대로 평등한 자유의 원리)는 것이다. 제2원리는 공정한 기회 균등의 원리와 차등의 원리로 이루어져 있다. 공정한 기회 균등의 원리는 모든 사람들에게 사회적·경제적 가치를 획득할 수 있는 기회가 공정하고 균등하게 분배된다는 것이다. 차등의 원리는 사회적·경제적 불평등은 사회의 최소 수혜자에 게 그 불평등을 보상해줄 이득을 낳는 경우에 한해 정당화된다는 것이다.

형평성 기준은 능률성만큼 명료한 기준으로 발전되어 있지는 못한 실정이다. 그러나 형평성의 판단기준의 경우에도 이것을 좀 더 적용 가능한 명료한 판단 기준으로 발전시키기 위해 분석의 틀을 설정해 보려는 시도는 그치지 않고 계속되어 왔다. 이러한 시도의 하나로서 맥레이(MacRae)와 와일드(Wilde)의 수평적 형평성(horizontal equity)과 수직적 형평성(vertical equity)의 구별을 들 수 있다. 수평적인 형평성은 "동등한 여건에 있는 사람을 동등하게 취급"하는 것으로 정의된다. 일정한 연령에 도달한 사람에게 한 표의 투표권을 부여한다든지, 동일 노동에 동일 임금을 지불한다든지, 일정 기간에 동일 남자에게 동일한 병역 기간을 부여하는 것이 이에 해당한다.

한편 수직적인 형평성은 "동등하지 아니한 상황 하에 있는 사람들을 서로 다르게 취급"하는 원칙으로서 일반적으로 서로 다른 상황에 처해 있는 사람들을 좀 더 동등하게 만들 것을 목적으로 하는 판단의 기준이다. 서로 다른 소득 수준에 있는 사람들에게 서로 다른 누진율을 적용한다든지, 의료보험에서 서로 다른 소득 수준에 있는 사람들에게 서로 다른 금액의 보험료를 내도록 하는 것 등이 그 예이다. 따라서 수직적 형평성은 사람들이 그들이 투입한 노력이나 능력 또는 필요 등에 의해 서로 다른 취급이나 보상을 받아야 한다는 해석이며, 이는 사유재산이나 업적주의의 소망성에 대한 논의를 불러일으키게 하는 원인이 된다(노화준, 2002).

따라서, 이 연구에서 형평성은 절대적인 평등성이 아니라 지역·집단 또는 개인들이 어떤 '최소한의 체면을 유지할 수 있는 수준의 가치'를 배분받으며, 그 이상에 대해서는 '비례적으로 어떤 가치를 배정받는 것'으로 정의한다(노화준, 2002). 이 정의에 근거해서 형평성을 논의할 때 중요하게 가치판단을 해야 하는 논점은 3가지이다.

첫 번째는 가치의 배정에 있어서 '어떤 최소한의 체면을 유지할 수 있는 수준의 가치'가 어느 정도냐 하는 점이다. 이는 아래 그림에서도

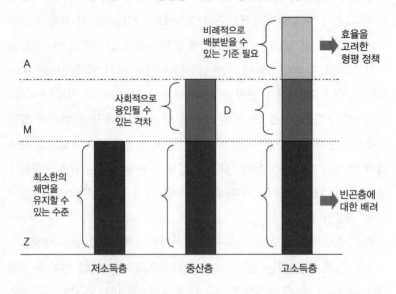

볼 수 있듯이 인간으로서 체면을 유지할 수 있을 최소한의 수준(Z와 M 사이)을 의미하며, 생명재로서의 물의 가치를 인간의 권리로써 담보할 수 있도록 해야 함을 강조한다. 두 번째는 절대적으로 담보할 수 있는 양을 벗어나서 일정 정도 격차가 생겼을 때 이것이 '사회적으로 용인될 수 있는 격차(송호근, 2006)'인가 하는 점이다(M과 A 사이: D). 여기서부터는 수평적 평등이 아닌 수직적 평등을 적용하기 시작하는 단계이다.

세 번째는 수직적 형평성에 가까운 개념으로 지역·집단 또는 개인들이 어떤 기준에 따라 비례적으로 어떤 가치를 배정받는 것을 의미한다(A선 이상). 문제는 여기에서 비례적으로 배정받는 기준이 마땅치 않다는 점이다. 송호근(2006)은 근래에 일어나고 있는 대부분의 사회적 갈등이 이러한 배정 기준을 놓고 발생한다고 보았다. 어떤 기준에 의해 가치를 배정할 것이냐 하는 배정 기준의 선택은 정책 결정자 또는 정책 결정 집단에 의해 결정된다는 점에서 주관성을 배제하기 어렵다.

이러한 개념을 정책에 적용해볼 때, 물 문제에 있어 정책은 3가지 측면에서 접근이 이루어져야 한다. '최소한의 체면을 유지할 수 있는 수준'이나 생명재로서의 물 공급은 빈곤층에 대한 배려 정책으로 볼 수 있다. 물 문제에 있어 사회적 안전망으로서 빈곤층이 누려야 할 물에 대한 권리와 수준을 검토해볼 필요가 있다. '사회적으로 용인될 수 있는 격차'의 수준을 도출하기 위해서는 물 문제와 관련된 계층 간·지역 간 불균형 문제가 어느 정도인지에 대한 기본적인 자료 축적이 필요하다. 마지막으로 수직적 형평성과 관련된 비례적으로 배분받는 기준에 대해서는 효율을 고려한 형평정책 부분이 있다. 대표적으로 수리권과 관련된 연구6)가 있다고 생각되며 이 정책 부분에서는 사회적 이해관계자들이 비례적 배분 기준에 대한 합의가 결과로서의 형평보다 중요하다고 생각된다.

(2) 형평성 측정

형평성 측정 지수도 근래에 다양하게 제시되고 있다. 노화준(2002)의 형평 개념을 수식으로 가장 잘 나타낸 것은 나겔(Nagel)의 EQ지수이다. A를 개인·집단 또는 지역에 대한 실제의 배정량이라 하고, M을 이들에 요구되는 최저 수준의 배정량이라 하며, D를 실제 배정과 최저 수준의 배정 간의 차라 한다. 그리고 Z가 배정이 하나도 없는 경우를 나타낸다고 한다면 형평성의 정도 EQ는 다음과 같이 나타낼 수 있다.7)

---

6) 수리권에 대한 연구는 효율·형평·참여 등 물 문제의 전반적인 이슈를 포괄하고 있는 연구 영역으로 사료된다. 수리권에 대한 일반적인 정의는 '어떤 특정한 목적(관개, 상수도, 공업용수 등)을 위해서 하천 등의 물을 배타적·계속적으로 이용할 수 있는 권리'로(노재화, 2004:145) 수리권 연구는 이러한 권리의 배분이 효율과 형평의 측면에서 어떻게 되어야 하는지에 대한 것으로 향후 물 정책에 있어 핵심이 되는 분야라고 할 수 있다.

7) A, M, Z, D는 <그림 5-1>을 참조.

$$EQ = 1 - [\sum(A-M)^2 / \sum(Z-M)^2]$$
$$= 1-\sum D^2/\sum M^2$$

위의 식에서 실제 배정(A)과 최저 수준의 배정(M) 간의 차가 없는 경우에는 EQ=1이 된다. 따라서 완전히 공평한 배정이 이루어진 경우에는 EQ의 값이 1이 된다. 그러나 A=Z일 때, 즉 하나도 배정이 없는 경우에는 EQ=0이 된다. 따라서 EQ가 0이라는 것은 완전히 불공평한 배정을 의미한다.

이 공정도를 측정하는 EQ의 값은 단위가 없기 때문에 같은 종류의 가치의 배정에 대한 집단 간 또는 지역 간의 비교뿐만 아니라 시계열적 비교도 가능하고, 나아가서는 서로 다른 종류의 가치에 대한 배정의 공평성도 측정해 비교할 수 있다고 하는 장점을 가지고 있다. 그러나 개인·집단 또는 지역에 대한 최저 수준의 배정 M에 대한 결정이 주관적으로 이루어질 수밖에 없기 때문에 그 측정값이 객관적으로 이루어질 수 없다고 하는 점이 결점이라 하겠다.

이외에 가장 고전적으로 제시되는 형평성 측정 방법은 지니계수이다. 지니계수는 소득이 어느 정도 균등하게 분배되는가를 나타내는 소득분배의 불균형 수치로 이탈리아의 인구학자·통계학자·사회학자인 지니(Corrado Gini)가 소득 분포에 관해 제시한 통계적 법칙인 '지니의 법칙'에서 나온 개념이다. 계산 방법은 먼저 가로축에 저소득층부터 고소득층 순서로 인원 분포도를 그리고, 세로축에는 저소득층부터 소득액 누적 백분율(소득 누적 비율)을 그린다. 그러면 소득 분배 곡선인 로렌츠 곡선이 나오는데, 여기에 가상 소득분배균등선(45°선)을 긋고, 소득분배균등선과 가로·세로축이 이루는 삼각형의 면적, 그리고 소득분배균등선과 로렌츠 곡선 사이의 면적 비율을 구한다. 여기서 구해진 면적 비율이 지니계수이다(김승욱 외, 2004). 지니계수는 0과 1 사이의 값을 가지는데, 값이 0에 가까울수

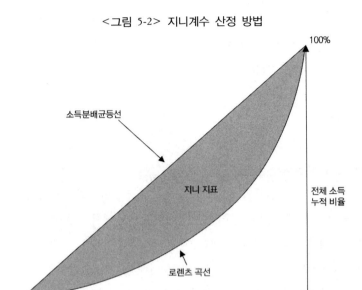

록 소득분배의 불평등 정도가 낮다는 것을 뜻한다. 보통 0.4가 넘으면 소득분배의 불평등 정도가 심한 것으로 본다. 한국의 경우 1997년 국제통화기금(IMF) 외환 위기 당시 0.389이던 것이 2002년에는 0.427로 높아져 소득분배의 불균형이 악화된 것을 볼 수 있다.

3. 물 문제의 형평성 이슈 및 과제

일반적으로 물 문제는 이수, 치수, 하천 환경 분야로 나눌 수 있다. 형평성의 경우 주로 소득불균형으로 인한 문제라고 보았을 때, 정책의 영향이 개인에게 미치는 영향을 중심으로 논의를 전개해볼 수 있다. 하지만 물 정책의 경우 주로 정부의 책임 아래 관리가 이루어진다고 볼 때, 지역 역시 형평성 문제를 적용해볼 수 있는 중요한 단위임을 알 수 있다.

형평과 관련된 영역을 이렇게 설정할 수는 있으나 이 장에서는 주로 이수(利水) 문제를 중심으로 개인과 지역에 미치는 영향을 중심으로 논의를 전개해 나가기로 한다.

1) 이수 분야

(1) 상수도 공급

<그림 5-3>은 한국의 도시화율(도시 인구/전체 인구)과 상수도 보급률 추이를 비교한 것이다. 도시화율은 1945년 13%에서 1995년 78.5%로 증가했으며 상수도 보급률은 18%에서 82.9%로 증가했다. 두 수치는 거의 비슷하게 증가하고 있다. 1960년대, 1970년대 상수도 보급률은 도시화를 따라가지 못했지만 1985년을 기점으로 상수도 보급률이 도시화율을 앞서고 있다. 급수도시의 수도 꾸준히 증가했다. 1947년에 40개에 불과하던 급수도시 수는 2001년 905개에 달하고 있다. 전쟁을 겪고 해방을 거치면서 엄청난 식수난에 국민들이 시달린 것을 감안할 때, 상수도 보급으로 물 보급에 있어서 형평성은 상당히 개선되었다고 볼 수 있다.[8]

상수도 공급에 있어 우선적으로 검토되어야 할 점은 '최소한의 수준을 유지'한다는 측면에서 가뭄 기간에 제한 급수가 실시되는 지역에 대한 개선책이 제시되어야 한다는 점이다. 최근 가뭄 기간 10년 동안 생·공용수

---

8) 물론 상수도의 광역화와 관련해 '원거리화'에 대한 비판의 목소리도 존재한다. 모리타키 겐이치로(2005)는 일본의 수자원 개발이 '가까운 물'을 소홀히 하면서 '먼 물'에 대한 의존을 강화하는 방향으로 전환되는 것에 대해 비판하고 있다. 이는 물 관리에 직접적으로 참여함으로써 수질을 담보할 수 있다는 참여적 관점의 논의이다. 또한 광역상수도와 같은 단일 수원에 의존하는 것이 바람직하지 않다는 측면의 비판(최동진, 2006)도 '원거리화'에 대한 비판 의견이다. 현재 우리나라 상수도의 광역상수도에 대한 비중은 60%가 넘는데, 가능하면 다양한 수원을 확보하는 것이 생명재로서의 물을 확보하는 데도 바람직하다고 볼 수 있다.

<그림 5-3> 도시화율과 상수도 보급률 변화 추이

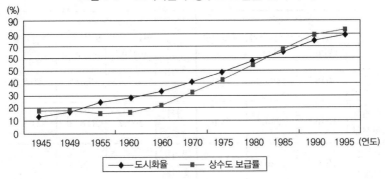

<표 5-1> 제한 급수 지역 현황

시·도	과거 가뭄 발생 시 2회 이상 제한 급수를 경험한 시·군
강원도	속초시, 원주시, 춘천시, 고성군, 영월군, 철원군, 홍천군, 화천군, 횡성군
경기도	안성시, 파주군, 화성시, 여주군
경상남도	거제시, 마산시, 양산시, 통영시, 거창군, 남해군, 의령군, 하동군, 함양군
경상북도	경주시, 문경시, 상주시, 안동시, 영천시, 영양군, 울진군, 의성군, 청송군, 봉화군, 칠곡군
충청북도	제천시, 청주시, 충주시, 청원군, 괴산군, 단양군, 보은군, 영동군, 옥천군
전라남도	광양시, 나주시, 여수시, 해남군, 보성군, 무안군, 신안군, 완도군, 장흥군, 진도군, 강진군, 고흥군, 곡성군, 구례군
전라북도	김제시, 남원시, 정읍시, 무주군, 순창군, 진안군
계	총 62개 시·군

자료 : 건설교통부(2006: 62).

의 부족을 2회 이상 경험한 지역은 62개 시·군에 달한다. 농어촌, 도서 지역 등 미보급 지역 약 520만 명에 대한 지원도 같은 맥락에서 생각할 수 있다. 간이상수도를 통해 보급되는 물은 수질 검사 항목도 미흡하고 더구나 수도 요금이 비싸 형평의 원칙에 위배된다고 볼 수 있다. 이들에 대한 지원은 최소한의 수준을 유지한다는 측면에서 개선되어야 한다.

두 번째는 현재 상수도 공급에 있어 지방자치단체별로 불균등이 어느 정도인가 하는 점을 규명해야 한다는 것이다. 특히 지방자치단체 간 상수

<표 5-2> 평균 수도 요금의 고저(高低) 지역 비교(2005)

	높은 지역				낮은 지역		
지역	평균 단가 (원/m³)	생산 원가 (원/m³)	현실화율 (%)	지역	평균 단가 (원/m³)	생산 원가 (원/m³)	현실화율 (%)
강원도 영월군	1058.7	1945.0	54.4	경기도 과천시	277.3	930.5	29.8
강원도 정선군	1040.7	2284.0	45.6	경북 청송군	367.2	1683.0	21.8
경기도 안성시	1009.4	1120.0	90.1	경기도 용인시	369.6	590.9	62.6
전북 군산시	993.0	1067.7	93.0	경기도 안산시	381.0	411.1	92.7
강원도 평창군	965.9	2423.0	39.9	경북 군위군	384.0	962.0	39.9

자료 : 상수도통계(2004:622~629).

도 공급 및 요금 격차에 대한 고찰이 필요하다. 요금 격차가 나는 이유는 각 도시마다 상수도 공급 여건이 다르기 때문인데, 원수를 정수하는 과정에서 대도시를 제외한 지방상수도의 경우 전문 인력의 부족, 투자 재원의 부족, 규모의 영세성 등으로 운영의 비효율성, 낮은 서비스 수준 등이 문제되고 있다(최동진, 2006:6). <표 5-2>는 2005년 자료를 기준으로 평균 수도 요금이 높은 지역 5곳과 낮은 지역 5곳을 나타낸 것이다. 강원도 영월, 정선과 경기도 안성시의 경우 톤당 평균 단가가 1,000원을 넘어서고 있다. 수도 요금이 낮은 지역은 경기도 과천, 용인, 안산, 경북 청송, 군위 등으로 제일 높은 영월과 제일 낮은 과천을 비교할 때, 3.8배인 것으로 나타났다. 그렇다면 이러한 요금 격차는 시계열적으로 어떠한 양상을 보이는 걸까?

시계열적 분포를 분석하기 위해 1997년, 2002년, 2004년 지방자치단체별 수돗물 평균 원가를 조사해 최솟값과 최댓값을 10분위로 나누어 X축에

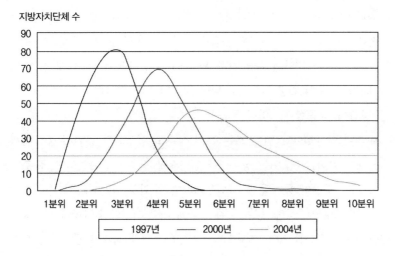

<그림 5-4> 상수도 요금의 시계열적 분포

지방자치단체 수

| | 1997년 | 2000년 | 2004년 |

나타냈다. 가장 낮은 값은 1997년 경북 구미시로 톤당 평균 단가가 166.4
원이었다. 가장 높은 값은 2004년 강원도 영월의 1,058.7원이었다. 200원
미만을 1분위로 놓고 100원 단위로 1,100원까지 10분위로 분류해 해당
연도별 포함되는 지방자치단체 수를 나타낸 것이 <그림 5-4>이다.

<그림 5-4>를 보면 우리나라의 지방자치단체별 상수도 요금은 차이가
있음을 유추해볼 수 있다. 1997년 데이터의 경우 평균 단가가 3분위(300원
이상 400원 미만)인 지방자치단체가 전체 167개 중 79개로 47%에 달하는
것으로 나타났다. 또한 최고 평균 단가가 5분위(500원 이상 600원 미만)에
속함으로써 모든 지방자치단체가 절반 이하에 집중되어 있는 것을 볼
수 있다.

2000년의 경우 이러한 경향은 좀 더 완만해져서 지방자치단체의 요금
분포는 2분위부터 9분위까지 포함되지만 41%의 지방자치단체가 4분위
(400원 이상 500원 미만)에 속함으로써 여전히 편차는 크지 않다. 그러나
2004년 데이터는 1997년과 비교했을 때 분포가 매우 다름을 알 수 있다.

전체 지방자치단체는 3분위 이상에 분포되며, 주로 분포하는 영역도 5분위 이상임을 알 수 있다. 시각적으로 봐서도 지방자치단체의 요금 분포는 가격에 있어 격차가 벌어지고 있음을 알 수 있다. 물론 이 데이터만 봐서 우리나라 지방자치단체 요금 격차의 불균등도가 매우 심각하다고 할 수는 없다. 지니계수와 같은 불균형을 나타내는 지표로 검증해야 이러한 현상을 더 명확히 검증할 수 있다.

이러한 불균형에 대한 검토는 특히 상수도 민영화와 관련해 중요하게 고려해야 할 점이다. 이는 상수도를 민영화할 경우 민간기업의 이윤 추구로 소비자 부담이 증가될 것으로 우려되며, 수익성 있는 사업을 중심으로 투자함으로써 저소득층, 농어촌 지역 등에 대한 서비스가 약화될 개연성이 있다는 주장(최동진, 2006) 때문이다. 무엇보다 현재 국가가 관리하는 시스템에서도 농촌 지역에 대한 상수도에 있어 차별이 존재하는 상황에서 수익에 민감한 민간 기업이 이를 관리할 때 형평성은 저해될 것으로 예상된다.[9]

(2) 음용수 문제

상수도 보급률이 면 지역을 제외하고 그 이상의 자치 구역 단위에 있어 80% 이상을 기록하게 되자 이수와 관련된 논의는 상수도 보급이라는 양적 문제가 아니라 깨끗한 물을 얼마나 저렴하게 먹을 수 있는가 하는 질적 문제로 전환하게 된다. 여기에는 1990년대 들어 연속적으로 터진 대형 수질 오염 사고로 음용수에 대한 국민들의 신뢰가 상당히 떨어진 것이 원인이 되었다. 2005년 환경부 조사 결과 수돗물의 음용수 부적합 의견은 57.8%에 이루는 것으로 나타난다(최동진, 2006). <표 5-3>에서도 볼 수 있듯이 수돗물의 직접 음용 비율은 1~2% 수준이며, 정수기나

---

9) 민영화 도입으로 인한 각종 폐해에 대한 자세한 검토는 모드 발로·토니 클라크 (Maude Barlow·Tony Clarke, 2002)를 참조할 것.

<표 5-3> 환경부의 수돗물 음용 실태 조사

구분	끓여 먹음	직접 음용	정수기 이용	먹는 샘물	약수터
2003년	44.8%	1.0%	33.6%	10.4%	10.3%
2005년	42.3%	1.7%	38.9%	8.6%	7.7%

자료: 최동진(2006: 5).

먹는 샘물 등 양질의 물을 먹고자 투자를 하는 비율은 44~48%에 이르는 것으로 나타났다.

수돗물의 음용 적합성에 대해서는 지역별로 차이가 있는 것으로 보인다. 아래 그림은 4대 강의 수질을 나타낸 것이다. 일반적으로 우리나라 4대 강 중 어느 강의 수질이 나쁘냐고 물으면 한강이라고 답하는 사람이 많다. 상수원인 팔당댐이라는 상징적인 존재와 언론의 잦은 보도 때문에 그렇게 생각할 수 있지만 실제로 가장 수질이 나쁜 강은 영산강이다. 원수 관리에 있어서도 지역별로 격차가 있음을 알 수 있다.

이러한 상황에서 형평 문제와 관련지어 가장 핵심적인 부분 중 하나는

<그림 5-5> 연도별 4대 강 수질 변화 추이

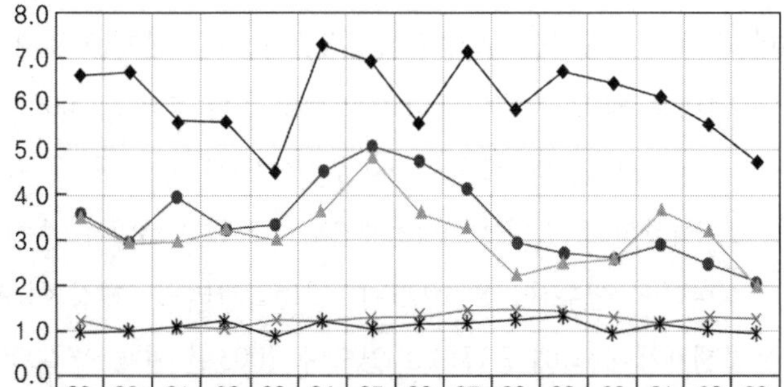

	89	90	91	92	93	94	95	96	97	98	99	00	01	02	03
한강(팔당)	1.2	1.0	1.1	1.1	1.2	1.2	1.3	1.4	1.5	1.5	1.5	1.4	1.3	1.4	1.3
낙동강(물금)	3.6	3.0	4.0	3.3	3.4	4.6	5.1	4.8	4.2	3.0	2.8	2.7	3.0	2.6	2.1
금강(부여)	3.5	3.1	3.0	3.2	3.1	3.7	4.3	3.7	3.4	2.4	2.6	2.7	3.7	3.3	2.1
영산강(나주)	6.6	6.7	5.6	5.6	4.5	7.3	7.0	5.6	7.2	5.9	6.8	6.5	6.2	5.6	4.8
섬진강(구례)	1.0	1.0	1.1	1.2	0.9	1.2	1.1	1.2	1.2	1.3	1.4	1.0	1.2	1.1	1.0

자료: 건설교통부(2005).

생수 판매를 포함한 물의 상품화이다. 생수산업은 물이 사적재로 취급되어 시장경쟁체제에 의해 공급되는(이달곤, 2004) 현상이다. 문제는 이러한 상품화의 정도가 물의 재화로써의 근간인 생명재로써의 안전을 훼손하거나 배분 기준이 지나치게 이윤 추구라는 잣대로만 이루어진다면 문제가 발생할 수 있다는 점이다. 이미 이러한 우려들은 여러 자료에서 제시되고 있다.

전 세계적으로도 현재 거래되는 생수는 연간 약 220억 달러로 추정되며, 빠르게 성장하면서도 규제를 덜 받는 분야로 손꼽힌다. 대표적인 다국적 생수 브랜드로는 페리에(Perrier), 에비앙(Evian), 나야(Naya), 폴란드 스프링(Poland Spring), 클리얼리 캐나디안(Clearly Canadian), 라크루아(La Croix), 퓨얼리 알래스칸(Purely Alaskan) 등이 있으며, 네슬레는 페리에, 비텔(Vittel), 산 펠레그리노(San Pellegrino)를 포함해 무려 68개의 브랜드를 가진 세계 최대의 생수업체이다(모드 발로·토니 클라크, 2002: 223).

1970년대 세계 전역에서 거래된 생수의 양은 연간 10억ℓ였다. 1980년대에 와서 이 수치는 25억ℓ로 급격히 늘어났고, 1980년대 말 전 세계에서 소비한 생수는 75억ℓ에 이르렀다. 그러다가 1995년 이래 생수 판매량은 매년 20%의 상승률을 보이며 급성장했다. 2000년에는 세계적으로 840억ℓ에 가까운 양이 거래되었다(모드 발로·토니 클라크, 2002: 223). 미국의 생수 시장 규모는 약 35억 달러(약 4조 원)로 향후 콜라 시장을 앞지를 것으로 예상하고 있다(≪한국경제신문≫ 2002.4.23일자 기사).

우리나라의 생수산업은 1995년 「먹는물관리법」 제정 이래 민간기업의 자유경쟁체제에 의해 공급되고 있으며, 2003년 현재 약 600여 가지 이상의 생수가 유통되고 있다. 우리나라 생수 시장 규모는 1995년 1,000억원 수준에서 2003년에는 2,500억 원 수준으로 매년 7~8%씩 성장하고 있는 것으로 나타난다(≪매일경제신문≫, 2004.1.9일자 기사). 먹는 샘물 시장은 '삼다수'를 비롯해 10여 개의 제품들이 치열한 경쟁을 벌이고 있다.

삼다수의 경우 유통은 농심이 담당하고 있으나 실제적인 제품의 취수 및 포장은 제주지방공사가 담당하고 있다. 물이 귀한 제주도에서 하루에 일정량 이상의 취수를 금지함으로써 지속가능하고 재생 가능한 물 관리 방식으로 생수를 취수하고 있다. 삼다수의 경우 생수 업계 브랜드 파워 1위로써 공공적인 자원 관리 방식과 민간의 이윤 취득을 동시에 이룬 사례로 사료된다.

생수의 종류도 다양해서 일본부터 핀란드까지 세계 각국에서 수입하는 물은 20여 가지 이상이다. 일본산 심층수가 1ℓ에 1만 5,000원, 핀란드산 자작나무 수액이 $500m\ell$에 1만 9,000원이나 할 정도로 가격도 만만치 않다. 가장 비싼 생수는 일반 생수보다 20배 이상 비싸지만 잘 팔린다. 한 백화점의 수입 물 매장에서만 한 달 평균 1,000만 원의 매출을 기록할 정도로 명품으로써 생수 판매량은 무시하지 못하는 수준이다. 이러한 생수 판매의 급격한 신장과 고급화는 기본적인 공공재로서 물을 사적 재화화하는 것으로, 금전적으로 이를 지불하지 못하는 계층에게는 상대적 박탈감을 안겨 준다.

(3) 댐 건설 주변 지역의 주민 지원

한국 용수의 주된 공급원인 댐과 관련해서도 형평 이슈는 존재한다. 댐 건설이 노정하고 있는 여러 가지 문제점 중 하나는 댐 건설의 비용과 편익이 공간적으로 분리된다는 점이다. 댐 정책에 있어 피해를 본 사람들은 수몰민과 상수원 보호를 위해 토지이용규제를 받는 지역 주민들이다.

수자원공사의 통계에 의하면 16개의 다목적댐을 건설하면서 수몰에 따른 이주민은 총 16만 6,965명이며, 총 수몰 면적은 $303.25km^2$에 이른다 (최석범, 2003: 7에서 재인용). 수몰민들의 대부분은 비자발적 이주민이라고 볼 수 있는데, 문제는 이들의 이주가 강제적이어서 재정착 과정이나 그 결과가 매우 불확실한 상황에 놓이게 되며, 많은 경우 실패한 것으로 나타난다는 사실이다. 이는 이주민들이 새로운 이주지로 가서 적응하면서 살아갈 환경에 대한 고려가 아직까지 정책적으로 이루어지지 않았다는 것을 반증한다. 예를 들어 안동댐 수몰 지역 주민들이 집단으로 이주한 서부 단지와 충주댐 수몰 지역 주민들이 집단으로 대거 이주한 신단양 단지의 경우도 정기 시장의 복원 및 관광 단지 조성에 의한 생계 유지 전략은 실패한 것으로 드러났다(이영진, 2003: 150).

강원도 양구군 수몰민의 경우에도 다른 이주민에 비해 많은 보상을 받았어도 도시 생활 경험이 부족해 사기를 당해 재산을 탕진하고, 결국 적응에 실패해 자살하는 사례가 종종 있었다고 한다(인터뷰 결과, 2003. 8. 18). 수몰민들의 경우 대부분 관료 우위와 국가에 대한 자기희생적 가치를 가지고 있어서 국가가 하는 댐건설 사업에 대해 큰 문제를 제기하지 않았다(이영진, 2003: 94). 이른바 '대(大)'를 위해 '소(小)'를 희생한다는 국가주의적 논리가 댐 건설 사업의 정당화 논리였고, 이를 수몰 이주민들은 내면화했던 것이다(이상헌, 2003: 65~66).

<표 5-4> 댐건설 및 주민지원제도

	댐건설제도	지원 대책
관련 법률	「댐건설및주변지역지원등에관한법률」	
주요 내용	보상 체계는 협의 보상, 현금 보상	·댐주변지역정비사업: 생산기반조성사업, 복지문화시설사업, 공공시설사업 ·댐주변지역지원사업 : 소득증대사업, 공공시설사업, 후생사업, 육영사업, 부대사업 ·지원 규모 -정비사업: 댐당 최소 300억 원 -지원사업: 발전판매금 3%, 용수판매금 10~15% -이주 지원: 최고 2,000만 원
사업 시행 주체	건설교통부(한국수자원공사)	·정비사업: 주변 지역 관할 지자체장 ·지원사업: 댐관리청, 댐수탁관리자
재원 분담	정부(보상비 중 일부 수자원공사 부담)	·정비사업: 댐 건설사업 시행자와 지자체 ·지원사업비: 댐 관리청 및 댐 수탁 사업자의 출연금

하지만 제도적으로 볼 때, 댐 건설 및 주민 지원에 대해 점차적으로 제도개선이 이루어지고 있다. <표 5-4>는 댐건설 및 주민지원제도를 정리한 것이다. 댐 건설의 적지가 적어지고 주민들의 반대 여론이 강해지면서 주민 보상 비용도 상승하고 있으며, 지원 역시 늘어나고 있다.

문제는 이러한 보상이 적절한지, 사회적으로 용인될 수 있는 수준인지 판별하는 것이다. <표 5-5>는 댐 주변 지역 주민지원사업 및 주민생활지원사업의 규모를 나타낸 것이다. 댐 주변 지역 전체 주민지원사업에서 직접 지원에 해당하는 주민생활지원사업의 지원 규모 비율은 평균 24.5% 수준으로 2005년 전체 지원비는 425억 원 수준으로 나타났다. 직접적인 비교는 어렵겠지만 개발제한구역의 주민지원사업의 경우 657억 원(2005

<표 5-5> 댐 주변 지역 주민지원사업 및 주민생활지원사업 규모(2005년)

(단위: 천 원)

댐 명	주민 지원 총계	주민생활지원사업 규모	전체 사업 대비 생활지원사업 비율
총　　계	42,471,548	10,404,639	24.5%
소양강댐	4,697,000	1,619,100	34.5%
안 동 댐	3,321,000	1,100,000	33.1%
대 청 댐	3,669,000	1,083,120	29.5%
충 주 댐	6,574,000	2,270,000	34.5%
합 천 댐	2,710,000	864,500	31.9%
주 암 댐	2,495,000	476,511	19.1%
임 하 댐	2,064,000	620,000	30.0%
남 강 댐	1,673,000	483,000	28.9%
섬진강댐	1,588,000	105,800	6.7%
부 안 댐	662,000	232,000	35.0%
횡 성 댐	837,000	303,000	36.2%
용 담 댐	2,121,000	601,561	28.6%
밀 양 댐	737,000	245,900	33.4%
보 령 댐	876,000	177,240	20.2%
사 연 댐	229,830	23,200	10.1%
수 어 댐	344,213	30,406	8.8%
영 천 댐	626,890	48,200	7.7%
운 문 댐	659,615	121,146	18.4%

자료 : 수자원공사 내부 자료.

년) 수준이며, 4대 강 상수원 보호와 관련된 주민지원사업의 경우 1,286억
원(2003년) 수준의 지원이 이루어진 것으로 나타났다. 이러한 지원규모는
가구당 평균 지원액으로 환원되어 비교해야 할 것이지만, 댐 주변 지역의
경우 정비사업까지 포함할 경우 댐 건설로 인한 보상이 어느 정도 이루어
진다고 판단할 수 있다. 하지만 향후 댐 건설이 주춤한 상황에서 이와
관련된 이슈가 대두될 가망성은 매우 적어 보인다.

2) 치수 분야

지난 30년간의 홍수 피해 양상이 변화하고 있다. 과거에 거의 발생하지
않던 규모의 강우가 자주 발생하고 이상 기후 등의 영향으로 홍수 발생
규모와 빈도가 증가하고 있다. 특히 도시화에 따른 인구 및 자산 집중의
심화로 홍수 피해 규모가 급증하고 있다.
풍수해 이재민 수는 초창기에 많았고 점점 줄어들고 있으나 그 피해

<그림 5-6> 과거 30년간의 재산 피해 및 인명 피해 추이

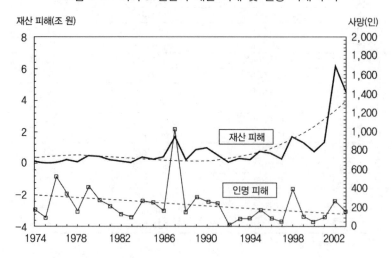

규모는 점점 커지고 있다. 가장 많은 이재민을 낸 해는 1972년으로 65만 6,361명으로 집계되고 있다. 당시에 수도권 지역에 집중호우가 발생해 서울도 큰 수해를 입은 것으로 나타난다. 가장 큰 피해 규모는 1998년으로 1조 6,000억에 달하는 재산 손실을 입었다. 1998년에는 경기 북부에 기록적인 호우와 태풍 야니의 영향으로 피해가 컸던 것으로 보인다.

이렇듯 풍수해와 한해는 거의 매년 우리나라를 찾아오고 있다. 이와 더불어 매년 수해 의연금이나 가뭄 극복 성금을 모금하는 것이 각 방송국들의 연례행사가 되고 있다. 그렇다면 이러한 위험은 계층적·지역적으로 어떻게 배분되는가?

2006년 여름 집중호우로 강원도에서 발생한 침수 피해의 경우 하천가에 위치한 건물의 침수 피해가 있었다. 일반적으로 하천 주변은 지가가 저렴하기 때문에 저소득층의 주거지가 되기 때문에 이러한 집중호우 및

<그림 5-7> 강원도 수해 피해 사진(2006년 여름)

홍수로 인한 하천의 범람은 저소득층에게 수해 피해를 입힐 가망성이 높다. 따라서 현재 재해 연보에서 파악하고 있는 지역별 주택 파손 실태 및 피해액을 각 건물에 거주하는 사람의 소득 수준을 고려해 지원한다면 보다 형평에 맞는 정책이 구현된다고 볼 수 있다.

무엇보다 이러한 수해로 인한 피해가 매년 반복되므로, 지속적으로 수해를 입는 지역은 하천변의 땅을 주거지로 사용하기 어렵도록 규정을 강화하거나 국가가 협의 매수하는 방안을 강구해야 할 것이다.

3) 하천 환경 분야

2005년 최고의 히트 상품은 청계천이었다. 이명박 시장 특유의 밀어붙이기식 행정에 대한 비판이 존재하기는 하지만 청계천 개발이 가지고 있는 환경적 상징은 매우 크다고 할 수 있다. 하지만 모든 일에 빛과 그림자가 존재하듯이 청계천 개발로 인한 이득이 어떻게 배분되는지는 향후 비슷한 도심 하천의 재정비와 관련되어 충분히 논의해야 할 부분이라고 생각한다. 이미 개발 초기부터 청계천 일대의 개발이 전통적이고 비공식적이며, 저소득층과 관련된 부문에서 악영향을 끼치리라는 전망이 제기되었다.

실제로 청계천은 복원 결과 아파트 평당 가격이 크게 오른 것으로 나타났다. 김영훈(2006)에 의하면 청계천 복원 후 지난 3월 기준으로 청계천에서 100m씩 떨어질 때마다 아파트 평당 매매가가 35만 8,000원씩 하락했음을 밝혔다. 조사 결과 청계천에서 1km 이내 아파트의 평당 매매가는 2002년 1월 599만 원에서 2006년 3월 988만 원으로 389만 원 뛰었다. 같은 기간 1km 이외 아파트의 평당 매매가는 671만 원에서 936만 원으로 265만 원이 올랐다. 청계천 복원에 들어간 2003년 7월을 전후로 청계천 인근 아파트 값이 뛰기 시작했고 특히 700m 이내 아파트 값의 상승폭이

<표 5-6> 청계천 주변 아파트 평당 가격 변화

(단위: 만 원)

구분	청계천 1km 이내	1km 이외
2002년 1월	599	671
2003년 1월	772	790
2003년 7월	844	829
2006년 3월	988	936

자료 : 김영훈(2006).

컸다. 지난 3월 기준으로 700m 이내 아파트의 평당 매매가는 평균 1,039
만 원이었다.

청계천 복원 이후 인근에서 최고가를 기록한 아파트는 황학동 삼일아파
트였다. 11평형에 복도식으로 630가구로 구성돼 있고 1969년 건설돼
재개발 대상이다. 이 아파트의 지난 3월 평당 매매가는 2,227만 원으로
중구 전체 아파트의 평균 평당 매매가인 970만 원의 2.3배였다. 매매가는
상한가 기준으로 2002년 1월 8,000만 원에서 청계천 복원이 시작된 2003
년 7월 1억 8,000만 원으로 2배 이상 뛰었다.

물론 청계천은 소득 계층에 상관없이 모든 서울 시민들이 찾아가서
도심 속에서 물이 주는 즐거움을 만끽하는 장소이다. 따라서 이용이나
접근권에 있어서는 형평과 관련이 없을 수도 있다. 하지만 환경재의 가치
가 점점 상승함에 따라 이러한 하천 정비나 자연형 하천으로의 개발이
인근 지가에 영향을 주어 그러한 소득이 고소득층에 전이된다면 이 또한
양극화를 심화시키는 원인으로 작용할 수 있다. 따라서 소득 관련 통계
구득의 어려움이 존재하지만 이러한 지가 상승으로 인한 이윤이 어느
계층에 귀착되는지를 분석한다면 하천 환경 개선으로 인한 정책의 형평성
을 평가하는 데 도움이 될 것이다.

4. 맺음말

이 장은 물이 공평하고 정의롭게 분배되어야 한다는 의미에서 한국 물 문제의 형평성 이슈를 물 정책의 각 분야별(이수·치수·하천 환경)로 제시하고 향후 과제를 제시하는 것을 목적으로 작성되었다. 검토 결과 물 문제에 있어 형평성 논의는 효율성 논의와 더불어 매우 중요한 논제 중에 하나이며, 소득 간 격차가 지속적으로 벌어지고 있는 현재 한국 사회 현실 속에서 중요한 영역임을 알게 되었다. 또한 간략하게나마 이수·치수·하천 환경 분야에서 형평 문제가 존재한다는 것을 확인했다.

이수 분야에서는 상수도 공급과 관련해서 미급수 지역에 대한 배려와 점차로 요금 격차가 벌어지고 있는 지방자치단체의 요금 형평성에 대해 문제를 제기했다. 또한 향후 상수도 분야에서 민영화 논의가 활발해질 것을 예상할 때, 반드시 형평의 문제를 함께 논의해야 함을 제시했다. 상수도 민영화 논의가 지나치게 효율이라는 잣대에 치우쳐 논의된다면 이는 이미 민영화를 실행해 저소득층에게 생명재로써 물을 공급하지 못함으로써 곤란을 겪었던 개발도상국의 전철을 밟게 되는 결과를 가져올 것이다.

치수 분야에서는 홍수나 집중호우로 인한 하천변 저소득 거주자를 위한 근원적인 대책 마련이 필요함을 지적했으며, 하천 환경 분야에서는 하천개선으로 인한 인근 지가 상승의 편익이 고소득층에 귀속될 수 있는 개연성을 개진하고 이에 대한 대책이 필요함을 역설했다.

각 이슈마다 좀 더 분석적인 자료가 제시되어야 할 것이지만, 아직 형평과 관련된 연구가 미진해 이에 도달하지 못했다. 특히 기존 물 관련 자료와 개인 소득 관련 자료의 연계 부분이 미흡했다. 따라서 형평 관련 이슈나 정책들이 제대로 평가되기 위해서는 시급하게 자료의 구축부터 이루어져야 할 것으로 생각된다. 또한 이론의 성숙을 위해서도 형평성에 대한 개념 및 측정에 대한 외국 연구 및 기존 연구도 지속적으로 탐구해야 할 것으로 사료된다.

글을 마무리하는 시점에서도 아쉬움이 많이 남는다. 물 문제의 형평성에 대한 연구는 아직 불모지이기에 이제부터 시작이라는 느낌도 지울 수 없다. 지속적인 형평 문제에 대한 관심과 연구에 대한 지원만이 해당 분야를 발전시킬 수 있는 원동력이 될 것이다.

참고문헌

강준만. 2006. 『한국인코드』. 인물과 사상사.

건설교통부. 2003. 「물과 미래」.

_____. 2006. 「수자원장기종합계획(2006~2020)」.

김승욱·김재익·조용래·유원근. 2004. 『시장인가? 정부인가?』. 부키.

김영훈. 2006. 「청계천 복원이 주변 아파트 가격에 미친 영향 분석」. 건국대학교 석사학위 논문.

노재화. 2004. 「수리권과 물분쟁 해소방안」. 『춘천 물포럼 2004 논문집』, 145~155쪽.

노화준. 2002. 『정책분석론』. 박영사.

류재근. 2004. 「생명의 근원 물을 알자: 물의 특성을 중심으로」. 『춘천 물포럼 2004 논문집』, 35~50쪽.

모드 발로·토니 클라크(Maude Barlow·Tony Clarke). 2002. 『블루골드』. 이창신 역. 개마고원.

모리타키 겐이치로(森瀧健一). 2005. 「일본 수자원정책의 문제점과 개선 방향」. 정의의 눈으로 바라보는 물 문제, 그리고 민주주의 기조 강연 자료.

민승근·이갑수·김근영·손민중. 2006. 「소득양극화의 현상과 원인」. 삼성경제연구소.

송호근. 2006. 『한국의 평등주의, 그 마음의 습관』. 삼성경제연구소.

에모토 마사루(江本勝). 2006. 『물은 답을 알고 있다』. 양억관 역. 나무심는사람.

이달곤. 2004. 「우리나라 물산업의 국제경쟁력 강화방안」. 한국행정학회 물산업정책
　　　세미나 발표 자료.

이미홍. 2005. 「한국 수자원정책의 합리성: 댐정책을 중심으로」. 『서울행정학회』,
　　　16(1), 253~274쪽.

_____. 2006. 「한국 물 정책의 변화」. 미발표 원고.

이상헌. 2003. 『세상을 움직이는 물』. 이매진.

_____. 2003. 「한국의 근대화와 물: '물운동'을 중심으로」. 2003년 민주사회정책연
　　　구원 학술대회 자료집. 52~79쪽.

이영진. 2003. 「비자발적 이주민의 적응전략에 관한 연구: 댐 수몰 지역 이주민을
　　　대상으로」. 대구대학교 대학원 박사학위 논문.

지속가능발전위원회. 2003. 「지속가능한 물관리체제 개선을 위한 공청회 자료집」.

_____. 2005. 『지속가능한 물관리정책』. 박영사.

최동진. 2006. 「물산업 육성방안 무엇이 문제인가?」. 물산업화와 민영화 토론회.

최석범. 2003. 「댐 계획법과 수자원현안」. 미간행논문집.

최승일. 2004. 「수돗물의 형평성」. 『춘천 물포럼 2004 논문집』, 479~496쪽.

현진권. 1996. 「토지소유의 편중실태와 종합토지세의 세부담 분석」. 『조세정책과
　　　소득재분배』. 한국조세연구원.

홍종학. 2006. 「양극화 대책과 경제구조개혁」. 경실련(사)경제정의연구소 제1회 경제
　　　정의포럼: 양극화, 진단과 처방 발제문.

3부 | 한국의 근대화와 물 운동

제6장 한국의 근대적 물 관리 체계의 특성과 전환

| 물 관리제도의 생태적 전환을 중심으로

이상헌(한국환경자원공사 국제정책연구센터 부장, 행정학)

1. 연구의 목적과 이론적 배경

이 글의 연구 목적은 한국의 근대화 과정에서 형성된 근대적 물 관리 체계 형성 과정을 역사적으로 고찰함으로써 한국의 물 관리 체계가 어떤 특징을 갖게 되었는지, 현재는 그 특징이 어떤 식으로 나타나고 있는지, 앞으로 어떤 방향으로 전개되는 것이 생태적으로 바람직한 발전 방향인지를 제시해보는 것이다. 한편, 이 연구는 이러한 연구 목적 이외에도 이 책의 다음 장에서 다루어질, 근대화 과정에서 발생한 우리나라 물 운동의 역사적 고찰에 대한 배경적 설명으로서 기능할 것이다.

물은 기본적으로 생태적 요소이지만, 사회·경제·정치·문화 분야를 가로질러 독특한 역사와 지리를 만들어간다. 근대화는 기본적으로 지리적 의미의 근대화이며, 한국의 경우 물을 통해 이러한 지리적 변형과 경제의 팽창과 수축, 그리고 문화와 가치의 변화 등을 추적해볼 수 있다. 근대화에 대한 내용을 확인하는 작업은 역사적으로 식민지 경험을 가지고 있는 나라들에게는 중요한 과제라고 할 수 있다. 식민지 시기를 관통하면서 19세기 이후 서유럽의 경제성장 모델을 도입해왔기 때문이다.

근대화라는 용어는 논쟁적인 개념이다. 근대화를 봉건제에서 자본주의로 이행하는 과정으로 볼 것인지, 아니면 보편적 발전 과정으로 파악할 것인지에 따라 가치판단과 접근 방법이 달라진다. 전자의 입장에서는 근대화란 서유럽화를 의미하게 되는데, 이럴 경우 불가피하게 유럽중심주의에 빠지게 될 것이다. 후자의 입장에 서면 그 내용이 지나치게 포괄적이어서 굳이 근대화라는 용어가 필요할 것인가 하는 의문이 남게 된다. 이 연구에서 사용하는 '근대화'라는 용어는 될 수 있는 한 가치판단을 배제하고 사용되며 역사적 단계를 특징짓는 개념으로 사용된다. 즉, 정형화된 형태와 내용을 가진 개념으로서의 '근대화'라기보다는, 하나의 역사적 국면을 규정하는 내용으로서 '근대성(modernity)'이 일정한 사회·경제·지리적 조건 속에서 유사한 혹은 상이한 경로를 통해 실현되는 과정의 연속으로 이해된다. 따라서 이 연구에서는 근대화(의 결과)에 대한 가치판단을 내리기보다는 그 내용이 무엇인지, 특히 물을 통해서 근대성이 어떤 식으로 발현되었는지를 확인하는 데 더 많은 비중을 두고 있다.

근대화에 대한 기존 연구들은 대체로 암묵적이건 명시적이건 근대화와 그 결과에 대해 가치판단을 전제했는데, 이것은 역사적 사실에 육박해 들어가는 데 장애가 된다. 예컨대 한국 근대화의 기원이 내부에 자생적으로 있었는가(내발적 발전론) 아니면 외부에서 이식되었는가(이식론) 하는 논쟁의 경우, 이러한 논쟁은 역사적 사실보다는 이데올로기를 앞세운 자기 정당화 혹은 아전인수적 역사 해석일 가능성이 높다. 더군다나 분석의 단위를 세계적 범위로 옮겨놓은 세계체제론의 입장에서 보면 이러한 논쟁 자체가 별로 의미 없는 논쟁이 된다. 즉, '근대적 자본주의', '근대성'이 유럽의 예외성과 우월성에서 비롯되었다는 주장은 1300년대부터 1800년대까지 세계경제체제에서 동아시아(특히 중국)가 누렸던 정치경제적 중심성을 전혀 고려하지 않은 몰역사적 추론이며, (동)아시아가 봉건제로부터 자본주의 단계로 이행했다는 식의 추론 역시 유럽 중심적인 이데올로기를 무리하게 적용시킨 결과이기 때문이다.

이 연구에서 근대화에 대한 이데올로기적이고 단선적인 해석을 멀리하고, 물을 통해 근대성이 발현되는 과정을 추적하겠다고 할 때 일정한 이론적 가정을 전제하고 있다. 그것은 물이 사회적으로 구성(construction)된다는 것이다.[1] 이것은 물이 사회적으로 구성되는 자연이므로 근대성을 반영 혹은 발현시킬 수 있다고 주장하는 것이다.

"자연이 사회적으로 구성된다"는 주장(이하 사회구성주의라고 함)에 따르면 인간이 자연을 전유(appropriation)할 때는 반드시 그 사회에서 형성된 문화라는 여과 장치를 매개로 하기 때문에 자연은 사회 외부에 독자적으로 존재하는 것이 아니라 사회적으로 '구성'된다고 본다. 자연은 역사·지리적 특수성을 가진 사회의 문화에 의해 다양한 형태로 전유되며, 따라서 자연은 문화적 실천의 결과라고도 할 수 있다.

사회구성주의적 입장의 연구에 의하면 물이 사회적으로 구성될 때 사회적 권력관계와 경제적 이해관계, 그리고 이데올로기와 문화적 의미 등이 동시에 통합되어 자연·사회 관계를 계속 생산해간다. 이러한 입장은 물을 단순히 공학적 차원에서 다루는 기존의 접근 방식과 확연하게 구분되는 것이며, 특히 이데올로기적 차원이나 문화적 차원에서 물의 역할과 의미를 강조하는 것은 특기할 만하다. 다시 말해서 사회구성주의의 입장에서 볼 때, 물의 전유나 이용에 대한 기존 연구들은 대체로 근대의 공리주의적 입장에서 물을 인지했기 때문에 물을 인간의 필요와 욕구 충족의 용도를 가진 수자원으로만 취급했다. 그러나 공리주의적 입장은 물의 전유와 관련된 다양한 관점 중의 하나이지 유일한 관점은 아니다. 또한 기존의 연구들

---

[1] 자연이 사회적으로 구성되느냐, 아니면 생산되느냐(production)에 대해서는 생태맑스주의 논의에서는 중요한 논쟁이다. 필자는 자연의 생산보다 자연의 구성이 더 포괄적 개념이라고 생각한다. 필자의 논지와 이 논쟁의 자세한 경과에 대해서는 이상헌(2002)을 참조.

은 대체로 물과 사회의 변증법적 관계에 대한 통찰을 결여하고 있다(Ward, 1997). 기존의 연구는 대체로 물에 대한 공학적·경제학적 접근이었고, 물이 역사·지리적으로 상이하게 흐르면서 물질적·규범적·상징적 차원에서 초래한 변화에 대해서는 큰 관심을 기울이지 않았다.[2] 심지어 물을 둘러싸고 전개된 사회적 갈등(국가 간 전쟁까지 포함해)의 문제를 정치적으로 고찰한 연구들 역시 대체로 물의 사회적 구성 측면에 대해서는 언급하지 않고 물을 사회에 필요한 자원으로만 간주했다(Dinar & Loehman, 1995; Platt, 1995; Ezcurra & Mazari-Hiriart, 1996).[3]

아래에서는 물에 대한 기존 연구들의 단점들을 보완하기 위해 사회구성주의를 이론적 배경으로 하여 한국의 근대적 발전 과정에서 물이 어떻게 사회적으로 구성되어 왔는지를 주로 물 관리 체계의 특성과 그 체계가 가진 문제점들을 중심으로 검토한 후, 근대적 물 관리 체계의 생태적 전환을 위해 몇 가지 물 관리 제도의 변화에 대한 제언을 제시하면서 글을 맺기로 한다.

---

2) 물론 이것은 공학적·경제학적 연구가 잘못되었다는 것이 아니라 물에 대한 접근이 지나치게 제한적이었고, 편협했다는 점을 지적하려는 것이다. 물은 인간 생활의 거의 모든 영역을 관통하면서 사회에 의해 구성되기 때문에 공학적·경제학적 접근이 전부일 수는 없다. 오히려 다양한 접근들이 활성화되어야 하고 각각의 연구들은 나름대로의 가치가 있다는 것이다. 예컨대 조윤승·황규호(1998)의 책은 세계의 물 관리 현황을 단순히 열거한 것에 그치고 있지만 자료적 가치가 있다.

3) 뿐만 아니라 올슨(Ohlsson, 1995)이 편집한 책에 실린 글들도 이러한 범주에 해당된다. 이 책은 물 부족으로 갈등이 전개되고 있는 지역들의 갈등의 현황을 소개하면서 물이 정치적 갈등의 요소가 된다고는 설명했지만 물과 사회가 어떤 식으로 통합되어 가는지에 대한 설명은 결여되어 있다. 중동의 물 관련 분쟁을 다룬 Lowi(1993; 1994)의 책과 글들도 마찬가지 이유에서 이러한 비판에서 자유롭지 못한 것으로 보인다.

2. 한국의 근대적 물 관리 체계의 형성 배경

한국의 근대화 프로젝트의 큰 특징은 외세에 의해 강요되었다는 것과 한 민족이 두 개의 국가로 분단된 채로 진행되었다는 점이다. 따라서 한국의 근대화는 민족주의와 불가분의 관련을 맺을 수밖에 없다. 여기서 민족주의란 '민족의 통일·독립·발전을 추구하는 이데올로기'를 의미한다.4) 일반적으로 (서구의) 민족주의는 봉건사회에서 '우리'와 '그들'을 가르는 신분적 질서를 철폐하고 민족의 수직적 통합을 가능케 하는 정치문화의 형성을 통해 '우리'라는 연대의식이 형성될 때 창출된다(임지현, 1999: 31~32). 따라서 서구에서 민족주의의 등장은 근대적 현상이며, 근대화 과정과 등치시킬 수 있다. 그러나 우리나라와 같은 제3세계의 경우는 이러한 등식이 쉽게 성립되지 않는다. 제3세계의 민족주의는 서구 제국주의에 대해 저항을 하면서도 동시에 서구를 극복하기 위해 서구의 문물을 받아들여야 하는 모순적 상황에 놓여있다. 이러한 모순은 제3세계로 하여금 전통과 근대를 어떤 식으로 접합시킬 것인가에 대한 고민을 던져주며, 이 접합은 제3세계 각 민족국가가 처한 역사적 상황에 따라 다양한 형태로 나타나게 된다(김정훈, 1999: 19). 우리나라의 경우 일본에 의한 식민지배 경험과 세계적 냉전체제 속에서 분단이 고착화되었다는 구조적 상황 탓에 다른 제3세계의 민족주의적 근대화 과정과 다른 몇 가지 특성을 지니게 되었다.

우선 정치적으로는 민족국가 형성이라는 민족주의 최고의 프로젝트가 완결되지 못한 채로 굳어졌다는 특징이 있다. 제2차 세계대전 이후 미·소 대립의 냉전 구도가 형성되고, 남한에는 미국의 경제적 계산보다는 정치적·

---

4) 이러한 개념 규정은 마루야마 마사오의 정의를 응용한 것으로서 그는 "민족주의란 어떤 네이션의 통일·독립·발전을 지향해 밀고 나가는 이데올로기 및 운동"으로 정의한다(丸山眞男, 1964: 323; 김정훈, 1999: 3에서 재인용).

군사적 계산에 의한 원조 경제에 의존해 공산주의와 맞서는 전초기지로서 반공 이데올로기를 국시로 하는 권위주의적 정권이 자리를 잡게 되었고, 북한에는 소련의 군사적·정치적 지원에 기초한 사회주의체제가 자리 잡았다(임현진, 1996: 199). 이러한 분단은 2민족 2국가가 아니라 1민족 2국가의 이른바 '결손국가(a broken nation-state)'라는 성격을 가지고 있으며, 세계체제의 하위체제로서 자기 재생산 능력과 독자성을 갖춘 분단체제5)로 기능하고 있다. 그리고 이 분단체제 형성과 유지의 구심력은 냉전체제이며 원심력은 민족주의라고 할 수 있다(임현진, 1996: 200~201).

두 번째, 경제적으로 남한의 경우 미국에 의해 세계체제에 편입되었으며, 반공의 보루로 미국의 강력한 지원을 받았기 때문에 월러스타인(Wallerstein)이 말하는 초청에 의한 상승 전략(strategy of promotion by invitation)6)으로 경제성장이 가능했다. 물론 외국 자본과 기술의 유치라는 외부적 조건이외에도 권위주의적 노동 통제, 높은 교육열에 의해 가능했던 값싸고 우수한 노동력의 양산이라는 내부적 요인이 한데 어우러져 주변부에서 반주변부로 격상할 수 있었다. 산업화의 속도나 정도는 대단히 빠르고 전격적이었다. 이러한 속도나 전격적인 산업화의 배후에는 남북한 체제 경쟁 속에서 경제성장을 통한 사회 발전에 대한 광범위한 동의를 민족주의적 담론을 통해 얻고자 했던 전략이 있었다. 즉, 국가 주도의 이른바 '산업화민족주의' 전략은 수출의 증대 → 자립경제 → 조국근대화 → 민족통일 완수라는 틀을 내세우고 민족주의 담론으로 대중들을 동원해 산업화를

---

5) 분단체제에 대한 자세한 논의는 백낙청(1994; 1998)을 참조.
6) 초청에 의한 상승 전략은 중심부 자본가들과의 긴밀한 협력을 통해서 그들의 초청에 의해 지위 상승을 추구하는 것인데, 1960년대 신국제분업질서가 확립되는 가운데 국제적 자본이 노동력이 싼 주변부에 원료와 중간재를 공급해 조립한 후 다시 중심부로 수입하는 형태의 국제 노동 분업 질서를 구축했다. 이 과정에서 중심부와 주변부가 협력하게 되는 것이다. 한국과 대만이 대표적이다(Wallerstein, 1979: 66~99; 강우진, 1996: 69에서 재구성).

추진했던 것이다(강우진, 1996: 70).

세 번째, 냉전 구도하의 분단이라는 상황은 국민 개개인의 자유와 권리를 신장하는 것을 우선시하기보다는 국가 간 대치 상황이라는 안보상의 이유를 들어 내부의 '반국가적' 적(敵)들을 제거하는 데 초점을 맞추게 되었다. 이럴 경우 국민은 자유와 권리를 신장시키는 주체가 아니라 국가의 안보를 보장하는 데 동원되며 감시되는 대상으로 규정되게 된다(김동춘, 2000). 위에서 지적했듯이 남한의 경제성장 과정은 종속 경제의 심화와 억압적 권위주의의 지속 그리고 민중 부문의 희생을 전제로 한 것이었기 때문에 민중은 경제적으로만 동원되고 정치적으로는 배제되었던 것이다. 강력한 관료조직은 시민사회와 경제사회의 저항을 봉쇄하면서 강압적이고 통제적인 정책을 전개했다. 민주주의 제도와 절차가 형식적으로는 존재했지만 실질적인 민주주의가 확보되기 시작한 것은 1987년 6월 항쟁 이후라고 할 수 있다. 이상에서 살펴본 것처럼 한국의 민족주의적 근대화는 분단된 형태의 근대적 민족국가의 형성, 대외종속적인 경제, 민주주의의 미발전이라는 특징을 가지고 있다. 이것은 국가주의적 민족주의가 우리나라 근대화의 맥락임을 보여주고 있다.

3. 근대적 물 관리 체계의 형성 과정

1) 근대적 물 관리 체계의 도입

한국에서 기본적인 형태로나마 근대적인 물 관리 기법이 도입된 것은 일본 식민지 시대에 도입된 수리조합에서부터이다.[7] 전통적으로 물을

---

7) 이하의 내용은 박명규(1997)의 연구 내용을 이 연구의 목적에 맞게 요약·정리한 것이다.

관리하는 시설은 국가가 지배했고, 지방의 농민들이 공동체적으로 그 시설을 관리해왔다. 즉, 물의 공동체적 관리와 통제가 이루어졌던 것이다. 그런데 일본에 의한 합병이 시작되면서 총독부가 각종 훈령을 통해 기존 수리 시설의 복구와 수축을 촉구하게 되었다. 초기에는 주로 일본인 지주들이 모여 있는 곳이나 논농사 지대를 중심으로 전통적 수리 시설의 보완이 이루어졌다. 이 과정에서 일본에서 만들어진 수리조합이 이식되었다. 수리조합은 일본의 지주제의 성립과 밀접한 관련이 있다. 수리조합은 물의 관리에 대해 이해관계를 가지는 자들, 즉 지주들이 회원이 되는 조합이다. 따라서 수리조합은 지주들의 이해관계를 반영할 수밖에 없었다.

대한제국 정부는 1906년 「수리조합조례」를 공포했는데, 이것은 1890년 일본에서 공포되었던 「수리조합조례」에 준한 것이었다. 그 이후 1908년에는 '수리조합설치요항' 및 '모범조례'를 발표하고, 1917년에는 '조선수리조합령'을 발표함으로써 수리조합에 법인적 성격을 부여했다. 1927년에는 '조선하천령'이 제정되어 국가가 모든 하천 및 부속 제방을 소유하고 관리했다. '조선수리조합령'과 '조선하천령' 등은 1920년대에 일제의 강력한 식량 확보책으로 진행되었던 산미증식계획의 실질적인 근거 법령으로 작용했다. 산미증식계획은 토지 개량 사업과 농사 개량 사업을 통해 한국에서 쌀 생산을 증대시키려는 것이었다. 그중에서 토지 개량 사업은 수리조합을 통해 간척, 지목 변환, 수리 안전답화 등의 사업을 시행하려는 것이었다.

수리 조합의 수리 체계 구상은 전통적 수리 시설을 적극적으로 보수·보완한다는 것이었지만 실제로는 물의 상품화가 이루어지게 되었다. 즉, 수리조합의 물을 토지에 관개하고 그 대가로 용수료(일정한 양의 쌀)를 농민들로부터 거두어들인 것이다. 1920년대를 거치면서 수리조합은 몇 개의 군소 수리조합을 합병하면서 대규모가 되어갔다. 수리조합이 대규모화하게 된 원인은 3가지이다. 첫째, 1910년대를 거치면서 식민지적 유통

구조가 확립되고, 식민지 지주제가 발전하면서 지주층의 경제적·사회적 지위가 강화되었다. 이들은 수리의 불안정 극복 요구가 컸는데, 특히 한인 지주보다 열등한 하등답을 소유한 일본인 대지주들의 불만이 컸다. 둘째, 1920년대 산미증식계획 탓이다. 산미증식계획을 통해 대규모 간척·간석 사업이 진행되었고, 수리 시설의 보완이 불가결한 요소가 되었기 때문이다. 셋째, 동척, 식산은행을 통해 일본으로부터 대규모 자금이 식민지 농업 개발을 위한 자금으로 유입되었기 때문이다.

수리조합의 사회경제적 결과를 살펴보면, 수리조합이 토지 생산성을 높일 것으로 기대했지만 결과적으로 비현실적이었음이 드러났다. 수리조합이 수리의 안정, 지목 변경, 간석지 개간 등을 통해 토지 생산성이 일정하게 증가하기는 했으나 지주들의 기대에는 미치지 못한 것이었다. 농업 생산력을 높이기 위해서는 직접 경작자의 생산 의욕 고취와 경제적 지위 향상이 있어야 했다. 그러나 지주제가 강화되고 직접 경작자에 대한 수탈이 강화되는 경향 속에서 수리 시설만 확충한다고 생산성이 높아지기를 기대하기는 어려웠다. 즉, 농업생산 관계를 반봉건적·식민지적 지주제에 묶어 둔 채 정책적으로 발전시킨 수리 시설의 효과는 일본의 식량 문제 해결을 위한 절대 생산액의 증대를 가져오기는 했지만 결과적으로는 농업 생산의 담당자들을 몰락시키게 되었다. 농업의 생산 기반 약화, 쌀값의 급격한 하락은 1920년대 후반 이후의 수리조합의 몰락, 경영 악화의 주요한 요인이 되었다.

수리조합은 조합 구역 내에 있던 한국인 중소 지주나 자작농의 몰락을 가중시키고, 소작농의 탈농을 심화시켰다. 한국인 소토지 소유자들은 수리조합으로 인해 상당한 정도로 몰락했고 이것이 1920년대 자작농 몰락의 가장 중요한 원인이 되었다. 수리 시설이 생기면서 자신의 토지가 수몰되거나 수용되게 되자 이에 대한 반대가 수리조합 반대운동으로 나타나게 되었다. 상대적으로 비옥한 토지를 지녔던 지주들이 조합설립에 반대했는데, 이들은 조합이 공공의 이익이라는 명분으로 개인에게 큰 피해를 입히고 있음을 주장했다. 소토지 소유자들은 측량에 참여하는 자들에 대해 폭력적으로 저항하기도 했다. 한편, 조합 설립 후 조합비의 부과가 불공평한 것도 불만과 저항을 초래했다. 상등답 소유자들과 하등답 소유자들 간의 조합 운영상 갈등이 있었는데, 당시 ≪동아일보≫ 논설(1931년 8월 12일)을 보면 "금일 조선 민중 속에서 수리조합 반대의 소리가 일어나는 주요한 이유는 (……) 몽리 구역에 넣을 필요가 없는 기성답을 몽리 구역에 편입해 수세를 징수하는 까닭임"이라고 지적되어 있다. 그리고 다른 일자(1929년 5월 14일자)의 ≪동아일보≫의 논단에는 "수리조합의 실익은 거의 이들 하류 구역의 대지주들에게 돌아가고 말게 되는 것이며 그 상류 구역에 있어서는 별로 그 혜택을 입는 것이 없을 뿐만 아니라 도리어 하류 구역을 위해 기다(其多)의 옥토가 그 수로굴개(水路掘開)의 희생이 되고 말 것이다"라고 지적해 물의 개발을 둘러싼 비용·편익의 공간적 분리가 나타나고 있음을 지적하고 있다.

다시 말해서 근대적인 수자원 관리체제인 수리조합은 일제가 대지주층과 더불어 한국 농업과 농민층을 식민지적으로 지배하고 수탈하기 위해 근대적 기술과 조직을 식민지적 방식으로 이식, 추진시킨 것이었는데, 형식상의 근대성·효율성과 실질적인 농민 수탈, 식민지 지배 원리의 결합에서 특징을 찾을 수 있을 것이다. 그리고 무엇보다 중요한 것은 물의 개발에 따른 비용과 편익이 공간적으로 분리되기 시작했다는 것이다. 이러한 경향은 댐을 중심으로 하는 공급 중심의 물 관리정책을 통해서도 계속 이어지게 된다.

2) 근대적 물 관리 체계의 형성 및 발전

일본 식민지 시대에 도입된 근대적 물 관리 기법은 한국 전쟁을 거치면

서 다시 구축되었는데, 공급 중심의 물 관리정책이 형성되었다고 할 수
있다. 한국의 물 관리정책은 크게 1950~1960년대, 1970~1980년대,
1990년대 이후로 나누어 볼 수 있다(건설교통부, 2000: 109). 1950~1960년
대에는 농업용수, 수력발전 등 주로 이수 위주의 수자원 개발이 중심을
이뤘고, 1970~1980년대에는 도시화와 산업화로 인해 각종 용수 수요가
급증하고 하천변 도시화의 진전으로 치수 문제가 대두하면서 다목적댐의
개발이 본격화되었으며, 광역상수도 체계가 구축되기 시작했다. 1990년
대 들어서는 음용수 수질 문제와 수자원 보전의 중요성이 대두되면서,
수질 관리가 이수 및 치수 관리에서 중요한 자리를 차지하게 되었다.
이것을 표로 정리하면 <표 6-1>과 같다.

<표 6-1> 한국의 물 관리정책의 특성 변화

1950~1960년대	1970~1980년대	1990년대 이후
이수 위주의 수자원 개발	이수·치수 위주의 수자원 개발	이수·치수 및 수자원 환경 보전
농업용 저수지 개발. 단일 목적 수력발전댐 개발. 4대 강 유역 조사 실시	대규모 다목적댐 개발 광역용수 공급 체계 구축 하천개수사업 가속	수계 단위의 수자원 종합 관리 대규모댐에서 중규모댐 개발로 수계별 치수사업 촉진
「하천법」 제정(1961) 건설부 수자원국 신설(1961) 「특정다목적댐법」 제정(1966) 한국수자원개발공사 설립 (1967)	하천정비기본계획 수립 시작 환경청 승격(1980). 건설부 에 상하수도국 신설(1984)	수자원장기종합계획 수립 (1990). 「환경정책기본법」·「 수질환경보전법」 제정(1991). 환경처(1990), 환경부(1994) 연속 승격
도시 지역 식수난 삼남 지방 가뭄으로 농사 피해(1967~1968) 홍수 피해 지속(1959년 사 라호 태풍 등)	상수도 보급 전국적 확대로 물 사정 개선 홍수 피해 지속(1984, 1987 년 대홍수 등)	수돗물 불신 고조 가뭄·홍수 피해 지속 총체적 물 문제

자료: 건설교통부(2000: 110).

각 시대별로 수자원정책을 좀 더 구체적으로 살펴보면 다음과 같다.[8] 1960년대 국토건설종합계획이 수립됨으로써 본격적인 수자원 개발의 당위성이 논의되기 시작했고, 1962년 제1차 경제개발5개년계획사업의 시작으로 한국의 수자원 개발사업은 본격화되었다. 이전까지의 수자원 정책은 수자원 개발사업이라기보다는 치수 위주의 하천 개수 수준에서 간헐적으로 이루어진 단일 목적의 국부적 개발이었다(한국수자원학회, 1997: 5). 경제개발5개년계획의 국토건설사업은 초기 목표를 토지자원 및 수자원 개발사업과 강원도 지하자원 개발에 중점을 두고 있었다. 그 당시 수자원 개발은 수계 전역의 치수·이수(治水·利水)를 위한 하천종합개발을 목표로 다목적댐을 건설해 홍수 피해를 근절하고, 농업·공업·생활용수의 공급과 함께 수력발전을 해결하도록 계획되었다.

이러한 방향이 구체화된 것은 1965년 확정된 수자원종합개발10개년계획(1966~1977)에 이르러서였다. 이 계획은 한강, 낙동강, 금강, 영산강, 섬진강을 대상으로 하는 것이었으며, 이때부터 본격적으로 하천유역종합개발과 다목적 개발이라는 개념이 도입된다(한국수자원학회, 1997: 5). 수자원종합개발10개년계획을 시행하기 위한 수자원 개발 관계 법령과 기구의 설립이 필요해지면서, 수자원 개발 사업의 기본법 성격으로서 1966년 4월 「특정다목적댐법」을 제정·공포했으며, 그해 8월에는 「한국수자원개발공사법」[9]을 제정·공포하기에 이른다. 이후 설립 과정을 거쳐 1967년 11월 16일 수자원 개발을 전담할 국가기구로서 한국수자원개발공사가 발족하게 된다(한국수자원공사, 1998: 91~98).

---

8) 각 시대별 수자원개발 정책의 대강은 최병만(2000)과 국무총리실 수질개선기획단(1999: 5~31)을 기초 자료로 참조해 작성했다.

9) "제1조(목적) 이 법은 한국수자원개발공사를 설립해 수자원의 종합 개발과 그 이용 및 보전에 관한 사업을 시행하게 함으로써 국민 경제의 성장과 국민 생활의 향상에 기여함을 목적으로 한다"고 명시하고 있다(한국수자원공사, 1994: 94).

수자원개발10개년계획의 일환으로 1966년부터 1972년까지 4대 강 유역에 대한 조사가 실시[10]되었으며, 그 결과를 토대로 1971년 4대강유역종합개발계획(1971~1981)이 수립되었다.[11] 이 계획을 토대로 본격적인 댐 건설과 하구언 건설 등이 본격화되었다. 수자원개발10개년계획 이후에 나온 수자원장기종합개발기본계획(1981~2001)은 제2차 국토종합개발계획과 연계되어 나온 계획으로서 1981년부터 2001년까지 21년간의 장기간에 걸친 계획이다. 이 계획은 3대 목표를 수립했는데, 첫째, 합천댐을 비롯한 8개의 다목적댐, 2개의 용수 전용 댐, 2개의 하굿둑을 건설해 댐 공급량을 33억m³에서 2001년까지 127억m³으로 증대한다. 둘째, 현재 30%인 하천개수율을 2001년까지 70%로 제고한다. 셋째, 수력에너지를 120만 2,000kW에서 2001년까지 410만 2,000kW로 증대하는 것이었다.

수자원장기종합개발기본계획의 진행 중에 수자원장기종합계획(1991~2011)이 새롭게 수립되었지만, 제3차 국토종합개발계획이 수정됨에 따라 기존의 수자원장기종합계획을 수정 및 보완한 새로운 수자원장기종합계획(1997~2011)이 수립되었다. 이 계획의 3대 기본 목표로는 전국적 용수 공급의 안정화 추진, 홍수 재해 방지 및 쾌적한 수변 환경 조성, 수자원 관리의 합리화 및 조사·연구의 활성화였다. 기존의 계획에 새롭게 수정·보완된 내용은 우선, 용수 수요 관리의 강화를 들 수 있다. 수도 요금 체계의 개선, 절수형 용수 기기의 확대 보급, 절수 운동 추진 등을 통해 수요 관리를 추진하는 것이다. 둘째, 수자원 개발을 다변화하는 것인데, 지하수·우수의 활용, 해수의 담수화 등을 추진하는 것이다.

---

10) 이때의 자료들을 집대성해 건설부와 산업기지개발공사에서『한국하천조사서』를 발간하게 된다.
11) 이 계획은 "국토의 핵심부를 이루는 4대 강 유역에 대해 치산과 다목적댐 건설, 하천 개수와 관개 시설 및 하구언 건설 등 수계의 일관된 개발을 추진하는 치수사업으로써⋯⋯"라고 그 목적을 명시하고 있다(한국수자원공사, 1998: 697).

간략하게 살펴본 것처럼 한국의 물 관리 정책은 토지를 우선적으로 개발하고 이에 필요한 용수를 공급하는 것에 초점이 맞춰졌다. 수자원장기종합개발계획(1997~2011) 등이 수립되어 수요 관리, 수자원 개발의 다변화, 환경 친화적 수자원 개발도 고려하고 있지만 기본적인 목표는 크게 달라지지 않은 것으로 보인다.

4. 근대적 물 관리 체계의 특징 및 문제점

1) 대형 댐 건설을 통한 공급 위주의 물 관리 체계

우리나라 근대적 물 관리 체계의 중요한 특징 중의 하나는 대형 댐 건설을 통한 공급 위주의 물 관리 체계가 구축되었다는 점이다. 국제대형 댐위원회(ICOLD)에 등록된 바에 의하면 한국에는 현재 1,214개의 대형 댐이 있다.[12] 해방 이후에 만들어진 701개의 댐 가운데 501개는 제1차 경제개발5개년계획이 시작되던 1962년부터 제6차 경제개발5개년계획이 끝나는 1991년 사이에 건설되었으니 해마다 평균 17~18개씩 건설된 셈이다(이정전, 1997: 21). 1961~1965년 동안 한국 최초로 섬진강 다목적 댐이 축조되었다. 1965년에 수립된 '수자원개발10개년계획(1966~1975)'과 1966년에 제정된 「특정다목적댐법」에 의해 동양 최대의 사력댐인 소양강댐과 안동댐, 대청댐 등 다목적댐, 그리고 수도권 광역상수도 등이 건설되었다. 「특정다목적댐법」은 1970년대 초부터 한국의 다목적댐 개발사업을 관장한 법률이며, 이 법의 시행 기구로서 '한국수자원개발공사'가 설립

---

12) ICOLD의 대형 댐 기준은 높이 15m, 방류량 2000t/s, 저수지 체적 100만t, 등 여러 가지가 있는데, 한국은 높이만 고려해 1214개를 등록했다(염형철, 2003: 43).

되었다.

1962년에 시작된 제1차 경제개발5개년계획 이후 개발사업에 필요한 용수를 공급하기 위해 전천후 농업용수 개발, 공업의 고도화 계획, 장기 전원 개발, 사회간접자본 확장의 기능을 담당할 수 있는 댐 건설이 본격화되었다. 전천후 농업 기반 조성을 위해 장성댐(높이 36m, 록필댐, 1976)을 비롯한 425개의 관개용댐이 건설되었고, 공업 생산 기반 조성을 위한 생공용수 공급을 위해서 사연댐(높이 46m, 록필댐 1965) 동복댐(높이 45m, 콘크리트표면차수형 록필댐, 1985) 등 49개 생공용수댐이 건설되었다.

뿐만 아니라 국산 에너지원 개발을 위해 춘천댐(높이 40m, 중력식 콘크리트·록필댐, 1965) 등 9개의 수력발전용 댐이 건설되었다. 그중에서 청평양수발전소(높이 62m, 록필댐, 1980) 등 4개 댐은 양수발전용이다. 하지만 가장 주목할 만한 것은 다목적댐이 건설된 일이다. 소양강댐(높이 123m, 록필댐, 총저수용량 29억m^3, 1973)을 비롯해 2006년 현재 16기의 다목적댐이 건설되었다.

댐 건설 공사를 책임지고 있는 수자원공사의 통계에 의하면 16개의 다목적댐을 건설하면서 수몰에 따른 이주민은 총 16만 6,965명이며, 총 수몰 면적은 303.25km^{2}에 이른다.[13] 수몰민들의 대부분은 비자발적 이주민이라고 볼 수 있는데, 문제는 이 때문에 재정착 과정이나 그 결과가 매우 불확실한 상황에 놓이게 되며, 많은 경우 실패한 것으로 나타난다는 사실이다. 댐 건설로 인한 이주는 집단 이주와 자유 이주로 나눠지며, 집단 이주는 자발적 집단 이주와 계획적 단지 이주로 나눠진다. 그런데, 대부분의 계획적 이주 단지는 농업 기반이 없는 행정 및 상업중심적인 성격의 입지 환경을 갖도록 조성된다. 하지만 대부분의 이주민들이 농업에 종사해왔기 때문에 이러한 이주대책은 이주민들의 집단 이주 욕구를 충족시킬 수가 없는 것이다(이영진, 2003: 145). 즉, 이주민들이 새로운 이주지로

---

13) www.kowaco.or.kr(최석범, 2003: 7).

<표 6-2> 다목적댐 건설 현황

댐 명	사업 기간	총 저수량 (백만m³)	사업 효과			비고
			홍수 조절 (백만m³)	용수 공급 (백만m³)	발전량 (GW/년)	
계		18,334	3,208	15,352	3,379	
기건설	15개	18,151	3,200	15,224	3,377	
소양댐	1967~1973	2,900	770	1,213	353	강원 춘천
안동댐	1971~1977	1,248	110	926	89	경북 안동
남강댐	1962~1970	136	43	134	43	경남 진주
남강보강*	1987~2000	173(390)	227(270)	439(573)	감2(41)	경남 진주
섬진댐	1961~1965	466	32	350	181	전북 임실
대청댐	1975~1981	1,490	250	1,649	240	충북 청원
충주댐	1978~1986	2,750	616	3,380	844	충북 충주
합천댐	1982~1989	790	80	599	232	경남 합천
주암댐	1984~1992	707	80	489	51	전남 순천
임하댐	1984~1993	595	80	592	97	경북 안동
부안댐	1991~1996	42	9	35	1.3	전북 부안
횡성댐	1990~2000	87	10	112	6	강원 횡성
용담댐	1990~2001	815	137	650	199	전북 진안
밀양댐	1990~2001	74	6	73	7	경남 밀양
영천도수로	1990~2001	-	-	(146)	-	경북 영천
장흥댐	1996~2006	183	8	128	2	전남 장흥
계획		5,878	750	4,583	1,036	

자료: 국무총리 수질개선기획단(2000: 183)에서 인용(2006년 현황에 맞춰 수정).
*( )에 들어간 수치는 남강보강댐 건설 이후 증가된 총량을 표시. 감2란 발전용량이
　남강보강댐 건설 후 2GW 감소되었음을 의미함.

가서 적응하면서 살아갈 환경에 대한 고려가 아직까지 제대로 되어 있지
않다는 것이다. 예를 들어 안동댐 수몰 지역 주민들이 집단으로 이주한
서부 단지와 충주댐 수몰 지역 주민들이 집단으로 대거 이주한 신단양
단지의 경우도 정기 시장의 복원 및 관광 단지 조성에 의한 생계 유지
전략은 실패한 것으로 드러났다(이영진, 2003: 150). 또한 영세한 주민들을

위한 집단이주대책도 제대로 갖춰져 있지 않으며, 농업에 오래 종사해왔던 사람들이 중시하는 연고나 친지 관계와 같은 사회문화적 요소도 신중하게 검토되어야 한다.

다른 나라의 경우에도 댐 건설로 인한 재정착 이주민들은 새로운 거주지에서 다양한 충격과 위험에 노출되며, 불확실성에 기인한 심리적 압박과 새로운 식량 체계로 인한 질병으로 사망률이 증가하는 경우도 있다 (Scudder & Colson, 1972; 이영진, 2000에서 인용). 우리나라 강원도 양구군의 경우에도 다른 이주민에 비해 많은 보상을 받았어도 도시 생활 경험이 부족해 사기를 당해 재산을 탕진하고, 결국 적응에 실패해 자살하는 사례가 종종 있었다고 한다.[14] 그러나 수몰민들의 경우 관료 우위와 국가에 대한 자기희생적 가치를 가지고 있어서 국가가 하는 댐 건설 사업에 대해 큰 문제 제기를 하지 않았다(이영진, 2003: 94)[15] 이른바 '대'를 위해 '소'를 희생한다는 국가주의적 논리가 댐 건설 사업의 정당화논리였고, 이를 수몰 이주민들은 내면화했던 것이다. 국가주의적 민족주의를 표방한 근대화의 한 단면이라고 볼 수 있다.

2) 토지 이용을 통한 수질개선대책

우리나라의 근대적 물 관리 체계의 두 번째 특징은 토지이용규제를 통해 수질 관리를 해왔다는 것이다. 대규모의 수자원공급에 우선순위를 둔 물 관리정책 하에서 인구가 집중되어 있는 도시에 필요한 맑은 물을 공급하는 것은 중요한 정책이 될 수밖에 없었다. 즉, 토지의 능률적 개발이라는 원칙하에 개발된 도시에 인구가 집중하게 되고, 이에 필요한 용수를

---

14) 2003년 8월 18일에 춘천에서 필자가 수행한 수몰민 인터뷰 조사 결과.
15) 이 점은 이상헌의 2003년 8월 17일 양구에서 수행한 수몰민 인터뷰 조사에서도 확인되었다.

공급하는 공급 위주의 물 관리정책은 양호한 수질을 공급하기 위한 다양한 시책을 활용해왔는데, 토지이용규제가 대표적인 수단이었다.

우리나라에서 수질환경보전을 위해서 토지이용규제가 정책적으로 최초로 도입된 것은 1961년에 제정된 수도법에서 상수원 수질 보전을 위한 상수보호구역을 지정한 것이 처음이었다. 당시 수도법 시행령 제4조 및 제5조는 상수보호구역 내에서 오물·진개(塵芥) 또는 동물의 시체류를 버리는 행위, 가축의 방사·어렵 또는 조류를 포획하는 행위, 유영·목욕이나 세탁 기타 수질을 오손할 염려가 있는 행위를 금지하는 한편, 공작물을 신축·개축·변경 또는 제거하고자 할 때, 죽목을 재배 또는 벌채하고자 할 때, 토지의 굴착 또는 성토 기타 토지의 형상을 변경하고자 할 때는 관할 시장·군수의 허가를 받도록 규정하고 있다(최혁재, 1998: 40). 그러나 토지개발을 우선적으로 실시할 수밖에 없었던 당시의 경제적 여건하에서 이 규정은 실질적인 구속력을 가진 법이라고 하기에는 한계가 많았다.

실질적으로 수질환경보전을 위한 토지이용규제는 개발제한구역의 설정이 최초라고 할 수 있을 것이다. 1971년 1월에 개정된 「도시계획법」에서 구역의 하나로 설정된 개발제한구역(green belt)은 도시민의 생활용수 공급을 위한 수원 보호를 지정 기준의 하나로 삼았다(국토개발연구원, 1996: 462). 즉, 개발제한구역의 설정으로 녹지 보전이 가능했고, 녹지의 수원 함양 기능을 통해 수질 환경 보전이 가능해진 것이다.

개발제한구역 이외에도 1977년 「환경보전법」이 제정되면서 토지이용규제가 수질 환경 보전을 위한 수단으로 채택되었다. 「환경보전법」에서는 특별 대책 지역을 지정하고 토지 이용 및 시설 설치를 제한할 수 있도록 한 것이다. 그러나 이것은 법적 근거에 그쳤고, 실질적인 토지이용규제가 이루어진 것은 아니었다.

1982년에 「국토이용관리법」이 개정되어 용도 지역 체계가 개편되었다. 여기에서 자연환경보전지역이 신설되었고, 지정 목적 중의 하나로 수자원

보전을 포함시키게 되었다. 또한 같은 해 지정된 「수도권정비계획법」에서도 수질 환경 보전 기능이 일부 포함되었다. 「수도권정비계획법」에 의할 경우 자연보전권역이 수질 환경 보전과 관련이 있다. 자연보전권역의 지정 대상 지역은 자연 자원의 보전과 녹지 공간의 확보가 필요한 지역이라고 되어있지만 1984년 7월 고시된 수도권정비기본계획의 기본 전략 및 권역별 정비지침에서는 한강 수계의 보호에 중점을 두었다(최혁재, 1998: 43). 따라서 자연보전권역으로 지정된 경기도 동부 일원의 광대한 지역이 수질 환경 보전을 위한 토지이용규제 대상 지역이 되었고, 이 지역에서는 대단위 택지 및 공업용지 조성사업, 공장 및 전문대학 이상 학교 등의 신·증축이 원칙적으로 금지되었다(최혁재, 1998: 44).

상수원 수질 보전을 위해 토지이용규제가 본격적으로 실시된 것은 1990년 7월 19일에는 「환경보전법」을 근거로 팔당호 및 대청호 수질보전특별 대책지역이 지정·고시되고 오·폐수 배출 시설의 입지 제한 등의 규제 조치가 실시된 것을 계기로 볼 수 있다. 그리고 1991년 12월 14일에는 수도법이 전문 개정되면서 상수원보호구역의 지정·관리업무가 건설부에서 환경처로 이관되어 수질 관리 체계가 일원화되었다. 이듬해인 1992년 12월 15일에는 상수원보호구역의 지정·관리를 목적으로 하는 「상수원관리규칙」이 총리령으로 제정되었는데, 이것은 기존의 상수보호구역관리지침을 보완해 법제화한 것으로서 국민의 재산권 제한을 가져오는 토지이용 규제를 법령에서 정식으로 규제한 것이다(최혁재, 1998: 44).

또한 1997년 8월에는 「호소수질관리법」이 새로 제정되었다. 이것은 종래의 「수질환경보전법」 중에서 특정 호소의 수질 관리에 관한 부분을 따로 떼어내어 제정한 법률이다. 「호소수질관리법」에서는 호소수질보전 구역을 지정해 식품 접객업 시설·관광객 이용 시설 등을 관리하고, 일정한 경우에는 낚시 행위를 제한할 수 있도록 했다. 특히 상수원보호구역 및 상수원 수질보전특별대책지역 밖에 있는 호소도 상수원으로 이용되는 경우에는 가두리 양식장의 설치 등을 제한하도록 했다.

하지만 토지이용규제를 통한 상수원 수질 관리는 불가피하게 기존의 지역불균등 발전 양상을 더 가속화시키게 된다. 즉, 관행수리권(conventional water right) 이외의 수리권에 대한 명확한 규정이 없이 국가가 물에 대한 수리권을 독점하고 있는 상황에서는 상수원 주변 지역의 주민들이 가진 수자원에 대한 권리는 인정되기 어려웠다. 한국의 현행법상 물에 대한 명확한 소유권 규정은 없고, 「헌법」 120조에 "광물 기타 중요 지하자원, 수산자원, 수력과 경제상 이용할 수 있는 자연력은 법률이 정하는 바에 의해 일정 기간 그의 채취 및 개발 이용을 특허할 수 있다"고 규정되어 있어서 물의 공공성을 간접적으로만 인정하고 있을 뿐이다. 개별 법률에 명백하게 물의 소유권을 밝힌 것은 「하천법」 제3조에 "하천은 이를 국유로 한다"라는 규정이 유일하다(박대문, 1996: 90~91).

물을 이용할 수 있는 수리권에 대한 규정은 「민법」 제231조의 '공유하천용수권'에 규정되어 있는 관행수리권, 「하천법」 제25조 1항 규정에 의한 하천유수점유권(허가수리권), 그리고 「특정다목적댐법」에 의해 규정되는 댐용수사용권 정도로 구분될 수 있다. 관행수리권이란 댐이나 저수지 등의 시설을 건설하기 전부터 오랫동안 자연 하천의 물을 사용해왔던 권리이다. 관행수리권은 댐 건설 전부터 물을 사용해왔기 때문에, 댐 건설 후에도 이전에 사용하던 양의 물에 대해서는 비용을 지불하지 않고 사용하게 된다. 관행수리권은 민법의 규정에 따라 토지소유권과 함께 취급되는데, 이는 물을 토지소유권과 분리하는 세계적인 추세와는 맞지 않는 것이다(김종원, 2000: 394; 박대문, 1996: 92).

허가수리권은 자연 하천에 대해 유수점용허가를 부여하는 것인데, 사용의 법정 기간이 정해져있으며 관행수리권을 포함하는 기득수리권을 보호하도록 되어있어서 신설허가권자는 기득수리사용자의 동의를 구하도록 되어있다(「하천법」 제28조). 그리고 하천의 사용 목적이 공공용 혹은 공용이 아닐 경우에는 점용료가 부과되며 공익적인 필요에 의해서 취소 및 변경될 수 있는 것이 특징이다. 허가수리권은 그 대상을 목적에 따라 농업용수, 공업용수, 생활용수로 분류해 각각의 수리권을 주어야 하는 체계로 되어 있으며 하천에 있어 인수(引水)하는 경우만을 규정하고 있고, 하천 이외의 호(湖), 소(沼), 지하수 등에는 수리권을 인정하지 않고 있다(김종원, 2000: 394; 박대문, 1996: 92).

댐용수사용권은 신규 댐 건설에 따라 댐에 저장된 물을 특정 용도에 사용할 수 있는 권리를 의미한다. 댐용수사용권을 획득할 수 있기 위해서는 우선 「하천법」에 의해 하천 점용 허가를 받아야만 한다(김종원, 2000: 394). 그런데 이렇게 「민법」과 「공법」에 명시되어 수리권들을 통합할 수 있는 법규나 기관이 없어서 실제 법 적용에 있어서 우선순위 관계가 매우 모호하다. 또한 「민법」상에서 인정되는 관행수리권 부여 범위와 「하천법」상의 허가수리권 부여 범위가 중복되는 데 반해, 관행수리권에 대한 조사가 미흡하기 때문에 허가수리권 부여 시 논쟁의 여지가 있다(김종원, 2000: 395). 이처럼 수리권이 명확히 설정되어 있지 않은 상황에서 피해 지역 주민들의 권리 주장은 실효성을 거두기 어려울 정도로 억압되었다.

3) 사후 처리 및 구조적 방법에 의한 수해 대책

우리나라의 근대적 물 관리 체계의 세 번째 특징은 사후 처리와 제방 축조 등과 같은 구조적 방법에 의한 수해 대책이라고 할 수 있다. 몬순 기후대에 속하는 우리나라에는 거의 매년 수해가 크건 작건 발생했다. 1948년 남한 정부 수립 이후 자료를 검토해본 결과 우리가 수재의연금을 내지 않은 해는 단 3년밖에 없었다.[16] 그러나 지구온난화로 인한 기상

---

16) 수재의연금을 이렇게 열심히 내는 것에 대해 우리나라 사람들이 특별히 이타적이어서가 아니라 기분파에서 발견되는 감상주의의 결과라고 보는 견해도 있다(송호

이변과 수해는 최근 들어 더 심해졌다. 우리나라 연평균 강수량은 1970년대 1,159mm, 1980년대 1,274mm, 1990년대 1,360mm로 매 10년마다 강수량이 평균 10% 정도 증가하고 있다. 그리고 흔히 게릴라성 호우라고 하는 국지성 집중호우 기록은 계속 갱신되고 있는데, 2002년 강릉 지역에서는 불과 17시간 동안 1년 내릴 비의 2/3의 양에 해당하는 870.5mm가 내려 큰 피해와 충격을 주었다(심재현, 2003: 149~150). 현재까지 태풍으로 인한 피해를 살펴보면, 이재민 숫자로는 1959년 사라호 태풍이 37만 3,459명으로 가장 큰 규모였지만 수해로 인한 피해액 규모는 해가 갈수록 커지고 있다. 1993년에서 2002년까지 최근 10년간 수해 피해 현황을 보면 살펴보면 10년 동안 1,288명이 사망했고, 이재민이 21만 7,019명, 총 피해액은 약 25조 4,000억 원에 달한다(심재현, 2003: 151).

한편, 도시화로 인한 홍수 피해도 늘어나고 있다. 토지 이용 면에서 볼 때 도시적 용도로 토지가 개발되면 과거에 함수·유수 기능을 담당하던 삼림, 초지, 논, 밭 등이 아스팔트나 시멘트 건물과 같은 불투수성 지표로 바뀌게 된다. 불투수성 지표의 증가는 집중호우 시 도시 지역으로부터 강수 유출에 의한 홍수 도달 시간을 줄이고 첨두유량을 증대시킴으로써 도시 하천의 치수 기능을 떨어뜨린다.[17)]

경기도를 사례로 한 연구에 의하면 강수량이 100mm 변화할 경우 자연재해 피해가 25배 증대되고, 10ha의 도시적 토지이용면적의 증가는 피해를 7.6배 증가시킨다(최충익, 2003: 45). 즉, 우리나라처럼 자연적으로 발생하는 재해의 대부분이 홍수, 호우, 태풍처럼 물과 관련된 재해인 경우

근, 2003: 142).

17) 토지 이용과 강수 유출의 관계에 대해서 1983년 미국에서는 U. S. Nationwide Urban Runoff Program을 사용해 유역 내의 불투수 표면의 증가가 표면 유출량 상수(runoff coefficient)를 증가시킴을 밝혔고, 우리나라에서도 탄천 유역을 대상으로 토지 이용 변화가 하천 유량에 유의미한 영향을 미쳤다는 것을 밝혔다(최충익, 2003: 36~37).

도시적 토지 이용이 늘어난다는 것은 재해에 취약한 구조를 가지게 됨을 의미한다. 특히 도시 기반 시설이 충분히 갖춰지지 않은 상태에서 택지 등을 우선적으로 개발하는 소위 난개발이 성행하고, 해안을 매립해서라도 땅을 확보하려는 상황에서는 재해에 더 취약할 수밖에 없다. 우리가 얼마나 물로 인해 재해에 취약한지는 2003년에 몰아친 태풍 '매미'로 인해 낙동강과 마산에서 입은 피해를 통해서도 알 수 있다.

태풍 '매미'는 최대 순간 풍속이 제주의 경우 무려 초속 60m에 달하는 살인적인 태풍이었으며, 육지에 상륙해서도 거의 위력이 약화되지 않고 그대로 진행됨으로써 엄청난 피해를 입혔다. 인명 피해가 130명에 이재민이 총 4,089세대 1만 975명, 주택 2만 1,015동과 농경지 3만 7,986ha가 침수되었으며, 재산 피해가 4조 7,810억 원에 달했다(서규우, 2003). 낙동강의 경우, 낙동강 본류와 남강에는 수년 동안 반복된 수해 때문에 천문학적 비용을 들여 만들어진 제방이 있는데, 이곳에는 이번 태풍으로 큰 피해가 없었다. 그러나 그 외에 하천부지를 이용해온 농경지와 제방의 도움을 받지 못한 지역은 초토화되었다. 낙동강 본류와 남강의 수위가 3일 동안 홍수위를 기록하면서 지류의 유량이 본류로 흘러나가지 못하고 제방을 무너뜨리고 주변의 농지로 쏟아져 들어갔으며, 심지어 본류의 물이 지류로 역류해 들어와 지류의 약한 제방을 무너뜨려 농지가 침수되었기 때문이다 (환경운동연합, 2003).

태풍 '매미'가 강력한 태풍임에는 분명하지만 낙동강에 이러한 피해가 발생한 것은 낙동강 주변 토지의 난개발과 구조적 방법에 의존한 수해대책의 결과라고 할 수 있다. 낙동강 유역 저지대에는 광범위한 습지가 형성되어 있었으나 근대화 과정에서 습지의 90% 이상이 농지로 전용되었고 강물은 좁은 하천에 갇히게 되었다. 이로 인해 제방은 과도하게 높아졌고, 양·배수장 없이는 농지 이용이 불가능하게 되었다. 더군다나 개간된 농지들에 경지정리사업을 하면서 설치한 배수로가 대부분 흄관이나 콘크리트

관을 이용했기 때문에, 저류 및 홍수터 역할을 하던 곳이 도리어 급배수를 일으키고 하류의 범람을 유발하게 되었다(환경운동연합, 2003).

또한 농공용수 확보를 위해 낙동강 하류에 건설된 낙동강 하구언은 지속적으로 토사가 퇴적되어 하상이 높아짐으로써 홍수에 취약한 구조를 가지게 되었다. 2007년까지 전국 하천의 100%를 제방에 가두는 하천 직강화 사업도 홍수 피해를 더하고 있다. 이 사업은 하천의 마찰 계수를 줄여 유속을 빠르게 함으로써 주변 생태계를 사막화할 뿐만 아니라 강우가 지하로 흡수될 틈도 없이 빠른 속도로 본류로 흘러가게 함으로써 큰 에너지로 제방을 위협한다. 결국 이번 태풍 '매미'로 인한 피해는 낙동강 본류 주변의 토지 난개발과 구조적 치수 대책이 가진 문제점들이 고스란히 지류로 전이된 결과라고 할 수 있다(환경운동연합, 2003).

해일로 인해 큰 피해를 본 마산의 경우도 마찬가지다. 폐쇄형 만인 마산만은 역사적으로 해일을 경험해본 적이 없었다. 마산만의 면적은 개항기 전후로 430만 평 정도였다가 일제 시기와 해방 후를 거치면서 44%에 달하는 190여만 평이 매립되었다. 그런데 놀라운 것은 이번 해일에 의한 침수피해지역이 바로 이 매립지와 정확히 일치한다는 사실이다. 마산만 매립지는 해발 0.82m의 높이로 설계했기 때문에 만조 시에 0.82m를 넘는 다소 거센 파랑만 일어도 침수될 수 있는 구조였다. 그리고 매립으로 인해 마산만 해역이 좁아져 외부에서 유입된 해수량에 의한 부하를 좁은 지역에 집적시켰다. 결국 대규모 해안 매립과 개발 공사가 완충 지역을 제거함으로써 해일 피해를 키웠고, 개발 이익을 위한 토지 이용 형태(매립지 내 지하층 이용, 바다 인접 지역의 주거 및 상가 지역 이용 등)가 피해를 더 크게 만들었다고 볼 수 있다(환경운동연합, 2003).

이처럼 우리나라 재해 대책은 최근까지도 사전 예방적이라기보다는 사후 처리 방법에 치중해있고 여전히 구조적 방법이 주종을 이룬다고 평가할 수 있다. 우리나라의 재해에 대비한 업무는 법률상으로는 1961년

「하천법」 제정으로 치수사업이 시행된 것이 최초이며, 1962년 6월 경제개발5개년계획에 따라 '치수사업5개년계획'이 수립되고, 동년 6월 16일 중앙풍수해대책위원회가 설치되어 재해대책 전반에 걸쳐 필요한 업무를 관장한 것이 시초라고 할 수 있다(한국수자원학회·한국수자원공사, 1997; 국조실 수방단, 2003). 우리나라의 재해대책과 관련해 사전 재해 대비에 대한 개념은 있었지만 실제로는 피해의 원상 복구에 급급한 것이 현실이었다. 한편, 미국이나 일본의 사례에서 보듯이 재해 관련 행정은 상황에 대한 판단이 신속하게 일어나야 하고, 관련업무나 기능이 일원화되거나 체계적으로 수행되어야 한다. 그러나 우리나라의 재해 관련 행정은 수해와 관련해서만 보아도 건설교통부, 행정자치부, 농림부, 환경부, 산림청, 해양수산부, 기상청, 과학기술부 등 8개 부처에 걸쳐져 있다(국조실 수방단, 2003). 이러다 보니 재해대책 기능 간에 상충이 일어나기도 한다. 예컨대 농림부의 농경지 배수 개선 사업과 건교부의 상습침수개선사업, 그리고 행정자치부의 재해위험지구개선사업 기능이 서로 충돌하는 것이 한 예라고 할 수 있다. 예전에 상류부 농경지는 홍수 시에 우선 침수되기 때문에 홍수 방어 차원에서 보면 하류부 수위가 올라가는 것을 지체시키는 효과가 있었지만 배수 개선을 위해 배수펌프장을 설치함으로써 거꾸로 하류부 홍수위를 증가시키는 요인으로 작용하게 된 것이다(심재현, 2003: 154). 게다가 국민의 정부에서 작은 정부를 지향하면서 재난 및 재해 관련 조직을 대폭 축소시켰고, 중앙재해대책본부 조직은 불과 40명 정도의 인원에 그치고 있으며 일선 시군에서는 3~4명의 인력으로 민방위, 자연재해, 인위 재난을 총괄해야 한다(심재현, 2003: 154).

결국 고도성장기를 경험하면서 성장 위주의 토지 이용과 난개발을 통해 재해에 상당히 취약한 구조가 형성되었고, 지구온난화에 기인한 기상 이변과 같은 예외적 상황이 빈발함에도 구조적 방법에 여전히 의존하고 있었으며, 재해를 대비하는 행정 조직이나 인원도 아직 불충분한 탓에 물로 인한 재해에 대처하는 능력이 미흡했다고 볼 수 있다.

4) 수도 사업의 과잉 투자와 관리 주체의 이원화

우리나라 근대적 물 관리 체계의 네 번째 특징은 수도 사업의 과잉 투자와 관리 주체의 이원화라고 할 수 있다. 수도 사업은 일반 대중들이 물 관리 체계가 근대화되었다는 것을 가장 직접적으로 실감하는 분야이다. 하천에서 물을 긷기 위해 먼 길을 가거나 동네 우물, 혹은 집에 있는 우물을 사용하다가 멀리 떨어진 깨끗한 물을 수도꼭지만 틀면 바로 나오게 되었을 때 사람들이 경험했던 근대화의 충격을 생각해보면 이는 쉽게 이해할 수 있는 일이다.

그런데 압축적인 산업화를 지원하기 위한 목적으로 국가 주도의 수자원 개발이 과도하게 이루어짐으로써 우리나라 수도 사업은 과잉 개발과 관리 주체의 이원화라는 기형적인 현상이 나타나게 되었다. 현재 우리나라의 상수도는 2개 이상의 지자체에 원수·정수를 공급하는 광역상수도과 지방 상수도로 나눠져 있고, 광역상수도는 건설교통부와 수자원공사가 관리를 담당하고 있으며, 지방상수도는 환경부와 지방자치단체가 관리를 담당하게 되어 있다.

그런데 문제는 광역상수도의 평균 가동률은 49.9%, 지방상수도는 54.8%에 불과하다는 것이다. 이것은 시간 최대 물 사용량을 감안한 적정

<표 6-3> 이원화된 상수도 공급 체계(2005년)

	① 광역(취수, 정수) → 지방(정수공급)	② 광역(취수) → 지방(원수공급)	③ 지방상수도 (자체취수 → 공급)
시설 용량	488만 1,000톤/일	8,848	23,777
생산량	276만 1,000톤/일	4,084	13,024
사용 인구	39.1%		50.3%
정수장 수	24개	647개	

<표 6-4> 2003년 상수도 가동률 현황

(단위: 천 톤/일)

구 분	광역상수도(공업용수도 제외)	지방상수도
시설 용량	13,729	23,777
생산량	6,845	13,024
평균 가동률(%)	49.9	54.8

가동률을 80~85%로 보더라도 25~30% 과잉 투자된 것이라고 할 수 있다. 이러한 가동률 저하로 광역상수도 1조 5,000억 원, 지방상수도 2조 5,000억 원 등 총 4조 원의 예산이 과잉 투자된 것으로 추정되고 있다.[18]

이러한 과잉 투자의 원인으로는 공급 책임 부처들이 수요 추정을 과다하게 한 것도 있고, 지자체가 계획 수립 과정에서 개발계획을 과다하게 산정한 탓도 있다. 또한 부처 간에 기본계획 인가나 종합계획 수립 시에 조정이 제대로 되지 않아서 중복 투자가 되는 경우도 있다. 예컨대 1990년대 중반 수자원공사는 수도권광역시설(171만 7,000㎥/일)을 설치했으나 서울시는 별도의 강북, 풍납, 암사(확장) 취수장(190만㎥/일)을 설치하는 경우가 발생했다.

또한 전체적으로 보면 상하수도가 보급된 비율이 상수도 89.4%, 하수도 78.8%로 거의 선진국 수준에 육박하지만, 도시를 제외한 지역의 보급률은 33%로 매우 낮다. 물론 인구 밀집 지역이 아닌 곳까지 무조건 수도를 보급하는 것이 효율적인가 하는 질문을 던져볼 수도 있지만, 무려 520만 명에 해당하는 지역 주민들이 수질 관리가 제대로 이루어지지 않는 간이상수도나 소규모 급수 시설에 의존해 위생상의 위험에 노출되어 있는 것은 문제라고 할 수 있다. 또 다른 문제로는 막대한 예산 투자(2003년 9조 7,000억 원)에도 불구하고, 수돗물을 이용하는 비율은 45.8%, 직접 마시는

18) 감사원에서 2005년 도화엔지니어링의 조사 자료를 근거로 제시한 수치임.

비율은 1~2%에 불과해 엄청난 예산이 낭비되는 점을 들 수 있다(지속가능 발전위원회, 2005).

5. 우리나라 근대적 물 관리 체계의 생태적 전환을 위하여

1) 대형 댐 건설에서 소형댐 건설로의 전환

위에서 언급했듯이 우리나라에서 물 관리 체계는 대형 댐 건설을 통한 공급 위주의 물 관리 체계였고, 국가주의적 민족주의를 앞세운 국가의 특성상 이로 인한 피해 부담을 진 주민들의 저항은 오랜 기간 억압되어 왔다. 그러나 대형 댐 주변 지역 주민들의 환경 및 건강상 피해(안개일수의 증가 및 냉해로 인한 농작물 피해, 호흡기나 관절 질환 증가 등)가 누적되어 불만이 쌓이고, 형식적인 수준이나마 사회가 민주화되면서 대형 댐 건설에 대한 반대운동이 나타나서 사회적 갈등으로 표출되었다. 이에 대해서는 이 책의 다른 장에서 다시 상세히 논의되겠지만, 대형 댐에 대한 반대운동은 물 관리 체계의 전환에 중대한 계기가 되었다. 환경운동 시민단체와 대형 댐 건설 예정 지역 주민들을 중심으로 한 대형 댐 반대운동 측의 주장은 대형 댐 건설보다는 소형댐 위주의 물 공급 시스템이 생태적으로 바람직하다는 것이고, 물 수요 관리나 노후관 개선과 같이 물을 효율적으로 이용하는 것이 물 공급 시설을 확대하는 것 못지않게 필요하며, 빗물이나 강변 여과수 같은 대체 수자원을 찾는 노력이 활성화되어야 한다는 것이다.

이들의 주장은 대통령자문 지속가능발전위원회의 『지속가능한 물 관리 정책』이라는 책자[19]에 일부 반영되었기에 간략하게 요약해보면 다음과

---

19) 이 책은 물 관리정책 전문가로 구성된 지속가능발전위원회 물관리정책연구팀과

같다. 첫째, 30년 이상된 노후 댐의 안전도를 재평가하고, 장기 계획을 수립해 관리해야 한다는 것이다. 즉, 무작정 신규 댐을 건설하기보다는, 예컨대 과거에는 필요했지만 수요가 변동해 사용하지 않고 있는 유휴(遊休) 농업용 댐을 전용해서 필요한 용수를 확보하고, 실제 사용량을 평가해 용도별로 우선순위를 조정해야 한다는 것이다. 또한 댐들 간의 연계 운영 방안을 확립하고, 동일 수계 내에서 방류량을 조절하는 등 댐 운영을 효율적으로 하여 안정적인 수량을 확보하는 것이 필요하다는 것이다.

둘째, 수요 관리를 더 강화하자는 것이다. 우리나라의 공업용수 재이용률은 약 26%(2002)인 반면, 일본은 약 78%(2002)로 상당히 재이용률이 높은 실정이다. 그리고 가장 많은 물을 사용하는 농업용수의 경우 물값을 내지 않기 때문에 수요 관리를 해야 할 요인이 없고, 실제로 얼마나 수요 관리를 해야 하는지 목표를 잡기도 어려운 것이 사실이다. 따라서 실태 조사를 실시해 절감 목표를 제시해야 할 필요가 있다는 것이다. 또한 하·폐수 처리수 재이용, 절수기·중수도 설치 등 물 재활용을 확대하고, 절수형 수도 요금제 도입 등 물 절약형 용수 관리 체계를 정착시켜야 한다는 것이다.

셋째, 다양한 대체 수자원을 적극 개발해야 한다는 것이다. 수요 관리를 통해 해소되지 않는 물 수요는 중·소 규모댐 및 식수용 저수지 건설 등을 통해 수자원을 확보하고, 지하수·강변 여과수 등 대체 수자원 개발사업도 본격적으로 추진해야 한다는 것이다. 지하철 용출수를 청소용수, 화장실 세정수, 소하천 유지용수 등으로 활용하고, 도서 등 가뭄취약지역의 경우 빗물 이용을 권장하고 이를 뒷받침할 수 있는 제도적·금전적 지원을 추진해야 할 필요가 있다는 것이다.

시민단체 활동가들을 포함한 외부 전문가들이 수차례 토론을 통해 작성한 보고서로서, 지속가능한 물 관리정책에 대해 대통령에게 보고를 하기 위해 작성한 기초자료이며 2005년 1월 도서출판 박영사에서 출판되었다.

2) 유역통합적 수질 관리

토지이용규제를 통한 수질 관리는 지역 간 불평등 구조를 강화시켜왔기 때문에 이를 줄이는 방향으로 정책이 수립되어야 한다. 다시 말해서 국가주의가 만연한 국가에서 총량적 부의 증진이라는 이데올로기에 의해 특정 지역(주로 상류 지역)에 피해를 전가시켰던 구조를 탈피해 유역 전체의 발전과 수질 관리를 동시에 달성해야 근대적 물 관리 체계의 생태적 전환에 부합하다는 것이다. 이런 의미에서 최근 도입된 오염총량관리제도는 이 두 가지 목표를 달성할 가능성이 있는 정책이다.

오염총량관리제란 하천의 용수 목적 등에 맞는 목표 수질을 설정하고 해당 하천 수계의 배수 구역에서 배출되는 오염 부하 총량이 설정된 목표 수질을 달성할 수 있는 허용량 이하가 되도록 관리하는 제도이다. 즉, 각 수계의 오염원들에 대해 일괄적으로 규제하는 것이 아니라 수계별로 수질 총량을 규제·관리하는 것이다. 오염총량관리제는 하천의 허용 오염 부하량을 고려하지 않는 배출 허용 기준 중심의 농도 규제만으로는 오염 부하의 양적 증가(배출 허용 기준 이하 오폐수의 양적 팽창에 따른 오염 부하의 증가)를 통제할 수 없어 수질 개선에 한계가 있다는 인식에서 고려된 제도이다. 특히 농도 규제는 오염원이 밀집한 경우에 지나치게 무력하고, 오염원이 희소한 경우에는 지나치게 엄격한 규제가 되어버리는 단점을 가지고 있다. 또한 인구 및 산업시설이 과도하게 밀집되어 있는 곳에서 개별 오염원 규제 방식은 하천의 환경 기준 달성에 근본적으로 한계가 많다. 이와 같은 특성 때문에 오염총량관리제는 기존의 점오염원 관리 방식과 달리 비점오염원 관리를 포함해 유역 전체를 하나의 관리 대상으로 하기 때문에 유역 통합 관리와 같은 제도와 병행했을 때 좀 더 효과적으로 운용될 수 있다.

그러나 현재의 오염총량관리제도는 몇 가지 문제점을 안고 있다. 가장

큰 문제는 유역별로 오염물질삭감계획이 수립되는 것이 아니라 행정구역
별로 계획이 수립된다는 데 있다.[20] 오염총량관리제가 행정구역별로 계획
이 수립되기 때문에 다른 시·군과의 협력 관계 설정은 중요한 문제로
등장하게 된다. 특히 관리 대상 하천이 많은 시·군의 경우는 추후 모니터링
과 수질 및 유량 측정에 상당한 어려움이 수반되고 담당 인력도 많이
소요되는 어려움을 안게 되며, 하천이 2개 이상의 시·군을 흐르는 경우에
는 오염 물질 배출에 대한 책임 전가의 문제도 발생한다(이기영, 2000:
66). 더군다나 관리 목표량 산정에 있어서 해당 시·군으로 유입되는 양을
고려하지 않고, 유출되는 양만을 기준으로 했기 때문에, 관리 목표 부하량
은 사전적인 의미에서의 해당 시·군이 관리해야 할 부하량이 아니라 경계
지점 상류 전 지역에서 배출되는 모든 부하량을 포함하는 것이다. 아직
수량과 수질 관리가 통합되어 있지 않은 우리나라의 실정을 고려할 때,
과연 이럴 경우 환경부의 목표수질이 실현가능성이 있는가 하는 문제
제기를 할 수 있으며, 오염물질삭감계획을 수립할 때 다른 시·군으로부터
유입되는 오염 물질 처리 문제는 오염총량관리제 성패의 관건이 된다(이기
영, 2000: 37).

둘째, 재정 조달도 큰 문제이다. 물 이용부담금을 활용해 환경 기초
시설의 설치비 및 운영비 등에 사용할 수는 있지만 환경 기초 시설 설치에
지방교부세 17%를 부담해야 하고, 운영비에서도 지방비가 8.8%~30%
를 차지한다. 따라서 안정적인 재원을 마련하는 것도 운영상의 큰 고민거
리이다.

셋째, 법적인 효력에서도 문제가 있다. 오염총량관리제도하에서는 오염
총량관리계획이 승인되고 나서 환경부장관과 관계 행정기관의 장이 총량

---

20) 이외에도 대권역수질보전계획이 「수질환경보전법」상의 대권역의 경계와 일치하
지 않아서 총량관리제도가 시행되지 않는 지역이 있다. 자세한 내용은 이병국
(2004) 참조.

관리계획에 포함된 개발사업을 허용하게 된다. 그런데, 총량관리계획상에 택지개발, 관광 단지 조성 등과 같은 지역개발계획은 승인 의제 규정이 없기 때문에 총량관리계획 승인과 별도로 「수도권정비계획법」, 「택지개발 촉진법」, 「관광진흥법」 등 관련 법의 규정에 대한 승인 절차가 다시 필요하게 된다. 또한 지역개발계획 시에 총량관리계획의 승인이 있다고 해서 개별법에 의한 사전 환경성 협의가 면제되는 것이 아니며, 구체적으로 지역개발계획사업을 시행하고자 할 때 환경 영향 평가도 따로 받아야 한다. 그리고 오염총량관리계획은 하수처리계획과 도시개발계획이 두루 포함된 종합적인 성격의 계획이기 때문에, 각 시·군의 기존 하수도정비기 본계획, 도시기본계획들과 같은 계획들과 중복 혹은 상충되는 경우도 발생하게 된다(이기영, 2000: 69~70).

넷째, 각 시도에서 오염 총량 관리에 대한 실제적인 평가를 받을 수 있는 능력이 구비되어 있는지도 문제점으로 지적될 수 있다. 오염총량관리계획수립지침(환경부고시 제1999-143호)에 의하면 오염총량관리대장과 오염총량관리계획 이행 모니터링이 주요 평가 대상이 된다. 평가를 위해서 해당 시·군은 매년 이행평가보고서를 작성해 환경부에 제출해야 한다. 그런데, 관리대장에는 오염원 관리대책, 건축물 또는 배출시설의 설치, 증축, 개축 및 폐쇄, 환경 기초 시설의 신설 및 증설, 비점오염원 처리 시설 등 부하량 증감에 영향을 줄 수 있는 모든 내용을 관리 대장에 기입하도록 하고 있다. 그러나 현실적으로 시·군에 이러한 내용을 다 기입할 정도의 역량(인력, 재원 등)이 구비되어 있는지 의문이다(이기영, 2000: 71).

다섯째, 유역마다 생태나 유량, 사회경제적 특성에 따라 다양한 차이가 있을 수 있는데, 수질 관리 목표와 물의 이용 목적이 획일적으로 규정되어 있는 것은 문제이며, 수질 환경 기준 항목이 이화학적 항목만으로 구성되어 있어서 생태계에 대한 고려가 부족한 실정이다(이병국, 2004: 601).

오염총량제도가 아직 시행 초기라서 이러한 여러 가지 한계가 있지만,

지속적인 연구를 통해 제도를 보완한다면 유역 간 불평등 문제를 완화시키면서도 수질을 개선하는 제도로 진화해갈 수 있을 것이다. 예를 들어 기본적인 오염원 자료의 신뢰성 제고 방안, 부하량 추정에 사용되는 각종 원 단위, 처리효율 및 계수에 대한 연구 조사, 비점오염 부하 추정 방법, 과학적인 목표 수질 설정 방법, 목표 수질 달성 여부 판단을 위한 평가 방법 등 기술적인 측면에 대한 연구가 먼저 선행되어야 할 것이다. 그리고 지역의 총량 관리 전문가의 역량을 최대한 활용할 수 있는 방안, 총량관리제 추진협의회와 같은 거버넌스 구조 구축 방안 등이 심도 있게 연구되고 검토되어야 할 것이다(지속가능발전위원회, 2005: 198~199).

3) 사전 예방 및 비구조적 방법에 의한 수해 대책의 도입

지구온난화로 인해 기상 이변은 일상적인 상황이 되었다. 우리나라도 마찬가지여서 강우 특성이나 홍수 피해 양상도 과거와는 다른 모습이 되었다. 최근 10년간(1992~2001) 1일 100mm 이상 집중호우가 발생한 빈도를 보면 1970년대의 222회에 비해 약 1.5배 증가한 325회이다. 강우 강도가 강해짐에 따라 홍수 피해도 급격하게 증가했다. 1974년부터 2003년까지 과거 30년간 재해로 인한 연평균 재산 피해액은 크게 증가해 매 10년 단위로 3.2배씩 엄청나게 증가하고 있다. 반면 인명 피해는 1970~1980년대에 비해 절반으로 줄어들고 있었다. 이것은 기존의 치수대책으로 인해 인명 피해는 줄일 수 있었으나, 재산 피해의 잠재성은 더 커졌다는 것을 의미한다(지속가능발전위원회, 2005: 203~204). 따라서 구조적 방식에 근거한 수해대책의 패러다임을 기존과 다르게 전환시켜야 한다.

이를 위해 기존의 제방 축조 위주의 단순한 치수대책에서 다양한 방식들을 도입하는 것이 필요하다. 제방 위주의 획일적인 치수대책은 제방이 보호하는 지역에 인구 유입을 가져옴으로써 잠재적으로 피해 규모를 키울 수 있고, 이를 보호하기 위해 제방을 더 높여야 하는 악순환을 가져올 수 있다. 저류지, 천변 저류지, 홍수 조절지, 방수로, 지하 하천 등 다양한 시설물의 설치를 통해 하천 구간별 방어 가능한 홍수량을 할당함으로써 제방의 부담을 완화하는 방안을 고려해볼 수 있다.

또 하천 규모에 따라 제방 규모를 정함으로써 제내지(堤內地)의 특성, 즉 농경지인지, 도심지인지 등을 제대로 고려하지 못하고 동일한 규모의 제방을 축조해왔다. 이 경우 계획 규모 이내의 강우에는 홍수대책으로서 크게 무리가 없지만 그 이상으로 강우가 발생할 경우에는 심각한 결함을 갖는다. 즉, 우선순위가 불분명함으로써 아주 위급한 상황에서 포기해야 할 곳과 반드시 보호해야 할 곳의 구분이 없기 때문에, 굳이 막지 않아도 될 부분까지 보호하느라 정작 어떤 경우에도 보호해야 할 부분에 사용해야 할 비용까지 사용하게 되는 것이다. 그러므로 제내지의 상황에 따라, 우선 순위에 따라 다양한 방식에 의한 최적의 홍수대책이 수립되어야 한다. 이것은 홍수를 완전히 통제하자는 것과 다르고 오히려 홍수에 적응해야 한다는 것을 전제로 한다. 기상 이변이 갈수록 더 심해지기 때문에 홍수를 통제하려는 시도는 무모해질 가능성이 높기 때문이다.

또한 도시 지역의 불투수 지역을 줄이고 운동장, 공원, 소규모 저류지 등 홍수저류 공간을 확보해 유역 전체에 고른 홍수 부담을 부과하는 것도 방법이다. 유역구간별 특성과 침수 시 경제성 분석 등을 실시하고 보호 우선순위를 부여, 피해가 가장 작은 지역부터 침수시켜 관리하는 것도 필요하다. 그리고 계획 규모를 초과하는 홍수 발생 시, 정확한 예보를 통해 피해가 최소화되도록 홍수예보를 위한 장비를 개선하고, 이상 홍수 시 범람 위험 지구 및 대피 경로를 제시하는 홍수 위험 지도 작성을 좀 더 적극적으로 확대해야 할 필요가 있다. 예방 차원의 대책만으로는 감당 할 수 없는 홍수 피해가 발생했을 경우를 대비해 풍수해 보험·토지매수

등 침수에 대비한 지원대책도 마련할 필요가 있다.

제도적으로 볼 때 홍수대책수립 단위를 유역 기준으로 확대하는 것을 적극 검토해보아야 한다. 현재 우리나라 전체 하천의 91%는 지방 하천인데, 지방 하천 관리는 지방자치단체가 담당하고 있다. 그렇기 때문에 유역 전체를 관통하는 일관된 치수대책이 나오기 어려운 구조이다. 위에서 언급한 것처럼 유역 전체로 홍수량을 분담하려면 행정구역별로 치수 계획을 수립할 것이 아니라 유역 단위로 치수 계획이 수립되어야 한다. 이를 위해서는 다양한 방식이 검토될 수 있다. 예컨대 오염 정도의 심각성, 용수로서의 활용도 등 제반 기준에 의거해 국가가 관리해야 할 필요성이 있는 지방 하천은 국가 하천으로 편입시켜 국가가 관리하는 국가 하천 비중을 높이는 방안, 유역 간 거버넌스 협의체를 구성해 유역 단위로 치수대책을 포함하는 종합적인 하천 관리 프로그램을 만들어가는 것도 유력한 방안이 될 수 있다.

무엇보다 치수대책이 효과를 거두기 위해서는 예산 투자의 적실성이 보장되어야 하는데, 사후 복구비보다는 사전 예방 사업비를 늘리는 방향으로 재원이 투자되어야 한다. 물론 재정 운영의 특성상 근거가 불충분한 상황에서 재원을 미리 투자하기는 어려움이 있겠지만 해마다 반복적으로 수해 복구비가 들어가는 점을 감안한다면 운영의 묘를 살릴 수도 있을 것이다.

우리나라처럼 국토의 대부분을 산이 차지하고 있는 경우 인간이 살고 있는 평지는 잠재적으로 홍수터라고 해야 옳다. 즉, 우리나라의 모둠살이는 하천변을 중심으로 이루어져있고, 그 때문에 홍수 피해가 늘 발생할 수밖에 없다는 것이다. 그렇다면 홍수와 더불어 사는 생태적 지혜를 배워야 할 것이다. 제방을 높였다가 침수되면, 또 제방을 높여서 더 큰 피해를 당하는 악순환에서 벗어나 사전예방사업에 투자를 하고, 지역의 특성에 맞는 다양한 홍수대책을 수립하며, 유역 전체를 통합적으로 고려하는 일관된 홍수대책을 마련함으로써 근대적 물 관리 체계의 생태적 전환을 도모할 수 있을 것이다.

4) 정의롭고 효율적인 수도산업으로의 발전

신자유주의적 세계화에 의해 다국적 기업에 의한 물의 상품화가 진전되면서 수도 사업 역시 시장이 주도하는 하나의 산업이 되어가고 있다.

<표 6-5> 세계 20대 물 기업 순위

순위	기업명	매출액 (백만)	2004년 급수 인구	해외 사업 비중	급수 인구의 연간 변화
1	SUEZ	$10,075	117,367,000	86%	-1,750,000
2	Veolia Environnmement	$14,986	108,153,000	76%	-5,355,000
3	RWE	$5,708	69,455,000	61%	-610,000
4	Agbar	$1,199	35,216,000	57%	0
5	Bouygues	$2,418	33,525,000	82%	-1,416,000
6	Sabesp	$1,595	25,100,000	0%	5,200,000
7	United Utilities	$2,037	22,128,000	53%	1,600,000
8	FCC	$689	15,399,000	38%	0
9	Severn Trent	$2,106	14,329,000	42%	-250,000
10	ACEA	$501	13,515,000	50%	340,000
11	AWG	$1,552	11,582,000	50%	-4,720,000
12	Northumbrian Water	$782	10,007,000	37%	0
13	Tecasva	$74	8,470,000	100%	0
14	Tyco	$175	6,580,000	77%	670,000
15	Kelda Group	$1,663	6,144,000	11%	0
16	Bochum/Dortmund	$263	6,051,000	5%	431,000
17	Eni	$173	5,940,000	0%	0
18	Beijing Capital Group	n/a	5,800,000	0%	2,200,000
18	Guangdong Investment	$398	5,800,000	0%	800,000
20	Agbar/SUEZ	$290	5,510,000	0%	230,000

주: 기업 순위는 2004년 급수 인구를 기준으로 산정.
자료: 한국수자원공사 물산업정책팀(2005.4), 「공공부문 내 세계적인 물기업의 성장」, ≪Journal of Water Industry≫[(민경진, 2005에서 재인용)].

즉, 공공재로 간주되던 수도 사업이 공공성보다는 효율성과 수익성을 강조하는 수도 산업으로 전환되면서 이에 대한 논란이 야기되고 있다. 우리나라는 부분적으로 상하수도 업무 중 일부가 민영화되기 시작했지만 아직 물의 민영화에 대한 본격적인 논란이 범사회적으로 나타나고 있지 않다. 그러나 ISO의 상하수도 표준화 작업, 한·미 FTA(Free Trade Agreement)의 진전 등에 따라 수도 사업 혹은 물 산업의 민영화 문제는 점차 사회적 쟁점이 될 것으로 보인다. 물 산업의 민영화에 대해서는 운영 원칙에 대한 사회적 합의가 필요하며, 사업이 진행되는 과정에서도 공공성과 효율성 사이의 균형에 대한 사회적 감시가 계속 있어야만 한다. 그러므로 아래에서는 향후 우리나라 수도 산업의 변화와 관련해 원칙 수준이나마 생태적 지향성을 담보할 수 있는 방향을 제시하고자 한다.

세계의 물 시장은 연간 500조 원에 달하며, 이 시장은 소수의 다국적 기업이 민영화된 수도 시장을 과점적으로 지배하고 있다. 세계 20대 물기업의 순위와 규모를 정리해보면 <표 6-5>와 같다.

다국적 기업의 시장 형성 전략은 세계은행 등의 국제금융기관과 WTO, ISO 등의 국제기구와의 긴밀한 협력에 기반하고 있다. 세계은행, ADB(Asian Development Bank), IBRD(International Bank for Reconstruction and De-

<표 6-6> 국제금융기구의 차관에 의한 수도 민영화 사례

년도	국제 금융기구	도시(국가)	차관 금액	계약 수주 회사
1999	IBRD/AfDB	모잠비크	1억 1,700만 달러(1,400억 원)	SAUR
1999	ADB	청두(중국)	4,800만 달러(576억 원)	베올리아
2001	IFC	방콕(태국)	1억 달러(1,200억 원)	RWE
2001	ADB	톈진(중국)	1억 3,000만 달러(1,560억 원)	베올리아
2001	ADB	호치민(베트남)	1억 5,400만 달러(1,848억 원)	수에즈
2002	IFC	산타페(아르헨티나)	2,000만 달러(240억 원)	수에즈

자료: 한국수자원공사(2004), 「다국적 기업의 사업추진전략」, *Journal of Water Industry* 창간호[민경진(2005)에서 재인용].

<표 6-7> 하수 처리 시설 민간투자사업 현황(2003)

구분	시설 명	시설 용량 (m³/일)	사업비(백만 원)		
			계	국비	지방비 (민간투자액)
민간제안사업	18개 사업 (63개 처리장)	185만 6,630	184만 5,898	93만 8,592	90만 7,306 (48만 9,873)
정부고시사업	16개 사업 (21개 처리장)	41만 6,950	47만 8,695	23만 525	24만 8,170 (11만 2,736)

자료: 문현주(2005), 민경진(2005)에서 인용.

<표 6-8> 지방상수도 위수탁 현황

구분	서비스 인구(명)	시설 용량 (m³/일)	사업 기간	비고
논산시	137,000	46,700	2004. 3월부터 30년간	위탁 운영
정읍시	156,000	60,900	2005. 4월부터 20년간	위탁 운영

※ 자료: 한국수자원공사 내부자료(민경진, 2005)에서 수정해 재인용.

velopment), IFC(International Finance Corporation) 등의 국제금융기관은 개발도상국의 수도 사업에 대한 재정 융자 시 민영화를 차관 공여의 조건으로 제시하고 있다(민경진, 2005: 28).

물 산업의 세계적 동향에서 주목해야 할 흐름은 ISO의 상하수도 서비스 표준화 추진 작업이다. 상하수도 서비스의 표준화는 음용수의 공급 및 하수의 처리 등 상하수도 서비스에 관련된 전반적인 활동을 목록화하고 정량적 성과 지표를 마련함으로써 사업자와 서비스 활동 등에 대한 객관적인 평가의 틀을 마련하는 것이다. 상하수도 서비스가 표준화되면, 상하수도 서비스의 성과가 객관적으로 측정되고 공개됨으로써 사업자 간 비교 가능성을 높이게 된다. 따라서 사업자는 정부 등의 규제기관, 소비자, 경쟁 기업 등의 효율화 압력에 직면하게 되며, 열등한 사업자의 경우 도태의 길을 걷게 되고, 이에 따라 상하수도 관리 및 운영의 효과성 및 효율성이 증대될 수 있다는 것이다(민경진, 2005: 32).

국제적인 상하수도 서비스 표준화 작업에 대한 대응과 더불어 우리나라 수도 사업의 과잉 투자 및 관리 주체의 이원화에 따른 문제점들을 해결하고자 도입된 수도 사업에 대한 전문 기업의 참여 제도는 1997년 환경부가 「하수도법」을 개정하고 '환경 기초 시설 민영화 업무 처리 지침'을 제정함으로써 시작되었다. 이에 따라 1998년 광주광역시가 광주 하수종말처리장을 최초로 민간 위탁한 이래 2003년 말 현재 231개 하수처리장의 경우 59.3%인 137개 소가 민간 등 전문 기관에 의해 위탁 운영되고 있다. 이와 더불어 하수 종말 처리 시설의 민간투자사업도 중앙 정부의 적극적인 지원 하에 활발하게 진행되고 있다. 하수도 사업의 경우 하수종말처리장 사업비의 약 50%를 중앙 정부에서 지원하고 있는데 이러한 재정적 인센티브는 민간투자사업 등을 활성화시키는 정책적 기반으로 작용하고 있다. 2004년 현재 민간제안사업으로 18개 사업 63개 처리장(시설 용량 185만 7,000m³/일, 사업비 1만 8,458억 원), 정부고시사업으로 16개 사업 21개 처리장(시설 용량 41만 7,000m³/일, 사업비 4,797억 원)이 진행 중에 있다(민경진, 2005: 34).

상수도의 경우에는 2001년 3월 「수도법」의 개정으로 상수도 사업에 대한 민간 참여가 제도화되었다. 하수도 사업이 단위 하수종말처리장 중심으로 진행되고 있는 것에 반해 상수도 사업은 검침, 관로 보수 등 단순 용역 업무를 위수탁하고 있는 형태에서 벗어나 시스템 전체의 위탁 운영 및 개량 투자 등이 포함된 20년 이상의 장기 계약 형태로 진행되고 있다(민경진, 2005: 35).

현재 우리나라에서 논의되고 있는 물 산업 구조 개편 모델은 <표 6-9>와 같이 정리될 수 있다.

우선 구조 개편 모델은 크게 인위적 구조 개편과 자율적 구조 개편 모델로 나눌 수 있다. 인위적 구조 개편은 정부의 개입을 통한 수도 사업

<표 6-9> 수도 산업 구조 개편 모델

구조 개편 모델			주요 개념
인위적 구조 개편	민영화	수계별 민영화	○4대 강 유역별 광역화 및 민영화
		권역별 민영화	○30~40개 권역별 광역화 및 민영화
	공사화	수계별 공사화	○4대 강 유역별 광역화 및 공사화
		권역별 공사화	○30~40개 권역별 광역화 및 공사화
		50만 이상 개별공사화	○50만 이상의 인구 규모를 가진 지방자치단체로 개별 공사화 후 다양한 방식의 광역화 추진
자율 구조 개편			○정부는 시장 규칙만을 설정하고 사업자의 자율적인 의사에 따라 광역화 또는 경영 형태의 변화 추진

개편이며, 자율 구조 개편은 정부가 시장 규칙만 설정하고 나머지는 사업 자들의 자율적 판단에 맡기는 구조 개편 모델이다. 인위적 구조 개편 방안 중에서 다시 수도 사업의 운영 주체에 따라 민영화와 공사화로 나눌 수 있고, 민영화든 공사화든 유역 통합 관리의 원칙을 고수해 수계별로 광역화할 것인지, 아니면 수급 체계상의 근접도와 행정구역을 중심으로 권역별로 광역화할 것인지, 혹은 개별공사화로 갈 것인지로 세분화될 수 있다.

수계별 공사화 방안은 지방 상하수도를 한강·금강·낙동강·영산강 및 섬진강 등 수계별로 통합해 해당 권역에 속하는 지방자치단체가 출자자로 서 지방공사를 설립하는 방안이다. 권역별 공사화 방안은 한강·낙동강·금 강·영산강 및 섬진강(제주도 포함) 등 4개 수계를 토대로 각 수계 내에서 행정구역별로 분류하고, 지리적 인접성과 급수 지역의 중복 등 공간적 연관성을 고려해 권역을 세분한 후, 공급 체계의 연관성을 고려해 권역을 설정하는 방법이다. 이와 같이 설정한 권역을 대상 지역으로 하여 권역 내에 속하는 지방자치단체가 지방공기업법 제49조에 의한 지방공사를 설립하는 방안이다. 수도 사업의 개별공사화 방안은 지방상수도 사업의 공사화를 정책 방향으로 추진하고 있는 행정자치부에서 최근* 검토하는 방안 중의 하나로, 개별도시별로 50만 명 이상의 규모를 갖춘 지방상수도를 공사(이하 '거점공사'라 한다)로 전환하는 방식이다. 수계별 민영화 방안은 유역 통합 관리의 적합성을 유지하기 위해 4대 강 수계별로 사업 지역을 광역화하고, 민간의 효율성을 활용하기 위해 사업 운영을 민간에 맡기는 구조 개편 방법이다. 권역별 민영화 방안은 수계보다 적은 단위, 개별 지자체의 지역보다는 큰 단위로 광역화의 범위를 설정하고, 수도 사업의 운영은 민간사업자에게 맡기는 방안이다. 이 방안은 광역화의 설정 기준과 범위, 민간 참여의 형태에 따라 다양한 유형이 성립될 수 있다. 자율 구조 개편 방안은 중앙 정부가 시장 규칙을 설정하고, 기업들(현존하는 기업 및 신규 진입 기업 등)은 시장 내에서의 경쟁 압력에 반응해 자연스럽게 구조 개편이 유도되는 과정을 거치는 것을 의미한다. 자율적 구조 개편의 동력은 경쟁력 있는 사업자 간의 출현과 이들 간의 사업 참여를 위한 경쟁이 되는 것이다.[21)]

그런데 현재까지 진행되고 있는 물 산업 구조 개편 논의는 몇 가지 한계를 지니고 있으며, 이러한 한계를 넘어서야만 정의롭고 효율적인 수도 산업이 정착될 수 있는 계기를 마련할 수 있을 것으로 보인다. 첫째, 현재까지 진행된 물 산업 개편 논의는 수리권에 대한 정비 문제를 간과한 채로 진행되고 있다. 즉, 독점적 물 이용의 문제점을 그대로 두고, 지역의 재산권적 수리권이 보장되지 않는 현재와 같은 상태에서 물 산업구조 개편을 논의하는 것은 논의되는 방안의 현실 가능성을 진단하는 데 착오를 일으킬 가능성이 있다. 예컨대 권역별 공사화 모델을 평가하면서 사업 규모가 적은 소권역의 경우 현재 중소규모 시군이 겪고 있는 문제를 그대로 노출시킬 수 있다고 보지만, 만일 재산권적 수리권이 보장된다면 사업의 영세성이 극복될 가능성도 있다. 또한 권역별 민영화 방안에 대해서도 민영화

---

21) 자세한 내용은 민경진(2005)을 참고할 것.

를 시민단체가 반대할 것이라고 진단하고 있으나, 지역의 재산권적 수리권이 보장된다면 민영화에 대해서 다른 입장을 보일 수도 있는 것이다.

둘째, 물 산업구조 개편 논의에서는 현재 수도 서비스의 사업적 효율성이 낮은 이유가 수도 서비스를 공공 부문에서 행정 서비스의 하나로 제공해왔기 때문이라고 인식하고 있다. 즉, 수돗물을 행정 서비스로 파생된 공공재로 제공해왔기 때문에 사업자(지자체 담당 기관, 수공)는 비효율성에 직면하고, 공산품을 바라는 고객은 불신을 갖게 되는 것이라고 보는 것이다. 그러나 민영화가 가져오는 효율성은 사업의 효율성이며, 사업적 효율성이 반드시 고객의 만족과 연결되는 것도 아니다. 현재 수돗물 소비자들의 불만은 먹는 물에 대한 신뢰 부족에서 비롯되는 것인데, 만일 이러한 신뢰를 민영화 방식을 통해 시장에서의 구매력을 통해서만 보장받는다면 물을 권리로 인식하는 환경정의의 관점에 어긋나게 되는 것이다. 최소한 먹는 물은 권리의 관점에서 접근해야 한다.

셋째, 현재 물 산업 구조 개편 방안은 근대적 물 관리 체계가 초래한 물의 원거리 이동에 대해서는 언급이 전혀 없다. 이미 살펴보았지만, 근대적 물 관리 체계의 큰 특징은 댐이나 대규모 상수도 시설을 통해 물이 수계를 벗어나 이동한다는 것이다. 이러한 체제는 물의 고유한 지역성(locality)을 파괴한다. 물의 고유한 지역성이란, 물이 자연적으로 형성된 수문학적 특성, 물을 이용하는 유역 및 지역의 역사·문화적 특질 등을 총체적으로 포함한 속성을 의미한다. 우리나라는 어디서나 물에 쉽게 접근할 수 있는 지리적 조건을 가지고 있었다. 그래서 주변의 하천 물을 이용하든지, 빗물을 이용하든지, (공동)우물을 이용하든지, 저수지나 보의 물을 이용할 수 있었다. 즉, 가까이에 있는 수자원을 쉽게 이용할 수 있었고 물의 지역성(locality)이 잘 보존되었다. 그러나 경제성장을 지원하기 위해 추진된 공급 위주의 근대적 물 관리정책은 가까이에 있는 물보다는 멀리 있는 물에 의존하도록 만들었다. 이 과정은 생태계를 훨씬 더 많이 파괴하고, 에너지도 많이 사용하며, 수몰민의 이주나 댐 건설 반대운동의 경우에서 보듯이 사회적 비용도 많이 든다. 즉, 물이 지리적으로 더 멀리 이동해 공급되고 소비되며 이 과정을 관리하기 위해 대규모의 관료 조직이 필요하게 되며, 대규모의 자금이 운영에 소비되는 것이다. 물은 지역성(locality)을 지녀야 하고, 물의 지역성을 보장하는 방식으로 구조 개편 방안을 마련하는 것이 생태적 지향성을 담보하는 길이다.

6. 결론

글머리에 밝혔듯이, 이 글의 목적은 한국의 근대화 과정에서 형성된 근대적 물 관리 체계의 형성 과정을 역사적으로 고찰해 특징을 변별해내고 그렇게 형성된 근대적 물 관리 체계의 문제점을 분석한 후, 이러한 체계의 생태적 전환 방향에 대해 제시하는 것이다. 미완인 채로 굳어진 민족국가 형성 프로젝트 과정에서 억압주의적이고 국가주의적인 경제발전이 추진되었고, 이러한 경제발전을 지원하기 위해 형성된 근대적 물 관리 체계는 다음과 같은 특성을 지닌 것으로 분석되었다. 첫째, 대형 댐 건설을 통한 공급 위주의 물 관리 체계. 둘째, 비용과 편익의 공간적 분리를 초래하는 토지이용규제를 통한 수질개선대책. 셋째, 사후 처리 및 구조적 방법에 의한 수해대책. 넷째, 수도 사업의 과잉 투자와 관리 주체의 이원화 등이다. 이러한 특징을 가진 근대적 물 관리 체계는 이 체계에 의한 편익과 비용의 공간적 분리, 물의 지역성 파괴, 국가의 물에 대한 독점적 권리 행사와 물에 대한 지역적 권리 미보장, 수해 피해 규모의 증가와 기상 이변에 대한 취약한 구조, 수도 사업의 비효율성 및 예산 낭비, 수질 관리가 되지 않는 물을 이용해야 하는 소외 지역 발생 등의 문제점을 갖게 되었다. 이러한 문제점들을 극복하기 위한 근대적 물 관리 체계의 생태적 전환을 위해 이 글은 다음과 같은 내용들을 제안했다. 첫째, 신규로 대형 댐을 건설하기보다는 댐 운영을 효율적으로 하여 안정적인 수량을 확보하며, 수요 관리 목표를 상향 조정하고 적극적인 수요 관리 방법을 강구하자는 것이다. 또한 지하수·강변 여과수 등 다양한 대체 수자원 개발사업도 본격적으로 추진해야 한다.

둘째, 행정구역별로 계획이 수립되고, 재정 조달이나 법적인 효력 측면에서 문제가 있긴 하지만 오염총량관리제도가 가진 이러한 문제들을 보완해 수질개선대책으로서 계속 추진해가는 것이 바람직하다. 그래야만 유역 통합적 물 거버넌스(governance) 구조가 정착되어 특정 지역에 부당한 비용 전가가 일어나는 것을 막을 수 있으며 유역 전체의 지속가능한 발전을 도모할 수 있을 것이다.

셋째, 제방 축조 위주의 단순한 치수대책에서 벗어나 제내지의 상황이나 보호해야 할 곳의 우선순위 등을 고려해 다양한 방식에 의한 최적의 홍수대책이 수립되어야 한다. 하천 구간별로 방어 가능한 홍수량을 할당함으로써 제방의 부담을 완화하는 방안도 고려해볼 수 있다. 홍수 대책 수립 단위를 유역 기준으로 확대하는 것을 적극 검토해보아야 한다. 무엇보다 치수대책이 효과를 거두기 위해서는 예산 투자의 적실성이 보장되어야 하는데, 사후 복구비보다는 사전 예방 사업비를 늘리는 방향으로 재원이 투자되어야 한다.

넷째, 물 산업의 민영화에 대해서는 운영 원칙에 대한 사회적 합의가 필요하며, 사업이 진행되는 과정에서도 공공성과 효율성 사이의 균형에 대한 사회적 감시가 계속 있어야만 한다. 사회적 합의와 감시를 위해 국가의 독점적 수리권보다는 지역의 수리권이 보장되면서 물의 지역성(locality)을 보장하는 것을 전제로 하여 물 산업의 구조 개편 방향에 대한 논의의 가닥을 잡아가는 것이 필요할 것으로 보인다.

참고문헌

강우진. 1996. 「박정희정권의 산업화전략의 형성과 한국민족주의」. 고려대학교 정치
　　외교학과 석사학위 논문.

국무총리 국무조정실 수해방지대책기획단. 국조실 수방단. 2003. 『수해방지대책백서』.

국무총리실 수질개선기획단. 1999. 『수질개선 지원기관 1999 연구발표보고서』.

＿＿＿. 2000. 『2000 물 관리백서』.

＿＿＿. 2001. 『2001년도 물 관리통계자료집』.

국토개발연구원. 1996. 『국토 50년: 21세기를 향한 회고와 전망』. 서울프레스.

김동춘. 2000. 『근대의 그늘』. 서울: 당대.

김정훈. 1999. 「남북한 지배담론의 민족주의 비교 연구: 역사적 전개와 동질이형성」.
　　연세대학교 대학원 사회학과 박사학위 논문.

김종원. 2000. 『하천유역별 통합 물 관리체계 연구』. 국토연구원.

문현주. 2005. 「하수도산업의 효율향상방안」. 한국환경·정책평가연구원.

민경진. 2005. 『수도산업 구조 개편 모델 비교를 통한 적정 구조 개편 정책의 도출에
　　관한 연구』. 한국수자원공사.

박대문. 1996. 「우리나라 물 관련 법제의 문제점 및 방향」. ≪환경법연구≫, 제18권,
　　73~103쪽.

박명규. 1997. 『한국 근대 국가 형성과 농민』. 문학과지성사.

백낙청. 1994. 『분단체제 변혁의 공부길』. 서울: 창작과비평사.

＿＿＿. 1998. 『흔들리는 분단체제』. 서울: 창작과비평사.

서규우. 2003. 「2003년 제14호 태풍 '매미'로 인한 피해 현황. 원인과 대책」. 환경운동
　　연합. 「태풍 '매미'의 교훈과 방재 정책 발전 방향」 자료집.

송호근. 2003. 『한국, 무슨 일이 일어나고 있나: 세대, 그 갈등과 조화의 미학』. 삼성경
　　제연구소.

심재현. 2003. 「성찰적 근대화를 위한 홍수 대책」. 계간 ≪환경과 생명≫, 통권 37호,
　　2003년 가을호, 146~161쪽.

염형철. 2003. 「댐과 개발의 시대는 갔다-형평과 조화에 기초한 물 정책을 위하여」.
　　계간 ≪환경과 생명≫, 제35호, 42~53쪽.

이기영. 2000. 『팔당호 수질보전을 위한 오염총량관리제의 효율적인 시행방안』. 경기
　　개발연구원.

이병국. 2004. 「오염총량관리제의 개선방향」. 『2004 춘천 물포럼 자료집』.

이상헌. 2002. 「자연의 지배에서 자연의 사회적 구성으로」. 최병두 외 지음. 『녹색전망 -21세기 환경사상과 생태정치』. 도요새.

이영진. 2003. 「비자발적 이주민의 적응전략에 관한 연구-댐 수몰 지역 이주민을 대상으로」. 대구대학교 대학원 박사학위 논문.

이정전. 1997. 「수요관리와 물의 효율적 이용」. 『21세기 물 관리정책의 방향: 친환경적인 수자원개발과 수요관리정책의 도입』.

임현진. 1996. 「사회과학에서의 근대성 논의: '근대화 프로젝트'를 중심으로」. 역사문제연구소 편. 『한국의 '근대'와 '근대성' 비판』. 서울: 역사비평사.

조윤승·황규호. 1998. 『세계의 물 환경: 세계 40개국의 실상과 사례』. 신광출판사.

최병만. 2000. 「21세기를 대비한 수자원 정책 개선 방안」.

최석범. 2003. 「댐 계획법과 수자원 현안」. 미간행 논문집.

최충익. 2003. 「도시적 토지이용의 변화가 도시의 자연재해 취약성에 미치는 영향에 관한 연구」. 대한국토·도시계획학회지. ≪국토계획≫, 제38권 제2호, 통권 127호, 35~48쪽.

최혁재. 1998. 「수질환경보전을 위한 토지이용규제에 관한 연구-팔당상수원 주변 지역을 중심으로」. 건국대학교 대학원 행정학과 박사학위 논문.

한국수자원공사. 1998. 『한국 수자원정책의 새로운 모색』.

한국수자원학회·한국수자원공사. 1997. 『한국의 수자원개발 30년』.

환경운동연합. 2003. 「태풍 '매미' 관련 피해 조사 보고서-국토 난개발이 부른 환경재앙」. 환경운동연합. 『태풍 '매미'의 교훈과 방재 정책 발전 방향 자료집』.

Dinar, A. & E. T. Loehman, ed. 1995. *Water Quantity/Quality Management and Conflict Resolution: Institution. Processes and Economic Analyses.* Westpoint. Conneticut & London: Praeger.

Ezcurra, E. & M. Mazari-Hiriart. 1996. "Are mega cities viable?-A cautionary tale from Mexico City". *Environment,* Jan./Feb., Vol.38, No.1, pp.6~31.

Lowi, M. 1994. "Conflict and Cooperation in Resource Development". in Boulding, E. ed. *Peace Building in the Middle East: Challenges for States and for Civil Society.* Boulder. Colo: Lynne Rienner Publishers.

Lowi, M. 1993. *Water and Power: The politics of a scarce resource in the Jordan River Basin.* Cambridge University Press.

Ohlsson, L. 1995. *Hydropolitics: Conflicts over Water as a Development Constraint.* Dhaka University Press.

Platt, R. H. 1995. "The 2020 Water Supply Study for Metropolitan Boston". *JAPA*. Vol.61, No.2, Spring, pp.185~199.

Wallerstein, I. 1979. *The Capitalist World-Economy*. Cambridge: Cambridge University Press.

제7장 한국의 근대적 물 운동의 성찰적 특성

이상헌(한국환경자원공사 국제정책연구센터 부장, 행정학)

1. 연구의 배경과 목적

물은 토지와 함께 인간생활의 기본 요소이며, 도시의 형성과 발전에 핵심적인 요소이다. 물리적으로 볼 때 물은 생태적 요소여서 사회과학적 접근에서는 수자원정책 분야를 제외하고는 큰 주목의 대상이 아니었다. 그러나, 칼 비트포겔(Karl Wittfogel)의 수력사회(hydraulic society)론에서 보 듯이 물은 사회·경제·정치·문화 분야를 가로질러 독특한 역사와 지리를 만들어간다. 비트포겔의 수력사회론에 의하면 대규모 관개 시설의 건설, 관리는 권력의 집중을 가져오게 되었고, 동양전제주의는 물에 대한 관리기 술 및 권력의 집중에서 비롯된 것이다.[1] 반면, 이와 다르게 인도네시아

---

[1] 절대 권력을 가진 전제국가라고 해서 개인의 모든 생활에 있어서 자유를 말살한 것은 아니었다. 가족이나 촌락에서는 여전히 자율성이 어느 정도 유지되었다. 중요 한 것은 전제국가에 조공을 바치던 토지소유자들이나 일반 농민들이 서구에 비해서 잘 조직화되지 못했기 때문에 상당히 오랜 기간 전제국가가 유지될 수 있었다는 것이다(Wittfogel, 1957: 124~125). 워스터는 전제국가의 농민들이 혹독한 부역에 도 제대로 저항하지 않거나 못했던 이유로서 두 가지를 들고 있다. 첫째는 관개 시설과 홍수 통제로 인해 식량 생산의 총량이 증가했다는 점에 만족했기 때문이고,

발리의 관개 시스템인 수박(subak)을 연구한 클리포드 기어츠(Clifford Geertz)의 연구에 의하면 관개 시스템은 전제적이라기보다는 지역별로 자율적인 민주주의적 시스템을 유지하는 데 핵심적인 요소이다(Geertz, 1980). 비트포겔의 연구와 기어츠의 연구 중 어느 것이 더 일반화될 가능성이 높은지는 논란의 여지가 있지만 물은 정치화(politicization)되면서 사회 구성체를 다양하게 변화시켜가는 중요한 요소임을 알 수 있다.

근대화가 정치, 경제, 사회, 문화, 지리·환경적 차원의 대전환을 가져오는 변화라면, 근대화 과정에서 물의 이용 방식도 근대화된다.[2] 물의 이용 방식이 근대화된다는 것은 무엇보다 물이 공업화를 위해 사용된다는 뜻이며, 도시에서 사용하는 물―물이 도시에서 사용되기 위해서는 복잡한 체계와 체계를 유지하기 위해 복합적 권력 시스템을 필요로 한다―이 늘어난다는 뜻이다. 따라서 물의 근대화는 '물의 공업화' 혹은 '물의 도시화'라고도 할 수 있다(Swyngedouw, 2004). 물의 공업화 혹은 도시화는 물이 대규모 에너지 소비와 결합되어 먼 거리를 이동하게 되었다는 것을 의미한다. 다시 말해서, 근대적 상하수도 시스템에 의해 물이 공급되고 소비된다는 것을 의미한다.

물의 근대화는 독특한 결과들을 수반하게 되는데, 가장 핵심적인 것은 물이 생태적 순환보다는 인공적 순환 체계 속에 들어가서 오염되는 것이다. 물론 전근대 시기에도 물의 오염은 나타나지만, 물 이용 방식이 근대화된 결과, 오염은 전면적인 범위에서 나타나고, 공업화에 따른 공업 오염이라는 점에서 전근대 시기의 오염과 차별성을 갖는다. 따라서 근대적 물

둘째는 전국적으로 확대된 관개수로를 통해 퍼진 거머리가 농민들에게 편충과 디스토마 같은 기생충을 이전시켰기 때문에 감염된 농민들이 격렬한 저항을 할 육체적 힘을 갖추지 못했을 가능성을 제시한다(Worster, 1985: 38).

2) 이 글에서는 물의 이용 방식이 근대화되는 것을 편의상 은유적으로 표현해 '물의 근대화'라고 표현했다. 영미권 저작에서는 'urbanization of water'라는 표현이 등장하기도 한다. Swyngedouw(2004) 등을 참조.

관리체제하에서는 근대 이전처럼 물의 원천과 삶의 원천이 일치하지 않게 되었으며, 물은 공장에서 만들어진 상품으로 인식되는 것이다. 그리고 이러한 물의 근대화의 결과들에 대한 저항도 나타난다.

이 글은 한국에서 물의 근대화에 대한 저항으로 등장한 주요 운동들을 고찰함으로써 이러한 운동들이 어떻게 근대화에 대한 비판, 더 나아가서 근대성에 대한 비판의 성격을 지니게 되었는지를 규명하고 운동의 발전 방향에 대해 제언을 하는 것을 목적으로 한다.[3] 즉, 근대화에 대한 즉자적 비판에서부터 근대성에 대한 대자적 비판으로까지 발전하게 된 것을 주요 물 운동을 중심으로 분석하고 이러한 운동의 발전 방향을 제시하고자 하는 것이다. 이러한 분석과 제언에 필요한 이론적 자원으로는 생태 위기를 중심으로 근대성에 대해 비판적으로 성찰하려는 위험사회(risk society)론과 재귀적 근대화(reflexive modernization)론을 참고하고자 한다.

물 운동을 사례로 한 선행 연구는 자원동원론을 이용해 내린천댐 건설 반대운동을 분석한 황석만의 논문(1999), 담론 분석을 통해 동강 영월댐 건설 백지화 운동을 연구한 오은정의 논문(2003), 댐 건설 위주의 물 관리 정책이 가진 비효율성과 비민주성을 비판하고 대안적 물 관리 방식과 운동을 제안한 염형철의 논문(2003), 우리나라와 외국의 하천운동 사례를 집중 분석한 김미선의 논문(2004) 등이 있다. 물 운동에 대한 선행 연구들은 각각의 물 운동 사례에 대해서는 충실하게 분석했으나, 물 운동과 근대화 과정과의 연관성에 대한 논증은 부족하다고 평가할 수 있다.

이 논문의 연구 범위는 우리나라의 근대화가 시작된 이후부터지만 물

---

3) 이 글에서는 이러한 운동을 '물의 근대화에 대한 성찰적 운동(reflexive social movement against modernization of water)'이라고 부르기로 했다. 필요에 따라 '성찰적 물 운동'이라고 줄여서 사용하기도 했다. 그러나 근대적 물 관리체제에 대한 비판에 이르지 못한 일반적인 운동들을 포함시킬 경우도 있어서 이럴 경우는 다소 부정확하지만 단순하게 '물 운동'이라고만 표현했다.

운동과 관련해서는 근대적 물 관리체제가 궤도에 오르고 부정적인 결과가 나타나기 시작한 1980년대 후반 이후에 주목했다. 왜냐하면 1980년대 후반에 와서야 물 운동이 근대적 물 관리체제에 대한 비판의 성격을 나타내기 때문이다. 이 연구에서 채택한 방법론은 질적 연구방법론으로서, 관련 문헌 조사, 댐 건설 지역 현지 조사, 수몰 이주민 심층 면접을 수행했다.

2. 물 운동에 대한 이론적 모색: 위험사회와 재귀적 근대화

대체로 전통적 사회는 공동체적(communal) 구조를 가지고 있어서 의미를 공유함으로써 결속되는 반면, 근대사회는 집합적(collective) 구조를 가지고 있기 때문에 서로 공유하는 이해관계(interest)를 중심으로 결합되는 특징이 있다(Lash, 1994: 114). 이해관계를 중심으로 결합되는 근대 사회에서는 개인이 원자화되고, 인간관계는 추상적이고 탈인격화(impersonalization)된다. 기든스에 따르면 이러한 인간관계 속에서 인간은 '존재론적 불안(ontological insecurity)'을 느끼게 된다(Giddens, 1994).[4] 울리히 벡(Beck, U.)은 기든스가 제시하는 근대사회의 '존재론적 불안'이라는 테제를 수용하지만, 그 존재론적 불안은 기본적으로 생태적 위기에서 초래된 것이라고 본다. 벡은 단순근대화에 의해 초래된 생태적 위험과 불확실성이 상존하는

---

4) 뒤르켐(Durkheim, E.)의 사회 질서(social order)에 대한 관심을 계승하고 있는 기든스(Giddens, A.)에게는 처음부터 이러한 사회구조적 변동이 개인에게 초래하는 존재론적 불안이 관심사였다. 기든스가 보기에 단순한 근대화 과정에서 비롯된 이러한 존재론적 불안은 사회적이고 심리적인 차원의 것이고, 따라서 이것을 해결하는 것도 사회적·심리적인 측면에서 도출되어야 한다. 그래서 기든스가 근대화에 대한 성찰(reflection)의 대상으로 삼은 것이 전문가 시스템(expert system)이었다(Giddens, 1994: 56~107). 즉, 기든스는 근대화가 가져온 존재론적 불안을 해결하기 위해 전문가 시스템을 이용하는 방식을 채택한다.

사회를 위험사회(risk society)라고 이름 붙였다(벡, 1997). 벡은 "만일 어떤 결정으로 인해 향후에 야기될 해악이 예측될 수 있다면 그것을 위험(risk)이라고 할 수 있다"고 했는데, 위험사회란 산업사회의 부작용이라고 할 수 있는 위험이 일상화되어버린 사회이다5). 이 사회는 산업사회의 과학기술에 근거해 내린 결정으로 인해 '위험(risk)'과 '위협(danger)'이 등장하고 사회적인 규범 체계가 자신이 약속한 안전보장을 지킬 수 없을 때 나타난다. 위험사회의 정치적 특징은 갈등이 재화(善)의 분배만을 둘러싸고 일어나는 것이 아니라 재앙(惡)의 분배를 둘러싸고 일어난다는 데 있다.6)

이 위험사회의 영향은 시·공간적으로 볼 때 무제한적으로 나타나는데, 시간적으로 후세들에게 영향을 미치고 공간적으로는 전 세계적으로 영향을 미친다. 그러나 무엇보다도 중요한 것은 위험사회의 결과들에 대해서는 아무도 책임지지 않는다는 사실이다. 왜냐하면 기술적 선택의 능력이 커짐에 따라서 그 결과를 계산하기가 점점 더 불가능해지기 때문이다. 울리히 벡은 이것을 '조직화된 무책임성(organized irresponsibility)'이라고 부른다(Beck, 1995: 2, 63~65). 예컨대 문명사회의 핵심적인 요소인 화학물질은

---

5) 기든스는 위험이 '개인들이 자신의 행위의 결과가 얼마나 위험한지 모르는 채로 어떤 행위를 수행할 경우' 나타난다고 본다(Giddens, 1990: 34~35). 기든스는 위험과 위협(danger)을 명확하게 구분하지 않지만 울리히 벡은 이를 구분한다. 위험은 계산이나 예측이 가능한 것인데 반해 위협은 '외부에서 야기된 해로움과 관련이 있는 것'이다. 비행기 사고를 예로 들어보자. 비행기를 이용하는 사람들은 비행기 추락 사고의 위험을 통계적으로 알고 있으면서 이를 감당하는 것이다. 그러나 비행기가 추락해 그 파편으로 사람이 사망하게 되는 것은 위협이라고 할 수 있다. 즉, 위험은 예측 가능하고 통제 가능한 것이지만 위협은 예측할 수 없고 통제될 수도 없다(문순홍, 1998: 374~375). 한편 노진철(1998)은 울리히 벡과 유사하게 위험과 위협을 구분하는 니클라스 루만(Luhmann, N.)의 논의를 설명하면서 risk를 위험부담으로, danger를 위험으로 번역한다. 그러나 내용은 동일하다.
6) 울리히 벡(1998: 21)에 실린 문순홍의 주석을 참조함.

이제 극지방마저도 위협에 빠뜨리게 되었지만 적절한 최대 기준치가 마련되어 있지 않거나 혹은 부주의하게 책정되어 있어서 유독 물질이 전 지구적으로 확산되는 것에 아무도 대표로 나서서 책임질 수 없게 되었다. 여기서 책임 있는 어떤 사람을 찾는 것은 무의미한 일이다.

그러면 위험사회의 존재론적 불안을 해소하기 위해서는 어떤 처방이 필요한가? 벡은 존재론적 안전을 확보하기 위해 '재귀적 근대화(Reflexive Modernization)'라는 개념을 제시한다. 벡의 재귀적 근대화론에서 의도하는 성찰성(reflexity)은 전문가체제에 대한 불신에서 기인한다. 벡이 보기에 위험사회의 성찰성이란 지식을 매개로 벌어지는 것이 아니라 '인지하지 못함(unawareness)'을 매개로 하는 성찰성이다(Beck, 1995: 90). 다시 말해 생태적 재난이 초래하는 피해의 규모가 어느 정도인지 확실하게 인지할 수 없기 때문에, 이와 관련된 전문가 시스템에 대한 개인의 의구심이 증가하고, 이러한 의구심이 재귀적 근대화를 촉진시킨다는 것이다. 이처럼 벡은 전문가 시스템에 의문을 품음으로써 성찰성이 높아진 개인을 정치의 새로운 단위로 주목하고 있다. 즉, 구조의 강제로부터 자유로워지고, 자신의 '개인적 서사(individual narrative)'를 구성할 수 있게 되어 성찰성이 증가한 개인의 비판적 능력이 단순 근대화의 한계를 돌파해 재귀적 근대화를 이끌어 낼 수 있는 동력이 될 수 있다는 것이다.[7]

벡은 근대사회의 '정치(Politik)'가 '정치적인 것(das Politische)'으로 변화하고 있으며, 이를 통해 재귀적 근대화가 진행되고 있음을 언급한다. 여기서 '정치'란 제도와 국가가 독점하고 있는 정치를 의미하고 '정치적인

---

7) 래쉬는 기든스나 벡의 성찰성을 모두 인지적(cognitive)라고 파악했다. 그러나 벡은 기든스와 자신의 인지적 성찰성 개념이 다르다고 본다. 기든스는 행위자가 자신의 행위 맥락을 어느 정도 안다고 전제하는 데 비해서 자신은 무지의 범주, 즉 행위자가 결과를 전혀 알지 못하고 알 수도 없는 범주, 곧 의도하지 않은 결과(unintended consequences)까지 성찰성이라는 용어에 포함시킴으로써 기든스보다 더 급진적인 면을 가진다고 보고 있다(벡, 1998: 46, 84~85).

것'이란 제도와 국가에서 벗어난 정치를 의미한다. 개인적 수준의 성찰성
의 증가와 이에 따른 '정치적인 것의 전면화' 현상을 '개성화(personi-
fication)'라고 하는데,[8] 바로 이 개성화가 재귀적 근대화의 동력이라고
할 수 있다. 즉, 개성화를 통해 산업사회적인 자기 이해를 해체시킴과
동시에 기존의 제도에 대한 성찰을 통해 자기 자신과 타자에 대한 새로운
자기 이해를 발견하고 창조하는 것이 가능하다는 것이다(벡, 1998: 179).
따라서 울리히 벡의 재귀적 근대화는 생태 위기라는 존재론적 불안에
대해, 개인적인 차원의 새로운 자기 이해와 새로운 관계의 확보가 가져다주
는 재귀적 근대화의 성찰성을 정치적 대안으로 제시하는 것이다.[9]

울리히 벡의 개성화 전략은 주체의 적극적 행위를 강조하는 것이다.
벡이 주목하는 주체의 적극적 행위는 한마디로 '의심의 기술'이다. 의심의
기술이란 미셸 드 몽테뉴(Michel de Montaigne)가 근대의 원칙으로 제시했
던 "모든 것을 의심하라"라는 언명을 급진화한 것이다. 벡이 보기에 위험
사회에서는 이 의심의 기술을 통해 과학기술 전문가들의 지배가 가져온

---

8) 래쉬는 개성화를 individualization라고 표현하면서, 전통사회에서 근대사회로 넘어
   올 때 발생한 개인화(individuation)와 구분시키고 있다(Lash, 1994: 113).
9) 울리히 벡의 이러한 개성화 전략은 미셸 푸코가 말년에 자신의 지적 관심을 담론이
   나 지식·권력으로부터 '자기에 대한 기술(technology of self)'로 옮기고, 보편적이지
   는 않지만 자신을[성(性)과 관련된] 윤리적 주체로 만드는 그리스·로마인들의 '자기
   에 대한 배려[과다(過多)에 대한 자제(自制)]'를 강조한 것을 연상시킨다(벡, 1998:
   327~331). 푸코는 원래 근대적 신체가 어떻게 권력에 의해 주체로 형성되었는가에
   관심을 가짐으로 해서 주체를 부정하는 것처럼 보였지만 자신의 마지막 저작들[특
   히 『성(性)의 역사』, 2·3권]에서는 행위를 형성하는 힘으로서 주체의 '자기에 대한
   기술'에 주목했다. 푸코는 욕망하는 주체에 대해 다음과 같이 언급한다. "따라서
   이같은 형태의 도덕에서 개인이 스스로를 윤리적 주체로 세우게 되는 것은 자기의
   행동 규칙을 보편화하면서가 아니다. 반대로 개인은 자신의 행동을 개별화하고
   변조시키며 심지어 그것에 부여된 합리적이고 심사숙고된 구조에 의해 그의 행동에
   특이한 광채를 부여할 수 있는 그러한 태도와 탐구에 의해 스스로를 주체화하게
   되는 것이다"(푸코, 1990: 77).

'제조된 불확실성'이나 '조직화된 무책임성'을 비판할 수 있고, 기존 제도에 의해 형성되는 수동적 주체가 아닌 능동적 주체가 등장할 수 있으며, 바로 이 능동적 주체에 의해서 재귀적 근대화가 가능하다는 것이다. 따라서 푸코가 자신 스스로를 지배하는 권력의 기술을 비판(비평)이라고 명하면서 이를 통해 인간의 존엄을 유지하고자 했다면, 벡은 의심의 기술을 통해 새로운 정치의 가능성을 제시해 인간의 존엄을 유지하려고 한 것이라고 해석할 수 있다(벡, 1998: 327~331). 즉, 보편적이지 않고 개별적인 의심의 기술을 통해 주체가 정치의 전면에 나서게 되는 것이 재귀적 근대화의 핵심인 것이다[10].

따라서 재귀적 근대화는 생태 위기에 직면해서 개성화 전략에 의해 전문가 중심의 과학기술 패러다임을 급진적으로 비판하고 의심함으로써 근대화에 내재한 자기비판의 계기를 확대시키고자 하는 것이다. 이것은 반(反)이성주의가 아니며, 오히려 칸트가 제시했듯이 이성에 대한 이성적 비판을 급진화하는 것이다. 이처럼 개인의 성찰성이 중요해지는 맥락을 고려해 이 논문에서는 '물 운동'을 물과 관련된 환경 담론을 사회적으로 생산하면서 기존의 물 관리 제도를 포함한 사회제도 전반에 대한 성찰을 요구하는 개인 및 집단 행위라고 잠정적으로 정의하고자 한다. 아래에서는 우리나라에서 나타났던 물 운동을 개괄적으로 일별한 후, 물 운동의 발전에 중요한 계기가 되었던 운동들을 살펴봄으로써 물 운동의 특성과 향후 발전 방향에 대한 제언을 제시할 것이다.

---

10) 물론 벡은 위험사회에서 오히려 더 권위주의적인 국가 관료 기구가 등장할 가능성도 배제하지는 않고 있다(Dryzek, 1996: 118).

3. 물의 근대화에 대한 성찰적 운동

1) 물의 근대화에 대한 성찰적 운동의 개념

근대 이전의 사회에도 물로 인한 갈등은 계속 있었고, 물 관리체제에 대한 저항도 계속 있었다. 수세(水稅) 싸움이 대표적인 것이라고 할 수 있다. 또한 우리나라의 근대화 초기에 있었던 수리조합 반대운동도 중요한 물 운동이라고 할 수 있다. 일제 강점기에 설립된 수리조합을 통해 수리시설이 생기면서 한국인 중소지주나 소작농들의 토지가 수몰되거나 수용되게 되는 경향이 많아지자 이에 대한 반대가 수리조합 반대운동으로 나타났다. 특히 상대적으로 비옥한 토지를 지녔던 지주들이 조합 설립에 반대했는데, 이들은 조합이 공공의 이익이라는 명분으로 개인에게 큰 피해를 입고 있음을 주장했다. 소토지 소유자들은 측량에 참여하는 자들에 대해 폭력적으로 저항하기도 했다(박명규, 1997).

그러나 수리조합 반대운동은 근대적 물 관리체제가 충분히 형성되기 이전의 운동이며, 토지운동과 명백히 구분되기도 어렵다. 이 연구에서 주목하는 '물의 근대화에 대한 성찰적 운동'은 본격적인 근대화 과정에서 형성된 물 관리체제의 문제점을 비판하고 저항한 운동에 국한된다. 제6장에서 살펴본 것처럼 한국의 근대적 물 관리 체계는 첫째, 대형 댐 건설을 통한 공급 위주의 물 관리 체계. 둘째, 토지 이용을 통한 수질개선대책. 셋째, 사후 처리 및 구조적 방법에 의한 수해대책. 넷째, 수도 사업의 과잉 투자와 관리 주체의 이원화 등의 특징을 가지고 있다. 이러한 근대적 물 관리체제는 국가주의에 의한 근대화 과정에서 탄생한 것이며, 이러한 근대적 물 관리체제가 초래한 부정적 결과들을 비판하고, 이를 극복하기 위한 운동을 '물의 근대화에 대한 성찰적 운동'으로 개념 정의하기로 한다. 아래에서는 '성찰적 물 운동'의 대표적 사례를 살펴보고 이 운동들이

어떻게 근대화 및 근대성에 대한 비판의 성격을 갖게 되었는지를 중심으로
검토하고자 한다.

2) 한국에서 물의 근대화에 대한 성찰적 운동의 전개

근대적 물 관리체제로 인해 한강, 낙동강 등 4대 강이 본격적으로 개발
되었으며, 그 과정에서 각 하천의 문화와 자연·생태계는 급속하게 파괴되
었고 수질도 악화되었다. 그리고 하천 주변은 주차장, 도로, 편의 및 위락
시설, 유흥업소, 기타 공단 등이 들어서 하천 본연의 모습을 잃게 되었다(이
상헌, 염형철, 오성규, 2004: 156). 그러자 근대적 물 관리체제의 이러한 부정
적 결과들에 대해서 다양한 비판들과 운동이 나타났다. 물론 근대화 초기
에는 민주주의를 유보하고 경제성장과 개발 우선주의 전략을 전개한 군사
정권에 대항하지 못하거나 순응해 물 운동은 활발하지 못했다. 1970년대
후반의 낙동강 하굿둑 건설 반대운동은 우리나라 '성찰적 물 운동'의
효시라고 할 수도 있지만, 본격적인 조직 운동이라고 하기는 어려웠다.
그러나 1980년대 후반부터는 사회의 민주화가 시작되고, 경제적으로 중
산층이 확대되자 적극적인 '성찰적 물 운동'이 나타나기 시작했다. 1989
년 수돗물 중금속 오염 파동(1차 수돗물 파동), 1990년 수돗물 발암 물질
THM(트리할로메탄) 파동(2차 수돗물 파동), 1991년 두산전자 페놀 원액
유출 사건(3차 수돗물 파동)이 발생해 생명의 원천으로서 물의 중요성을
새삼 부각시켰고, 물 운동이 획기적으로 발전하게 된 계기를 마련했다.
1990년대에는 지방자치단체의 잘못된 하천 이용 계획(도로, 주차장, 복개
등)에 대해서 하천보존운동을 전개하기도 했고(수원천 복개 반대 및 자연형
하천 조성 운동), 기존에는 국책사업이어서 드러내놓고 비판하지 못했던
댐 건설 사업도 무산시키기도 했다(인제 내린천댐, 동강 영월댐). 그리고
2000년 이후에는 주민들이 주축이 되어 하천 생태계 복원 사업을 추진하

는 '강 살리기 운동' 등 다양한 성찰적 물 운동이 등장하고 있다. 이것은 근대적 물 관리 체계에 함축되어 있는 국가주의를 조금씩 극복하는 과정이라고 평가할 수 있다. 우리나라의 성찰적 물 운동의 역사적 전개 과정을 연표로 정리하면 <표 7-1>과 같다.

<표 7-1> 한국의 성찰적 물 운동의 전개 과정

시기 구분	주요 사건	주요 운동	운동의 특징
1960년대~ 1970년대	- 주요 댐 및 방조제 건설 춘천댐(1965), 남강댐(1969), 소양댐(1973), 안동댐(1976), 삽교호 방조제(1979) 등 - 수자원종합개발10개년계획(1965) - 4대강종합개발계획(1970) - 산업기지개발공사 광역상수도 사업 시작(1973) - 물고기 떼죽음 사건(1973)	- 낙동강 하구언 건설 반대운동(1978)	- 소수 대중의 즉자적 운동 - 비조직화 - 국책사업에 의한 (하천) 생태계 교란을 과학적 조사에 의해 문제 제기
1980년대	- 영산강 하굿둑 건설(1981) - 5대 강 수은 검출 사건(1984) - 평화의 댐 건설 발표(1986) - 낙동강 하구언 건설(1987) - 광역상수도 수도권 1·2·3단계 완공(1988) - 합천댐(1989) 건설 - 수돗물 중금속 오염 사건(1차 수돗물 파동)(1989)	- 수돗물 오염사태에 대한 시민저항운동	- 일반 대중의 즉자적 운동 - 일부 조직화 - 국가가 관리하는 물의 생산 과정에 대한 불신감 확대
1990년대	- 금강 하굿둑 완공(1990) - 수돗물 발암 물질 파문(2차 수돗물 파동)(1990) - 낙동강 페놀 오염 사고(1차, 2차)(1991) - 임하 다목적댐 완공(1993) - 낙동강 수돗물 악취 사건(벤젠 톨	- 페놀 유출 규탄 및 해당 기업 제품 불매운동(1991) - 양양 양수발전댐 건설 반대운동(1995)	- 환경운동단체의 적극적 개입 - 비민주적으로 시행된 국가 물 관리정책에 대한 비판

	루엔 검출)(1994) - 시화호 사건(1996)	- 인제 내린천댐 건설 반대운 동(1996) - 환경운동단체 들 하천 복개 반대운동 전 개(1996) - 동강 영월댐 건설 반대운 동 (1999)	운동 - 생태주의의 등 장
2000년~ 현재	- 동강 영월댐 백지화 선언(2000) - 시화호담수화계획 포기 선언(2001) - 청계천복원계획 발표(2002)	- 수돗물 바이러 스 논란(2001) - 한탄강댐 건설 반대운동(2001) - 유역 보전운동 (2001) - 강 살리기 운 동(2002)	- 국가정책에 대 한 저항을 넘 어 주민 주도 의 자발적 대 안 제시 운동 - 생태주의의 확 산

아래에서는 역사적으로 전개된 성찰적 물 운동 사례 중에서 시기적으로 중요한 사례들을 검토해 우리나라의 성찰적 물 운동을 평가하고자 한다.

4. 한국의 성찰적 물 운동의 주요 사례

1) 낙동강 하구언 건설 반대운동

낙동강의 근대적 개발의 단초는 일제 시대(1920년대와 1930년대)부터 시작되었으며 이 당시에 축조된 제방은 남강 합류점 하류 88km, 남강

지류의 함안 합류점 하류 14km, 밀양강 합류점 하류 18km, 양산 하류 8km 등 약 128km에 달했다. 해방 이후에는 한국 전쟁으로 치수사업이 중단되었다가 1954년 전화복구를 위한 경제원조기관인 UNKRA(유엔 한국재건단)의 도움으로 제방이 계속 축조되었다. 경제개발5개년계획(1961) 이후에는 본격적인 낙동강 연안 개발 사업이 추진되어 낙동강 본류의 왜관제, 죽전 1·2제, 용신제, 금남제, 백천의 학산제, 대산제 등이 축조되었다(이성근, 1996: 121).

낙동강의 근대적 개발에서 댐이 차지하는 위상은 상당히 크다. 댐은 많은 경제적 편익을 가져다주었지만 사회적 비용도 그만큼 치러야 했다. 일반적으로 다목적댐에 수반되는 편익으로 간주되었던 것은 관개용수의 안정적 공급, 생활 및 공업용수의 공급, 발전사업, 홍수 조절, 강 하류 오염 방지, 관광지 조성 등이다. 낙동강 유역의 다목적댐들이 이러한 편익을 일정 정도 가져다준 것은 사실이다. 그러나 이에 못지않게 많은 사회적 비용도 치러야 했는데, 가장 우선적인 것은 댐 건설 지역의 사회와 문화가 해체되고 대량의 이주민이 발생했다는 사실이다.[11] 그리고 댐 건설 주변 지역이 저발전되었고 생태계에 교란이 일어났다. 오래된 댐은 대부분 부영양화 현상으로 생물학적으로 죽어가고 있으며 광범위한 인공호수로 인해 안개일수와 평균 온도의 하락, 습도의 상승으로 주변 농작물에 심각한 폐해를 끼치며 인체에도 치명적인 영향을 끼치게 된 것이다(이성근, 1996: 125). 2006년 현재까지 낙동강 수계에는 7개의 다목적댐 및 하구언이 건설되었다.

그중에서 낙동강 하구언은 근대적 개발의 명암을 극명하게 드러내는 사례이다. 낙동강 하구언은 김해평야의 염해(鹽害)[12]를 방지하고 부산권에

11) 1992년 현재 낙동강 유역에 건설된 4개 다목적댐의 경우 총 7,941가구에 4만 6,931명의 인구가 이주했고, 144개 리·동이 해체되었다(이성근, 1996: 124).
12) 당시 가뭄 때문에 발생한 염해로 인해 경남도와 부산시가 양수(揚水) 문제를

염분 없는 생활용수 및 공업용수를 공급하기 위해 산업기지개발공사(현재 수자원공사)에 의해 축조된 것이다. 유엔개발기구(UNDP)와 세계식량농업기구(FAO)의 지원으로 네덜란드의 네데코 용역단은 1976년부터 낙동강 하구언 건설에 대한 조사 용역을 실시했다. 네데코 용역단은 1978년 1월 정부에 제출한 보고서에서 낙동강 하구언이 경제적 타당성이 충분하며, 건설 시기가 빠를수록 유리하고, 위치는 부산 사상공단의 하단부 지점에서 현 김해군 명지로 직선 연결해야 하며, 설계는 차량 통행과 보행이 가능한 교량을 겸한 갑문식이 되어야 한다고 제시했다.[13]

이러한 조사 결과를 바탕으로 정부는 1983년 4월 낙동강 하구언 건설을 확정하고 기공식을 가지게 되었다. 낙동강 하구언은 부산 하단동에서 을숙도를 가로질러 북구 명지동 등을 연결하는 것으로써 높이 6m, 길이 1,890m이며, 계획된 총공사비는 내·외자(內外資) 1,896억 원이었다. 문화공보부는 공사의 주무기관인 산업기지개발공사의 요청에 따라 천연기념물 제179호로 지정돼 있는 낙동강 하류 철새도래지의 보호지역 일부 470만 평에 대한 형상 변경을 승인함으로써 하구언 공사 구간을 문화재보호구역에서 해제했다. 또한 문공부는 문화재위원회 심의를 거쳐 을숙도를 비롯한 문화재보호구역 7,500만 평 가운데 을숙도의 일부인 410만 평을 형상 변경하고, 하구언 공사의 오른쪽 지역 60만 평을 문화재보호구역에서 해제했다.[14] 그리고 낙동강 하구언은 1987년 11월 16일 준공식을 가지게 되었다.

준공 직후에 낙동강 하구언은 원래의 기능, 즉 강물을 저장하고 바닷물의 역류를 차단해 부산, 울산, 마산 창원 등지에 충분한 생활용수를 보급해

둘러싸고 갈등을 겪은 적도 있었다. 자세한 내용에 대해서는 ≪조선일보≫, 1968.3.30일자 기사를 참조할 수 있다.

13) ≪부산일보≫, 1978.1.14일자; 낙동강보존회(1999: 23)에서 재인용.

14) ≪부산일보≫, 1983.4.14일자. 낙동강보존회(1999: 60)에서 재인용.

주는 기능을 다하는 것처럼 보였다. 그러나 그러한 인상은 오래가지 못했다. 1988년에 들어서면서 사상공단에서 배출된 오폐수가 낙동강 본류로 유입되면서 상수도가 중금속으로 오염될 위험이 높아졌다.[15] 이것은 사상공단의 폐수를 정화할 장림하수종말처리장을 하구언 공사가 끝나는 1987년 12월에 완공할 예정이었으나 예산 부족으로 건설하지 못하고 1989년 5월에야 시험 가동에 들어갈 수 있었기 때문이었다. 게다가 1988년에는 겨울 가뭄 때문에 낙동강의 유량이 감소해 바닷물의 역류로 인한 염해를 방지하기 위해 수문을 닫아놓음으로써 사상공단에서 나오는 폐수가 하구언에 가두어놓은 5,000만 톤의 물과 혼합되어 수질을 급격히 악화시켰던 것이다. 뿐만 아니라 하구언 바깥의 사구(砂丘)가 낙동강 본류의 흐름을 방해함으로써 홍수 때 수위가 높아져 구포 삼락동 등 강 주변 지역의 침수 위험도 지적되었다. 그러다가 그해 7월에는 하구언 안쪽에 적조로 인한 무산소 상태가 발생해 물고기가 떼죽음당하는 사고가 터졌다.

낙동강 하구언은 처음 계획이 입안되고 공사가 진행될 때부터 이에 대한 반대 움직임이 있었으나 당시 신군부가 집권한 5공화국의 언론 통제와 억압으로 인해 충분한 사회운동으로 발전하기는 어려웠다. 그럼에도 불구하고 낙동강 보존회[16]와 같은 단체에서는 낙동강 하구언의 부당성이나 문제점, 그리고 낙동강 수질 오염 등에 대해 시민 홍보 활동을 전개했다(낙동강보존회, 1999). 낙동강 보존회가 제기한 낙동강 하구언의 부당성은 크게 네 가지였다. 첫째, 하구언을 막아서 낙동강 수위를 50cm 높여 농공

---

15) 당시 수질조사에 의하면(부산수산대학 박창길 교수), 사상공단을 거쳐 낙동강 하구언 안으로 흘러드는 엄궁천과 학장천의 수질은 구리, 카드뮴, 납과 같은 중금속 함량이 55.46ppm에 달할 정도로 오염되었으며, 생물학적 산소요구량(BOD)은 300ppm으로 나타났다. 낙동강보존회(1999), 92쪽 참조.

16) 낙동강보존회는 1978년에 창립된 민간단체로, 주로 환경 문제와 직·간접적으로 관련이 있는 교수나 전문가, 그리고 환경 문제에 관심이 있는 전문직 종사자들(의사, 언론인 등)이 주축을 이루고 있다.

업용수를 확보한다는 것은 허구이다. 막대한 토사와 오염 물질의 퇴적으로 하상이 50cm 이상 높아지면 용수량은 오히려 줄어들고, 고질적인 홍수 피해만 줄 우려가 있다. 둘째, 물금취수장의 염해나 김해 지역 농업용 수의 염해는, 하구언처럼 위험하고 여러모로 재난이 예상되는 엄청난 공사 가 아니더라도 1년 중 12월의 갈수기 때 2~3주 정도 안동댐의 수량 조절만으로도 능히 극복할 수 있다. 셋째, 하구언으로 인해 하구 이남의 해안에 토사가 매립되어 유로가 막힘으로써 준설 공사를 연중무휴로 해야 될 사태가 올지 모른다. 넷째, 세계적 문화재로 꼽히는 동양 최대의 철새도 래지인 낙동강 하구 지역 생태계가 파괴되고, 천혜의 자원보고인 하구 연안의 어업 손실이 우려된다(낙동강보존회, 1999: 55). 낙동강보존회는 이 러한 논지를 여러 차례 건의문의 형태로 제시했고, 한편으로 시민들에게 낙동강의 실상을 알리기 위한 홍보 활동도 전개했다. 대표적인 것은 1981 년 열었던 '낙동강 변형어 및 풍물 사진전'이었는데, 관람객이 5,000명을 넘어서 상당한 호응이 있었던 것으로 평가하고 있다(낙동강보존회, 1999: 49). 그리고 낙동강 하구언 건설에 반대하는 국제환경단체들[국제자유보호 연맹(IUCN), 국제조류보호회의 등]의 지원을 얻기도 했다.

낙동강 하구언 반대운동은 비록 결집된 형태로 나타나지 못하고 일부 민간단체에 의한 문제 제기와 시민들에 대한 홍보 활동이라는 산발적 형태로 나타났다. 그리고 전문적 식견이 있는 소수에 의한 계몽적 운동이 라는 특징도 있다. 따라서 본격적인 시민운동으로 자리매김되지는 못했지 만 물 운동에서 가장 중요한 것이 기존 사회제도에 대한 성찰의 계기를 마련하는 것이라고 할 때, 낙동강 하구언 반대운동은 개발주의적 물 관리 방식에 대해 체계적이고 과학적인 근거를 바탕으로 문제를 제기했다는 점에서 중요한 의의를 가진다고 하겠다.

2) 페놀 사건과 물 운동

물 운동의 중요한 계기가 된 것은 1991년에 발생한 낙동강 페놀(Pheno
l)[17] 사건이다. 사실 페놀 사건 이전에도 수질에 대한 시민들의 불신은
수돗물에 대한 불신이라는 형태로 이미 팽배해있었다.[18] 시민들은 수돗물
에서 소독약 냄새가 난다면서 생수를 선호했고, 정식으로 시판 허용도
받지 않았지만 1984년 한해에만 전국 11만 가구에 당시 금액으로 20억
원어치를 판매했다. 1985년에는 소비자연맹이 생수(보존 음료)가 실제로
수돗물보다 세균 오염도 높으며 함유된 광물질도 수돗물과 비교해 별
차이가 없다는 점을 밝히고, 보사부에서도 1985년 3월을 기해 보존 음료
의 국내 판매를 금지하는 조치를 취했음에도 불구하고 생수 판매 실적은
계속 상승했다.[19] 수돗물에 대한 불신은 개인의 보건이나 위생에 대한
개인적인 관심으로 그칠 수도 있기 때문에 이것 자체가 큰 사회적 운동으
로 전환되기에는 한계가 있었다. 그러나 1991년의 페놀 사건은 수질에

---

17) 페놀(phenol)이 인체에 미치는 영향을 보면 다음과 같다. 피부에 페놀이 함유된
   소독약을 바르면 침착된 단백질의 흰 막이 형성된다. 이것은 곧 붉게 되고 피부
   표면이 옅은 갈색으로 염색된다. 이 상태가 계속되면 피부가 괴사하게 된다. 소화
   기계로 흡입되면 복부 통증, 설사, 구토 등의 증상이 일어난다. 호흡기계로 흡입될
   경우 호흡 감소 현상이 나타나고 다량의 페놀에 노출될 경우 호흡 마비로 사망에
   이를 수도 있다. 이러한 호흡 마비는 페놀 중독의 주 사망 원인이다(경북대학교
   의과대학 기독학생회, 1992: 82~83)에서 인용.
18) 수돗물에 대한 인식은 1960년대 후반까지는 상당히 긍정적이었다. 당시에 방학을
   맞이해 시골로 가면 "수돗물 먹더니 얼굴이 희어졌다"라는 말이 있었다고 한다.
   그러나 20년 만에 수돗물에 대한 불신이 커졌다. 1985년도의 여론 조사에 의하면
   시민들은 98%가 수돗물이 오염된 물이며, 허드렛물로만 사용할 수 있다는 인식이
   있었다(≪조선일보≫, 1985.7.30일자 기사 참조).
19) ≪조선일보≫, 1985.7.28일자 기사 참조. 이 기사에 의하면 한국과학기술원
   (KAIST)의 한 교수는 미국 영주권을 이용해 주한미군 상대로 판매되는 보존
   음료를 매주 20ℓ씩 사다 마신다고 말한 내용이 나온다.

대한 시민들의 인식의 폭을 확장시킨 계기를 마련했다고 평가할 수 있다.

1991년 3월 14일에서 15일 사이에 구미공단 내 두산전자에서 페놀 원액 30톤이 불법 방류되어 옥계천을 지나 그대로 낙동강 원수에 흘러들어갔다. 방류된 페놀 폐수는 3월 16일 다수 수원지에 유입되어 페놀이 수돗물 살균제인 염소와 화학 반응을 일으켜 크롤로페놀을 형성해 페놀의 300~500배에 이르는 불쾌한 냄새를 일으킨 것이다. 대구시 당국은 시민의 신고로 악취 발생 사실을 알게 되고 즉시 원수, 정수 수질 성분 검사를 실시해 3월 17일 원수에 페놀이 함유되었음을 확인한 다음, 시내 4개소의 직경 300mm짜리 대형 배수밸브를 열어 배출 작업을 확대하고, 안동댐 방류량을 초당 30톤에서 50톤으로 늘려줄 것을 요청하는 등의 조치를 취했다(낙동강살리기운동협의회, 페놀피해임산부모임, 환경보존변호사모임, 1992: 127~128).

그러나 이 사태는 점차 확대되어 갔다. 대구에서는 생수를 받기 위해 사람들이 약수터 앞에서 장사진을 치게 되었고 수돗물로 만든 두부와 빵 등이 악취로 폐기되기도 했다. 특히 임산부들이 심한 구토와 하혈, 심지어 유산을 했으며, 임신 중절을 하는 사태도 발생하기도 했다. 피해배상과 공해 기업에 대한 응징 등 제반 문제를 협의하기 위한 시민연대기구를 구성하기로 하여 대구지역 경제정의실천시민연합, 대구 YMCA, 대구 YWCA, 참길회, 함께하는 주부모임, 소비자연맹 대구경북지부, 크리스천아카데미, 소비자보호와 환경보전을 위한 변호사 모임 등이 이에 참가했다. 이들은 3월 23일 페놀 사태 규탄대회를 YMCA 앞 노상에서 개최해 진상 규명과 피해 배상을 요구했다. 부산에서도 페놀 피해를 우려해 3월 23일 10개 단체(낙동강 보존회, 부산 YMCA, YWCA, 천주교 정의구현부산연합회, 부산경남 민주화교수협의회, 부산여성회, 공해추방부산시민운동협의회, 대한주부클럽 부산지회, 환경 문제 시민운동협의회, 건강사회를 위한 치과의사회)가 '페놀 사태에 대한 부산시민단체대책회의'를 결성하게 되었다(낙동강보존회, 1999: 96~97). 대책회의 결성을 계기로 대정부 질의서 발송, 두산상품 안사기운동 등 캠페인과 각종 규탄대회가 열렸다. 결국 두산그룹 회장이 사임하고 환경처 장관과 차관이 경질되었다(구자상, 2001).

페놀 사태와 관련한 물 운동은 다수의 전문 환경운동단체가 적극적으로 개입해 수질 정책의 변화를 촉구하는 운동의 성격을 가지게 되었고, 그 결과 수질 보전에 대한 여론이 상당히 급등했으며 여론의 비난을 무마하기 위한 정책도 많이 쏟아져 나왔다. 1991년 11월 정부는 국민들에게 수질 보전을 약속하고「환경정책기본법」23조를 근거로 국토를 4개의 대권역 으로 설정했으며, 1992년에 처음으로 수계영향권별 관리 대책을 수립했 다. 이어 1992년 12월 당시 1997년까지 수질 1~2급수 달성을 목표로 97까지 총사업비 1조7천800억 원을 투입한다는 맑은 물 공급 종합대책(2 차)을 발표했다. 당시 이 계획은 주요 과제로 상수원 수질 개선 분야 10개 과제를 비롯, 상수원관리합리화대책, 공해공장이전집단화계획, 상수도 공 급 개선 분야 등이 마련되었다(구자상, 2001). 결국 페놀 사태와 이와 관련된 물 운동은 수질 정책의 전환을 가져오고, 시민들의 의식을 환기시키는 데 중요한 역할을 했다고 볼 수 있다. 이 점에서 이전의 낙동강 하구언 반대운동에 비해서 훨씬 더 적극적이며, 더 성숙한 물 운동이라고 할 수 있을 것이다. 그러나 물 운동이 본격적으로 확산되고, 체계적으로 성장 한 것은 동강 영월댐 반대운동에서 비롯되었다고 할 수 있다.

3) 동강 영월댐 반대운동

남한강 상류에 해당되는 동강은 임계천·송천·오대천과 합수되고, 삼척 시 하장면 대전리에서 흘러오는 동천과 만나 조양강이 되어 가수리에서 남천과 만나 운치리, 고성리, 덕천리, 거운리를 거쳐 영월로 흘러가는 하천이다. 동강은 대표적인 감입곡류 하천이며, 이른바 **뺑대**라고 하는 하안단구와 하천의 퇴적 작용에 의한 보호사면(모래톱 내지는 자갈톱) 등이 잘 발달되어 있으며, 석회암 용식 작용에 의한 카르스트 지형이 발달해있다. 동강은 접근성이 낮았던 관계로 원시적인 비경과 함께 원시적인 생태 환경이 보존되어 있는 지역으로 평가되었다. 일반적으로 멸종되었다고 보고되었거나 멸종을 앞두고 있는 동식물들이 동강에는 부지기수로 서식하고 있으며 국내외 학계에서조차 보고되지 않았던 식물 또한 보고되기도 한다. 동강에 서식하고 있는 천연기념물 동식물만도 수달, 어름치, 원앙, 황조롱이, 솔부엉이 등 12종에 이르며 보호대상종이나 한국고유종 동식물은 셀 수 없을 정도로 많은 종이 분포하고 있다. 또한 일명 동강할미꽃은 하늘을 보고 자라는 할미꽃으로 학계에서는 미기록종 식물로 보고하고 있으며, 2000년 2월엔 동강의 하류부에 속하는 합수머리에 전 세계적인 희귀종 조류인 흰꼬리 독수리가 발견되기도 했다.[20] 동강의 유로 연장은 148.7km이며 용수 사용량은 2002년 현재 1일 2만 1,931톤으로 주요 오염원으로는 인구 7만 9,216명, 가축 1만 6,735두, 양어장 27개 소, 고랭지 205.52km^2, 초지 18.36km^2 등이다. 그러나 동강 유역은 마을 하수도가 13개 소(1,282m^3/일)뿐으로 환경 기초 시설이 전무해 하수처리율은 9% 미만(정선군 1.5%, 영월군 0.1%, 평창군 8.7%)에 머무르고 있다.[21] 동강이 속한 남한강 수계는 일제 시대부터 계속 소수력댐이나 다목적댐 건설을 위한 타당성 조사를 받기는 했지만 정작 댐 건설 사업이 진행되지는 않았던 곳이다. 그러나 1990년 9월 영월, 평창, 정선 지역에 큰 비가 내려 홍수가 나자 건교부는 1991년 1월에 영월댐 건설 계획을 발표하게 된다. 홍수가 계기는 되었지만 처음에 영월댐을 건설하려는 목적은 수도권 개발에 필요한 용수공급처를 확보하는 것이었다. 이때는 2010년 물 부족

---

20) 동강보존본부(www.dongriver.com)에서 인용함.

21) 원주환경관리청(www.wonju.me.go.kr)에서 인용함.

에 대비한다는 명분을 내세웠고, 지역 주민들도 여기에 이의를 제기하지는 않았다(오은정, 2003: 30~31).

물론 영월댐 건설 계획이 나오자 댐 건설 예정지의 상류에 해당하는 정선 지역은 수몰 문제 때문에 계획에 반발했다. 그러나 당시 정선 지역의 반발은 용담댐이나 탐진댐 건설 예정지 상류 지역 주민들의 반발과 큰 차이가 없는 전형적인 특징을 가지고 있었으며, 이때 이슈는 보상액을 둘러싼 국책사업비의 사업비 증액 문제와 투기 문제였다. 영월댐은 「환경 영향평가서」 초안이 작성되고, 본격적인 사업 개시를 알리는 주민 설명회 와 공청회가 진행되던 1996년까지는 별다른 사회적 주목을 받지 못했으 며, 이후에 큰 문제가 되었던 댐의 안전성이나 경제성, 생태적 가치 등도 사회적인 쟁점이 되지는 못했다. 즉, 이때까지는 다목적댐 건설을 통한 용수 공급 문제와 보상 문제가 영월댐 건설 논의에서 가장 핵심적인 문제 였던 것이다.

그러나 1996년 이후 동강의 '비경(秘境)'이 알려지고, 래프팅이나 오지 탐험과 같은 관광적 가치가 있음이 널리 알려지게 되자, 동강에 대한 사회적 관심이 비등하게 되고, 동강의 생태적 가치가 논의의 전면에 등장 하게 되었다(오은정, 2003: 35). 특히 1997년에 영월댐을 위한 공청회가 시작되자 동강에 래프팅이나 관광을 온 사람들이 영월댐에 대해 알게 되었으며, 환경단체들도 영월댐 건설 논쟁에 참여하면서 상황은 예전과 다른 양상을 띠게 된 것이다. 언론들은 영월댐으로 수몰될지도 모르는 동강의 비경에 대해 안타까움을 드러내며 영월댐 건설 계획에 문제를 제기하게 되었다.[22] 그런데 영월댐이 전 사회적 관심을 얻게 된 것은 언론만의 힘은 아니었다. 다양한 행위자들이 참여해 정치적 장을 형성하 고, 네트워크를 만들어갔기 때문에 사회적으로 큰 반향을 얻을 수 있었는 데, 특히 환경단체들이 큰 역할을 했다.

---

22) 당시 ≪경향신문≫과 ≪조선일보≫ 등이 이 문제를 특히 집중적으로 다뤘다.

환경단체들이 1998년 초 내린천댐 백지화 이후 영월댐 문제에 본격적으로 개입하면서 주민들의 태도가 많이 변했다. 앞서 언급했듯이 일반적으로 댐 건설로 인한 수몰 대상 지역 주민들은 국가가 하는 일에 대해 크게 반대하지 않고, 다만 소극적이고 개인적으로 보상을 좀 더 얻을 수 있는가 하는 문제에만 관심이 한정되는 경우가 많다. 그러나 보상 금액이 예상보다 적고, 환경단체들이 동강의 생태적 가치와 이를 이용한 생태관광(eco-tourism)에 대해 알려주면서 영월댐 건설이 필연적이지 않을 수 있음을 알게 된 것이다. 1998년 들어 영월댐 건설 반대 움직임이 점차 고조되자 건교부는 영월댐 건설을 강력하게 추진할 계획을 밝혔고, 이와 함께 환경단체들은 성명서 발표와 더불어 다양한 형태의 시위와 퍼포먼스, 그리고 '트레킹(trekking)'이나 '래프팅(rafting)' 같은 생태적 감수성 키우기 전략을 구사했다. 그리고 당시 정부가 가입한 '생물종다양성협약'과도 연계시켜 정부의 댐 건설 계획을 과학적인 견지에서 비판했다(오은정, 2003: 53).

영월댐 반대운동 과정에서 나타난 특징은 댐 안전성 문제와 동강의 생태적 가치 문제에 대해서 과학적이고 체계적인 접근을 시도해 건설 계획의 부당성을 입증하려는 시도가 있었다는 것이다. 물론 그 빌미는 수자원공사가 1997년에 보고한 「환경영향평가보고서」가 제공했다. 환경부는 이 보고서 내용이 충분치 않다고 판단해 보완을 지속적으로 요구했다. 그리고 1998년 3월에는 댐 건설 예정지 주변에 상당수 동굴들이 서로 연결되어 있으며, 물이 용출되고 있어서 댐 건설 후 예상하지 못하는 붕괴·융기·침수 현상이 우려된다고 밝힘으로써 환경단체들이나 주민들의 댐 안전성에 대한 우려를 뒷받침해 주었다. 이에 환경운동연합과 강원대 동굴탐사반, 동강포럼 회원들이 동강 유역 동굴 탐사를 실시해, 처음에 동굴이 6개밖에 없다고 했다가 공식적으로 60여 개라고 했던 것보다 훨씬 더 많은 192개에 달하는 동굴이 있음을 건교위 국정감사 자료로 제공하게 된다. 그러나 이러한 실증적 자료에 근거한 반박에도 불구하고 건교부는

1999년 2월과 3월에 계속 공사 강행 방침을 밝혔으며, 4월 7일 김대중 대통령은 건교부와 환경부 국정보고 자리에서 수도권 홍수 방지를 위한 대안으로 영월댐 건설을 지지하는 발언을 하게 되었다. 이로 인해 영월댐 건설을 둘러싼 공방은 1999년 3월과 4월에 극점에 달했다(오은정, 2003: 60).

영월댐에 대한 논쟁이 계속되자 정부에서는 1999년 9월 영월댐 공동조사단이 결성되어 6개월 동안 시한부로 작업해 2000년 3월에 보고서를 제출하게 했다. 공동조사단은 물수급 분과, 홍수 분과, 댐안전 분과, 환경 분과, 문화 분과의 다섯 개 분과로 이루어져 있었으며, 각 분과에서 낸 조사 결과를 토대로 댐 건설 여부에 대한 합리적 결정을 내리고자 한 것이다. 그런데 다섯 개 분과의 조사가 지나치게 짧은 기간에 이루어졌기 때문에 논란의 여지가 있었던 댐 안전성 여부에 대해서는 명확한 결론이 나기 어려웠다. 하지만 환경 분과에서는 동강의 생태적 가치를 입증하는 주목할 만한 결과를 내 놓았다. 환경 분과의 조사 결과, 동강 일대에는 총 1,838종의 동물이 서식하며 그중 천연기념물이 13종, 멸종위기종 및 보호종이 23종, 희귀 및 특이종이 93종, 한국산 미기록종 39종 등이 포함되고 신종 예상 종으로서 담수어류 1종, 동굴성 거미류 2종, 동굴성 갑충류 1종이 발견된 것이다(영월댐 공동조사단, 2000; 오은정, 2003: 78에서 재인용). 결국 종합적으로 영월댐 공동조사단은 영월댐 백지화 결론을 내렸고, 김대중 대통령은 2000년 6월 5일 세계 환경의 날 기념식에서 영월댐 건설을 백지화한다고 선언했다.

영월댐 건설 백지화에 대해서는 다양한 학문 분야에서 연구가 수행되었는데, 일반적으로 환경 가치가 시민사회에 널리 보급된 결과이며 지역 및 서울에 근거를 둔 환경운동단체의 운동 역량이 성숙한 결과라고 보는 시각이 많다(이시재, 2001; 정진주, 2001; 박순영, 2001). 그러나 영월댐 백지화 이후의 상황을 살펴보면 환경운동단체의 역량은 아직 충분히 성숙했다고 하기 어렵다는 평가를 내릴 수밖에 없다. 즉, 백지화 이전까지는 동강이 가지는 생태적 상징성을 앞세워서 여론을 형성하는 데 성공했지만, 그 방식이 지역에 기반을 두지 않고, 주민들과 연계되지 않았기 때문에 백지화 이후에 동강 보존에 대한 책임은 정부에게 모두 떠넘겨졌고, 동강 보존 대책과 주민들의 생계 대책 문제를 놓고 주민들 사이의 갈등과 중앙 정부와 지방 정부 사이의 갈등이 계속 이어지게 되었다.

영월댐에서 나타난 물 운동은 이전의 물 운동에 비해서 훨씬 더 발전한 운동이다. 일단 과학적인 접근을 시도했다는 점, 여론을 형성했고 결국 댐 건설을 저지했다는 점에서 주목할 만한 성과를 거두었다. 그러나 두 가지 점에서 한계가 있다. 우선 동강의 생태적 가치를 전면에 내세우면서 이슈 파이팅에 치중하다 보니 영월댐 건설이 가진 문제를 체계적으로 분석하고 대응 방안을 마련하는 데 소홀했다고 볼 수 있다. 그 예가 동강의 수질에 대한 오해이다. 사실 동강은 언론에서 선전하듯이 그렇게 깨끗한 강이라고 할 수 없다. 도암댐 방류수, 폐광산에서 흘러나오는 폐수, 고랭지 채소밭에서 흘러나오는 농약, 축산 폐수, 가뭄으로 인한 자정 작용의 약화 등으로 인해 이미 1980년대부터 수질 오염이 시작되었다. 그렇기 때문에 수질이 좋다가 백지화가 선언된 이후에 갑자기 수질이 나빠진 것은 아니다[23]. 그런데도 마치 백지화가 된 이후에 무분별한 지역 개발로 인해 수질이 오염되었다는 논조로 언론이 여론을 몰아가는 것은 주민들을 다시 범죄자로 만드는 것이고, 주민들의 환경단체에 대한 불신을 초래하게 되는 것이다(오은정, 2003: 98~103).

두 번째 문제는 환경 단체가 지역의 상황을 감안하지 못한 전략과 전술

---

[23] 원주환경청의 조사에 의하면 1992년부터 2001년 사이의 수질조사 결과, 1996년 경에 급격히 수질이 나쁘게 나온 적이 있다. 이것은 특별한 수질 오염 사고가 있었던 것이 아니라 수자원공사의 「환경영향평가서」 보완을 위해 철저하게 조사한 결과라고 보는 것이 타당할 것이다.

을 전개해 지역 주민들로부터 불신을 받음으로써 결국 지역의 역량을 키우는 운동이 되지 못했다는 점이다. 사실 댐 건설 반대운동은 백지화 못지않게 그 이후의 과정도 중요하다. 동강의 경우 백지화 이후 여러 가지 갈등이 계속해서 발생했다. 수몰 지역 주민지원사업 시행을 둘러싸고 일반 주민과 수몰대책위원회 집행부 간의 갈등, 자연휴식지 지정과 생태계 보전 지역 지정을 둘러싼 지역 주민들 간 대립과 강원도와 환경부, 환경단체들 사이의 갈등이 계속 일어난 것이다. 그런데 이 과정에서 보면 환경단체는 주민지원사업에 대한 감사청구권을 감사원에 청구하기도 했지만 여전히 주민들로부터 불신을 당했다. 예를 들어 2001년 5월 굴암리에서 신동읍까지 26km에 이르는 도로 확포장 공사를 포함한 난개발 실태를 조사하러온 환경단체 활동가 2명이 수몰 지역 주민들에 의해 7시간 동안 감금당한 적이 있다. 그리고 2001년 10월 22일 한 환경단체가 영월에서 환경부, 강원도, 동강보존본부, 3개 군 동강주민협의회 대표를 초청해 자연휴식지 지정을 포함한 동강 보전 방안을 논의하려 했을 때, 동강 문제는 동강 주민들이 해결해야 할 문제이지 외부 단체가 개입할 상황이 아니라고 해서 회의가 무산된 경우가 있었다(박재묵, 2002: 193, 203). 환경 운동단체들은 동강의 생태적 가치에 지나치게 집중해 여론을 형성하고, 결국 영월댐을 동강댐으로 인식하도록 만들어 백지화에 성공했다. 그러나 궁극적으로는 환경운동 담론이 정부 정책에 수용되도록 하여 오히려 더 강력한 중앙 정부의 개입을 요청하는 결과를 초래하고, 주민들의 실상과 동떨어진 제안을 함으로써 지역 주민들로부터는 불신을 당하게 되었다고 할 수 있다. 이런 점에서 볼 때, 한탄강댐 반대운동은 비록 외부의 지원이 있었지만 지역 주민들이 주도권을 잡고 자발적으로 나서서 문제점을 제기 했다는 점에서 더 진일보된 측면이 있다고 하겠다.

4) 한탄강댐 반대운동

한탄강의 유로 연장은 130km이며, 유역 면적은 251.74km²이다. 북한의 강원도 평강군에서 발원해 회양군을 거쳐 남한의 김화, 철원, 포천 일부, 연천(漣川)을 지나 연천군 미산면(嵋山面)·전곡면(全谷面)의 경계에서 임진강(臨津江)으로 흘러든다. 남한 지역의 2개도, 7개 시·군을 포괄한다. 산악지대를 관류하므로 유역은 대체로 절벽·협곡이며, 남대천(南大川)·영평천(永平川)·차탄천(車灘川) 등의 지류가 있다. 하류의 전곡 부분은 한국전쟁 때 격전지이기도 하지만 경치가 아름다워 유원지가 조성되어 있다. 한탄강 영평천댐(이하 한탄강댐) 건설 계획은 1996, 1998, 1999년의 전례 없는 홍수로 인해 파주·문산·연천 지역이 심각한 홍수 피해를 입자 이를 위한 대책, 즉 홍수 조절용 댐으로 1999년에 제시된 것이다.

그러나 한탄강 유역의 주민들과 각 군 의회(포천, 연천, 철원군)는 한탄강 댐이 과연 적절한 수해대책이 될 수 있는가에 대해 이의를 제기했다. 한탄강의 가장 상류인 철원의 정연리·이길리는 한국전쟁 이후 상습 침수 지역인 민통선 내의 강변에 대규모 대북 선전용 마을로 만들었으니 당연히 수해를 입을 수밖에 없는 입지 조건이고, 연천의 한탄강 유원지 역시 한국전쟁 이전에는 피만 무성히 자라던 대표적인 한탄강의 상습 침수 지역이었으니, 해마다 한탄강 물이 조금만 불어도 상가들이 물에 잠기는 것은 불을 보듯 뻔한 이치였던 것이다. 즉, 애초부터 자연을 거스른 것이 홍수의 원인이었던 것이다.

그러나 무엇보다도 댐 건설을 위해 필요한 「환경영향평가서」에 문제가 많이 발견되었다. 지역 시민단체들과 주민들이 제기한 문제를 추려보면 크게 네 가지이다. 우선 추진 과정에서 '임진강 수해 원인 및 대책 수립' 용역과 '한탄강댐 기본 설계 용역'이 동시에 착수되어, 후자가 전자보다 6개월 먼저 준공되었다. 이것은 본말이 전도된 것으로서 전자가 수행된 이후 대책으로서 한탄강댐 건설이 고려되었어야 하는 것이었다. 둘째, 2000년 12월에 나온 한탄강댐 기본 설계 보고서에 의하면 한탄강댐이 건설되면 댐에서의 홍수 조절량이 초당 2,560억 톤이며, 유역 면적이 6배나 되는 하류의 문산 지역에서 초당 2,700톤으로 오히려 더 많이 조절된다는 상식 밖의 내용이 나왔다. 즉, 투입보다 산출이 더 큰 이상한 현상이 나타난 것이다. 용역 준공 후 1년 2개월 후에 시민단체가 이를 지적하자, 한탄강댐의 홍수 조절량을 키우거나 문산 지역의 홍수 조절 효과를 줄이거나 하는 두 가지 방법 밖에는 남지 않게 되었다. 그러나 문산 지역의 홍수 조절 효과가 줄어들게 되면 댐 건설 효과가 줄어들어 댐에 대한 당위성이 없어지므로 결국 댐 상류의 확률 강우량을 늘려 잡게 되었다.[24] 셋째, 댐의 경제성 평가에 있어서, 다른 대안들의 비용을 비합리적으로 과다하게 계상해 댐이 경제성이 있다는 결론을 무리하게 도출시켰다. 즉, 총 5개의 검토 대안 중에서 제방을 높이는 방안을 보면, 처음에는 제방 연장이 536km였는데, 이에 대해 의문을 제기하자 10개월 동안 재검토해서 제방 연장을 473km로 수정했다. 게다가 임진강 본류(30km), 지방2급 하천(315km)은 물론 최상류 소하천(128km)까지 제방을 증고하는 것으로 포함시켰고, 여기에 이를 횡단하는 교량사업비를 포함시켜 1조 8,000억 원의 사업비를 제시해 가장 사업비가 많이 드는 것으로 계산했다. 물론

---

24) 최초 용역 보고서(2000.12)에 댐 상류부인 철원 지역의 100년 빈도 2일 실제 사용 강우량을 471mm로 잡았다가 2002년 3월에서 520mm로 증가시켰고, 실제 홍수량 산정 시에는 568mm로 증가시켜, 한탄강댐에서의 조절 효과를 초당 2,560톤에서 초당 2,880톤으로 증가시켰다. 그래도 여전히 문산 부근 본류 하천의 홍수 조절 효과가 2,700cms라는 것이 그대로 유지된다는 것은 논리상 문제가 있다. 이것은 상류의 홍수 조절 효과의 94% 정도가 하류에도 그대로 유지된다는 것인데, 만일 이 논리를 그대로 적용하면 한강 수계의 그 많은 댐들이나 농업용 저수지의 홍수 조절 효과가 하류에도 94% 정도 그대로 유지되어서 한강 인도교에는 물이 하나도 흐르지 않아야 된다.

임진강 본류는 100% 증고해야 하고, 제1지류인 오금천과 만우천의 경우도 영향이 크므로 80% 정도는 고려해야 하지만 제1지류 중의 나머지 하천은 40% 정도 증고하고 제2지류 등은 증고할 필요가 없었던 것이다.

한탄강댐의 기본적인 목적은 홍수 조절용이며, 타당성 검토도 이를 중심으로 해야 한다. 홍수 조절 전용 댐으로서의 타당성 검토를 할 때는 하천유지용수는 검토에서 제외해야 한다. 왜냐하면 홍수 조절 전용 댐은 평시에 유입되는 양 전부를 방류하기 때문에 건설 전과 다를 이유가 전혀 없다. 그런데 2020년에 필요하다고 예상되는 공업용수량 2만 톤/일을 한탄강댐에서 공급하는 것으로 계획함으로써 하천유지용수까지 부담해야 하는 전혀 다른 개념의 댐이 되었다. 이렇게 될 때 한탄강댐은 다목적댐이 되는데, 용수 공급에서 오는 편익이 어느 정도 되는지 알기 위해 대체 댐으로서 영평천댐을 용수공급용 댐으로 계산해 5,200억 원이라는 편익을 주장하고 댐 비용을 4,500억 원으로 계산해 비용 편익 분석값을 1.14로 계산했다. 넷째, 한탄강댐 주변은 현무암 지질이며, 단층과 절리, 다양한 공극 등이 존재한다. 따라서 영월 동강댐과 같이 댐 안전성에 대해서 더 긴 시간에 걸친 조사가 필요하다.

지역의 시민단체와 주민들은 「환경영향평가서」 초안의 문제만이 아니라 한탄강이 북한에서 발원해 남한으로 내려오는 강이라는 점에서도 중요한 문제를 제기했다. 즉, 댐 건설로 인해 북한 지역도 수몰될 경우 아직 국제 공유 하천의 이용에 대한 협약이 없는 상태에서 불필요한 갈등을 낳을 수도 있다는 것이다. 이런 문제점 등이 발견되어 주민들과 환경단체들은 한탄강댐 건설 계획을 백지화하고 남북한 간의 평화적 물 이용을 위한 노력을 촉구하기 위해 국회의사당 앞 릴레이 1인 시위, 5,000명이 참가한 집단 농성 등을 전개하고, 노무현 정부가 들어서자 대통령직 인수위를 직접 방문해 전문위원들에게 한탄강댐의 부당성을 호소하기도 했다. 2003년 12월 19일, 강원도민들과의 대화 중에 노무현 대통령은 임진강 유역의 홍수 피해 방지를 위해 건설교통부가 추진해온 한탄강댐 건설을 둘러싼 찬반 갈등을 지속가능발전위원회가 새로운 갈등 조정 프로세스를 적용해 해결할 것을 지시했다.

이에 지속가능발전위원회는 2004년 2월 6명의 위원으로 한탄강댐갈등 관리준비단을 구성해 한탄강댐으로 인한 갈등 조정 프로세스를 정립한 후 2004년 5월 11일, 4명의 위원으로 한탄강댐갈등조정소위원회(이하 조정소위)를 새로이 구성했다. 2004년 5월 20일, 조정소위에서는 한탄강댐 관련당사자들(잠정)이 참여하는 워크숍을 개최해 한탄강댐 갈등 조정 추진 절차, '한탄강댐문제조정을 위한 관련당사자회의(이하 조정회의)'의 구성 및 이에 참여할 대표자의 수, 조정회의 운영 방식 등을 논의했다. 이 조정회의는 한탄강댐 관련 당사자 대표(14명), 참관인(8명)과 4명의 조정위원으로 구성되었으며, 약 2개월에 걸친 시간(2004.6.2~8.27) 동안, 조정회의 16회, 기술소회의 5회를 개최했다.

조정회의에서는 한탄강댐 관련 쟁점 설정, 각 쟁점별 관련 당사자의 입장 청취, 한탄강댐에 대한 기술적 측면 검토 등을 거쳐 임진강 유역 홍수 피해 방지를 위한 5가지 대안(제1안 천변저류와 제방건설, 제2안 제방건설, 제3안 분수로와 제방건설, 제4안 한탄강댐 건설, 제5안 한탄강댐과 천변저류)을 도출해, 5가지 대안 중 최적 안을 조정위원들이 최종 결정하게끔 위임했고 그 결과에 대해서는 승복하기로 관련 당사자 간 합의를 했다(2004.8.27).

이 합의 결과에 따라 최적 대안 선정을 위한 전문가 자문회의를 구성해 총 7회의 자문회의를 개최했다(2004.9.6~10.3). 이 자문회의에서는 5개 대안의 기술성, 환경성, 경제성에 대한 자문의견을 제시할 전문가 자문회의를 구성하고, 분야별 자문의견을 수렴했다. 결국, 조정소위는 조정회의 운영 방안, 조정 과정에서의 문제점 해결 방안, 쟁점 파악, 임진강 유역 홍수 피해 방지를 위한 대안 검토와 최종 결론 도출, 후속 조치 논의 등을 위해서 운영 기간(2004.5~2004.11) 중에 총 22회의 회의를 개최했고,

2004년 11월 2일 결정 내용을 발표하게 되었다. 결정 내용은 당초의 한탄강댐 건설 계획을 무효화하고, 댐의 홍수 조절 효과 등 그간 논란이 되었던 몇 가지 사항에 대한 검증 과정을 거쳐, 천변 저류지 2개소와 새로운 홍수 조절용 댐을 건설하는 것이었다. 그리고 민관공동협의회를 구성해 1년 이내에 댐의 효과를 검증하는 문제를 포함해 댐 건설에 필요한 절차를 마무리하기로 했다.

그러나 댐 건설 반대 측에서는 결과에 대해 승복하지 않았으며, 민관공동협의회에 참여하지 않았다.[25] 반대 측 당사자들의 입장을 지지하는 한국환경사회단체회의의 성명서(2004.11.2)에서는 지속위의 조정 결과에 대해 다음과 같이 밝히고 있다. "지속위의 결정문은 '기존의 댐 계획'에 대한 기술적 검토에 하자가 많아 '무효화'한다고 밝히면서도 또 한편 홍수 조절용 댐'이 필요하다고 주장하고 있다. 또한 '민관 공동협의회'를 구성해 댐의 효과를 검증해야 한다면서도 사업타당성에 대한 평가는 외면하고 있다". 따라서 이 갈등은 아직 완전히 해결되었다고 볼 수는 없으며, 여전히 진행형의 형태를 띠고 있다. 2006년 10월 현재는 국무조정실로 이관되어 임진강 홍수대책의 일환으로 계속 논의되고 있다.

한탄강댐 반대운동의 의의는 크게 두 가지이다. 첫째, 남북한 국제 하천의 평화적 이용에 대한 문제 제기가 있었다는 점이다. 한국에는 3개의 국제 하천이 있다. 임진강, 한탄강, 북한강이 바로 그것이다. 다른 국제 하천도 마찬가지지만 남북한 간에도 아직 국제 하천의 이용에 대한 협약이 없다. 현재 한탄강댐 반대운동에서 주장하는 것처럼 기왕에 건설된 임진강 상류 북한 지역 댐을 남북협상을 통해 공동 이용할 수 있다면 북한 지역에 이미 건설된 임진강 상류 댐에서 북한은 전력을 얻고 남한은 안정적인

---

25) 당시에 반대 측 주민들이 민관공동협의회에는 불참하고 있었지만, 민관공동협의 운영위원회에서 주관하는 협의회에는 참석하고 있어서 민관공동협의회가 완전히 결렬되었다고 보기는 어려웠다.

물 공급과 홍수 저감의 효과를 얻는, 수자원의 남북한 공동 이용 방안이 도출될 수 있으며, 한반도 평화통일을 앞당길 수 있는 매우 의미 있는 계기가 될 것이다.

둘째, 한탄강댐의 경우 해당 지역 주민들이 주도권을 쥐고 적극적으로 문제 제기를 해오고 있다는 점이다. 지역 주민들은 '한탄강네트워크'라는 운동조직을 결성해 외부 전문가의 자문을 얻기는 하지만 직접 시위를 조직하고, 관계 요로에 진정을 하고, 예산 통과를 저지하는 등 운동의 주도권을 잡고 있는 것이다. 물론 전국 조직과 연대해 정보도 교환하면서 운동을 전개하고 있다. 건설교통부가 2001년에 발표한 12개 지역의 댐 건설 예정지 주민들과 몇몇 환경단체들(환경운동연합, YMCA, 녹색연합, 녹색미래 등)은 '댐반대국민행동'이라는 연합체를 결성해 지금까지 댐 건설 반대운동을 전개하고 있다. 한탄강댐 반대운동도 댐반대국민행동에 소속해 운동을 전개함으로써 현재의 성과를 거두고 있는 것으로 보인다. 댐반대국민행동은 한탄강댐이 가장 타당성이 낮은 댐이라고 판단해 역량을 결집시켜 운동을 전개해왔고, 어느 정도 성공을 거두었다. 물론 한탄강댐 반대운동이 완전히 성공을 거둔 것은 아니다. 노무현 정부는 출범 초기에 시급히 해결해야 할 4대 환경 현안으로 새만금간척사업, 경인운하 건설, 북한산 관통도로, 한탄강댐 문제를 거론했다. 새만금 사업은 행정의 영역에서 사법의 영역으로 넘어갔다가 법원의 판결로 공사 재개 명령이 떨어져 2006년 4월 21일, 결국 돌아오기 어려운 길로 접어들었다. 한탄강댐 건설은 과학적·경제적·생태적 타당성의 결여로 제2의 영월댐이 될 가능성이 높지만 분명하지는 않다. 하지만 무엇보다도 한탄강댐 반대운동의 경우 주민들이 홍수의 근본적 원인을 파악하고 댐이 홍수대책이 될 수 없다는 점을 과학적으로 지적했다는 것이 중요하다.

5) 주민 주도의 강 살리기 운동

대포천은 낙동강 최하류에 위치한 지천이며 1992년에 청정지역으로 고시되었음에도 불구하고 1997년 이전까지는 공장폐수와 생활하수, 그리고 농약의 남용으로 인해 4~5급수 수준을 유지하고 있었다. 1997년 정부에서 「낙동강수질개선특별조치법」 제정을 추진하면서 대포천 주변 지역을 상수원보호구역으로 지정하려 했다. 처음에 주민들은 상수원보호구역으로 지정될 경우 예상되는 지역의 경제적 침체와 손해 때문에 반대 투쟁에 나섰다. 그러나 반대투쟁이 별다른 성과를 얻지 못하자, 지역 주민들은 '상수원반대투쟁위원회'를 '수질개선대책위원회'로 바꾸고 대포천의 수질을 개선함으로써 상수원보호구역 지정을 피하고자 했다. 대포천 살리기 운동은 매우 다각적으로 진행되었다. 주 1회 대포천 바닥을 긁어내는 대청소를 하고, 세제 사용을 줄이도록 홍보했으며, 주민들과 기업이 수질대책기금을 마련하고 유급 감시원을 선정해 환경 감시도 벌였다. 약 500여 개의 기업(1만여 명의 종업원과 4,000여 대의 자동차)에게 하천책임관리구역을 지정해 책임과 관심을 유도하기도 했다. 특히 가장 큰 오염원인 축산농가는 농민후계자들이 중심이 되어 무배출 시설로 전환하는 운동을 벌였고, 1998년도에는 농림부와 협의해 국고 보조 8억 원, 자부담 2억 원으로 친환경농업단지 건설을 시작했으며, 2001년도에는 저농약사용지역으로 인정받았다. 물론 이 운동에 회의적인 사람들은 보상을 더 받기 위해서 공장을 더 지어서 팔든가, 공장용지로 팔아야 한다고 했으며, 젊은 세대들은 세탁기 사용을 줄인다든가, 세제 사용을 줄이는 것에 따르는 불편함에 대해 불만을 토로하기도 했다. 그러나 수질 개선을 통해 당국의 이해를 구하겠다는 운동의 취지에 대해 지자체가 긍정적인 반응을 보이게 되면서 주민들 사이에 운동에 대한 공감대를 넓히게 되었다. 이러한 노력의 결과 2002년 현재 대포천은 1급수를 유지하고 있으며, 2002년 4월 3일 정부와 지방자치단체 그리고 지역 주민 대표가 '김해 대포천 수질 개선·유지에 관한 자발적 협약'을 맺어서 계속 1급수를 유지할 경우 상수원보호구역으로 지정하지 않기로 했다(김해시 수질개선대책협의회, 2002). 즉, 대포천의 사례는 시민들의 자발적인 노력이 어떻게 수질을 개선하면서도 지역이 발전시킬 수 있는지를 보여준 사례라고 할 수 있다.

한편, 부산의 학장천 사례는 하천 살리기를 통해 지역 공동체성을 다시 살리려고 한다는 점에서 주목할 만한 사례이다. 부산의 학장천은 사상구 주례동에서 엄궁동까지 약 5.4km를 흐르는 낙동강 지류로서 평균 폭 30m, 면적 $19.4km^2$를 차지하며 그 주변은 새로운 아파트 단지가 조성되어 공장폐수가 유입되는 경우는 거의 드물고 생활오수가 대부분을 차지하고 있다. 2001년 사상구청에서 조사한 바에 의하면 학장천의 BOD(ppm)는 43.1ppm으로서 기준인 10ppm에 비해 상당히 오염된 편이었다. 생활하수로 오염이 많이 된 학장천을 살리기 위한 주민들의 노력은 지역 공동체를 회복하자는 맥락 속에서 태동했다.[26]

1999년 당시 학장사회복지관에는 지역사회 조직 활동인 '정겨운 동네 만들기'라는 프로그램이 있었는데, 이 프로그램은 시골과 같은 정이 담겨 있는 마을을 만들어 보려는 취지에서 시작한 것으로서 지역 주민이 주축이 되어서 활동하고 있었다. 학장사회복지관에서 1999년도에 두 번의 지역 조사를 통해 지역의 가장 큰 문제와 지역 주민들의 요구가 무엇인지를 알아보았더니, 환경오염 문제, 교통 문제, 문화의 부재라는 3가지로 압축이 되었다. 그래서 이 3가지 문제를 해결하기 위해 3개의 분과를 두었는데, 그중 하나였던 환경 분과를 모태로 하여 형성된 것이 '학장천 살리기 주민모임'이다.

학장천 살리기 주민모임은 2000년 10월 12일에 정식으로 결성되었으며, 2001년 4월 학장천살리기추진사업이 녹색도시부산의제21 추진협의

---

26) 학장천 살리기 주민모임 홈페이지(www.guhak.or.kr) 참조.

회의 의제21 지원사업으로 선정되었다. 이 모임에서는 지역 주민들을 대상으로 환경 의식 제고를 위한 캠페인뿐만 아니라 환경 문제 해결을 위한 자조집단 형성을 도와줌으로써 주민들 스스로가 하천을 관리하고 하천을 자신들의 소중한 공간으로 만들어갈 수 있도록 도우며, 이를 통해서 지역 공동체 문화가 나타나도록 노력하고 있다. 이들이 전개한 사업을 살펴보면 생활오수 줄이기 지혜와 관련한 수기 공모, 학장천 정화 활동과 관련한 사진전, 환경과학 체험전, 수차례에 걸친 구덕천 수질 실태 조사, 학장천을 구심으로 하는 지역 축제 열기 등이 있다. 그리고 주변에 있는 온천천 살리기 운동과도 교류하면서 서로의 운동에서 배울 점을 찾는 등 다른 운동과의 네트워크도 시도하고 있다.[27]

대포천과 학장천의 사례는 그동안 권위주의적 국가에 의해 주도되었던 물 관리 제도나 방식에 대한 성찰적 운동이라고 할 수 있으며, 물 관리에 있어서 시민의 자발성과 참여를 최대한 독려할 수 있는 방향으로 나갈 때 환경에 부담이 많은 물 공급 위주의 관리 방식을 변화시켜 지속가능한 물 관리가 이루어질 수도 있음을 보여준다. 물론 프로그램이 아직 크게 다양하지는 않고, 내용의 심화가 부족하다는 문제점도 있기는 하다(최은정, 2003: 58). 향후 제도적으로 유역 상하류 간의 관계를 명확하게 규정할 원칙과 비용 부담에 대한 원칙 정립, 의사 결정에 대한 원칙 수립, 효과적이고 민주적인 수단의 도입, 객관적이고 공정한 과학기술의 적용과 통합적인 시민 교육, 국내외 강 살리기 운동과의 정보 교류와 네트워크 형성 등 구조적인 차원에서 지속가능한 수자원 관리가 이루어질 수 있도록 지원하는 것이 필요할 것으로 보인다.

---

27) 참고로, 현재 환경정의시민연대에서는 작년부터 강 살리기 운동의 모범 사례를 선발하는 '강의 날' 대회를 개최하고 있는데, 2002년도 최우수 사례가 대포천 사례였고 2003년의 최우수 사례가 학장천 사례였다.

6) 한국의 물의 근대화에 대한 성찰적 운동에 대한 평가

우리나라에 대형 댐 건설을 중심으로 하는 공급 위주의 근대적 물 관리 체계가 도입된 이후, 상당 기간 이 문제에 대한 문제 제기는 차단되었다. 수몰민들의 사례에서 보듯이 권위주의적 국가에 의한 근대화 과정에서 댐 건설은 국가적으로 필요한 일로 치부되었던 것이다. 물론 낙동강 하구 언 건설 반대운동도 있었으며, 페놀 사태의 경우에는 규탄대회도 있었지만 조직적인 운동이 전개되기는 어려웠다. 그러나 동강의 영월댐 건설 반대운 동은 국가가 주도한 댐 건설 사업 계획을 백지화시켰다. 환경운동단체가 주도가 되어 주민과 더불어 생태적 가치를 전면에 내세워 '댐 건설 불패(不 敗)의 신화'를 깨뜨렸던 것이다. 물론 영월댐 건설 반대운동은 이슈 파이팅 에 치우쳐 체계적인 조사나 접근을 충실히 하지 못하고 지역 주민들로부터 환경운동단체가 신뢰를 제대로 받지 못한 점에서는 한계가 있었다. 한탄강 댐 건설 반대운동은 하천의 평화적 이용에 대한 문제 제기를 주민들 스스 로 제기했다는 점에서 이전의 운동에 비해 진일보한 측면이 있으나, 아직 까지 해결의 실마리를 찾지 못하고 다시 국가에 의한 조정 과정으로 들어 갔다는 아쉬움이 있다.

그러나 최근에 등장하고 있는 주민들의 자발적 강 살리기 운동은 이전 의 운동에 비해 상당히 진화했다고 평가할 수 있으며 이유는 다음과 같다. 첫째, 전문적인 환경운동단체의 도움을 받지 않고 주민들에 의한 자발적 운동이라는 점에서 그동안 전개되었던 환경운동이 발전한 하나의 성과물 로 간주될 수 있기 때문이다. 둘째, 하천 생태계 복원을 통해 지역 공동체 복원을 추구한다는 점에서 근대적 물 관리 체계를 더 적극적으로 극복하려 는 운동이라고 평가할 수 있기 때문이다. 셋째, 국가나 민족보다는 자발성 과 창의성을 가진 개인과 지역에 주목하고, 하천 관리 방식의 변화를 통해 지역과 개인의 변화를 도모해 더 민주적인 제도와 장치가 도입될

<표 7-2> 우리나라 성찰적 물 운동의 평가

	운동 주체	운동 목표	운동 전략	운동의 의의
낙동강 하구언 건설 반대운동	소수 전문가	대중적 계몽	전시회, 캠페인	과학적 논거에 의한 비판
페놀 사태	시민운동단체	정책의 수립	규탄대회, 불매운동	기존 수질정책의 전환
동강 영월댐 반대운동	환경운동단체·주민	정책의 철회	시위·정책토론회	생태 이데올로기에 의한 국가주의 극복
한탄강댐 반대운동	주민·환경운동단체	정책의 전환	시위·정책 형성 과정 참여	하천의 평화적 이용을 통한 남북 대치 상황 완화
주민 주도의 강 살리기 운동	지역 주민	지역 공동체 건설	축제·모니터링·네트워크 구축	물의 지역성 회복을 통한 대안 제시

가능성을 열어놓는다는 점에서 이전 운동에 비해 진화했다고 볼 수 있기 때문이다. 지금까지 언급한 물 운동들에 대한 평가를 운동 주체, 운동 목표, 운동 전략, 운동의 의의라는 기준으로 살펴보면 <표 7-2>로 정리할 수 있을 것이다.

5. 민주적인 물 운동을 위한 제언

한국의 근대적 물 관리정책은 일제 시대 수리조합의 도입으로 시작되었다. 수리조합은 형식적 근대성과 농민층에 대한 수탈, 그리고 물의 개발에 따른 비용과 편익의 공간적 분리라는 특성을 가지고 있었다. 그런데 이러한 경향은 그 이후에도 지속되어서 권위주의적인 물 공급 위주의 정책에서도 여전히 나타나게 되었다. 권위주의적인 물 공급 위주의 물 관리정책은 댐 건설을 통한 물 공급과 수질 보전을 위한 상수원 지역 토지이용규제로 특징지을 수 있다. 즉, 산업화와 대도시화에 필요한 용수를 공급하기 위해 대규모 다목적댐을 건설하고, 댐호(湖)를 상수원으로 지정한 후 수질 보전을 위해 상수원 주변 지역의 토지 이용을 규제해온 것이다. 그러나 대규모 다목적댐의 건설과 상수원 지역 토지이용규제는 깨끗한 물의 공급, 전력 생산, 홍수 조절 등 단기간의 효용성에도 불구하고 막대한 생태적·사회적 비용을 초래하게 된다. 불가피하게 정든 보금자리를 떠나서 딴 곳에 정착하지 못하고 빈민으로 전락한 수몰 지역 주민들, 인공호수로 인한 지역 기후의 교란(안개일수의 증가)과 건강상의 위해, 생태계의 급격한 변화와 댐호의 부영양화, 토지이용규제로 인한 재산권 행사의 제약과 이로 인한 상대적 박탈감 등의 피해가 계속 나타나고 있는 것이다. 다시 말해서 댐 건설로 인한 사회적 편익은 하류지역 주민들이 갖게 되고, 이로 인한 비용은 고스란히 상류 지역 주민들이 떠안는, 편익과 비용의 공간적 불평등 구조가 만들어진 셈이다.

권위주의적인 물 공급 위주의 수자원 정책은 가까이에 있는 수자원을 포기하게 만들고, 멀리 있는 물에 의존하도록 했다. 사실 한국은 어디서나 물에 쉽게 접근할 수 있는 지리적 조건을 가지고 있었다. 그래서 주변의 하천 물을 이용하거나 빗물을 이용하거나 (공동)우물을 이용하거나 저수지나 보의 물을 이용할 수 있었다. 즉, 가까이에 있는 수자원을 쉽게 이용할 수 있었다. 그러나 근대적 물 관리정책, 즉, 댐을 중심으로 하는 물 공급 위주의 물 관리정책은 가까이에 있는 물보다 멀리 있는 물에 의존하도록 만들었다. 이 과정은 생태계도 훨씬 더 많이 파괴하고, 에너지도 많이 사용하며, 수몰민의 이주와 반대운동과 같은 사회적 비용도 많이 든다. 이것을 앤서니 기든스(Anthony Giddens)의 용어를 빌려 물의 원거리화 (remote distanciation)라고 표현할 수 있을 것이다. 즉, 물이 지리적으로 더 멀리 이동해 공급되고 소비되며 이 과정을 관리하기 위해 대규모의 관료 조직이 필요하게 되고, 대규모의 자금이 운영에 소비되는 것이다.

이러한 수자원 관리 체계는 지속가능한 방식이라고 평가되기 어렵다. 그럼에도 불구하고 안보국가였던 한국에서 지속가능하지 않은 수자원 관리체계는 오래 지속되었다. 앞서 지적했듯이 대규모의 물 공급 위주의 수자원 관리 체계를 형성하는 과정이 권위주의 국가의 권력을 강화하는 과정이었으며, 다시 그러한 강압적인 권력의 행사를 통해 지속가능하지 않은 수자원 관리 체계가 공고화되었기 때문이다. 공급 중심의 수자원 관리체계에 대한 도전은 반국가적 행위로 인식되었기 때문에 상수원 지역 주민들과 댐 건설 주변 지역 주민들은 오랫동안 비용만 떠안고 살아왔다.

하지만 1980년대 중반부터 변화의 조짐이 보이기 시작했다. 하구언 반대운동과 페놀 사태를 계기로 한 수질 보전 운동 등이 나타나면서 기존의 수자원 관리 체계의 정당성에 의문을 제기하게 된 것이다. 또한 영월댐 건설이 백지화되고, 한탄강댐 건설 계획도 거의 무산되기에 이르렀다. 한편, 다소 상이한 원인에 의해 발생한 것이긴 하지만 물 이용 문제로 인해 발생한 지역 갈등도 많이 나타나고 있다. 예컨대 팔당호 환경 기초시설 운영비 부담(경기, 서울·인천 간. 상수원보호구역 및 특별대책지역 설정에 따른 재산권 제한 문제), 장곡취수장 건설(제천시와 영월 간. 상수도 취수장 건설에 따른 하류 수질 악화 문제), 황강취수장 건설(경남·부산, 합천군 간. 광역 상수도 건설에 따른 하류 하천 수질 악화), 용담댐 건설(전북, 충청 간. 댐 건설로 인한 환경 피해, 유지 유량 결정 및 수리권 문제), 위천공단개발(대구, 부산·경남 간. 공단 건설에 의한 경제 개발과 수질 보전 문제), 용화온천개발(경북 상주군, 충북 괴산군 간. 온천 타운 건설에 의한 경제 개발과 수질 보전 문제), 소양강 취수장 확장(춘천시와 수자원 간. 댐 용수 사용에 대한 물값 요구와 수리권 문제) 등이 그것이다. 문제는 이러한 갈등이 계속 불거지고 확산되고 있음에도 국가가 적절히 조정을 하기 어려워지고 있다는 사실이다.

댐 건설에 대한 시민단체와 주민들의 반대운동, 그리고 물 이용을 둘러싼 지역 간 갈등의 증가는 1987년 노동자 대투쟁 이후 가속화된 시민사회의 성장, 그리고 제도적으로 1995년 지방자치제도의 시작과 무관하지 않으며 이 과정에서 개인들의 성찰이 늘어난 것도 관련이 있다. 또한 지구화 현상에 따른 민족국가의 통치력 약화라는 거시적 맥락도 고려해볼 수 있을 것이다. 즉, 사회의 점진적인 민주화 과정과 민족국가의 통치력 약화가 진행되는 가운데 권위주의적 통치 방식에 대한 비판과 지속가능하지 않은 수자원 관리 체계에 대한 성찰과 비판이 동시에 진행되고 있는 것이다.

앞서 언급했듯이 권위주의적 통치 방식에 의해 강화된 물 공급 중심의 수자원 관리 체계가 지속가능하지 못하다는 판단을 가지게 되었다면, 앞으로 물 운동은 민주주의적 통치 방식과 탈중심적인 물 관리 방안을 지향해야 할 것이다. 여기서 탈중심적인 물 관리 방안이란, 물을 이용하는 지역에서 물을 공급할 수 있도록 소규모의 다양한 물 공급원을 찾아서 지역의 책임 하에 물을 관리하는 방안을 말한다. 즉, 지역 자체의 상수원을 찾되 다양한 수자원들—예컨대 빗물, 지하수, 하수재처리수 등—을 최대한 활용해 지역의 물 수급을 적절한 수준으로 관리하는 방식인 것이다. 즉, 대규모 예산과 사회적 비용을 초래하면서 급격한 생태적 변화와 사회적 문제를 야기하는 물 관리방식 대신에 지역의 물 문제를 일차적으로 지역별로 해결하고, 자발적이고 합리적인 협상을 통해 행정적 범위를 넘어서 흐르는 수자원의 적절한 이용에 대한 지역적 합의를 도출하는 것이 더 지속가능한 물 관리 방식이 될 것이고, 이 과정 속에서 사회의 민주화는 더 공고히 형성될 것이다. 이제 우리의 물 운동은 민주주의의 정착이라는 목표를 향해 성찰성을 더 키워야 할 때가 된 것이다.

참고문헌

구자상. 2001. 「페놀사태 10년, 환경대책은 어떻게 되었나」 www.pusan.kfem.or.kr.

김미선. 2004. 「우리나라 하천보전을 위한 운동방향에 관한 연구」. 동국대학교 산업기술환경대학원 석사학위 논문.

김해시 수질개선대책협의회·상동면 수질개선대책위원회. 2002. 『죽은 물을 1급수로 살려낸 대포천 사람들』.

낙동강보존회. 1999. 『낙동강보존회21년사』.

낙동강살리기운동협의회·페놀피해임산부모임·환경보존변호사모임. 1992. 『페놀사태자료집』.

노진철. 1998. 「지방자치시대 정책결정의 위험부담과 지역갈등: 낙동강·위천공단문제를 중심으로」. 한국정치학회. 『환경과 정치-낙동강·위천공단문제의 해결방안 모색』.

노진철·박은희. 2004. 「시민적 성찰과정과 대구지역 시민사회의 형성-낙동강 페놀오염사건을 중심으로」. 환경사회학회. ≪에코≫, 8~42쪽.

박명규. 1997. 『한국 근대 국가 형성과 농민』. 문학과지성사.

박순영. 2001. 「'앞강'에서 '동강'까지: 영월댐 수몰예정지 주민들의 경험」. 한국환경사회학회. ≪ECO≫, 창간호, 200~237쪽.

박재묵. 2002. 「동강유역 자연휴식지 및 생태계보전지역 지정을 둘러싼 이해관계의 대립과 사회영향평가」. 한국환경사회학회. ≪ECO≫, 통권 3호, 181~214쪽.

벡, 울리히(Ulrich Beck). 1998. 『정치의 재발견: 위험사회 그 이후 — 재귀적 근대사회』. 문순홍 역. 서울: 거름. *Die Erfindung des Politischen. Zu einer Theorie reflexive Modernisierung*(1993). Frankfurt am Main: Suhrkamp.

_____. 1997. 『위험사회: 새로운 근대성을 향하여』. 홍성태 역. 서울: 새물결. *Risikogesellschaft: auf dem Weg in eine andere Moderne*(1986). Frankfurt am Main: Suhrkamp.

염형철. 2003. 「댐과 개발의 시대는 갔다: 형평과 조화에 기초한 물 정책을 위하여」. 계간 ≪환경과 생명≫, 제35호, 42~53쪽.

오은정. 2003. 「환경의제의 사회적 의미구성과 제도화 과정에 관한 연구: 동강 생태계보전지역 지정을 사례로」. 서울대학교 환경대학원 석사학위 논문.

이상헌·염형철·오성규. 2004. 「의제개발 1: 지구적 물의제 그리고 한국의 물정책과 물 운동」. 『제5차 지구시민사회포럼』. 146~167쪽.

이상헌. 2003. 「한국의 근대화와 물 운동의 발전」. 한국공간환경학회. ≪공간과 사회≫, 통권 제19호, 88~139쪽.

이성근. 1996. 「낙동강 유역의 지속가능한 발전방향」. 영남대학교 환경문제연구소. ≪환경연구≫, 제15권 제2호.

이시재. 2001. 「영월동강댐 건설계획의 사회영향평가: 주민의식조사를 중심으로」. 한국환경사회학회. ≪ECO≫, 창간호, 168~199쪽.

정진주. 2001. 「환경분쟁에 있어서 지역운동사의 전개-동강댐 건설을 중심으로」. 한국환경사회학회. ≪ECO≫, 창간호, 238~266쪽.

조승헌. 2005. 「지속위의 한탄강댐갈등조정 활동에 대한 평가와 정보에 근거한 합리적 의사결정의 가능성」. www.pcsd.go.kr.

푸코, 미셸(M. Foucault). 1990. 『성의 역사 2: 쾌락의 활용』. 문경자·신은영 공역. 서울: 나남.

황석만. 1999. 「댐건설반대 주민운동에 관한 연구: 인제의 내린천댐 건설 반대 주민운동을 대상으로」. 서울대학교 환경대학원 석사학위 논문.

Beck, U. 1995. *Ecological Politics in an age of Risk*. trans. by Weisz, A. Cambridge: Polity Press.

_____. 1996. "World Risk Society as Cosmopolitan Society?: Ecological Questions in a Framework of Manufactured Uncertainties". *Theory, Culture & Society*. 13(4), pp.1~32.

Beck, U. A. Giddens & S Lash. 1994. *Reflexive modernization: politics, tradition and aesthetics in the modern social order*. Cambridge: Polity Press.

Dryzek, J. 1996. "Strategies of ecological democratization". in Lafferty, W. M. & Meadowcraft, J.(ed). *Democracy and the Environment: Problems and Prospects*. Chestenham: Edward Elgar. pp.108~123.

Geertz, C. 1980. "Organization of the Balinese Subak". in E. W. Coward Jr.(ed). *Irrigation and Agricultural Development in Asia*. Cornell University Press.

Giddens, A. 1990. *The Consequences of Modernity*. Cambridge: Polity Press.

_____. 1994. *Beyond Left and Right: The Future of Radical Politics*. Cambridge: Polity Press.

Swyngedouw, E. 2004. *Social Power and the Urbanization of Water: Flows of Power*. Oxford University Press.

Wittfogel, K. 1957. *Oriental Despotism: A Comparative Study of Total Power*. New

York: Vintage Books. 1981의 저자 서문 포함.
Worster, D. 1985. *Rivers of Empire: Water, Aridity and the Growth of the American West*. New York: Pantheon Books.

≪부산일보≫. 1978.1.14.
≪부산일보≫. 1983.4.14.
≪조선일보≫. 1968.3.30.
≪조선일보≫. 1985.7.28.
≪조선일보≫. 1985.7.30.

http://scrapshop.co.kr/name_c.htm.
http://www.dongriver.or.kr.
http://www.kowaco.or.kr.
http://www.pusan.kfem.or.kr.
http://www.guhak.or.kr.
http://www.wonju.me.go.kr.

4부 | 보론

제8장 끝나지 않은 동강 살리기*

오은정(서울대 인류학과 박사과정)

한때는 '지속가능한 발전'이니 '개발이라는 가치에 대한 환경의 승리'와 같은 수식어를 달고 다니던 '동강 살리기' 운동. 아마도 많은 사람들이 다큐멘터리나 뉴스 영상 등을 통해 옥빛 강이 휘돌아 감는 어라연과 그곳에서 한가로이 떠다니던 비오리를 기억하고 있을지도 모르겠다. 그런데 이상하게도 한국 환경운동의 희망으로 내세워지던 동강 살리기 운동의 결과는 '자연휴식지'와 '생태계보전지역'이라는 옷을 입고도, 제대로 보전되지 못하는 누더기 박제가 되어버리고 말았다. 지역에 남아 그나마 운동의 맥을 살려가던 단체도 동강 주변에 들어선 펜션과 래프팅 업체들 그리고 민박집의 이윤을 내는 데 하등 도움이 되지 않는다고 백안시되어 최소한의 활동만으로 연명해 나가고 있다. 도대체 그 많던 환경운동단체와

---

* 이 글은 오은정의 2003년 서울대학교 환경대학원 석사학위 논문 「환경의제의 사회적 의미구성과 제도화 과정에 관한 연구: 동강 생태계보전지역 지정을 사례로」의 일부를 수정·재구성한 것이며, 당시 이 작업은 2002년 7, 8월의 현지 조사 과정에서 이루어진 심층 면접과 관찰, 담론 분석 등을 통해 작성된 것이다.

지킴이들은 어디로 가고, 동강에는 정부의 이름뿐인 보호정책과 관광업자들만이 남게 된 것일까?

이 글은 새천년이 시작되던 즈음에 한국 사회를 뜨겁게 달구었던 동강 살리기 운동에 관한 것이다. 필자는 여기에서 동강 살리기의 문제가 동강댐 건설 반대에서 동강 생태계보전지역 지정 문제로 전환되는 과정과 '생태계 보전'이라는 하나의 환경의제가 국토 이용을 둘러싼 논쟁에서 의미를 획득하고 이후 정부 정책으로 제도화되는 과정을 살펴보았다.

1. 동강 살리기의 초기 쟁점과 변화 과정

1) 영월댐 건설 계획과 초기 쟁점

남한강 수계에 해당하는 동강 유역은 일제 시대 때부터 지속적으로 소수력댐과 다목적댐 건설을 위한 타당성 조사를 받아왔으나 댐 건설에 대한 이야기만 무성했을 뿐 별다른 사업이 추진된 적은 없었던 곳이다. 그러던 중 1990년 9월에 영월, 평창, 정선 지역에 큰비가 내려 대홍수가 나자, 그동안 남한강 수계에 댐을 건설하겠다는 계획을 지속적으로 밝혀 온 건설교통부는 그해 10월에 한강수계항구대책을 수립하고 다음해 1월에 영월댐 건설 계획을 발표하게 된다.

그러나 영월댐 건설이 지역의 대홍수를 계기로 가시화되기는 했으나, 건설교통부가 이곳에 댐을 세우겠다는 애초의 명분은 홍수 조절 문제보다는 수도권 개발에 필요한 용수공급처를 찾는 것이 더 우선한 것이었다. 이는 정부가 홍수 피해를 최소화하기 위한 치수 관리 대책의 일환으로는 다목적댐의 제한 수위를 낮추는 등의 댐 운영 방식 개선 방안을 내놓은 바 있고, 영월댐 건설 계획은 이후에도 수도권 물 수요 증가에 따른 공급 부족분을 메우기 위한 사업이라는 명분으로 내세워진 것을 통해서도 확인할 수 있다. 그러나 영월댐 건설 계획이 발표되었던 1990년대 초만 하더라도 건설교통부의 수자원공급정책은 2010년 물 부족에 대비한다는 명분으로 수많은 댐 건설이 계획되던 시기였기 때문에 이러한 움직임이 지역 주민들의 반발을 일으키는 것 이외에는 별다른 사회적 쟁점으로 부각되지 않았다.

그러나 영월댐 건설 계획이 발표되자 댐 건설 예정지의 상류에 위치해 있던 정선 지역은 이에 강력하게 반발하고 나섰다. 물론 정선 지역의 이러한 반대 움직임은 댐 건설 예정지에서의 여타 반대운동과 같이 매우 일반적이고 전형적인 모습을 보여준 것이었다. 특히 댐 건설을 둘러싼 이러한 반대 움직임은 용담댐 착공 때나 탐진댐 건설 논의에서도 전형적으로 보였던 모습이기 때문에, 이때는 보상액을 둘러싼 국책사업의 사업비 증액 문제와 투기 문제가 오히려 큰 이슈로 불거지곤 했다. 이러한 모습은 또한 1996년 12월에 있었던 영월댐 건설 「환경영향평가서」 초안 주민설명회에서 영월군 일부 주민들이 반대의 목소리를 냈음에도 불구하고 이어진 주민공청회(1997년 1월 15일)에서는 댐 건설에 따른 보상과 반대 급부에 대한 질의에 초점을 맞추는 모습에서도 확인할 수 있다. 지역에서는 이때만 해도 수자원공사가 공청회나 설명회까지 개최한 댐 건설 국책사업이 백지화된다는 것은 상상할 수도 없는 일이었을 뿐더러, 이 시기에 급격하게 늘어나기 시작한 외지인들의 유입과 폐농가 개보수 및 유실수 심기 등과 같은 투기 활동은 주민들에게 댐 건설이 임박했음을 알려주는 징표 중의 하나일 뿐이었다.

영월댐 반대 움직임의 저조한 분위기는 중앙 언론에서도 그대로 드러났다. 언론에서는 매년 '세계 물의 날' 즈음이나 가뭄 문제가 사회적인 이슈로 등장할 때마다 각종 특집 기사와 기획 기사를 통해 "물이 모자란다", "수자원 개발이 시급하다"는 명분으로 댐 건설 계획을 뒷받침해 주었을 뿐 대형 댐 건설의 환경적 영향이나 생태 보전의 문제는 별다른 쟁점을 제기하지 않았다. 더욱이 이때는 댐 건설이 용수난 해소나 홍수 조절 목적뿐만 아니라 낙후 지역을 개발하고 지역 경기를 부양한다는 목적으로도 실행되곤 했기 때문에, 댐 건설 자체의 부정적인 효과나 생태학적 영향에 대한 고려가 이루어지는 일은 거의 없었다.

그러나 영월댐 건설 논의 과정에서 이곳의 보전 논의가 아예 없었던 것은 아니다. 이러한 논의의 시발점이었던 ≪한겨레≫는 1992년 연중기획 시리즈 "자연 생태계 보전, 이곳만은 지키자"를 통해 지속적으로 자연 생태계 보호 문제에 관심을 보이고 있었고, 3월 37일 기획 기사를 통해서 영월댐 건설 예정지에 포함되어 있던 평창군 백룡동굴을 보호해야 한다는 입장을 밝혔다. 그러나 "종유동 원형 간직한 '지하궁전'/ 구불구불한 굴 따라 기묘한 형상/ 영월댐 계획으로 수몰 위기 몰려"라는 제목으로 작성된 이 기사는 '동강'의 수몰이나 생태 보전의 문제보다는 백룡동굴 보호 문제에만 관심을 집중하고 있었다.

지역에서도 영월댐 건설 논의는 1991년 건설 계획이 발표된 이후 1996년 본격적인 사업 개시를 알리는 주민 설명회와 공청회가 진행되기까지 별다른 관심을 받지 못했다. 더욱이 영월댐 건설에 관한 설계 용역이 시작되고 「환경영향평가서」 초안이 작성된 1996년까지만 해도 이후에 가장 큰 문제가 되었던 안전성이나 경제성, 생태적 가치 같은 문제는 중요한 사회적 쟁점으로 구성되지 않았으며, 특히 '동강'이라는 하나의 상징화된 이미지도 출현하지 않았던 것이 이 시기의 특징이다. 요컨대 1990년 초부터 1996년까지의 시기는 '동강' 자체에 대한 사회적 인식이 거의 없었으며, 다목적댐 건설을 통한 용수 공급 문제와 보상 문제가 영월댐 건설 논의에서 가장 핵심적인 문제였다고 볼 수 있다. 그러나 영월댐 논쟁의 이러한 초기 논의 구도는 여행지로서의 '동강'의 가치와 댐 건설 계획이 본격화하면서 급격하게 변화하게 된다.

2) '영월댐'에서 '동강댐'까지: 댐 건설 논쟁에서 환경 쟁점의 부각

(1) 래프팅과 백패킹, 오지 탐험

영월댐 건설 계획의 초기 과정에서 별다른 관심을 받지 못하던 '동강'이 사회적인 관심을 받게 된 것은 중앙 일간지 보도를 통해서였다. 그러나 이는 동강이 영월댐 건설 예정지로서 '수몰 위기'에 몰렸기 때문은 아니었다. 오히려 1996년부터 시작된 동강에 관련된 보도들은 대개 여가와 레저 관련 코너를 통해 '래프팅'이나 '오지 탐험', '트래킹', '백패킹' 등과 같은 여행 프로그램 보도와 관련되어 있었다.

동강과 관련된 여행 관련 보도들이 영월댐 건설 논의와 동강의 수몰 위기에 대해서는 거의 언급하지 않았음에도 불구하고, 이는 이후에 영월댐 반대운동에 주요하게 개입한 외지 사람들이 이를 통해 동강을 알게 되고 문제의식을 느끼게 하는 데 중요한 역할을 하게 된다. 또한 동강 유역에 관한 이러한 보도는 이곳이 '무공해 오지'로서의 '관광적 가치'와 '관광을 통한 경제적 가치'를 갖는다는 가능성을 보여주면서 향후 논쟁에서 중요한 요소로 부각되는 예상치 못한 계기가 된다. 즉 중앙 일간지의 이와 같은 보도들은 당시까지만 해도 영월 지역에서 댐 건설을 통해 지역 경기를 활성화하자는 여론을 '래프팅이나 백패킹의 명소', '강변 휴양지 조성'과 같은 관광 자원으로 전환해보는 것이 더 낫다는 의견으로 바뀌게 하는 데 결정적인 역할을 하게 된다. 1996년에 시작된 이러한 '여가와 여행 위주의 보도 경향'은 1997년 8월까지도 계속 이어졌다.

그러나 1997년 중반의 기사들은 이전의 레저 기사들과 전혀 다른 작성 스타일을 보여주었다. 이것은 1997년이 영월댐 건설을 위한 공청회와 설명회가 개최되고, 영월댐 건설사무소가 지역에서 현판식을 가지는 등 가시적인 움직임을 보이던 시기로, 동강 지역을 방문하는 사람들이 영월댐 계획 소식을 접하게 되던 시기였기 때문이다. 1997년에 언론에는 "시한부 비경", "아쉬운 산하······ '강원 비경' 추억 속으로" 등과 같이 영월댐 건설을 기정사실화하고 '사라져 가는 오지 마을'에 대한 애틋한 감정을 담은 기사들이 많이 기고되었다.

한편 영월댐에 대한 논의가 수몰 지역을 중심으로 보상 및 반대 급부와 관련된 반대 움직임 이외에 별다른 쟁점 없이 진행되고, 동강에 대한 보도도 여가나 여행 차원에서 이루어지던 이러한 태도는 같은 해 7월과 8월 사이에 급격히 전환하게 된다. 1997년 7월과 8월은 향후 영월댐 논쟁이 사회적인 쟁점으로 옮아가고, 특히 환경단체들이 이 논쟁에서 중요한 행위자로 참여하게 되면서 본격적인 환경 쟁점으로 규정되어 가는 데 있어 매우 중요한 계기가 된 시점이다. 이는 영월댐 건설을 위해 건설교통부가 환경부에 제출한 「환경영향평가서」가 보완 요구된 시점이기도 한데, 이후 영월댐 논쟁은 안전성 문제와 생태계 및 경관적 가치와 관련된 쟁점으로 옮겨가면서 좀 더 광범위한 사회적 여론의 관심을 받게 되고 본격적인 논쟁의 구도로 들어가게 된다.

(2) '시한부 비경'

영월댐 건설 문제가 본격적인 사회적 쟁점으로 제기된 것은 언론을 통해서였다. 그리고 이들도 영월댐 건설 문제를 환경 쟁점으로 구성해내는 주요한 행위자였다. 영월댐 논쟁이 본격적인 사회적 쟁점으로 전환된 1997년 7월에서 9월에는 언론을 통해 영월댐 건설로 인한 생태계 파괴와 경관 훼손에 대한 우려가 두드러지게 나타났고, 일반인들에게는 "원시의 자연을 간직한, 수몰 위기의 '동강'"이 여행과 레포츠 장소로서 좀 더 광범위하게 알려진 때이기도 하다.

언론에서 영월댐 건설 문제를 본격적인 사회적 쟁점으로 제기한 것은 ≪경향신문≫을 통해서였다. ≪경향신문≫은 1997년 6월 24일 "'생태계의 젖줄' 끊는 '죽음의 댐'/수몰 위기 영월 동강"이라는 기사를 통해서 처음으로 동강의 생태 자원에 관심을 보였다. ≪경향신문≫에서 보도된 이 기사는 "수달, 어름치, 송사리…… 희귀 동식물의 보금자리. 그림처럼 펼쳐진 '어라연' 절경. 옥수수, 감자 심고 물고기 잡으며 살아가는 주민들의 삶의 터전. '생태계의 보고' 70리 푸른 물길의 동강"으로 시작해, 영월댐 건설에 대한 계획과 주민들의 반대 의견 인터뷰, 동강의 경관에 대한 감상평과 전문가의 의견이 첨부된 형태로 상당한 양의 정보를 담고 있다.

≪경향신문≫은 이 기사를 통해 이전부터 댐 건설 문제를 지속적으로 다루어오던 ≪한겨레≫와 함께 영월댐 건설 문제를 본격적으로 사회적인 쟁점으로 만드는데 중요한 역할을 했다. 그러나 ≪경향신문≫이 언론에서 처음으로 동강의 생태에 대한 관심을 보인 것은 사실이나, 기사에서 보는 것처럼 이러한 문제가 댐 건설 자체에 대한 타당성 문제라던가 댐 건설의 환경 영향에 대한 관심은 아니었다. 사라지는 동식물과 수몰되는 비경에 대한 아쉬움, 사람의 손길이 닿지 않는 곳에 대한 동경은 댐 건설 문제를 다루는 기사들의 일반적인 특성이다. 그러나 이와 같은 보도는 이즈음에 언론을 통해 보도되던 동강에 대한 여행 및 레포츠 안내 기사들과 함께 영월댐과 동강 자체를 알리는 데 큰 도움이 되었다.

이즈음에 영월댐 논쟁이 새로운 사회적 쟁점으로 전환되면서 시급한 환경 문제로 구성되기 시작한 것은 ≪조선일보≫ 기사를 통해서도 확인된다. ≪조선일보≫는 1997년에 '환경 국부 시대'라는 연중기획 시리즈를 통해 다양한 환경 문제를 진단해왔는데, 1997년 2월만 하더라도 이 기사는 영월댐 건설로 인해 수몰되는 천연기념물 '백룡동굴'에 대한 대책을 요구하는 수준이었다. 또한 영월댐 자체의 문제나 동강의 환경적 가치나 생태적 가치는 전혀 다루어지지 않았다. 오히려 ≪조선일보≫는 1997년 여름 동안 여가·레포츠란에서 동강에서의 래프팅, 바캉스, 오지 탐사, 백패킹 등의 기사를 집중적으로 보도하기도 했다. 그러다가 1997년 8월과 9월 동안 영월댐 건설 자체를 주요한 쟁점으로 다루기 시작한다. ≪조선일보》는 "강원도 아마존 사라지나", "환경 국부 시대(31) — 영월 동강……
수자원 확보냐 '비경' 지키기냐"와 같은 기사를 통해 영월댐 건설 계획에
문제를 제기했으며, 중앙 일간지로는 처음으로 사설을 통해 영월댐 건설
계획을 반대한다는 의견을 냈다.

《한겨레》 또한 같은 시기에 여행과 레포츠, 그리고 영월댐 건설에
관한 기사를 통해 '동강'을 알리는 기사를 내보내기 시작했다. 《한겨레》
의 경우 이전에 댐 건설 자체의 국토 파괴 문제를 거론하거나 여행 및
레포츠 기사를 통해 동강에 대한 기사를 내보내기는 했으나 "수몰 위기의
동강"이라는 기사는 이 시기에 나오기 시작한 것이다.

《조선일보》 사설과 《한겨레》의 기획 기사는 앞서 살펴본 《경향신
문》의 기사와 마찬가지로 동강의 환경적 쟁점이라는 것이 중앙 언론의
관심을 받기 시작한 초기에는 생태학적 가치 문제에서라기보다는 경관과
여가 가치에 초점이 맞춰져 있다는 것을 뚜렷하게 보여준다. 그리고 이들
의 보도가 있은 8, 9월 이후에는 여러 신문에서 앞다투어 동강의 비경과
영월댐 건설로 인한 수몰 위기의 동강에 대한 기사를 내보내기 시작했다.
언론의 이와 같은 보도 움직임은 환경단체들뿐만 아니라 일반인에게 이
쟁점을 알리고 관심을 불러일으키는 데도 중요한 역할을 했다.

한편 영월댐 건설이 사회적인 쟁점으로 틀 지워지는 방식이 '동강이
간직한 원형 그대로의 자연', '도시인들에게 청량감을 안겨주는 마음의
고향', '한 폭의 그림 같은 동강 어라연', '원시의 비경'에 대한 애틋함,
그리고 '오지 탐험'과 '래프팅의 명소'로서의 가치에 대한 주목으로부터
시작되었다는 것은 언론의 환경 보도 태도를 보여준다는 점에서도 중요한
의미를 갖는다. 이러한 기사들은 언론에서 사용하는 특유의 언어스타일과
기사작성 관행을 보여준다. 이들은 이와 같은 묘사를 통해 '자연과 인간',
'도시민과 농촌 주민', '원형과 파괴'라는 이분법적이고 암묵적인 가정을
지속적으로 생산해내고 '동강'을 하나의 이상화된 자연으로 상징화해내

는 데 기여했다. 그리고 동강에 대한 이러한 상징적인 수사와 이미지들은 이후의 많은 기사와 반대운동에서 그대로 반복되었으며, 영월댐 논쟁을 '동강의 수몰 위기'로 상징화해내는 데 중요한 담론적 자원이 되었다.

영월댐 건설 논의가 초기의 지역적 반대 움직임 이외의 별다른 사회적 쟁점을 만들지 못하다가, 1996~1997년 들어서면서 '동강'이라는 장소가 여행과 여가를 보낼 수 있는 지역으로 언론의 관심을 받자, 이것이 오히려 영월댐 건설 반대 움직임을 만들어낸 것은 매우 중요한 맥락이다. 또 이 과정에서 '동강'의 생태적 가치와 경관적 가치에 대한 관심이 높아지고, 이들의 영상 이미지가 지속적으로 언론에 보도되었던 것도 주목할 만한 점이다.

언론에서 '동강'의 보전이나 영월댐 건설 반대를 위해 환경적 쟁점을 끌어들였지만, 언론에서의 이와 같은 보도 태도는 일반적인 환경 문제를 다루는 성격과 다르다. '아름다운 자연의 파괴'나 '멸종 위기'와 같은 환경 쟁점들은 가시적이며, 선과 악의 대립이 비교적 뚜렷해 보이는 환경 문제 중의 하나다. 그래서 이러한 쟁점들은 대개 하나의 도덕 담론을 만들어낼 수 있고 그렇기 때문에 사람들에게 깊은 감정적 호소력을 지니며, 매우 쉽게 사람들의 관심을 끌 수 있다. 영월댐 건설 문제에서도 동강을 둘러싼 여러 가지 상징적인 수사와 이미지들 즉 '원시적인 자연', '수몰 위기의 동강 어라연', '아쉬운 산하', '천혜의 비경'과 같은 것들은 언론을 통해 지속적으로 생산되었고 또 이를 통해 자신들의 보도 가치를 높이는 데 이용되었다. 그리고 언론을 통한 이러한 이미지와 수사의 생산과 열광적인 보도 경향은 결국 영월댐이 '동강댐'으로 변화해가는 데 중요한 요소로 작용하게 된다.

그러나 어떤 쟁점이 왜 특정한 시기에 '사회적 문제'로 인식되는 것은 언론의 관심만을 통해서 이루어지는 것은 아니다. 사실 특정한 쟁점이 사회적인 문제로 부각되기 위해서는 사람들이 그 문제를 중요하다고 생각하고, 문제를 해결하기 위해 행동을 할 의사가 있을 때 존재한다. 또 특정한 쟁점이 사회적인 문제로 부각시킬 수 있는 성패는 문제를 제기하는 사람이나 조직이 사용할 수 있는 자원—시간, 동원될 수 있는 사람의 수, 돈, 미디어 접근 역량—에 달려있기도 하다. 또 특정한 이슈가 다른 사회적인 쟁점에 비해 더 돌출되는 것 또한 문제의 심각성 정도에 따른 단순한 비례관계는 아니고 이것은 정치인이나 유력한 압력집단 및 이익집단의 후원과 지지를 필요로 하기 때문이다.

　그렇다면 영월댐 건설 논의가 여론의 반향을 일으키고 환경적 쟁점으로 전환되는 과정에는 어떠한 일이 벌어지고 어떠한 사람들이 참여했기에 '댐 건설 백지화'라는 일이 가능해졌을까?

3) '동강 살리기' 운동의 점화

　특정한 사안이 사회적 쟁점으로 구성되고, 하나의 운동 목표를 만들어 내는 데 있어 동일한 목적을 공유한 다양한 행위자들의 연대와 활동은 필수적이다. 영월댐 논쟁에 있어서 '동강 살리기'로 대표되는 영월댐 건설 반대 움직임은 처음부터 하나의 강력한 힘에 의해 의도적으로 결과된 것이기보다는 다양한 행위자들이 우연한 계기를 통해 중첩되고 결합해 표면적으로 영월댐 건설 반대라는 동일한 목표를 공유해가는 과정이었다고 할 수 있다. 따라서 여기에 참여한 다양한 행위자들이 '동강 살리기'라는 동일한 목표를 공유할 수 있었던 맥락을 살펴보는 것은, 이후 영월댐 백지화 과정에서 '동강'이라는 것이 하나의 상징적 자원이 되었을 때 이를 둘러싸고 그 상징적 자원을 전유하고 경합하는 과정을 분석하는 것에도 중요한 작업이다.

　위에서 살펴본 것처럼 영월댐 논쟁 과정에서 동강이 알려지고 댐 건설 논쟁에 관한 쟁점을 구성하는 데 있어 언론 보도는 매우 큰 역할을 했다.

그러나 언론 보도만이 영월댐 건설의 환경 영향을 사회적인 쟁점으로 구성해낸 것은 아니다. 오히려 언론을 통한 동강의 보도는 지나치게 경관과 여가 위주로 구성되어 있어, 영월댐 건설 자체의 다양한 문제점에 대한 내용은 은폐되고, 영월댐 논쟁의 구도를 단순화한 측면이 강하다. 따라서 이 절에서는 영월댐 논쟁을 환경적인 시각에서 이슈화하는 데 주요한 행위자로 등장한 다양한 환경주의자들의 정체성과 연합을 규명하고 이들이 영월댐 논쟁을 시급한 환경 쟁점으로 구성해가는 과정을 살펴보고자 한다.

(1) '외부의 관심'과 '안전성': 지역 주민의 반대 움직임

영월댐 논쟁이 전국적으로 알려지고 사회적인 쟁점으로 확산되어 가는 데 있어서 환경운동연합의 활동은 큰 주목을 받았다. 그러나 앞서 보았듯이 영월댐 논쟁이 사회적인 쟁점으로 가시화되던 1997년 7~9월에만 해도 내린천댐 반대운동이 환경단체들 사이에서 더 큰 쟁점이었고, 환경운동연합은 이 문제에 있어서도 성명서 발표나 퍼포먼스 참여를 통한 소극적인 지지를 보내주는 것 이외에 큰 움직임을 보이지 않았다. 영월댐 공동조사단에 따르면 환경운동연합이 본격적으로 영월댐 문제에 개입하기로 한 것은 내린천댐 백지화 결정이 내려지던 1998년 초였고, 이 당시의 활동들 또한 지역 주민들과 연대하거나 적극적인 사회적 쟁점으로 부각시킬만한 것들은 아니었다.

따라서 영월댐 건설 논의가 본격적으로 사회적 쟁점으로 구성되는 과정을 밝히기 위해서는 환경운동연합이 이것에 참여하기 이전인 1997년 중후반의 시기를 주목할 필요가 있다. 1997년은 영월댐 반대운동이 외부의 지지와 상관없이 본격적인 지역적 지지를 얻기 시작하던 때이다. 그러나 이러한 움직임이 본격화되기 전인 1996년 12월만 하더라도 영월댐 반대운동의 지역적 토대가 되었던 수몰 인근 6개 리 이장모임이 시작되었지만 보상을 둘러싼 내부적인 의견 대립과 문산리의 이탈, 조직화 정도의 미약성, 지역의 무관심 등으로 인해 반대 움직임을 외부적으로 공론화하는데에 실패할 정도로 영월 지역에서 영월댐 반대운동에 대한 관심은 미미했다. 이는 영월 지역 주민들 사이에서 댐 건설이 홍수방지와 관광수입 및 경기부양효과를 가져올 것이라는 기대가 만연해있어, 지역의 일부 반대 세력들의 발언력이 매우 미약하던 때였기 때문이다.

그러나 영월 지역 내에서 댐 건설을 당연한 것으로 받아들이는 이와 같은 분위기는 1997년부터 시작된 '외부인들의 관심'과 '생각보다 낮은 보상 단가'가 문제되면서 점점 변화하기 시작한다. 여기에서 외부인들의 관심이라는 것은 대개는 중앙 일간지를 통해 동강의 경관이 보도되고, 영월댐 건설 반대를 목적으로 하며 연대를 꾸려가던 서울 지역의 몇몇 사람들과 연계되면서 지역민들에게 인지된 것을 말한다.

'외부 사람들의 관심'은 지역 주민들이 댐 건설을 반대하는 데 중요한 자원이었고, 지역에서 안전성 문제와 보상단가 문제로 불거진 영월댐 백지화 여론이 힘을 얻고, '해볼 만한 싸움'으로 가능성을 인정받는 중요한 계기가 되었다. 1997년 11월에 있었던 영월댐 건설 반대 영월·정선·평창 주민 시위는 이와 같은 전환된 모습을 보여준 사건이다. 이 시위는 영월댐 예정지 고시 이후의 처음으로 열린 공식적인 대규모 반대 시위였고, 여기에는 지역의 수몰 지역 주민뿐만 아니라 영월댐 건설을 반대하는 지역 주민과 각 군·의회, '동강지키기시민연대모임', '우이령보존회' 등과 같은 환경단체도 지지 성명을 보내주었다.

그런데 이 시위는 영월댐 건설의 반대를 표명했음에도 불구하고, 시위 현장에서 영월댐 건설사업소장으로부터 '댐 건설의 당위성과 최대한의 보상가 산정' 등을 들은 뒤 「공공용지취득및손실보상에관한특례법시행규칙」 개정 등을 주장한 대정부 건의문과 결의문을 전달하고 해산하는 모습을 보여주었다. 이는 지역에서의 반대 움직임이 적어도 아직까지 영월댐 건설을 기정사실화하고 있었다는 것을 보여주는 것으로 이들의 반대 움직임은 댐 건설 시 보상의 문제와 반대 급부에 관한 관심에 치중되어 있었다고 볼 수 있다. 그렇지만 이들의 반대운동이 환경단체들과는 다른 식의 접근이었다 하더라도, 이러한 지역의 반대 움직임은 1997년 후반기에 동강에 대한 중앙 언론의 관심과 인제 내린천댐 반대운동 및 「댐건설지원법」 제정 등과 맞물려, 외부 환경단체들이 결합해 들어오는 계기를 마련하게 되면서 예상치 못한—혹은 의도치 않은—결과를 낳는 계기가 된다. 그리고 1998년에 이르러서는 경실련이나 환경운동연합, 우이령보존회 등 주요한 중앙 환경단체의 활동이 활발해지면서 영월댐 건설 문제는 '보상'과 '반대 급부' 문제를 넘어서 중요한 환경적 쟁점으로 부각되게 된다.

(2) '생태계의 보고, 동강 살리기': 영월댐 백지화를 위한 전략과 연대

1997년 7~9월이 지나면서 언론을 통해 동강이 알려지기 시작하고, 지역에서의 반대 움직임이 커지면서 외부 환경단체들의 결합도 적극적으로 이루어졌다. 그리고 이러한 움직임은 1998년 김대중 정권의 출범과 함께 새 정부의 물 관리 문제가 환경 정책의 핵심적 쟁점으로 부각되고, 영월댐 건설에 관한 건교부의 「환경영향평가보고서」가 환경부에 의해서 여러 차례 재보완 요청을 받는 것 등으로 건설사업에 차질이 생기면서 더욱 활발한 움직임을 보인다. 특히 환경부에 의한 「환경영향평가보고서」 재보완 요청 사실이 알려진 1998년 7, 8월부터는 이와 관련된 쟁점들로 인해 더욱 논쟁이 활발해졌다.

그러나 이러한 과정은 동일한 운동 목표를 가진 외부 사람들과 지역 주민의 자연스러운 연대에 의한 것은 아니었다. 이들의 움직임은 각자의 자리에서 나름대로의 행동 전략으로 시작해서 결국 영월댐 백지화라는 하나의 목표를 구성하게 된 과정이라고 보는 것이 타당하다. 우선 '동강

살리기' 운동에서 중요한 역할을 담당한 우이령보존회는, 이 단체의 대표가 있는 언론사에서 동강오지탐사 등과 같은 프로그램을 통해 동강에 적극적인 관심을 보이기 시작했다. 이들은 동강의 오지마을이나 어라연과 같은 곳을 소개하면서, '동강지키기전국시민연대모임'과 같은 활동도 주관하게 되었고, 이를 계기로 외부의 환경단체의 결합과 연대에 중요한 역할을 담당하게 되었다.

이들의 활동은 후에 영월댐 백지화 과정에서 중요한 역할을 담당하는 각계 전문가들의 모임이었던 '동강자연보존연구포럼(이하 동강포럼)'의 결성 제안자 이승건의 매우 개인적인 행동과도 맞물렸다. 이승건은 전국 각지의 오지 여행을 통해 동강을 알고 있던 사람으로, 1990년 초 동강을 여행했을 때에는 영월댐 건설 계획에 대해서 전혀 모르고 있다가, 1997년 7월에 동강을 다시 찾았을 때 지역 주민으로부터 댐 건설 소식을 듣게 되면서 영월댐 건설 반대를 위해 적극적인 활동을 한 인물이다. 그는 동강에 들어서는 댐 건설을 막기 위해 각 언론에 호소문을 배포하게 된다. 우이령보존회 또한 동강포럼에 참여하면서 "뛰어난 경관과 생태계의 보고로서의 가치가 전통적인 삶의 터전과 함께 보전된 동강이 댐으로 인해 파괴되는 것을 막기" 위해 언론에 영월댐 반대를 호소하는 기고문들을 작성하는 데도 적극적인 활동을 벌였다.

오지 탐험가이자 여행 전문가인 이승건 씨나 오지 탐험 프로그램을 통해 동강을 알게 된 우이령보존회의 관심이 영월댐 건설 반대를 이끌게 되고, 중앙 언론에 대한 호소로 이어진 것은 앞 절에서 살펴본 것처럼 영월댐 건설이 여행과 레저 문제와 연결되고 환경적 쟁점으로 구성되는 데 또 하나의 계기가 된 것이다. 특히 초기에 외부에서 영월댐 건설에 관심을 보이던 사람들이 모두 언론사들과의 인터뷰나 기고, 호소문을 통해 동강의 관광적 가치를 홍보하는 데 주력했다는 점도 특징적이다. 이들은 언론과의 인터뷰에서 '에코투어리즘'이나 '그랜드 캐년이나 중국의 계림과 같은 세계적인 명소로 키울 수 있는 곳'과 같이 동강의 관광적 가치에 초점을 맞추고 홍보 활동을 벌여나갔다. 그러나 언론을 상대로 하는 동강의 경관 가치 알리기식의 홍보 활동은 1998년 초에 이르러서는 적극적인 활동을 조직해내고 좀 더 영향력 있는 행위자들을 끌어들이는 것으로 이어지게 되었고, 그 결과가 정관계 및 학계와 언론계에 종사하는 전문가들이 모인 동강포럼의 결성이었다.

영월댐 백지화 과정에 관한 선행 연구에서는 동강포럼의 활동에 관한 사항이 거의 언급되어 있지 않지만, 이는 동강포럼 자체가 중요한 역할을 하지 않은 것 때문이 아니라 상대적으로 구성원 각자의 전문 분야에서의 개별적인 활동에 초점을 맞추었기 때문이다. 이들은 영월 다목적댐 건설을 반대하는 개인과 단체 및 단체 실무 대표자들의 모임으로 학계를 대변하는 교수들을 포함, 환경운동가, 언론인, 정계 인사 등 각계 전문인들과 여타의 중견 사회 인사들로 구성되어 있는 조직이었다. 이들의 활동은 1998년 초부터 두드러졌는데, 원칙적으로는 시위 중심의 운동보다는 댐 건설의 문제점에 관한 전문적인 지식을 모으는 한편 언론을 통해 홍보하는 것에 초점을 두고 활동했다. 특히 이들은 '영향력 있는' 각계 전문가들과의 연결망을 통해 국정감사나 국회환경포럼 등과 같은 조직에 각종 전문 자료를 제공하고, 방송 프로그램 제작에 공동 참여하는 등 언론을 통한 동강의 홍보에 힘썼다. 또 댐 건설 주체인 건설교통부의 사업 강행 움직임에 대응해 각종 학술 연구와 조사, 데이터베이스를 확충하는 데 주력함으로써 영월댐 논쟁이 학술적인 면에서도 관심을 일으키는 데 큰 영향을 미쳤다. 그리고 이러한 활동은 인터넷을 통한 홍보 활동으로도 이어졌으며, 이는 현재 영월 지역에서 환경운동을 벌이는 '동강보존본부'의 전사이기도 하다.

한편 '동강포럼'이 결성되고 본격적인 활동에 들어가기 이전인 1998년 1월은 인제 내린천댐 건설이 백지화되었던 때이기도 하다. 내린천댐 반대운동은 여러 가지로 다른 댐 건설 반대운동과 다른 특징을 보여주었는데, 내린천댐 반대운동의 결과는 이후 영월댐 건설 반대운동이 환경적 쟁점으로 구성되어 가는 데도 중요한 역할을 했다. 또 이들은 군민과 군청의 강력한 결집을 통해 이듬해 댐 건설 백지화를 이끌어내는 성과를 냄으로써 향후 영월댐 건설 반대운동에 대해 일종의 '사회적인 학습 경험'을 제공하기도 했다. 그러나 내린천 반대운동이 영월댐 논쟁에 있어 가지는 의의는 단순히 '댐 건설도 백지화할 수 있다'라는 경험을 제공했다는 것만은 아니었다.

내린천댐 백지화를 위한 인제군의 반대운동은 댐 건설로 인한 지역의 피해에만 초점을 맞춘 것이 아니라 이들의 운동을 지지해줄 외부 세력을 규합하고, 사회적인 공감대를 형성하기 위해 댐 건설의 부정적 영향과 댐 건설로 인한 '환경적 파괴와 영향'에도 관심을 가지고 지지를 구했다는 점에서 좀더 분석되어야 한다. 즉 이들은 자신들의 운동 논리가 자칫 '지역이기주의로 치부될 위험을 탈피하고 전국적인 지지를 획득하기 위해서' 운동의 대외적인 논리를 '환경 보호'에 초점을 맞춰 나갔던 것이다. 이는 '삶의 질과 깨끗한 환경에 대한 국민적 관심을 자극하기 위한 것이었으며, 시민단체와 전문가 집단의 개입, 그리고 중앙 언론의 '환경 우선' 논리가 이를 촉진시켰다'는 것이다.

내린천댐 백지화를 위한 인제군 반대운동은 상경 시위나 PC통신을 통해 이러한 댐 건설 반대운동을 외부로 알리는 과정에서 다양한 환경 및 사회단체에게 지지를 구해나갔다. 여기에는 이후에 영월댐 반대운동에 참여하고 지지를 보냈던 경실련이나 환경운동연합, 해맞이모임, YMCA, 그린훼밀리운동연합, 기독교 환경운동연대, 우이령보존회, 환경과공해연구회, 녹색연합, 내린천 살리기 운동본부 등이 포함되어 있었다. 특히 춘천경실련은 내린천댐 반대운동에 적극적으로 참여하면서 댐 건설의 부당성을 학술적으로 접근하고 환경적 쟁점으로 광역화하는 데 많은 역할을 했고, 인제군투쟁위원회의 이러한 연대 활동들은 환경단체들에게 댐 건설 문제를 환경적 쟁점으로 인식하게 하는 데 중요한 계기가 되었다. 중앙 일간지들 또한 내린천댐 건설 문제를 '생태계 파괴', '백두대간의 생태 보전'과 같은 환경적 쟁점에 초점을 두어 다룸으로써, 내린천댐 반대운동이 전국적인 관심을 받는 데 중요한 역할을 하게 되었다. 또한 이러한 움직임들은 이후에 영월댐 건설 논의 또한 환경적 쟁점으로 변화해가는 것과 이후의 모든 댐 건설 계획들이 미칠 환경적 영향과 환경적 문제로 인해 생길 반대와 어려움을 인식하게 하는 데도 중요한 계기가 되었다.

한편 1998년 초부터는 환경운동연합의 활동도 점차 적극적으로 변화해갔다. 환경운동연합의 영월댐 반대운동은 여러 가지 면에서 지역의 반대운동과 성격을 달리하는데, 이들의 활동은 전문 환경운동 조직으로서의 활동경험을 토대로 다양한 언론 홍보 활동과 여론 동원에서 탁월한 역량을 보여주었다. 사실 환경운동연합은 내린천댐 건설 반대운동을 통해 이미 대형 댐 건설의 문제점을 인식하고 있었고, 영월댐 건설 반대운동도 처음에는 이러한 차원에서 접근했다. 따라서 이들은 영월댐 반대운동에 참여한 초기에는 대형 댐 건설 자체에 대한 사회적인 쟁점을 만들어내는 데 주력했다.

그러나 1998년 영월댐 건설에 대한 반대 여론이 높아지자 사태의 심각성을 느낀 건교부는 서둘러 댐 건설 계획을 원래대로 추진할 뜻을 확고하게 천명하게 된다. 이와 함께 환경운동연합을 비롯한 다양한 사회단체 및 문인들이 각각 성명서를 발표하고 시위 활동을 하는 등 좀 더 격렬한 반대운동을 전개하게 된다. 환경운동연합은 다양한 형태의 시위와 퍼포먼스 등과 함께 트레킹이나 래프팅 등을 통한 현지 방문으로 동강의 경관을 관람하는 이른바, '생태감수성 기르기' 전략을 통해 여론을 모아 가는 작업도 병행했다.

또한 환경운동연합은 당시 한국이 가입한 국제환경협약 중의 하나인

'생물종다양성협약'의 발효와 관련되어 이 쟁점을 결합했는데, 이러한 전략은 환경적 쟁점이 '과학적이고 합리적인 지식'에 근거한 것이라는 이미지를 만들어내는 데도 중요한 역할을 하게 된다. 환경운동연합은 이 과정에서 건설교통부의 영월댐 건설 계획 자체의 타당성 부족을 지적하고, 전문적인 환경적 지식을 근거로 영월댐 건설이 가져올 환경적 위해를 지적하는 데 초점을 맞추었다. 그러나 이와 같은 대형 댐 건설 자체의 환경적 영향 문제나 생태적 쟁점은 이후에 영월댐이 건설될 지역의 '특수한 지형적 조건' 때문에 댐 건설의 안전성에 관한 논의도 중요한 쟁점으로 부각되면서 지역 주민들의 반대 움직임을 결집시키는 계기가 된다.

2. 동강 살리기 문제가 정부로 넘어가다

1999년은 지역 주민과 여론의 반대가 최고조에 이르고, 영월댐 건설이 동강의 수몰과 환경에 미치는 문제뿐만 아니라 영월댐 건설 자체가 가지는 안전성 문제와 불확실성 및 수자원 공급과 수요를 둘러싼 댐 건설 타당성 논쟁 등 좀 더 다양한 사회적 논쟁의 장에서 극적으로 확대되고 초점이 정교화된 시기이다. 물론 이러한 문제가 이전에도 제기되었지만 이 시기에는 대학교수나 연구원 등과 같은 전문가들이 참여하면서 이 문제를 '과학적이고', '객관적으로' 검토해야 하며, 환경적 가치 또한 정부 정책 결정에서 '합리적으로' 고려되어야 한다는 인식이 커져갔던 때이다. 이러한 가운데 이전의 영월댐 건설 논의에 관한 정부 대응이 건설교통부에 의해 소극적으로 이루어지던 것에 비해, 댐 건설 강행의지가 분명하게 표명되고 이에 비례해 반대 움직임도 극에 달함에 따라 국가의 최고결정권자의 대응을 요구한 때로 규정할 수 있다. 또한 2000년은 4·13총선으로 정치가 및 정당들이 지역 정치와 여론에 대해 상대적으로 민감해야 했던 시기로,

정부 정책 결정에 대한 이들의 입장 표명과 압력도 커져갔던 시기이다.

1) 동강의 가치를 '과학적'으로 증명하기

(1) 영월댐 건설의 안전성과 타당성에 관한 논쟁

영월댐 건설이 지역에서 반대 여론을 모을 수 있었던 요인이기도 했고, 이후 영월댐 건설 논쟁을 종결짓기 위한 공동조사단의 의사 결정 과정에서도 가장 중요한 요소가 되었던 것은 영월댐 건설 시 안전성이 보장되지 않는다는 점이었다. 영월댐 건설의 안전성 문제는 지역에서부터 지속적으로 제기되어 왔던 문제였다. 댐 예정지는 영월댐 건설 공청회나 「환경영향평가서」, 이전의 댐 건설 타당성 검토에서 석회암 지대의 발달로 인해 수많은 동굴이 밀집해있고, 습곡이나 절리, 단층 등 다양한 지질운동의 영향을 동시에 받는 특이한 지역이어서 댐 건설 시 지하 누수에 따른 지반 붕괴 등 댐의 안전성에 치명적인 문제를 가지고 있음이 지적되고 있었다.

또한 영월 지역의 사람들은 '굴물 터지면 영월 망한다'는 속설을 통해 이 지역이 '살아있는 땅'이라는 생각을 가져왔고, 홍수가 날 때마다 굴에서 물이 나오는 현상을 목격해온 터라 이러한 점을 더욱 실감하고 있었다. 정선 지역에서도 또한 홍수가 크게 날 때마다 협곡으로 이루어진 동강의 물이 빠르게 불어나 '물이 서서 내려오는' 현상을 목격했던 터라, 영월댐 건설 계획 당시에도 이 문제로 인한 정선 지역의 침수 문제를 지속적으로 제기해왔다. 그러나 이러한 문제 제기는 공학적인 처방으로 보완할 수 있다는 건설교통부의 의견에 따라 무시되었는데, 이러한 태도는 오랜 경험을 통해 이 지역 지반 구조의 특이성을 경험하고 정부 정책에 대한 불신이 컸던 지역민들의 반발심을 극대화시키게 된다.

특히 사람들이 영월댐 건설의 문제로 느끼는 것들은 자신들이 어렸을 때부터 들어오던 이야기나 직접 경험한 사실들이 전문가들에 의해 무시되고 간과되는 경험, 정부 정책 전반에 대한 불신, 그리고 정부뿐만 아니라 인간의 통제 범위를 넘어설 수 있는 기술 자체의 불확실성 문제에 대한 것까지 다양하다. 그러나 이러한 일들은 '어차피' 자신들의 힘으로는 과학적으로 증명해낼 수 없는(혹은 전문가들이 증명해내지 않을) 것이기 때문에, 주민들에게는 실증의 논란을 벌이는 과학 논쟁의 장에 들어가는 것보다 사업 자체에 대한 완전한 거부권을 행사하는 정치적 반대가 오히려 중요한 행동 전략이 된다.

그러나 영월댐 건설 사업 주체인 수자원공사는 댐 건설 설명회와 공청회 및 「환경영향평가보고서」 등을 통해 이러한 문제점들을 보완할 것이며, 대부분의 경우 공학적인 처리 방식에 따라 안전하게 지을 것이라는 의견을 내놓는다. 이에 환경부는 수자원공사가 보고한 「환경영향평가서」의 내용이 충분하지 않다는 판단하에 이에 대한 보완 조사를 지속적으로 요구했고, 1998년 3월에는 "상당수 동굴의 측면과 지하에서 물이 용출되는 점으로 미루어 동굴들이 서로 통해 있는 것으로 추정되며 더구나 숱한 동굴의 위치와 규모조차 알 수 없어 댐 건설 후 예상치 못한 붕괴, 융기, 침수 현상 등이 우려된다"고 지적해 주민들의 우려를 간접적으로 지지해주게 된다.

이와 함께 환경운동연합과 강원대 동굴탐사반, 동강포럼의 회원 일부는 1998년 5월 15~16일에 걸쳐 동강 유역의 동굴 조사를 실시하고, 이후 한국동굴환경학회와 함께 공식적으로 동강 유역의 동굴이 60여 개보다 훨씬 많은 192개에 달한다는 것을 1998년 10월 수자원공사에 대한 건설교통위원회 국정감사 자료로 제공하게 된다. 이로 인해 댐 건설 사업 주체인 건설교통부와 수자원공사에 대한 반발과 불신이 더욱 커졌고, 당시 이정무 건교부 장관은 자신이 직접 동강 현장 답사를 하겠다고 말했으나 이루어지지 않았다. 또한 이후에 건교부는 동강 주변 동굴이 192개라는 발표가 과장되었으며, 실제 그렇더라도 이러한 문제는 댐 건설에서 전혀 문제될 것이 없다는 입장을 밝힘으로써 댐 건설 강행 방침을 유지한다.

영월댐 건설을 둘러싼 안전성 문제는 1999년 2월 수자원공사 산하 수자원연구소 지반연구소팀의 연구 논문 발표에서도 이어졌다. 이 토론회에서는 1997년 3월부터 9월까지 영월댐 건설 예정지 일대 지반구조를 연구한 결과 영월댐 본체가 위치하는 영월읍 거운리 상류 지역인 절운재와 문산리 일대에서 댐의 물이 저수지 옆으로 새어나갈 가능성이 있다는 사실이 공식적으로 밝혀졌다. 이러한 사실은 집중호우 등이 발생했을 경우 댐의 수위가 만수위보다 높아질 수 있고, 특히 석회암 동굴 등이 밀집해 있는 지역이어서 누수 가능성이 크다는 지역 주민들의 주장과도 일치하는 것이었다. 또한 여기에 1999년 3월 말에는 한양대학교 지진연구소 김소구 교수가 영월댐 주변 지역이 지진 다발 지역이며 단층 활동에 의한 것일 경우 댐 안전성에 치명적인 결과를 가져올 수 있다고 주장하게 되면서 영월댐 건설 문제는 환경적인 쟁점 이외에도 안전성의 문제에서 심각한 결함이 있을 수 있음이 '과학적으로' 증명되게 된다.

그러나 이러한 문제가 지속적으로 제기되는 가운데에서도 건설교통부는 1999년 2월과 3월에 걸쳐 지속적으로 연내 댐 건설 착공 의사를 밝혔고, 4월 7일에는 김대중 대통령이 건설교통부와 환경부의 국정보고 자리에서 "환경보존도 중요하지만, 현재의 충주댐만으로는 남한강 수계의 홍수 방지에 한계가 있으며 2,000만 수도권 주민의 생명과 재산을 보호하는 일도 중요하다"는 말과 함께 …… "환경 파괴 문제만 거론하지 말고 수도권의 홍수 방지를 위한 대안을 제시해야 한다"고 발언함으로써 영월댐 건설 입장을 시사했다. 그러나 건설교통부와 김대중 대통령의 이러한 발언은 강력한 반대와 반발에 부딪쳤고, 이로 인해 영월댐 건설 논쟁은 1999년 3~4월에 거의 극점에 도달하게 된다.

그러나 김대중 대통령의 이 발언이 보도된 다음날 김진선 강원도지사는

"댐의 안전성에 대해 전문가 간에 문제의 소지가 있다는 데 대체로 공감대가 형성되어 있고, 8월까지의 단기간에 걸친 정부 조사도 신뢰성 있는 결과를 기대하기 어려운 점 등을 종합할 때 영월댐 건설은 불가하다"는 반대 입장을 공식적으로 표명했다. 또한 이에 덧붙여 "논란의 쟁점이 되고 있는 물 수급 문제는 전문가 간의 견해와 주장도 엇갈리고 있고 이에 대한 구체적인 조사나 실천 가능성에 대한 충분한 연구와 검토가 미흡한 실정이며 …… 홍수 조절 문제도 물 수급 문제를 포함해 수도권의 홍수 조절 기능 보강에 대해서 다른 대안적 방도가 없는지, 영월댐 건설이 유일한 선택인지 등에 대한 논거가 미흡하다는 의문이 있다"고 지적했다.

김진선 강원도지사의 이러한 발언은 이전의 여러 전문가 및 환경단체, 반대운동 조직에서 제기되었던 문제였음에도 불구하고 결정적으로 지방정부의 최고 의사 결정자의 공식 발표였다는 점에서 의의를 가지는 것이었다. 더욱이 김진선 지사의 발언의 요지는 대부분 정책 결정 과정에서 '연구와 검토'가 부족해 '추진 근거'가 희박하다는 것, 즉 정책 추진의 명분이 객관적이고 과학적으로 증명되지 않았다는 것에 초점이 맞춰짐으로써 영월댐 건설 계획 자체를 재검토해야 한다는 의사 결정 과정에 결정적인 문제 제기를 던진 셈이었다. 또한 김진선 강원도지사가 영월댐 건설 반대 입장을 표명한 데 이어 다음날에는 강원도 의회와 강원도 내 18개 시군의회 의장단 협의회도 반대 입장을 밝힘으로써 영월댐 논쟁은 지방정부와 중앙 정부 간 의견 조정 문제와 정책 추진의 명분이 '객관적이고 과학적으로' 정당화될 수 없다는 문제로 전환되어 갔다. 이에 4월 28일 당시 김대중 대통령이 당적을 가지고 있던 국민회의 강원도 지부장 장을병 부총재는 김대중 대통령을 만나는 자리에서 "건설교통부가 동강댐 건설을 강행하려는 인상을 주고 있다"면서 "과학적 조사 결과를 보고 추진 여부를 결정해야 한다"는 입장을 전한다. 김대중 대통령은 이에 대해 "국제적으로 인정받는 객관적인 조사팀에 맡겨 결과를 본 뒤 추진 여부를 결정해야 한다"는 입장을 표명하게 된다.

여기에 1999년 4월 20, 그린피스(Green Peace), 시에라클럽(Sierra Club), 국제강네트워크(International Rivers Network), 지구의친구들(Friends of The Earth International), 월드워치연구소(Worldwatch Institute), 세계야생동식물기금(World Wildlife Fund)과 같은 국제 환경 NGO들이 환경운동연합과의 연대를 통해 청와대와 국무총리실, 건설교통부, 자국 대사관 등에 팩스를 넣어 영월댐 건설 반대운동에 지지서한을 보내옴으로써 영월댐 건설 논쟁은 정부 의사 결정 과정에 영향을 미치는 또 다른 계기가 된다. 영월댐 건설 반대에 지지를 보내온 이들 국제환경단체들은 1) 국제적인 가치를 지니는 하천으로서의 동강 보호, 2) 대형 댐 건설로 인한 사회경제적 환경 영향, 3) 람사조약 준수와 이를 충족시키는 동강 습지의 보전 문제, 4) 생물종 및 서식지 파괴에 대한 우려, 5) 지역사회에 도움이 되는 물 정책과 지역사회의 발언권 보장, 6) 강의 자연스러운 흐름을 방해하거나 파괴해서는 안 될 것 등을 통해 댐 건설의 부당성과 댐의 해체가 국제적인 대세임을 밝히면서 댐 건설 백지화를 촉구했다.

강원도 지역의 전반적인 반대 움직임과 국제 환경단체들의 이같은 압력은 이후 '영월댐 타당성 검토를 위한 공동조사단'의 결성 계기가 된다. 결국 영월댐 건설을 둘러싼 논쟁은 국무총리실 수질개선기획단이 주관해 추진한 재조사 결과에 따라 결정된다는 결론으로 일단 막을 내리게 된다. 이후 7월과 8월 동안 국무총리실 산하 물관리정책민간위원회는 영월댐 논쟁을 마무리 짓기 위한 공동조사단 구성과 운영지침안을 마련하게 된다.

한편 정부 내에서 공동조사단 구성 추진이 마무리되는 1999년 8월 초에는 산업연구원이 주최한 "영월댐 건설의 경제적 효과 분석 및 대안 제시" 토론회가 개최되었고, 이 토론회에서는 영월댐 건설 계획 자체의 타당성에 대한 문제 제기가 이루어지게 된다. 이 토론회의 주요 쟁점은 1) 물 부족 현상에 대한 근본적인 원인을 댐 건설로 해결될 수 없으며,

2) 물 공급 측면에서 대형 댐 건설의 비용 부담이 점차 증가하고 있어 비경제적이고, 3) 정부의 물 수요 자체가 과도하게 예측되었고, 4) 영월댐 건설의 비용 편익 분석에서 비용이 과도하게 지출된다는 것 등이었다.

이 토론회가 열린 이틀 후에 김대중 대통령은 강원 지역 4개 방송국과의 인터뷰를 통해 "개인 생각으로는 (영월댐 건설을) 안 할 수 있었으면 좋겠다"면서 댐 건설에 부정적인 입장을 처음으로 표명했고, "(물 공급 부족에 대한 해결방안으로) 절수 방법이 있을 수 있으며 수도권 홍수를 막기 위해 댐이 있어야 하는지도 아직 과학적으로 확실하지 않다"고 덧붙여 영월댐 건설 백지화 가능성을 시사하게 된다. "그러나 이러한 결정은 주먹구구식으로 하지 않고 과학적으로 최종 결말을 낼 것"이라는 말도 덧붙임으로써 영월댐 건설 문제를 '객관적이고 과학적으로 판단'할 것임을 강조했다.

(2) 동강의 환경과 생태학적 가치에 대한 실증지식의 축적

영월댐 건설 논쟁이 환경 쟁점을 둘러싸고 사회적인 관심을 받기는 했지만, 논쟁의 초기에는 이러한 논의의 대부분이 동강의 경관과 관광 가치에 관한 것이었다. 그러나 이후 댐 건설 논쟁이 생태계 보전이라는 환경 쟁점으로 구성되어감에 따라 댐 건설이 미치는 환경 영향에 대한 관심과 생태계 조사도 활기를 띠게 되었다. 이를 통해 '수몰 위기의 동강'의 문제는 '과학적인 지식'에 기반을 두어 새롭게 재규정되어 갔다. 그리고 이는 10여 년간 끌어오던 영월댐 계획이 "세계 최초의 신종으로 추정되는 7종의 동식물과 20여 종의 멸종 위기 동식물들을 보호하고 생태계를 보전"을 위해 백지화하는 데 결정적인 근거를 제공하게 된다.

영월댐 건설 과정에서 생태계 파괴 문제가 처음 제기된 것은 1997년 6월, 건교부가 제출한 「환경영향평가보고서」였다. 그러나 이 보고서는 천연기념물인 백룡동굴의 수몰, 댐 건설로 인한 미기후 변화, 생태계 변화 등에 관한 아주 간략한 언급만으로 이루어져, 이의 평가를 맡은 환경부는 같은 해 8월 생태계 파괴 및 미기후 변화 등에 관한 생태학적 변화에 대한 보완 조사를 요구했고, 다시 1998년 3월에 '생태계 파괴와 지반 침하, 수질보전대책' 등에 대한 보완 조사를 요구한다. 이때만 하더라도 환경부는 공식적으로는 "수자원공사가 1998년 말까지 영월댐 예정지의 생태계와 수질, 지형, 지질 등에 대한 정밀 조사를 실시할 예정이며, 조사 완료 보고서가 나오면 관계 기관과 전문가들의 의견을 들어 입장을 정리하겠다"는 입장을 밝히고 있었다.

그러나 환경부는 당시 부처 내 자연보전국에서 실시해오던 '제2차 전국 자연환경조사' 과정에서 동강 일대(강원 영월·정선) 지역을 조사대상지로 선정하고, 1998년 4월부터 그해 9월까지 이 일대의 자연 경관·식물상 및 식물구계·식생·저서성 대형무척추동물·조류 등에 관한 일제 조사를 자체적으로 진행하고 있는 중이었다. 이 조사에서는 주로 동강 일대에서 1) 학술적으로 중요한 식물군락 및 식생 유형 규명과 환경부가 지정한 멸종 위기 및 보호 식물을 확인하는 것, 2) 지형 경관, 지질 및 토양, 수문 등에 관한 현지 조사와 「환경영향평가서」 내용 확인, 3) 저서형 대형 무척추 동물과 조류 종 확인과 서식처 확인 등에 초점을 맞춰 동강 일대의 전체적인 자연환경 및 생태계 구성을 조사하는 것에 초점을 맞추고 있었다. 환경부가 이 조사를 통해 얻은 결과는 이후 영월댐 민관공동조사단 내 환경 분과의 중요한 근거 자료가 되었으나, 이때만 하더라도 환경부는 이 결과를 가지고 공식적으로 영월댐 건설 반대 입장을 표명하지는 않았다.

그러나 1997년과 1998년 영월댐 논쟁이 사회적인 쟁점으로 자리 잡는 과정에서 환경부는 건교부가 제출한 수차례의 보완 조사를 원위치시킴으로서 사실상의 반대 입장을 보여주었고, 환경부의 이와 같은 입장은 영월 댐 건설이 정부 내의 의사 결정을 통해 일방적으로 진행되지 않을 수 있었던 주요한 동인이기도 했다.

그러나 환경부가 두 차례에 걸쳐 환경 영향 재보완 조사를 요구했음에도 불구하고 댐 건설 사업 주체인 수자원공사는 이에 적절한 조사를 수행하지 않아, 1998년 9월 3번째 추가 조사 요청을 받게 된다. 수자원공사는 이 추가 조사 요청에 따라 1998년 9월 한국육수학회에 용역을 의뢰해 동강의 동식물상·동물, 수리지질 등에 관한 정밀 조사를 실시하게 된다. 그러나 육수학회 구성원과 조사 결과의 객관성이 문제가 되면서 다시 1999년 2월에는 수자원공사 자체 환경영향평가단을 구성해 운영하게 된다.

환경부는 이에 1999년 4월, "영월 다목적댐 건설사업 「환경영향평가서」에 기재된 사항을 현지 확인하고, 사업 예정지의 자연 생태계에 대한 개괄적 조사를 통해 환경 영향 평가 협의 업무에 참고하려는 목적"으로 또 한 번의 현지 조사를 진행하게 된다. 환경부는 이 조사를 통해 수자원공사가 2차 추가 조사 요구에 따라 제출된 수자원공사의 보고서에서 1) 곤충류·수서 곤충: 나방류를 제외한 곤충류에 대한 조사 결과가 평가서에 미제시, 2) 포유류: 멸종위기종인 수달은 평가서에 지시된 서식지 외에도 수몰 지역 전 구간을 통해 서식 중인 것으로 확인. 그 외 삵, 오소리 등은 평가서에 누락, 3) 조류: 대부분이 조사되지 않은 것으로 판단되며, 번식 중인 조류도 조사되지 않는 등 작성이 극히 형식적으로 수행, 4) 주변 경관의 보존 필요성 등을 지적했다. 이와 함께 환경부는 '조사 지역은 전체적으로 볼 때 정선읍에서 영월읍 구간까지 자연경관의 우수성은 물론 이를 기초로 해 그 위에 다양한 동식물이 서식하는 곳으로 한반도 내에서 가장 원시성을 유지하고 있는 곳이기 때문에 동강 유역 및 그 주변 일대를 보전하고 관리하는 데 관심을 기울여야 할 것으로 생각된다. …… 또한 건교부가 제출한 「환경영향평가서」는 조사 범위가 실제 피해 영향권과 달라 평가서 조사 결과의 신뢰성에 의문이 제기되며 …… 담수 어류 등의 서식지 또는 산란 장소로 이용되는 모래톱 풀 등에 대한 조사 결과가 평가서에 제시되지 않고 있으며 동굴에 서식하는 동식물에 대해서도 검토되지 않았다. 결과적으로 기존의 「환경영향평가서」에는 댐 건설 지점에 대해서만 검토되었을 뿐 동강의 상류와 중류는 검토되지 않는 등 수몰지역 전반에 대한 경관 해석이 부족하다'라는 것을 덧붙었다.

2) 영월댐공동조사단 활동과 최종 결론

영월댐 건설에 관한 논쟁을 '과학적이고 합리적으로' 규명하고 결론 내리기 위해 구성된 '영월댐 공동조사단' 활동 과정은, 한편으로는 환경 쟁점을 둘러싼 현재적인 갈등을 정부 정책 내에서 조정하는 하나의 양식으로서 의미를 가지지만, 다른 한편으로는 '생태계 보전'이라는 하나의 환경 의제가 정부 정책 내에서 다른 정책 목표보다 우선하는 가치로 정당화되는 방식을 보여주는 것으로 분석했을 때 그 의미를 해석해낼 수 있을 것이다.

영월댐 공동조사단은 김대중 대통령이 영월댐 재검토 의사를 표명한 이후, 국무총리실 수질기획단에 소속되어 있는 '물관리정책민간위원회'에 의해 추진되었다. 물관리정책민간위원회는 1999년 7월 6일 영월댐 추진 재조사를 위한 공동조사단 구성 방안에 합의하고 이후 4차례의 모임을 통해, 공동조사단의 구성과 지침을 마련하게 된다. 이에 따라 조사단은 총 5개 분과(물 수급, 홍수, 댐 안전, 환경, 문화)에 걸쳐, 정부 측(건교부, 환경부, 강원도)과 환경단체 및 민간위원이 추천한 전문가 중에 33명으로 구성되었고, 같은 해 9월에 발족해 공동조사를 시작하게 된다.

이후 공동조사단은 각 분과의 조사 내용의 검토 결과 "댐의 안전성에 대해서는 전문가들 사이에 상당한 논란이 있었으나 현대적 공학기술로 댐을 안전하게 건설하고 운영할 수 있다는 영월댐 보고서의 기존 결론을 번복할 만한 충분한 이유는 조사 기간 내에 입증되지 않았다. 이러한 상황에서 동강 유역이 구석기 유적과 백룡동굴 등 소중한 문화적 유산을 가지고 있을 뿐 아니라 면적이나 고도를 고려할 때 국내 그 어느 지역보다도 생물종다양성이 풍요하며 또한 고유하고 독특한 석회암 생태계를 가지고 있어 환경적 가치가 탁월한 지역이므로 후손을 위해 보존할 필요가 있다"는 결론을 내리게 된다.

특히 영월댐 공동조사단에서 영월댐 건설 여부를 결정짓는 방식인 플로우차트 접근법은 단순히 각 분과의 연구 결과를 산술적으로 계산해 결정하는 것은 아니었다. 플로우 차트식 의사 결정은 의사 결정에 필요한 여러 결정 요인들을 산술적으로 평가하기보다는, 각 분야별 특성에 대한 고려를 우선하여 댐 건설 타당성 결정 시 분과별 고려의 우선순위를 토대로 흐름도를 만들어 의사 결정을 하는 것이다. 이는 대개 산술적인 비용 편익 분석이 어려운 분야를 좀 더 고려한다는 측면이 있다. 결국 영월댐 건설 타당성 검토 자체가 정책의 우선순위를 결정하는 주관적 요소의 개입은 필연적이라는 점과 정책 결정과정의 의사 결정 방식은 각 전문 분야의 지식이 갖는 특정한 가정과 전제에서 출발한 불확실한 연구 결과들을 조정하고 통제할 수 있는 상위의 의사 결정을 필요로 했다는 점을 보여준다. 즉 과학적 지식과 연구에 기반을 둔 의사 결정이라 하더라도 그 상위에는 항상 의사 결정자의 최종 결정, 즉 주관적인 의견 개입이 필수적이라는 점을 보여주는 것이다.

3) '영월댐 백지화'의 성공

영월댐 공동조사단의 댐 건설 백지화 결론에 따라, 김대중 대통령은 2000년 6월 5일 오전 세종문화회관에서 열린 '세계 환경의 날' 기념식에 참석해 논란이 되어왔던 영월댐 건설 계획을 백지화한다고 선언한다. 또 이와 함께 무분별한 개발로 인한 환경 파괴를 막기 위해 대통령 자문

기구인 '지속가능 발전 위원회'를 설치하겠다고 밝히고, 환경정책을 사전 예방 중심으로 전환하며 각종 개발사업의 환경 비용을 현실화해 이를 정부 기업 회계에 반영하겠다고 말했다.

이와 같은 결정에 대해 각계에서는 환경적 가치의 승리라는 반응이 이어졌다. 각 언론들은 "동강댐 건설 백지화의 의미, 대규모 국가사업 결정 과정에서 환경, 개발 이익에 첫판정승"(≪한겨레≫, 사설 기사), "영월 댐 백지화 당연하다"(≪경향신문≫, 사설 기사), "새만금·동강을 후손에게" (≪세계일보≫, 사설 기사), "'삶의 질' 환경이 우선이다"(≪세계일보≫, 사설 기사), "교육, 환경, 복지 부총리를"(≪조선일보≫, 논단), "개발정책 핵심은 '환경과의 조화'"(≪경향신문≫, 포럼) 등의 신문 사설을 통해 영월댐 백지화를 생태계 보전이라는 이유로 정부의 대규모 건설 계획을 중단시킨 계기로 평가했다. 영월댐 백지화에 가장 큰 공헌을 했다고 평가되는 환경운동연합은 논평을 통해서 '동강댐 백지화'는 시민의 승리이며, 이것이 "인간 중심의 사고에서 벗어나 인간과 자연이 공생해야 한다는 환경 의식이 확산되고 시민 스스로 생태계를 지키기 위해 자발적인 실천을 했기 때문에 가능한 것"이라고 평가했다.

또한 영월댐 백지화가 발표되면서 이는 영월댐 백지화는 '환경 가치'의 승리라는 식의 담론이 어디서나 동일하게 반복되었다. 2000년도 10월 26일에 이루어진 건설교통부, 수자원공사에 대한 국정감사에서 최중근 한국 수자원공사 사장은 영월댐 건설이 '환경단체의 반대와 물관리정책조정위원회의 공동조사단의 권고'에 따라 이루어졌다고 말하면서, 이것이 영월댐 건설 계획 초기의 사람들의 환경 의식과는 현격한 차이가 있었기 때문이라고 밝히고 있다. 동시에 최중근 사장은 내린천댐, 영월댐 건설 백지화를 계기로 "환경적으로 지속가능한 수자원 개발 방식을 조속히 도입해, 국내외에서 초미의 관심사가 되고 있는 환경 문제를 국내 수자원 개발 과정에서 충분히 검증해 사업을 추진"할 것을 밝히고 있다. 같은 해 10월 27일 김명자 환경부장관은 "21세기 지속가능발전 전략 세미나" 축사를 통해서 영월댐 백지화는 환경 보전을 개발과 연계하고, 환경을 최우선의 국가 정책 목표로 중요시하며 미래 세대의 필요까지도 고려하는 방향으로 정책 기조가 전환되고 있는 것을 나타내는 것이라고 연설했다.

영월댐 백지화를 둘러싼 이러한 담론들은 학계 연구에서도 마찬가지로 나타난다. 그러나 영월댐 백지화 및 동강 생태계보전지역에 관한 연구들은 '환경'이나 '개발'의 대립을 단순하게 범주화함으로써 의도적이든 그렇지 않든 기존의 담론을 그대로 재생산하는 데 기여했다.

이 과정에서 가장 두드러진 특징은 영월댐 백지화 선언은 기존의 대안적 정치적 흐름으로까지 추구되던 일련의 환경주의 담론이 정부 정책 담론으로 포섭되는 과정을 보여준다는 것이다. 정부는 이 과정에서 '환경 파괴적인 댐 건설'을 강행하는 '공권력'이 아니라 '인간과 자연이 더불어 사는 생명공동체'를 위해 '환경 보전을 개발과 연계하고, 환경을 최우선의 국가 정책 목표로 중요시하며 미래 세대의 필요까지도 고려하는 방향으로 정책을 마련하는' 책임 있는 행정기구로 등장했고, 언론과 시민단체는 생태계 보전과 환경 보호에 있어 정부의 강력한 보존을 촉구하는 '위임자'의 역할을 맡게 된다. 그리고 국가기관은 이전까지의 환경주의 담론과 상징적 의미들을 전유하는 모습을 보여준다.

그러나 영월댐 백지화 결정은 환경적 가치의 수용과 국책사업의 합리적인 추진을 약속한다는 선언적인 수준에 머무르고 구체적인 대안 제시 없이 이루어짐으로써 이러한 정책담론의 실행은 점점 뒤로 미루어지게 된다. 특히 1997년에 댐 건설 예정지로 고시되어 각종 행정적 규제를 받아온 수몰예정지 주민에 대한 보상대책이 마련되지 않았고, 더욱이 영월댐 논쟁 과정에서 외부에 알려지기 시작해 많은 관광객이 몰리기 시작한 동강의 보전정책이 제대로 마련되지 않아 이는 이후의 많은 문제를 내재한 원인이 된다.

3. 영월댐 백지화 이후의 동강의 모습

'동강'은 영월댐 백지화 이후 '보존되어야 할 대상'으로 규정된 이후 여러 민간단체의 보호 활동이 시도되기는 했으나 이것이 실질적인 효과를 거두지 못하고, 결국 김대중 대통령이 영월댐 백지화 선언하고 난 이후 2년이 지나서야 동강의 실질적인 자연환경보전정책이 집행되게 된다. 이 장에서는 영월댐 백지화 이후 지역에서 벌어진 민간 보존 활동의 실패와 실질적인 정책을 요구하는데 강력한 근거가 된 동강의 오염과 환경 파괴 문제가 어떻게 다시 가시화되고 이것이 정책 구성에 영향을 미치게 되었는지, 영월댐 백지화와 이후 동강의 오염 문제가 재가시화되면서 서둘러 추진된 동강 보전 정책들을 주민들이 어떻게 받아들이고 대응해가는가를 분석할 것이다.

1) 영월댐 백지화 이후의 동강 훼손과 자연환경보존정책

(1) 동강의 환경 훼손과 행정적 대응

동강의 관광객 급증은 1999년에 이르러 가시화되기 시작했다. 이는 그 이전부터 언론을 통해 알려지기 시작한 동강이 1998년 3월 3일과 15일, 두 차례에 걸쳐 방영된 KBS1 자연다큐멘터리 <동강>을 통해 그 극점에 달하면서 '댐 건설로 위험에 처한 동강과 어라연'을 탐방하기 위한 사람들은 예상치 못하게 늘어나게 되었기 때문이었다. ≪영월신문≫은 1999년 3월부터 동강 탐방객과 래프팅 인구의 급증으로 마을 주민들의 불편이 늘어나고 동강 주변의 철새 및 텃새들이 자취를 감추고, 물고기가 급격히 주는 등의 문제를 제기하기 시작했지만, 이와 같은 문제가 처음부터 시급하게 다루어져야 할 것으로 여겨진 것은 아니었다.

특히 이때만 해도 건설교통부가 영월댐 건설 강행 입장을 표명해 영월댐 건설 논쟁이 극에 달했던 때로, 댐 건설을 반대하는 이들은 동강에 관광객이 급증하는 것을 동강의 관광 자원 가치를 알리는 신호로 받아들였고 이를 반대운동의 자원으로 활용하는 데 초점을 맞추고 있었다. 또한 지역의 외부에서 활동을 벌였던 환경단체나 미디어를 통해서만 동강을 접하는 사람들은 지역의 전반적인 상황을 '눈으로 확인하지 않은' 상태에서 '원시의 비경'과 '래프팅의 명소' 같은 내러티브와 편집된 영상으로만 문제를 접하고 있었기 때문에 이와 같은 상황을 심각하게 받아들이지는 않았던 것으로 보인다. 한편 관광객 급증으로 몸살을 앓고 있는 동강을 관리해야 할 해당 자치단체들은 댐 건설 여부가 결정 나지 않은 상황에서 동강관리대책을 수립하는 것에 유보적인 입장을 보였고, 특히 관광객 증가는 지역 개발의 청신호로 여기고 있었기 때문에 이같은 상황을 암묵적으로 방치하고 있기도 했다. 이처럼 동강관리대책에 대한 행정적 대응이 전혀 없는 상황에서 동강 주변에는 수많은 불법 숙박 시설과 래프팅업소들이 들어서기 시작해, 1999년에 이르러서는 래프팅업소만 31개 업체로 428개의 래프팅 보트가 등록될 정도로 동강 주변의 래프팅 사업은 성황을 이루게 된다. 래프팅업소는 이후에도 꾸준하게 늘어나 2000년에는 60개 업체(455대), 2001년에는 75개 업체(818)에 달하게 된다.

그러나 이러한 상황은 1999년 4월 김대중 대통령의 영월댐 건설 재검토 방침이 확정되고 이것이 사실상 영월댐 백지화라는 결론을 이끌어낼 것이라는 기대가 나타나게 되면서 조금씩 변화했고, 1999년 7월에는 해당 행정기관의 동강 관리 대책 마련이 주요 과제로 상정되기 시작한다. 이와 같은 관리 대책은 1999년 7월 원주환경청의 '동강에서의 생태 관광 정착 방안'을 시작으로, 8월에는 강원도의 '동강 환경관리 대책안' 등이 제안되면서 동강에서 급증하기 시작한 래프팅 인구와 자연환경 훼손 문제 등을 관리하고 통제할 수 있는 행정적 제도를 마련하는 것으로 초점을 맞추게 된다.

그러나 이와 같은 대책들은 영월댐 건설이 공식적으로 결정되지 않은 상황에서 나온 것들로서 현실적으로 시행되지는 않았고, 영월댐 백지화가 결정된 2000년에 이르러서야 동강의 보존 정책이 공식적으로 마련되기에 이르렀다. 이중 환경부가 영월댐 백지화 이후 처음으로 내놓은 '영월 동강 생태계 보전 방안'은 당시까지 동강에서 나타난 여러 가지 문제점과 이에 대한 정책적 대응을 보여준다. 이 안에 따르면 환경부는 동강의 현안 문제를 1) 래프팅 및 탐방객 급증으로 생태계 훼손이 심화되었으며, 특히 래프팅 시 물놀이나 고성방가 등에 의해 수중 생태계에 스트레스가 가중된 점, 2) 관광객을 대상으로 하는 음식점 등 영업 시설 증가로 경관 훼손과 환경오염 심화, 3) 야생동식물 불법 채취 및 포획으로 생태계 파괴, 4) 동강 유역 내 하수종말처리장 및 탐방객이용시설 등이 부족하다는 점을 들었다.

그리고 이에 적절한 대책으로 1) 무분별한 래프팅을 금지하고 적정 탐방객을 유지하며, 2) 생태계 보전을 위한 자연휴식지를 지정하고 밀렵을 감시하며, 3) 각종 하수처리장 등 환경 기초 시설과 생태 관찰 시설 설치를 지원한다는 목표를 제안한다는 것이 있었다. 이에 구체적인 법적 제도로는 「자연환경보전법」에 의거한 자연휴식지와 생태계보전지역 지정이 검토되었다. 환경부는 이 간담회를 통해 강원도에 동강 '자연휴식지'를 추진할 것을 권고하게 된다. 또 이와 함께 문화 마을 등 생태계 우수 지역에는 생태 관찰 시설을 조성함으로써 관광객에게 생태 학습 기회를 제공하고 입장료를 징수해 지역 주민 소득에 기여하는 것을 제안하며 내셔널트러스트 운동과의 연계도 모색하고 있음을 보여주었다.

환경부에서 마련한 이와 같은 동강 보전 정책은 2000년 10월 26일에 열린 물관리정책조정위원회에서 확정 발표된다. 이 내용을 보면 1) 중장기적으로는 환경부가 동강 유역을 생태 보전 지역으로 지정 검토하는 것과 환경 영향 평가를 내실화하는 것, 2) 환경부와 강원도의 조정 아래 동강

유역을 '자연휴식지'로 지정 추진하는 방안, 3) 강원도 자체에서 '동강종합관리계획'을 수립하고 래프팅 영업에 예약제를 도입해 활동을 통제하는 것, 4) 댐 건설을 추진해왔던 건교부가 댐 건설 예정지 지정 고시를 해제하고 물 부족 문제의 대책을 마련할 것 등이었다.

댐 백지화 이후 추진된 이와 같은 행정기관의 동강 보전 활동은 이로써 일단은 자치단체의 일로 넘겨지게 된다. 그러나 영월댐 백지화 이후 정부 내에서 동강 보존의 주체로 무게중심을 실어주었던 자치단체들은 이미 동강 유역 개발이 거의 이루어지고 난 이후에 뒤늦게 이러한 일들을 추진하게 되면서, 개발에 대한 기대 심리가 커져있던 주민들과의 마찰로 정책을 입안하는 데 어려움을 겪게 된다. 또한 영월댐 건설이 백지화되면서 그동안 수몰 예정지에 각종 지원이 끊어진 것에 대한 수몰 주민들의 보상 요구가 커지면서, 자치단체들은 도로 확포장 및 수몰민 지원사업을 시행하는 것에 초점을 맞춰 활동을 펼치게 되었고 이후 동강의 난개발을 주도하는 무분별한 주체로 낙인찍혔다.

(2) 동강의제21과 동강땅한평사기운동: 민간 보전 활동의 실패

영월댐 백지화 과정에서 관광자원으로서 '동강'의 상품 가치가 급등하면서 이를 둘러싼 경제적 이해관계가 복잡해진 것처럼, '동강'이라는 것이 가지는 상징적 가치도 커져갔다. 그러나 동강 보전 활동을 통해 동강의 상징적 가치를 획득하고자 하는 외부 환경단체, 언론, 종교, 문화계의 개입과 이들의 활동이 활발했음에도 불구하고, 그 방식이 지역에 기반을 두지 않고 주민들과 연계되지 않음으로써 이후의 활동과 결합이 급속하게 와해되는 현상을 보이게 된다. 이 절에서는 영월댐 백지화 이후 민간단체들의 보존 활동과 실패 과정이 이후의 정부 정책을 정당화해 가는지 분석할 것이다.

앞 절에서 살펴보았듯이 영월댐 백지화는 여러 분야에서 '환경에 대한 시민 의식'이 성숙했기 때문에 가능했다고 여겨졌다. 그리고 이는 영월댐 백지화 과정에 참여한 단체들과 사람들이 이례적일 정도로 크고 많았으며, 또 지속적이었다는 점에서 설명되었다. 동강에 대한 사람들의 관심과 애정 은 너무나도 큰 것 같았으며, 이러한 여론 아래서 댐 백지화는 너무나 당연한 일로 여겨졌다. 그러나 '동강 살리기'라는 하나의 운동 목표가 '댐 백지화'라는 당면 목표를 성취해낸 이후, 사람들의 관심과 활동은 급격하게 줄어들기 시작했다. "영월 동강이 지닌 천혜의 비경과 희귀 동식물을 후손에 길이 물려주기 위한 투쟁"을 벌였던 영월 주민과 환경단 체, 종교계, 문화·예술계, 학계, 그리고 그린피스, 시에라클럽, 지구의 벗 같은 국제 환경단체들과 언론은 영월댐 백지화와 함께 '동강의 보존' 문제를 정부의 일로 남기고 모두 각자의 자리로 돌아갔다. 물론 영월댐 백지화 이후 환경단체를 비롯한 민간단체의 보존 활동이 전혀 없었던 것은 아니다.

영월댐 백지화 이후 가장 활발하고 광범위한 활동을 펼치고 여론의 주목과 지지를 받았던 곳은 '내셔널트러스트' 운동이었다. 내셔널트러스 트 본부는 영월댐 백지화 선언이 있은 직후였던, 2000년 6월 28일에 동강 보존을 위한 활동 계획을 발표하면서 언론의 관심을 받았다. 내셔널 트러스트 활동에 참여한 이들 또한 이전의 댐 백지화 과정에서 활발하게 반대운동을 펼치던 단체들에 소속된 사람들이 많이 참여하고 있었기 때문 에 이들에 대한 기대감도 매우 높았다. 내셔널트러스트가 "동강을 국민의 자산으로!"라는 캐치프레이즈를 내걸고 시작한 '동강땅한평사기운동'에 는 영월댐 백지화 과정에서 활발한 활동을 펼쳤던 동강보존본부, 동강을사 랑하는문화예술인모임, 우이령보존회, ≪중앙일보≫, 천주교원주교구정 의평화위원회, 환경정의시민연대 등도 참여했고, 환경부와 한국방송에 의해 후원되기도 했다.

내셔널트러스트는 동강보존활동계획에서 동강 유역의 평창군 문희마을을 국내 10번째 내셔널트러스트 운동 후보지로 정하고, 7월 한 달 동안 시민의 성금 50억 원을 모금해 동강 보전의 핵심 지역 토지 50만 평을 매입하겠다는 목표를 세웠다. 내셔널트러스트 본부가 동강 유역에서 추진한 '동강 문희마을 트러스트 운동'은 국민 성금으로 동강 지역의 보전지를 조성하고 국민 자산화를 통해 동강 유역을 영구 보전하자는 취지로 제안된 것이었다. 내셔널트러스트는 2000년 8월 7일에 열린 '동강 문희마을 트러스트 운동 선포식'을 통해 1) 시민 약 20만 명이 참여하는 동강 보전 국민 신탁을 형성하고, 2) 5년 동안 50억 원의 시민기금(신탁)을 조성해, 3) 동강 일대 20만 평 상당의 보전 지역을 확보하고, 4) 주민 참여형 생태마을로서 보전지를 관리하며, 5) 신탁 참여자를 위한 환경학습 및 이용 프로그램을 개발하고, 6) 회원제를 통해 동강 이용을 자율 규제하며, 7) 궁극적으로는 문희마을 보전지를 국민신탁지(내셔널트러스트지역)로 법적 지정한다는 것을 목표로 내세웠다.

그러나 영월댐 건설이 백지화되던 당시만 해도 비등하던 여론은 금세 식어버리고, 특히 동강에 대한 여론의 관심이 '실질적인 모금 성과'로 이어지지 못했다. 이에 대해 내셔널트러스트 운동에 참여했던 지역 환경단체의 간사는, '백지화 과정에서 이미 많은 사람들이 환경운동연합의 회원으로 가입해 동강 살리기 운동에 참여했다. 그렇지만 환경운동연합은 "내셔널트러스트 운동 본부는 백지화 과정에서 별다른 기여도 하지 않았으면서 모든 운동 성과를 가져가려 한다"면서 이 운동에 연대하지 않아 활동 역량이 부족했기 때문'이라고 설명하기도 했다. 더욱이 정체성이 다른 여러 환경단체가 결합된 조직 내부에서도 운동 성과나 목표에 대한 의견이 갈리면서 어려움을 겪었다. 이후 내셔널트러스트 운동은 1) 후보지로 정한 문희마을 대표의 갑작스러운 사망, 2) 수몰 지역 보상 문제를 둘러싼 갈등으로 미묘해진 지역 주민들의 기대, 3) 운동 목표에 대한 지역 주민과의 상호 이해 부족 등으로 지역 주민들과 갈등이 심화되어 어려움을 겪게 되었다. 현재 내셔널트러스트 또한 동강 유역의 다른 지역을 운동의 후보지로 정할 목표를 검토하고 있는 중이다.

한편 영월댐 백지화 과정에서 영월 지역 내에서 반대 활동을 주도해왔던 영월댐 백지화3개군투쟁위(이하 백투위)는 2000년 12월 23일 해단식을 갖고 공식적으로 해체하면서, 지역의 동강 보전 활동은 이전부터 활동을 전개해오던 동강보존본부로 중심을 옮겼다. 이로써 지역사회와 주민이 중심이 되는 보전 활동을 목표로 창립된 '동강보존본부' 활동 또한 영월댐 백지화 이후 조직의 확대 개편으로 이어졌다. 이들은 2000년 12월 28일에 동강보존본부 확대개편회의 및 창립총회를 통해 "동강의 보전은 동강을 안고 사는 지역 주민이 주축이 되어야 한다"는 취지에서 지역에 연고를 둔 보전 활동을 펴나갔다.

동강보존본부는 창립 이후 인터넷을 통한 영월댐 백지화 과정의 성과 홍보, 내셔널트러스트 운동 참여, 사진전이나 슬라이드 상영, 동강자율감시단 활동, 남한강 수계물 관리 위원회 활동 등에 참여했다. 그러나 단체의 이러한 활동은 구체적인 목표와 조직적 역량을 확보하지 못한 가운데, 활동가 한 명을 중심으로 한 외부 홍보 활동 및 임시적인 사안에 대한 언론 보도 활동에 치중하게 되었다. 지역 주민들의 무관심과 수몰 지역 주민들의 반감은 이들의 활동을 위축시켰는데, 특히 동강의 오염 문제와 관련해서 이들이 벌인 언론 플레이는 강원도와 군청, 주민들에게 거부감을 주었다. 또한 영월댐 백지화 과정에서의 성과가 중앙의 대형 환경단체 위주로 평가되고 각종 행정적 보전 정책의 입안이 활성화되면서 이들의 보전 활동 영역은 매우 좁아졌다.

한편 영월댐 백지화 과정에서 가장 활발한 활동을 펼친 환경운동연합은 동강 보전을 위한 계획으로 '동강의제21' 활동을 제안했다. 환경운동연합에 의해 발의된 동강의제21은 "지역 공동체의 복원, 동강의 경관과 자연 자원의 보전, 동강의 현명한 이용을 통한 동강과 인간의 지속가능한 공존"

을 표방하며, "지역 주민이 중심이 되고 영월군, 정선군, 평창군, 강원도 등 관련 지자체와 시민단체, 전문가 등이 협력해" 동강보전계획을 수립하고 동강 유역을 '생태 공동체의 모범'으로 조성하는 것을 목적으로 하는 추진 단체로 계획되었다. 그러나 동강의제21은 활동의 가장 중요한 주체들이어야 할 자치단체장들이 빠지고, 주민들의 참여와 외부 단체와의 결합도 저조한 가운데 계획 단계 이상의 진전으로 이어지지 못했다.

한편 2002년 한국환경사회학회 춘계학술대회에서 '동강 유역 자연휴식지 및 생태계보전지역 지정을 둘러싼 이해관계의 대립'에 관해 발표했던 박재묵의 연구에서 주민 중심의 보존 지향 세력으로 분류된 '생존권투쟁위'는 처음에는 언론과 연구자들의 관심을 받으며 '분배의 공정성'과 함께 '동강 보전 문제'에 관심을 가지는 주민들로 이루어졌다는 주목을 받았다. 이 조직은 영월댐 건설 계획이 백지화되면서 그동안 수몰예정주민들이 받은 잠재적인 경제적인 피해를 보상하라는 요구를 받아들인 정부가 시작한 '수몰 지역 주민지원사업'을 둘러싼 불공정성 논란이 시작되면서 조직되었다. 특히 이러한 보상 지원이 기존의 영월댐 건설을 적극적으로 찬성하던 '영월댐 수몰대책위'의 활동가 위주로 배분되었다는 의견으로 반발이 심해졌는데, 이들 가운데 귀농한 젊은이들을 중심으로 '동강주민 생존권투쟁위원회'가 조직된다. 이들은 기존의 수몰대책위와 달리 처음에는 동강의 보존을 위해서는 자연휴식지 지정으로도 모자라며, 보존은 주민들의 생존권 보장과 함께 이루어져야 한다고 주장하기도 했다. 그러나 강원도와 정선군청의 지원사업이 이들에게도 혜택을 돌리고, 이들 활동가 일부에게 '동강자율감시단' 활동을 부여하면서 이들의 움직임은 아무런 진척 없이 와해되었다.

결국 '동강 보전'을 목표로 했던 환경운동연합의 동강의제21, 내셔널트러스트의 '동강 문희마을 내셔널트러스트 운동', 지역 민간 환경단체인 '동강보존본부'의 활동들은 지역에서 제대로 뿌리내리지 못하고 실패하게 되었고, 이는 이후 동강 오염과 환경 파괴를 둘러싸고 더욱 강력한 중앙 정부의 개입을 요구하고 정당화하는 근거가 된다. 특히 환경운동연합은 '동강의제21' 활동이 실패하면서, 정부의 보존 활동을 강력하게 요구하는 성명서 발표 위주의 활동에 초점을 맞췄는데, 이러한 활동들은 지역 주민들이 환경운동연합을 "정부와 환경부를 좌지우지하면서 환경만 보호하자고 하는" 강력한 압력집단으로 인식하는 데 중요한 요인이 된다.

그러나 민간단체들의 동강 보전 활동에서 나타난 이러한 실패들은 민간 환경단체의 활동 내용이나 역량의 문제로만 돌리기에는 어려운 점이 있다. 즉, 지역에서는 주민들뿐만 아니라 해당 자치단체들까지 영월댐 백지화 과정에서 이루어진 지역 홍보로 예상치 않은 지역 개발 기대 심리가 커지고 있었고, 한편으로는 수몰 지역에서 댐 건설을 찬성하던 사람들의 환경 단체에 대한 반감이 극에 달하고 있었기 때문에 동강 보전 문제를 민간 환경단체가 다루기에는 이미 너무 복잡해져버린 것이다.

(3) 2급수로 전락한, 위기의 동강

영월댐 백지화가 결정되고 동강의 보존 활동이 제대로 이루어지고 있지 못한 가운데, 다시 동강의 자연환경 파괴와 경관 훼손 문제가 중앙 언론을 통해 가시화되고 적극적인 보존 노력을 촉구하기 시작한 것은 영월댐 백지화가 선언된 지 1년이 지난 2001년 6월 5일 '환경의 날' 즈음이다. 이 시기는 1, 2절에서 살펴본 것처럼 환경부와 강원도 등에 의해서 동강 유역 보전 방안이 계획되고 수립되고 있기는 했으나 그 성과는 거의 없었고 민간 환경단체들의 활동에 어느 정도 기대를 걸었으나 그 활동이 모두 실패하고 있었던 때였다.

이러한 시기에 영월댐 백지화 1년을 돌아보는 기획 기사를 준비하던 언론사들은 "영월댐 백지화 1년 …… 동강 현주소", "영월댐 백지화 결정 1년 후의 동강", "정선 가수리 르포: 동강댐 저지 1년 희망이 꿈틀", "동강

보존정책이 없다", "동강, 양수리 돼선 안 된다", "영월댐 백지화 1년" 등, 동강 보전의 무대책과 경관 훼손에 대한 보도를 일제히 내보내게 된다. 2001년 6월부터 시작된 이러한 언론의 보도는 7월과 8월에도 이어졌는데, 이러한 보도들은 6, 7월에 실시된 원주환경청의 수질 검사에서 동강의 수질이 '2급수'로 '전락'했다는 사실과 함께 '일부 개발업자'들의 동강 훼손을 집중적으로 다루기 시작했다.

8월에 발표된 동강 수질 2급수 전락이 보도되자 환경운동연합 또한 즉각 성명서를 내고 환경부의 강력한 보존 정책을 촉구하기 시작한다. 환경운동연합의 성명서 또한 지방자치단체의 무분별한 난개발 조장과 관광객 급증을 동강 오염의 원인으로 제시하면서 중앙 정부의 강력한 보존 노력이 필요함을 강조했다.

환경운동연합의 성명서가 발표된 다음날 환경부는 2003년에 동강 유역을 생태계보전지역으로 지정하겠다는 계획을 발표하게 된다. 물론 환경부가 2003년에 동강 유역을 생태 보전 지역으로 지정하기로 한 것은 이미 결정되어 있던 것이었던 것이기 때문에, 환경운동연합은 '위기에 처한 동강'을 살리기에는 2003년은 너무 늦다는 성명서를 다시 발표하게 된다.

그러나 언론과 환경단체로부터 비난을 받은 동강의 수질 오염 문제는 기사나 성명서에서 기술되는 것처럼 극적이거나 새삼스러운 문제는 아니었다. 환경단체와 언론에서 '동강의 위기 상태'를 인식하고 환경부에 동강 보전에 대한 강력한 보전 요청을 하기 시작한 2001년의 동강의 오염 추세와 그간의 동강의 수질 오염 상태에 대한 '객관적인 자료'를 비교해보면 매우 흥미로운 점을 발견할 수 있다.

<그림 8-1>에서 보는 것처럼 환경부에 대한 보전정책이 강력하게 요구되던 2001년 7월과 8월은 동강의 수질 오염 추이에서 보았을 때 이례적인 일이지만, 래프팅 성수기인 8월에는 오염도가 오히려 떨어져 있는 것을 볼 수 있다. 지역 주민들은 동강의 수질 오염 문제는 오히려

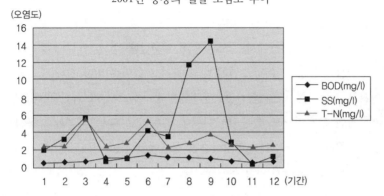

<그림 8-1> 동강의 오염 그래프

2001년 동강의 월별 오염도 추이

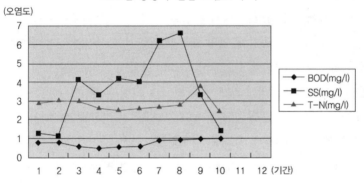

2002년 동강의 월별 오염도 추이

원자료: 원주환경청.

1990년대 중반부터 심각해지기 시작했으며 특히 가뭄이 오래 지속되는 때에는 어김없이 나타나는 일이라, 언론의 새삼스러운 보도는 오히려 과장된 면이 있다고 지적하는 것이 일반적이다.

　예를 들어 주민들은 동강 유역의 한 지류인 동남천의 경우 고한과 사북 지역에서 내려오는 폐광수 때문에 오염이 심각하고, 2001년에는 계속되는 가뭄이 그러한 문제를 일시적으로 더 크게 했을 수 있다는 견해를 내놓기도 했다. 주민들은 그 당시에 동강의 오염 문제가 "사실 동강은 관심이 되고 있는 지역이기 때문에 크게 그 문제를 다뤘지만 실제로 작년 같은 가뭄에서는 서강에서도 그런 일이 일어났을 수 있었다"고 해석한다.

주민들의 동강의 수질 오염에 대해 가지고 있던 이러한 견해는 1998년 건교부가 제출한 영월댐 건설 「환경영향평가보고서」가 나왔을 때 이미 지적되던 문제이기도 했다. 환경부는 이 보완요청서에서 "현재 동강의 수질이 BOD 1.3~1.8ppm의 2급수인 상태에서 댐이 건설되면 특히 여름철의 오염도가 높아져 한강 식수원의 목표 수질인 1등급 달성이 어렵다"는 견해를 밝혔고, 동강의 이와 같은 수질 오염 문제는 영월댐 타당성 검토를 위한 공동조사단의 연구 결과에도 많은 영향을 미쳤다. 영월댐 공동조사단 환경 분과에서 실시했던, 영월댐 건설시 식수 오염 문제는 이미 동강의 수질 오염 문제가 동강 유역의 개발과 관련된 한시적인 문제가 아님을 지적하고 있다. 그럼에도 불구하고 2001년의 동강의 수질 오염 문제는 언론과 환경단체에 의해 크게 부각 되었고, 그해 7~9월에 계속된 언론의 보도들은 지역 주민들의 반대를 들어 자연휴식지 지정에 미온적이던 자치 단체들을 자극하는 데 효과를 발휘한다.

영월, 정선, 평창군은 원래 영월댐 건설이 백지화되면서 자연휴식지 지정을 추진하게 되어 있었으나, 지역 주민의 반발을 이유로 자연휴식지를 적극적으로 추진하고 있지는 않았다. 3개 군은 자연휴식지 지정이 늦어지자 먼저 동강 탐방객과 래프팅 동호인들로 인해 훼손이 우려되는 지역을 감시하는 '동강 자율감시단'을 운영하고 있었지만 이와 같은 자치단체의 대응은 동강 오염과 환경 파괴의 근본 문제를 해결하기에는 한계가 뚜렷했고, 주민들에게는 전시 행정이라는 비난을 받고 있는 터였다. 이러한 상황에서 2001년 여름의 동강 수질 오염 문제를 계기로 환경부는 강원도가 동강자연휴식지 지정을 추진할 것을 요구하게 된다.

그러나 자치단체들이 이미 '난개발'을 조장하는 행정기관으로 비난받고 있는 상태에서 이들이 추진하던 자연휴식지만으로는 동강 보전이 온전할 수 없다는 비판에 맞닥뜨리게 된다. 특히 환경단체와 '전문가'들은 지방자치단체들의 보존 노력은 '실효성'을 가지기 어렵다는 점을 지적하면서, '중앙 정부의 강력한 보존'을 촉구하게 된다. 또한 동강 보전의 주체는 중앙 정부와 환경부가 되어야 한다는 것은 중앙 언론과 학계 전문가들에 의해서도 강력하게 요구되었다. 이와 같은 보도들은 2001년 6월과 7월에 걸쳐 2급수 판정을 받은 '동강의 전락'을 질책하며 무분별한 관광객과 지방자치단체의 난개발을 막을 중앙 정부의 보전정책을 강력하게 요구한다. 또한 환경 문제에 대해서만은 '전문적인 처방'이 필요하며, 이것은 중앙 정부의 강력한 보전 노력에서만 가능하다는 입장을 보여준다.

그러나 이와 같은 언론과 환경단체의 반응과 강력한 보전정책의 촉구는 지역 주민들에게는 지역 현실과 동떨어진 현실 진단으로 심한 반발과 불신을 일으키는 요인으로 작용하게 된다. 주민들이 이러한 문제를 좀 더 심각하게 받아들이는 이유는 환경 문제의 대한 이와 같은 언론 보도가 정부 정책 과정에 직접적으로 영향을 주는 것에서 오는 소외감과도 연결된다. 그리고 이러한 경험들은 이전의 영월댐 백지화 과정에서 지역 주민들이 경험한 언론 보도 경향이나 학자들의 연구들에 대한 반감과도 연결되어 있다. 그러나 이와 같은 지역 주민들의 동강의 상태에 대한 인식과 상관없이 언론과 환경단체에 의해 강력하게 문제 제기된, 2001년 여름의 동강의 수질 오염 문제는 환경부가 생태계보전지역 지정을 추진하는 데 있어 주요한 계기가 되었다.

2) 소외, 소리내기와 침묵의 이중성: 자연환경보존과 지역 주민

오랜 논쟁 끝에 동강은 '세계 최초의 신종으로 추정되는 7종의 동식물과

20여 종의 멸종 위기 동식물'이 서식하는 곳으로 사회적으로 보전되어야 할 가치가 높은 생태계를 지닌 곳으로 규정되었다. 그러나 '래프팅의 명소'에 대한 사람들의 '지나친' 관심과 '자치단체 및 일부 개발업자들의 무분별한 상흔'은 동강을 급속하게 훼손시켰고, 이제 자연휴식지와 생태계보전지역 지정을 통해 다시 보호되어야 할 곳으로 지정된 상태이다.

본 절에서는 '국내 최고의 비경'에 '탁월한 환경적 가치'를 지닌 '동강'에서 '옥수수·감자 심고 물고기 잡으며 살아가는 주민'과 '정부의 일방적인 동강댐 건설 추진과 지지부진한 후속 조치로 엄청난 경제적·정신적 고통을 겪고 있는 수몰예정지 주민들'이 이와 같은 정책들을 어떻게 받아들이고 대응해가는지에 대해 기술할 것이다.

영월댐 백지화의 상징적 의미를 가장 잘 구현하는 정책으로 보이는 동강생태계보전지역 지정 과정에서 주요하게 이야기되는 '에코투어리즘,' '친환경농업,' '생태계 보전,' '주민참여적 계획' 같은 정책들이 중앙 정부와 전문가, 환경운동 영역으로부터 발의되고 있지만 이에 대한 주민들의 반응은 별로 탐탁지 않은 것이 현실이다. 이러한 상황에 대해서 정책입안자들이나 환경운동가들은 지역 주민들이 '동강의 아름다움과 소중함을 느끼지 못해' 사익을 추구해 보전지역 지정 정책에 반발하거나 무관심한 것이라고 말하곤 한다.

하지만 정작 지역의 주민들은 동강생태계보전지역과 자연휴식지 지정의 계기가 된 영월댐 백지화는 지역에서 '환경'가치의 승리로 받아들여지지 않는다. 이것은 영월댐 백지화 과정에서 댐 건설을 찬성했던 수몰예정지 주민들뿐만 아니라 지역에서 댐 건설을 반대했던 주민들에게도 마찬가지로 나타난다. 주민들은 영월댐 백지화가 환경단체와 언론의 반발로 인해 잠시 유보된 것이라 받아들인다.

지역 주민들이 이처럼 댐 건설에 대한 '기대'를 다시 걸고 있는 것은 2001년 봄에 지속된 가뭄과 이후의 홍수를 계기로 다시 다목적댐 건설 예정지를 발표하는 건설교통부의 강력한 의지와 남한강 수계에 댐이 하나 밖에 없다는 '사실'에 근거한다. 그러나 지역 주민들이 영월댐 건설을 유보된 정책이라고 받아들인다고 해서, 이것이 생태계보전지역 지정을 반대하거나 그에 무관심한 유일한 이유는 아니다. 오히려 이러한 태도는 지역 주민들이 영월댐이 백지화되고 다시 생태계보전지역이 지정되는 과정에서 경험한 정부 정책에 대한 태도나 그와 상관없이 이전부터 경험한 정부 자체에 대한 불신에 기인하기도 한다.

물론 생태계보전지역 지정에 찬성을 하는 지역 주민들도 있다. 그러나 생태계보전지역 지정을 찬성하는 주민들의 경우에도 이러한 입장이 동강 의 생태적 가치를 인정하고, 이것을 적극적으로 보전하겠다는 의지에서 비롯되는 것이기보다는 영월댐 백지화 과정에서 늘어난 빚을 갚아야 하는 입장에서 소극적으로 이루어지는 경우가 대부분이다.

또한 생태계보전지역 지정에 대한 지역 주민들의 반발심은 '정부가 한다고 하는 일이니, 하긴 할 것'이라는 현실 판단과 맞물려, 사안에 대한 임시적인 반대의견을 표출해 반대 급부를 요구하는 이른바 '소리내기'와 '침묵'이라는 이중적인 모습으로 나타나기도 한다. 주민들의 이러한 기회 주의적인 태도는 영월댐 백지화 과정에서 이루어진 수몰예정지역 보상 경험과 현정부와 환경부가 '동강'이 갖는 상징적 의미를 포기하지 않을 것이라는 판단에서 비롯된다.

그러나 생태계보전지역 지정에 대한 지역 주민들의 이러한 반발심이나 기회주의적인 태도의 근저에는 동강에 대한 환경보존정책과 환경의제의 상징적 담론들이 자신들의 삶에 깊이 개입함에도 불구하고 '환경 쟁점'을 구성해내고 이를 제도화하는 힘에서 자신들이 배제되었다는 소외감이 깊게 자리 잡고 있다.

동강의 '생태계 보전'이라는 목표에 지역 주민들이 무관심하고 반발하 는 것은 이와 같이 생태계 보전이라는 하나의 환경의제의 구성과 제도화 과정에서부터 그 정책이 집행되는 실질적 과정에 영향을 미치는 정부기관에 대한 불신까지 다양하다. 그러나 이러한 것은 또한 계량될 수 없고, 가시적이지도 않으며, 물질화되지 않는 '생태학적 가치'가 지역 주민들의 일상 경험으로는 인정되지 않는 것 때문이기도 하다. 지역의 주민들에게 동강은 '세계 최초의 신종으로 추정되는 7종의 동식물과 20여종의 멸종위기 동식물'이 서식하는 곳이 아니라 오랫동안 자신들의 곁에 흐르는 삶의 배경일 뿐이다. 그러나 이것이 동강에 오래전부터 살았기 때문에 그 소중함을 모르는 이유가 될 수는 없다. 오히려 지역 주민들은 영월댐이 백지화되기 이전에 동강이 더 맑고 깨끗했으며, 주민들의 인심도 좋았다고 말한다. 영월댐 백지화 과정과 동강생태계보전지역 지정 과정은 그 어느 정부 정책보다 '지역 주민들의 참여'라는 수사(rhetoric)가 넘쳐남에도 불구하고, 지역 주민들이 그 의제설정 과정에서부터 제도화 과정에 이르기까지 지속적으로 배제된 과정을 상징적으로 보여준다.

4. 나가며

1997년부터 시작된 소위 '동강댐' 논쟁은 새만금간척사업과 함께 한국 사회에서 '개발'과 '환경'의 대립을 보여주는 가장 극명한 사건으로 평가된다. 당시 '동강댐' 백지화는 언론을 비롯한 각종 사회단체와 학계 그리고 정부기관들을 통해 이른바 '지속가능한 발전'을 위한 '자연친화적 개발'로의 패러다임의 전환을 예시해주는 것으로 인용되기 시작했다.

그러나 영월댐 백지화 결정은 '생태계 보전'이라는 선언적 의미에 합당한 보전조치가 이루어지지 않은 상태에서 발표됨으로써 이후에 이곳의 보전정책의 수립과 집행을 둘러싼 갈등의 원인을 내재하게 되었다. 물론 영월댐 백지화 이후 정부의 보전 조치가 전혀 없었던 것은 아니지만,

이러한 정책들은 댐 건설 논쟁 과정에서 심화된 지역 주민들 간 갈등이나 환경단체 및 정부 간 갈등으로 인해 실제 집행에 이르기까지 많은 어려움을 겪었고 별다른 실효성을 갖지 못했다. 또한 영월댐 건설이 백지화된 후 비등했던 여론과 언론의 관심은 금세 식어버리고, 동강 보전을 주장하던 민간단체들의 활동도 별다른 성과 없이 와해되면서 댐 건설 논쟁 과정에서 진행되기 시작한 동강의 자연환경 훼손은 더욱 심각한 상태에 이르게 되었다. 물론 이를 막기 위해 자연휴식지나 생태계보전지역과 같은 정부의 후속 조치가 뒤따랐다. 그러나 이러한 조치들은 한편으로는 '동강 보전'을 목표로 했던 여러 환경단체들의 활동이 지역에서 제대로 뿌리내리지 못하고 실패한 것을 만회하기 위해 더욱 강력한 중앙 정부의 개입을 요구하고 정당화하는 과정이기도 했다.

한편 생태계보전지역과 자연휴식지가 결국 동강의 유일한 보전 방안으로 남게 된 지금, 이 지역에 거주하는 주민들은 이러한 조치에 대해서 강력하게 반발하거나 아예 관심을 갖지 않는 경우가 대부분이다. 그리고 이러한 태도는 댐 백지화 과정에서 환경단체와 갈등을 일으킨 수몰 지역 주민뿐만 아니라 외부 환경단체와 연대해 댐 건설 반대운동을 하던 주민들에게도 마찬가지이다. 동강 생태계보전지역 지정 과정에서 주요하게 이야기되는 '에코투어리즘', '친환경농업', '생태계보전', '주민참여적 계획' 같은 정책들이 중앙 정부와 전문가, 환경운동 영역으로부터 발의되고 있지만 이에 대한 주민들의 반응은 별로 탐탁지 않은 것이 현실이다.

이러한 상황에 대해서 정책입안자들이나 환경운동가들은 지역 주민들이 "동강의 아름다움과 소중함을 느끼지 못해"서라고 말하지만 정작 지역 주민들은 이전의 경험을 통해 "정부가 하는 일을 믿을 수가 없기 때문"에 각자의 개인적인 이해를 추구하는 것이 현명하다는 입장을 보인다. 그러면서도 한편에서는 '정부가 하는 일이니 하긴 할 것'이라면서 사유지 매입을 통한 2단계 생태계보전지역 지정을 자신들의 이해에 맞게 받아들이는 이중적인 태도를 보이기도 하고, 한편에서는 '동강에는 다시 댐이 들어서게 될 것'이기 때문에 생태계보전지역 지정은 하나의 '상징물'에 지나지 않는다는 냉소적인 의견을 피력하기도 한다. 또 극단적으로는 생태계보전지역 지정을 '언론과 환경단체의 음모'라고 평가하기도 한다.

이러한 상황에서 영월댐 백지화와 동강 생태계보전지역 지정 과정에서 기존의 개발 주도 세력으로 치부되던 정부가 다시 생태계 보전을 추진하는 주체로서 요구되고 주요한 행위자로 등장하게 되었다는 점은 매우 주목할 만한 일이다. 그리고 주민들이 이를 받아들이는 관점이나 해석이 다양한 가운데서도 한편으로는 이중적이고 때로 기회주의적이며 대개는 무관심하고 냉소적인 것도 중요한 현상이다. 한편 동강 생태계보전지역 지정 과정에서는 한때 저항과 사회 비판 세력으로서의 '환경운동'이 지녔던 의미가 퇴색하고, 이들의 활동이나 환경주의 단체로서의 정체성이 국가와 언론, 기업 및 주요 전문가 조직들과의 상호작용을 통해 제도화되어 가면서 국가기구의 정책과 뚜렷하게 대립하지 않는 점도 매우 두드러지게 나타난다. 오히려 이 과정에서는 환경단체 및 언론이 국가 주도의 '강력한' 보전 노력을 촉구하고, 이를 받아들인 정부기관은 자신들의 정책 영역을 지속적으로 확장해 기존의 환경운동 담론들을 흡수해나가고 있다.

결국 이러한 모습들은 한국 사회에서 '지속가능한 발전'이나 '생태계 보전'과 같은 환경의제와 이와 관련된 일련의 환경주의 담론이 국토 자원 이용을 둘러싼 현재적인 혹은 잠재적인 갈등을 조정하고 통제할 수 있는 하나의 대안적 담론으로 부각되고 있음에도 불구하고, 이러한 담론들이 특정한 환경 쟁점을 지역과 주민의 삶에서 비켜난 개념으로 구성해냄으로써 이후 이와 같은 과정을 거쳐 구성된 환경의제가 정부의 정책으로 제도화되었을 때 나타나는 다양한 문제들을 내재할 수 있다는 점을 보여주는 것이라 하겠다.

참고문헌 및 분석자료

[관련 보고서. 토론회 발표문. 자료집. 축사]

김 원. 「동강 일대 보전 방안」. 문화유산 보전을 위한 내셔널트러스트운동의 전망과 과제 발표문. 2000. 9. 25.

김명자. 동강관리종합대책을 위한 정책토론회 축사. 2000. 10. 17.

김혜정. 「한국의 댐 건설 반대 운동: 동강댐 건설 백지화 운동」. 국제환경 NGO 댐 심포지엄 발표문. 1999. 11. 29~30.

내셔널트러스트. 「동강문희마을트러스트운동 선포식 자료」. 2000. 8. 7.

박상헌. 「동강유역 지역주민대책 및 친환경적 지역개발방안」. 환경운동연합·강원도·강원개발연구원 주최 동강관리종합대책을 위한 정책토론회 발표문. 2000. 10. 17.

박진용. 「동강유역 이용자 관리대책」. 환경운동연합·강원도·강원개발연구원 주최 동강관리종합대책을 위한 정책토론회 발표문. 2000. 10. 17.

손흥기. 「내린천: 보존과 개발의 담론」. 동강총점검대회 발표문. 2002. 8. 31.

엄삼용. 「동강댐 건설은 왜 범죄행위인가」. 월간 ≪길≫. 동강보존본부 홈페이지 (http://www.dongriver.com).

엄삼용. 「동강의 지속적인 발전방안」. 동강보존본부 홈페이지 기고문. 2000. 10. 31.

이수용. 「현장 통신: 댐 건설 백지화 이후 동강의 실태와 보전방안」. 계간 ≪환경과생명≫. 2001년 여름.

이정전. 「IMF시대의 수자원 정책과 녹색댐의 건설」. 제1회 녹색생명 환경정책 토론회(대형댐 건설 불가피한가?) 발표문.

정동양. 「대형댐 건설 대신 효율적인 수자원관리 정책」. 제1회 녹색생명 환경정책 토론회(대형댐 건설 불가피한가?) 발표문.

정선군 신동읍. 2002. '동강(東江) 비전 21' 기본 구상.

조명래. 「문화유산 보전을 위한 내셔널트러스트운동의 조직화」. 문화유산 보전을 위한 내셔널트러스트운동의 전망과 과제 발표문. 2000. 9. 25.

최주영. 「동강의제21」. 환경운동연합·강원도·강원개발연구원 주최, 동강관리종합대책을 위한 정책토론회 발표문. 2000. 10. 17.

한상훈. 「동강유역 자연생태자원 가치 제고 및 관리방안」. 환경운동연합·강원도·강원개발연구원 주최 ≪동강관리종합대책을 위한 정책토론회≫ 발표문. 2000. 10. 17.

[성명서 및 의견서. 보도자료. 결의문]

1997. 10. 31. [보도자료] 수자원공사 생태보고 영월 동강에 댐건설 강행. (환경운동연합)

1997. 11. 6. [성명서] 환경·문화·역사·생명·경관을 파괴하는 무분별한 댐건설을 반대하는 100인 선언문.

1998. O. O. [의견서] 영월 동강댐(거운댐) 건설에 대한 의견서. (영월댐반대주민대책위. 동강지키기 전국시민연대모임. 동강포럼. 무분별한 댐건설 저지 및 댐피해 대책 국민연대)

1998. 3. 20. 제6회 세계 물의 날 기념 새정부의 물관리 정책에 대한 의견서. (환경운동연합)

1998. 7. 21. [성명서] 영월 동강은 흘러야 한다. (환경운동연합. 영월댐건설반대주민투쟁위원회)

1998. 8. 14. [성명서] 영월 동강댐 조기건설 발표에 따른 입장: 동강은 흘러야 한다!. (환경운동연합)

1998. 8. 31. [보도자료] 영월댐백지화를 위한 집중 서명운동 및 동강레프팅대회 보도의뢰. (환경운동연합)

1999. 1. 25. [성명서] 영월댐 환경영향평가 보완조사에 대한 동강자연보존연구포럼(동강포럼)의 공개성명: 동강을 지켜보고 있는 국민을 또 다시 기만하려 하는가?. (동강자연보존연구포럼).

1999. 3. 16. [성명서] 제2차 동강댐 백지화 집중캠페인에 들어가며: 김대중대통령은 동강댐 건설계획을 전면 백지화하라. (환경운동연합)

1999. 4. 20. [보도자료] 국제환경단체들. 동강댐 건설반대 표명. (환경운동연합)

1999. 8. 28. [결의문] 동강댐 건설 전면백지화를 위한 결의문. (동강댐 건설 백지화 투쟁위원회. 동강지키기전국시민연대모임(경실련환경개발센터. 그린훼밀리운동연합. 백두대간보전회. 생명회의. 영월을사랑하는모임. 용악회. 우이령보존회. 전국언론노동조합연맹. 정선아라리문화연구소. 트렉코리아. 한국기자협회. 한국탐험학교. 환경운동연합)

2000. 3. 20. [성명서] 시화호를 죽인 수자원공사는 동강댐 건설강행음모를 즉각 중단하라. (환경운동연합)

2000. 4. 21. [보도자료] 어라연 주변(수중 및 트렉킹 코스) 환경정화활동에 대한 보도 협조. (동강보존본부)

2000. 4. 23. [보도자료] 동강보존본부·지역주민·학생이 함께한 동강(어라연) 환경정화활동 대대적으로 진행. (동강보존본부)

2000. 5. 23. [성명서] 수질개선기획단의 관료독재행위를 비난한다. (환경운동연합)

2000. 5. 23. [논평] 대통령 직속 '지속가능개발위원회' 구성을 환영한다. (환경운동연합)

2000. 5. 24. [논평] 동강댐 민간공동조사단. 동강 '홍수조절전용댐' 보도는 연구결과의 왜곡이라며 문제제기

2000. 6. 2. [논평] 동강댐 민관공동조사단 연구결과발표에 대한 논평. (서울환경운동연합)

2000. 6. 2. [기자회견안내문] 동강댐 건설 백지화 기자회견. (환경운동연합)

2000. 6. 5. [기자회견문] 동강댐백지화에 대한 환경운동연합 기자회견문: 시민의 승리. 동강댐 백지화!. (환경운동연합. 영월댐백지화투쟁위원회)

2000. 6. 5. [논평] 대통령의 '지속가능발전위원회' 설치를 환영한다. (녹색연합)

2000. 6. 5. [보도자료] 영월댐 백지화 발표에 대한 동강보존본부 성명서. (동강보존본부)

2000. 8. 23. [기자회견안내문] 동강보전 및 주민피해대책을 위한 공동기자회견. (수몰민대책위. 댐백지화투쟁위. 천주교 원주교구. 환경운동연합)

2000. 8. 23. [기자회견문] 동강보전 및 주민피해대책을 위한 공동기자회견. (환경운동연합. 수몰민대책위. 댐백지화투쟁위. 천주교 원주교구)

2000. 9. 25. [보도자료] 강원도. 영월·정선·평창군. 환경연합. 동강보전과 현명한 이용을 위한 '동강의제21' 추진 착수. (환경운동연합)

2000. 10. 24. [논평] 동강댐 건설예정지 지정고시 해제 발표에 대한 논평. (환경운동연합).

2000. 11. 8. [성명서] 동강댐 지역주민 피해대책을 촉구한다. (동강댐 수몰예정지 주민 일동. 환경운동연합)

2001. 5. 30. [성명서] 동강댐 백지화 1년. 정부는 신속히 동강 보전. 수몰예정지 주민 지원에 나서라: 동강 난개발 조사활동 중 환경연합 활동가 2명. 현지주민에게 7시간 감금. (환경운동연합)

2001. 8. 6. [성명서] 2급수로 추락한 동강. 생태보전지역으로 지정. 주민 보상. 토지매입해야. (환경운동연합)

2001. 8. 8. [논평] 환경부의 동강유역 생태계보전지역 지정 계획에 대한 논평: 환경부는 위기에 처한 동강. 즉시 임시생태계보전지역으로 지정하라. (환경운동연합)

2001. 9. 18. [성명서] 국민이 지킨 동강. 환경부가 파괴하려는가!. (환경운동연합)

2001. 9. 27. [성명서] 동강의 생태계보전지역 지정을 촉구하는 집회: 동강을 생태계보

전지역으로 지정하라. (환경운동연합)

2001. 11. 14. [기자회견] 동강살리기운동 선포 기자회견: 개발현장 영상 고발. 개발위
주 동강대책과 예산집행내역 분석 및 대안제시. (환경운동연합)

2001. 11. 20. [집회] 동강의 마지막 선택. 생태계보전지역 지정 집회 및 퍼포먼스.
(환경운동연합)

2001. 11. 21. [성명서] 동강의 마지막 선택은 생태계보전지역 지정이다: 제2의 동강
살리기 운동에 돌입하며. (환경운동연합)

2002. 3. 14. [보도자료] "동강생태계보전 민관합동자문회의"를 통해 동강유역 생태
계보전지역 지정(안) 마련. (환경부)

2002. 3. 14. [논평] 동강유역 생태계보전지역 지정(안)에 대한 환경연합 논평. (환경운
동연합)

2002. 7. 7. [성명서] 동강 생태계보전지구 지정 결사 반대 성명서. (신동읍 반투위)

2002. 8. 9. [성명서] 동강유역 생태계보전지구 지정 반대 성명서. (신동읍반대책위)

2002. 8. 6. [논평] 만시지탄 동강유역 생태계보전지역 지정. 지금부터가 시작이다.
(환경운동연합)

날짜 미상. [LG 사보 보도자료] 후손을 위한 땅 한 평의 약속 '내셔널트러스트'.
(내셔널트러스트).

[공문서]

국회사무처. 「2000년도 국정감사 건설교통위원회 회의록」. 2000. 10. 26. 장소: 한국
수자원공사회의실.

산림청. 「영월 동강 유역 산림 생태계 조사」. 환경부 홈페이지(http://www.me.go.kr/).

영월·정선군청. 「동강 수몰지역 주민 지원현황. 생태계보전지역. 자연휴식지 관련
공문」. 담당자에게 수집

환경부. 「생물다양성 국가전략」. 환경부 홈페이지. 2000. 6. 1.

환경부. 「동강 생태계보전지역. 사실은 이렇습니다」. 환경부 배포자료. 2002. 5.

환경부. 1998. 「멸종위기에처한야생물·식물종의국제거래에관한협약(CITES)관련 업
무처리지침」.

환경부. 「영월 동강 출장 보고서(1999. 4. 15~18)」

환경부. 「자연자산의 효율적 관리」. 환경부 홈페이지. 2000. 6. 1.

환경부. 「자연경관의 보전 및 관리」. 환경부 홈페이지. 2000. 6. 1.

제9장

댐 마피아의 해체와 물 정책의 개혁

염형철(환경운동연합 활동처장)

1. 상습적 댐 건설 계획의 문제

수해 피해가 절정에 달했던 2006년 7월 18일, 건교부와 열린우리당 그리고 보수 언론들이 한 목소리로 홍수 원인은 댐 부족이라며, 댐 건설을 주장하고 나섰다. 1987년과 2001년에 걸쳐 두 번이나 평화의 댐으로 국민을 우롱하고 국고를 탕진했던 이들이, 이제는 "10년 동안 댐 하나 못 짓는 나라"라며 국민들을 협박했다. 나아가 댐 건설을 반대한 환경단체 때문에 치수정책에 구멍이 났다며, 피해의 책임을 환경단체로 돌렸다.

하지만 이번 홍수 피해는 댐과 거의 관계가 없었다. 인명 피해(63명)의 대부분은 산사태(20명)와 계곡 급류(30명)에 의해 발생했고, 폭우, 하천 시설물 부실, 난개발, 위험 지역 과다 이용 등이 원인이었기 때문이다. 많은 재산 피해가 발생한 서울 양평동 제방 붕괴나 고양시 지하철 역사

침수는 부실한 시설 관리 탓이었다. 따라서 댐이 상류의 계곡을 지켜줄 수 없고, 도시의 안전불감증을 치료할 수 없는데도, 댐 얘기를 꺼낸 것은 황당한 일이다.

비슷한 일은 2001년에도 있었다. 100년만의 가뭄이 들어 수백만의 국민들이 직간접으로 고통을 받는 상황에서, 건교부는 물 부족을 해소한다며 12개의 다목적댐 건설 계획을 발표했다. 이어 언론들은 호들갑스럽게 맞장구를 쳤다. 가뭄 때문에 농사를 망친 곳들은 주로 수리 시설이 부족했던 산간의 농경지들이었고, 식수가 부족했던 곳은 한탄강이 오염돼 취수를 못한 동두천과 연천이었으며, 물이 귀할 수밖에 없는 도서 연안 지역이었음은 분석되지 않았다. 큰 강 중류에 위치하는 다목적댐은 중상류 고지대의 농지나 도서 지방에 식수를 공급할 수 없는데도, 뜬금없이 다목적댐을 들고 나와 여름을 더욱 짜증나게 했다.

이렇게 건교부의 댐 건설 주장은 틈만 있으면 비집고 나오는 상습적이고, 저돌적인 선전이다. 합리적인 인과관계로 존재하는 논리가 아니라, 만병통치약에 대한 신념이고 실천이다. 따라서 댐 정책에 대한 논쟁은 개발과 보전의 경쟁이나, 환경과 경제의 갈등 수준을 훨씬 넘어선다. 불합리한 개발 세력과의 전면적인 정치투쟁이며, 시민사회의 합리성을 제고하기 위한 사회혁명으로서의 성격을 갖는 것이다.

이 글은 이러한 투쟁의 부분들을 구성하고 있는, 댐의 효과에 대한 논쟁, 댐 건설을 주장하는 집단의 사회경제적 기반, 댐이 아닌 사회적 대안에 대해 검토하고 있다.

2. 댐의 업적, 그 허와 실

우리는 댐이 "홍수를 막고, 가뭄을 이기고, 전기를 생산하고, 물을 공급

<표 9-1> 한국의 댐 건설 현황[1]

구분	다목적댐	생공용수 댐	발전용 댐	농업용 댐	홍수 조절 댐	계
1910~1965	1	12	5	399	-	417
1966~1975	1	12	2	181	-	197
1976~1985	2	13	4	247	-	266
1986~1995	5	13	4	187	-	217
1996 이후	6	20	6	100	1	117
계	15	63	21	1,114	1	1,214

하고, 관광지를 제공하는 전지전능한 존재"라고 배웠다. 댐은 광폭한 야성의 자연을 양순한 인공물로 만들고, 인간이 자연을 정복하고 통제하게 되었음을 알리는 상징이었으며, 희망의 미래를 암시하는 벅찬 감격이었다. 그래서 인류는 댐을 20세기 인간의 승리와 진보의 기념비로 인식했고, 미국의 대통령 루스벨트는 1935년, 공사를 끝내지도 못한 후버댐 앞에서 취임식을 갖고, "왔노라, 보았노라, 압도됐노라(I came, I saw, and I was conquered)"고 칭송했다.

그런데 댐 건설을 본격화한 지 한 세기도 지나기 전에, 그 성과들은 곳곳에서 의심받고 있다. 이제 환경단체는 물론 국제기구(IBRD)와 댐 건설업자까지 함께 참여했던 세계댐위원회(WCD)에서조차 댐의 사회적 환경적 경제적 효과에 의문을 표하면서 댐 건설의 위험을 경고하고 나섰다. 국제대형댐위원회(ICOLD)의 명부(2002년)에 1,214개의 대형 댐[2]을 등록해, 댐 숫자로 세계 7위이자 국토 면적을 반영한 댐 밀도로는 단연 세계

---

2) 국제대형 댐위원회(ICOLD)는 대형 댐의 기준을 높이(15m), 방류량(2,000톤/초), 저수지 체적(100만 톤), 댐 상부 길이 등으로 규정하지만, 건교부는 15m 이상, 농업용 댐은(저수량 1,000만 톤 이상)으로 규정하고 있음(2006년 「댐 건설장기종합계획」)

1위인 댐 강국, 한국은 이러한 우려의 핵심에 서있다.

1) 미미한 홍수 조절 효과

건교부가 댐을 자랑하는 이유의 가장 앞에는 홍수 조절 효과가 있다. 댐이 없거나 댐의 홍수 조절 능력이 부족한 곳에서 홍수 피해가 집중되고 있다고 주장한다. 일면 맞는 말이다. 그런데 지난 5년간(2000~2004년) 투자한 치수 및 복구예산만도 32조 929억 원, 수십 년간 건설한 제방은 2만 8,622km, 무엇보다 그동안 세운 댐들은 1만 9,000여 개에 이르고, 높이 15m 이상의 대형 댐도 1,214개나 되는데, 홍수 피해가 갈수록 커지고 있는 건 왜일까? 과거 30년간(1974~2003년) 홍수 피해액은 10년 단위로 3.2배씩 증가하고(2004년 기준), 최근에는 연평균 1조 7,000억 원까지 늘어나 전체 재해 피해의 80%까지 차지하게 된 것은 무슨 이유일까?

이에 대해 건교부는 기상 이변이나 집중호우 때문에 어쩔 수 없었다고 주장한다. 최근(1992~2001년) 들어 100mm(1일) 이상 쏟아지는 집중호우 발생한 빈도는 과거보다 1.5배 늘었으므로, 전혀 근거가 없다고는 할 수 없다. 하지만 이번 홍수 피해의 많은 부분이 집중호우와 관계없는 곳에서 발생하고, 정부 또한 십 수 년 전부터 집중호우에 대비한다고 했으니, 아직도 기상 이변만 탓하는 것은 너무 나태해 보인다.

그렇다면 댐이 홍수 조절에 기여하는 정도를 분명히 할 필요가 있다. 현재 우리나라에 홍수 조절을 위해 활용되고 있는 댐은 15개의 다목적댐과 평화의 댐 정도다. 한강 유역의 경우, 6,000여 개 댐이 있지만 소양강댐, 충주댐, 횡성댐 그리고 화천댐 정도만 의미 있는 역할을 한다. 가장 규모가 큰 평화의 댐은 오로지 북한의 금강산댐 붕괴에 대비한 구조물이고, 팔당댐이나 청평댐 등은 발전용 댐이라서 언제나 물을 가득 채워두기 때문에 홍수 조절 효과가 거의 없다. 댐의 역할이란 상류에 홍수를 저장해 중·하류의 수위를 낮추는 데만 의미가 있고, 한국에서 댐의 홍수 조절량은 홍수기 홍수량 499억 톤의 5%(24억 톤) 정도다.

따라서 댐은 치수대책의 극히 일부일 뿐이며, 인명 피해를 줄이기 위해서는 예경보와 대피 시스템의 정비가 우선이고, 주민교육을 통한 대응 능력 향상이 더 시급하다. 도로와 제방의 시설 기준을 강화해 안전율을 높이고, 위험 지역의 토지 이용을 제한하거나 난개발을 억제해 수해의 발생 가능성을 막는 것도 중요하다. 하지만 건교부는 다양한 홍수 발생에 대해 맞춤형의 대책을 수립하기보다, 오로지 댐과 제방만을 강조해왔다.

한 예로 한탄강댐 건설 계획은, 파주시 문산읍 변의 임진강 수위를 50cm 낮추기 위해 70km 상류에 한탄강댐을 짓는 계획이다. 하천보다 낮은 곳에 문산읍을 만들고, 하천의 수위를 낮추겠다며 한참 상류에다 댐을 세우는 것이다. 애초 도시 계획 과정에서 홍수 위험 지역은 개발하지 않았다면 좋았을 것이고, 어쩔 수 없이 만들었더라도 문산읍의 터를 높이거나 홍수 배제 시설을 충분히 확충함으로써 대책을 수립할 수도 있다. 하지만 건교부는 댐과 제방이 아닌 다른 수단을 의미 있게 검토하지 않는다.[3]

다른 예로, 필자는 2006년 8월 초에 수해 현장 방문을 통해 산사태 지역의 대부분이 국유림이었음을 알게 됐다. 수십 년간 심은 낙엽송은 산을 녹화하는 데는 기여했으나, 큰 키에 비해 얕고 좁은 뿌리 탓에 비에 쉽게 넘어진다. 이는 산사태를 일으키거나, 떠내려가 교각에 걸려 홍수를 키우는 원인이 되었다. 따라서 치수대책이란 산림의 수종을 갱신하거나

---

3) 혹은 불필요한 댐과 제방을 짓기 위해 잘못된 도시개발을 추진한 것인지도 모른다. 건교부와 개발업자로서는 훨씬 더 많은 일거리가 생기기 때문이다. 건교부와 개발업자에게 불필요한 댐이나 잘못된 도시개발은 존재하지 않는 것 같다. 대형개발사업을 벌이기만 하면 조직의 강화나 엄청난 이익이 보장되기 때문이다. 이런 상태를 가리켜 '토건국가'라고 부르며, 이 문제의 해결은 한국의 발전에서 핵심적 과제이다. 이를 위해 건교부를 시급히 개혁해야 한다(홍성태, 2005).

수목을 솎아 내는 작업부터, 국토의 계획과 관리까지 포함할 수 있어야 한다. 하지만 건교부는 사방댐 600개로 대책을 끝냈다. 사방댐이 산간 계곡의 토사와 수목의 유출을 막는 유용한 수단이지만, 그래도 완벽할 수 없을 텐데, 통 큰 건교부는 관련된 다른 대책들을 모두 배제했다.

결국 댐의 홍수 조절 효과가 상당한 것은 사실이지만, 댐 건설에만 모든 걸 쏟아 붙는 건교부의 치수정책 탓에 홍수 피해는 갈수록 늘어나고 있다. 주민들을 교육하고, 지자체 간 갈등을 조정하고, 사회의 기대를 반영하는 세심한 작업을 감당할 수 없는 건교부가 토목공사에만 골몰하면서 치수정책은 파산한 셈이다. 또한 건교부의 경직된 사업 방향은 홍수에 대처하는 우리 사회의 상상력과 지혜를 말살하고 적절한 역량 배치를 방해하고 있다. 그리하여 토목 공사에 능통한 소위 전문가들과 개발업자들의 폐쇄적이며, 자족적인 공사만 반복하고 있다. 때문에 혹시라도 건교부가 주장하는 것처럼 '예산과 인력'을 더 늘리게 된다면, 그 결과는 더 큰 예산 낭비와 환경 파괴로 이어지게 될 가능성이 크다.

2) 가뭄 해소에 한계 드러낸 댐

매년 가뭄소동이 벌어질 때마다, 역시 건교부는 또 댐 건설을 주장한다. 하지만 <그림 9-1>에서 보는 바와 같이 물이 부족한 지역은 대부분 댐과 관계가 거의 없는 산간·도서 지역이다. 비록 완도, 청주, 안동, 제천, 마산 지역 등이 이름을 올리고는 있지만, 이는 일부 읍면동 지역의 물 부족을 중유역권 전체에 표시한 건교부의 놀라운 표시 방법에 따른 것이다.

하지만 정부는 이들 고지대의 특성에 맞는 소규모 수리 시설에 대한 투자는 외면하고, 지금껏 대규모 구조물의 건설에만 관심을 쏟아왔다. 가뭄이 깊어지면 정부는 "물 절약을 위해 수영장, 목욕탕, 세차장 등은 자율휴무제를 실시하고……" 등 상투적인 가뭄대책을 내놓고,[4] 언론은

<그림 9-1> 과거 가뭄 시 제한 급수 지역

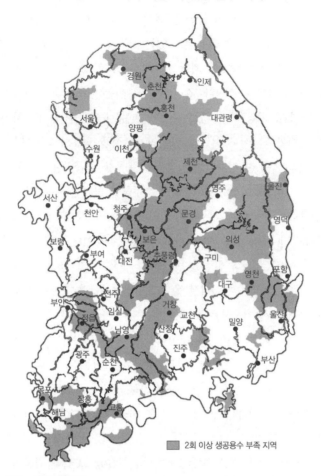

■ 2회 이상 생공용수 부족 지역

자료: 건교부(2006).

모금까지 나서며 세상을 떠들썩하게 하지만, 막상 물이 필요한 지역에 대한 대책은 미루고 미뤘다.

_____

4) 2001년 가뭄에는 국무총리가 나서 대책을 발표하고, 대통령이 양수기를 기증하기도 했다.

그리하여 허름한 간이상수도나 소규모 급수 시설에 의존하는 미급수 인구는 아직도 520만 명에 달한다. 전체 국민의 11%가 아직도 상습적인 단수와 불안한 수질 속에 고통받고 있는 것이다.[5] 반면 주로 도시 지역의 상수도 공급 시설은 52%가 가동조차 하지 않고 있으며, 국민의 상수도 직접 음용률은 1% 수준이다. 결국 우리 사회는 최소한의 투자조차 없이 소외된 지역과, 과잉 투자되었으나 불신 때문에 수돗물을 이용하지 않는 지역으로 이분화되어 있다. 댐 위주의 물 정책 덕분에 2005년에 이미 2,315만 톤의 수돗물 정수시설을 갖춰 수돗물을 공급받는 인구는 자신이 필요한 물의 두 배 이상인 0.6톤/일의 수돗물을 공급받을 수 있지만, 농어촌의 인구들은 여전히 기본적인 권리마저 박탈당하고 있는 것이다.

따라서 건교부가 물이 부족하다고 주장하는 것이나, 그만큼 댐을 세워야 한다고 주장은 전혀 현실을 반영하지 못한다. 지역의 특징과 수요를 반영하지 못하는 국가 차원에서 물 수요나 물 공급량 계산은 아무 의미가 없다. 가뭄 대책은 가뭄으로 피해를 입는 지역과 시기에 대한 대응이어야지, 전국 차원에서의 부족량을 추상적으로 계산하고, 거기에 맞춰 중하류에만 물을 공급하는 댐을 더 짓는다는 것은 비논리적이다.

그렇다면 결국 국민들이 체감하는 가뭄 공포는 과장됐고, 댐 건설을 통해 대책을 세우겠다는 정부의 주장은 허구라 할 수 있다. 한국 기후의 특징에서 비롯된 일부 지역의 계절적인 물 부족을 부풀리고, 댐 애호가들이 이를 댐 건설로 연결한 것에 불과하다. 가뭄이라고 같은 가뭄이 아니고, 해법 역시 같을 수 없다. 산림의 녹화, 관정의 개발, 해수 담수화, 빗물의 이용, 물 절약 시설의 도입 등 다양하고 종합적인 대책 없이 댐만 주장하는 것은, 물이 필요한 국민을 팔아 개발업자들의 배만 불리려는 작전이었을 뿐이다.

---

5) 광역 혹은 지방상수도는 매월 59개 항목을 수질 검사하지만, 간이상수도는 분기에 14개 항목만 조사한다.

3) 그 외의 댐 효과

댐 개발론자들은 또한 댐이 환경 친화적인 수력발전을 한다고 주장한다. 하지만 댐의 환경적인 악영향을 검토하지 않더라도, 경사가 급하고 강우가 집중되는 한국에서 안정적이고 충분한 수력발전은 불가능하다. 같은 규모의 댐을 짓더라도 담을 수 있는 수량이 적고 1년에 한 번 채워지는 물로 발전을 하기 때문이다. 덕분에 2005년 전체 발전량 36만 4,639GW에서 수력발전이 차지하는 비중은 단지 1.4%인 5,015GW에 불과했다(한국전력 홈페이지 자료실, 2005). 따라서 수력발전이 전력 사용의 첨두부하를 조절하는 데 유용하다지만, 이 정도의 수치로 의미를 부여하자는 것은 억지스럽다. 또 수력발전을 위해서 댐을 짓지 않더라도 소수력 발전이 가능하므로, 굳이 대형 댐을 지어야 한다는 것도 옳지 않다.

이어서 관광지로서의 기능도 있다고 주장한다. 하지만 멀쩡한 자연 관광지들을 다 망가뜨리고, 단순한 댐 구조물과 호수를 찾는 일부 방문객들을 두고 관광 효과를 거론하는 것은 터무니없는 일이다.

위의 자료들에 따르면 댐으로 조절할 수 있는 자연현상은 극히 일부이며, 댐이 가져온 편익은 보잘것없는 수준이다. 반대로 댐에 의한 피해는 감춰졌으며, 다른 대안은 충분히 검토되지 않았다. 따라서 이제 댐 건설부서와 기술자 그리고 업자들로 이루어진 사람들의 주장이 정부의 공식

<표 9-2> 세계의 댐 건설 동향

	~1949	1950년대	1960년대	1970년대	1980년대	1990년대
미국	1,395	778	1,544	1,251	641	195
캐나다	240	147	128	142	116	15
영국	345	68	58	32	11	3
독일	93	34	49	76	48	6
중국	16	177	479	583	220	143

자료: (이희승, 2002).

입장이 되어서는 안 되며, 댐의 진실에 대한 경제적·사회적·환경적 측면을 객관적으로 평가해야 한다. 그리고 <표 9-2>에서 보듯이 세계가 댐 건설 정책을 포기하고 있으며, 건설 속도는 눈에 띄게 줄고 있다(맥컬리, 2001).

4) 댐의 부정적 영향

지난 세기 동안 인류는 80만 개의 각종 댐을 건설했고, 이 가운데는 4층 건물 이상의 대형 댐 4만 5,000개가 포함되어 있다. 이로 인해 약 7,000만 명의 주민들이 농경지와 고향을 떠나 이주해야했으며, 생태계의 교란이 발생하는 등 많은 문제를 초래했다(World Commission on Dams,, 2001).

때문에 국제사회는 세계은행 등 국제기구들과 환경단체 그리고 댐 건설 업체들의 대표들까지 참여시켜 '세계댐위원회(WCD)'를 구성했으며, 2년 여의 활동과 60여 개국의 사례 분석을 담은 보고서 「DAMS AND DEVELOPMENT」를 2001년 발표했다. 댐에 대한 찬반인사들을 망라했고, 국제기구가 중재한 댐에 대한 평가라는 데서 보고서는 많은 관심을 받았다. 그런데 놀랍게도 그 내용은 "댐은 효과와 공평성에서 개발의 가치가 의심스럽고, 댐 계획은 대안을 충분히 검토하는 과정에서 결정해야 하며, 불가피할 경우에도 사회적 동의를 구하고, 댐의 운영 과정에서도 정기적인 성과 분석을 통해 효과를 검증해야 한다"는 것이었다. 이러한 결론은 중국 등의 국가들과 국제대댐회(ICOLD) 같은 단체들의 비난을 받기도 했지만, 이후 국제사회에서 댐에 대한 평가의 전형으로 자리 잡고 있다. 위 보고서 등에서 주로 거론된 댐의 부정적 영향은 다음과 같다.

우선 '댐 난민' 문제다. 물론, 수몰 지역 주민들에게는 토지와 주택 등 경제적 손실에 대한 보상이 있었으며, 약간의 이주비가 곁들여지기도 했다. 하지만 개발 세력이 주류인 사회에서, 댐 난민들은 자신들이 잃은

만큼 배상받지 못했다. 한국 역시 수몰 지역 주민들이 삶터를 상실하면서 함께 잃어버린, 그들의 역사, 문화, 정신, 생활에 대한 가치를 인정하지 않았고, 오랜 생활 속에서 가지게 된 그들의 감정·지식·가치 체계의 혼란에 대해서도 중요하게 생각지 않았다. 따라서 한국 사회는 삶의 전체성을 박탈당한 채 사회의 하층으로 전락하는 난민들의 고통에 대해 뻔뻔할 수 있었으며, 낮춰진 비용에 견줘 거대한 구조물의 타당성을 주장할 수 있었다. 이는 수몰 지역에 남게 된 사람들이 겪는 공동체의 단절과 축소, 개발제한과 기회의 손실에 대한 외면으로도 연결됐다. 하지만 충북 옥천군이 대청댐에 의해 입는 피해액을 조사한 결과 1년에 무려 830억 원이라고 보고한 것[6]은 우리가 댐 건설에 대해 가졌던 생각이 얼마나 안이했는가를 설명해주고 있다.

다음으로 흐르는 강을 호소로 만든 결과가 초래하는 환경 파괴의 문제다. 흔히 거론되는 것처럼, 댐은 야생 생물에게 서식지를 제공하던 상당한 면적의 숲과 계곡을 한 순간에 수몰시키고, 강물의 흐름을 막아 어류와 동물들의 이동을 차단한다. 흐르던 계곡을 정체된 호소로 바꿔 고유 생태계를 쇠퇴시키고, 서식 환경을 단순화해 거대한 환경 재앙을 불러일으켰다. 또 댐을 쌓기 위해 석산을 개발하고, 운영 과정에서 안개 및 구름의 양이 증가해 기후를 변화시키는 등 지역사회에 심대한 영향을 미친다. 이를 통해 엄청난 개체의 생물들을 죽음으로 몰아넣고, 종 다양성을 감소시키는 등 자연의 가치를 심각하게 파괴한다.

그 외에도 댐 건설의 경제성도 갈수록 악화되고 있다. 1996년 수자원장기종합계획에 따르면 1973년 건설된 소양강댐의 개발 단가는 3.3원/m^{3}인 반면, 1996년 완공된 횡성댐은 101.3원/m^{3}으로 30배가 뛰었다. 게다가 이제는 댐 건설의 적지로 알려진 곳들이 대부분 소진되어 앞으로는 그 비용이 더욱 높아질 것이다.

---

6) 옥천군, 『대청호 맑은 물 공급을 위한 시범사업』, 2000.

이런 문제들은 꼭 우리나라에만 있는 것이 아니다. 따라서 세계의 댐에 대한 인식 또한 급격히 변화하고 있다. 그 결과 20세기 말 들어 사용 가치가 떨어지고 관리 비용이 많은 소요되는 댐들을 중심으로 해체하는 경향까지 생겨나고 있다. 아직은 노후한 소형댐이 중심이지만 미국에서는 최근 500여 개에 달하는 댐이 사라졌고, 이 속도는 건설의 속도를 앞지르고 있다(맥컬리, 2001). 인류가 댐을 통해 얻은 것과 잃은 것에 대한 균형 있는 고민을 시작하면서, 자연 정복의 상징이었던 댐은 환경과 지역 공동체를 파괴하는 재앙으로 평가받게 되었다.

5) 댐 건설 절차의 문제점

한국에서 댐 건설은 어느 정책보다도 강압적이고 일방적으로 이루어져 왔다. 특히 댐과 관련한 모든 결정은 철저히 건교부가 독점하고 있어, 상황은 더욱 극단적이다. 댐을 계획하고 건설하는 역할(수자원개발과)뿐만이 아니라, 물 정책을 수립하고 집행하는 역할(수자원정책과)까지 맡고 있는 건교부는 우리의 물 정책을 오직 댐을 쌓기 위한 절차로 전락시켰다.

기막힌 댐 건설의 절차는 우선 건교부 산하 수자원공사가 댐 건설지를 조사하고, 계획을 수립하는 것에서 출발한다. 이어 계획을 확정하고 건설 회사와 계약을 맺고, 마지막으로 환경 영향 평가 과정에서 주민들의 의견을 묻는다. 그나마 경제성 분석, 환경 평가, 사회 평가 등은 모두 사업자인 자신들이 작성하며, 환경단체나 주민들이 의견을 제출하지 않으면 별다른 검토 과정 없이 공사를 돌입한다. 따라서 댐 논란은 항상 포클레인이 등장하는 시점에서 폭발하며, 돌이킬 수 없는 갈등으로 비화한다. 댐의 필요에 대한 근거 부족과 절차상의 하자를 가진 행정은 우리 사회에 막대한 비용과 무한 투쟁을 초래한다.

그럼에도 불구하고 건교부와 업계는 이러한 사회 여론을 돌파하기 위해,

억지 수단들로 일관한다. 대표적으로 「댐건설및주변지역지원등에관한법률」을 고쳐, 주민들을 분열시키고 댐 반대운동의 무력화를 시도하고 있다. 즉, 하나의 다목적댐을 위해 건설 단계에서 300억 원, 완공 후에도 매년 30억 원을 지원할 수 있게 함으로써, 지역 정치인과 일부 주민들을 매수하기 위한 수단을 마련한 것이다. 따라서 댐 예정지 주민들은 댐 건설지로 지정되면 과실수를 빽빽이 심고, 엉터리 축사를 지어 불법적인 보상금을 탐한다. 또 수자원공사에 의해 일방적으로 책정되고 비밀리에 집행된 보상금은 주민들을 이간질하고 공동체를 산산이 쪼개는 매개로 쓰인다. 이렇듯 사회적 필요와 관계없이 건설되고 있는 댐들은 댐의 자체적인 폐해와 함께 사회적 부정의를 확대하는 역할을 하고 있다.

3. 댐 마피아와 물 정책 지배구조

1) 댐 마피아

그렇다면 왜 건교부는 댐 건설에 이렇게 열성인가? 한국의 물 관리 체계를 살펴보면 그 원인은 쉽게 드러난다.

우선 정부의 물 정책은 건교부(「하천법」)에 의해 작성되는 '수자원장기종합계획'에 의해 총괄되는데, 큰 틀로는 건교부가 수량(공급·치수)을, 환경부가 수질을 담당하고 있다. 그리고 세부적인 목적과 내용에 따라 각 부처로 역할이 구분된다. 관련한 굵직한 기관들만 나열하더라도, 건설교통부(지방국토관리청, 홍수통제소, 한국수자원공사), 환경부(지방환경관리청, 환경관리공단), 행자부(방재청, 지자체), 농림부(농촌공사), 산자부(한국수력원자력), 과기부(기상청) 등이다.

위의 역할 분담에서 알 수 있듯이, 한국의 물 관련 법제는 일관된 기본이

념과 목적 아래 편성된 체제라기보다, 각 부처와 법령에 따라 개별 목적과 기능들을 수행하는 구조들의 조합이다. 즉, 물 관리의 책임이 수량과 수질, 용도, 규모, 대상에 따라 수십 개의 부서와 법령으로 나뉘어져 있는 것이다. 댐의 경우만 하더라도 다목적댐은 건교부, 전력용은 산자부, 식수용은 환경부, 농업용은 농림부 등으로 관리 주체가 다르고, 여기에 해당 지자체 까지 얽혀져 복마전이 되었다. 이에 따라 관리 책임이 부정확하고 지역 간 갈등이 빈발한다. 그나마 형식적으로 조정 역할을 하던 국무조정실도 산하의 수질개선기획단을 2004년에 해체하면서 이제는 형식적인 조정 혹은 통합 작업마저 중단한 상태다.

때문에 현재의 물 행정은 관리 주체(부처)별로 개별의 계획을 수립하고, 자신들에 유리한 정책을 관철하기 위해 치열하게 경쟁을 벌이고 있다. 그리고 건교부는 다목적댐과 광역상수도, 제방 건설과 관리를 책임지는 주체로서, 물 수요가 늘고 공급의 기회가 많을수록 부처 영향력을 확대하는 상황에 처해있다. 덕분에 극심한 가뭄과 대규모 홍수는 건교부가 새로운 댐 개발을 주장할 수 있는 절호의 기회로 이용되고 있다.

여기서 건교부의 위상과 역할을 확인하기 위해서는 건교부 수자원국의 예산과 조직에 대해서도 한번 살펴볼 필요가 있다. 2006년 수자원국의 예산은 다목적댐 건설 및 관리비 2,042억 원, 광역상수도 사업비 1,532억 원, 치수 사업비 1조 1,599억 원이다.[7] 광역상수도가 댐에서 물을 끌어가는 시설이고 치수 사업의 대부분이 제방 관련 비용이라고 보면, 건교부의 물 업무란 댐 짓고 제방 쌓는 게 전부인 셈이다. 또한 수자원국의 조직 역시 수자원(댐)정책팀, 수자원(댐)개발팀, 하천(제방)정책팀, 하천(제방)환경(개발)팀으로 구성되어 있다.

건교부의 산하기관이자 댐 건설의 주체인 수자원공사의 조직과 재정 구조 또한 이러한 경향을 더욱 강화한다. 수자원공사는 1967년 167명으로

7) 건설교통부 홈페이지.

시작해 2006년엔 정원 3,880명의 대형 조직으로 성장했는데[8], 이러한 팽창은 무엇보다 댐 건설과 댐으로부터 물을 끌어가는 광역상수도 건설 사업을 수십 년째 독점한 결과였으며, 한때 왕성하게 참여했던 단지 조성 사업도 한몫을 했다. 하지만 현재 수자원공사는 단지조성사업에서 완전 철수하라는 압력을 받고 있고, 최근에는 영월 동강댐과 한탄강댐 등에 제동이 걸리면서 인력을 유지하는 데 곤란을 겪고 있다. 수자원공사에게 대형 댐 건설이 더욱 절실한 것은 이러한 이유다.

따라서 댐 건설을 통한 조직 확대와 유지에 이해관계를 갖고 있는 건교부 와 수자원공사를 두고서는 댐의 수질 관리를 강화하거나, 무분별한 개발로 파괴된 습지를 복원하는 사업 등은 절대로 우선순위에 포함되기 어렵다.

한편 대형 건설업체들에게 댐 건설은 안정적이고 파격적인 수입원으로 서 놓칠 수 없는 분야다. 대우건설, 현대건설, 대림건설, 삼성건설 등의 거대 기업들은 한 개에 수조 원하는 사업을 통해 막대한 이익을 창출해왔 다. 또한 정부가 댐의 설계부터 시공까지 한 회사에 일괄 발주하는 턴키방 식(turnkey system)을 취하고 있어, 사업에 끼어든 대기업들은 중도 하차할 수도 없다. 만약 사업을 포기한다면 막대한 손실을 감수해야 하기 때문이다.

또 보수 언론들도 댐 건설을 추진하는 중요한 일각이다. 건설업체들이 언론사의 대주주거나, 대규모 광고업주이기 때문에 언론은 건설업체의 영향을 벗어나지 못한다. 이러한 특수 관계, 그리고 개발과 성장에 경도된 친자본 언론들의 속성상 언론은 댐 계획을 홍보하고, 반대운동을 견제하 고, 찬성 여론을 조성하는 역할을 담당한다. 1990년대 중반, 동강댐 반대 운동이 전 국민의 지지를 받고 있을 때, 어쩔 수 없이 사설을 통해 반대운동 에 대한 지지까지 표했던 조선, 동아, 중앙, 문화 등은 이후 댐 반대운동을 지속적으로 흠집 내는 기사들을 작성하고 있다.

이어서 하위 동맹자라 할 수 있는 관련 학자들이 있다. 이들은 회사에

---

8) 수자원공사 홈페이지.

대한 자문·설계와 환경 영향 평가 참여나 학맥과 인맥에 의해 결탁한다. 이들은 소위 전문가라는 명목으로 댐 건설의 궤변을 만들거나, 대중을 현혹하는 역할을 맡는다.

결국 댐 건설을 통해 이익을 주고받는 건교부, 건설사, 보수 언론사, 관변 학자 등은 우리 사회에서 막강한 마피아를 형성하고 있으며, 이에 도전하는 모든 세력을 공격하고 있다. 이들에게 국가의 이익이나 시장의 필요는 중요치 않으며, 스스로 이론을 만들고, 평가하고, 홍보하면서 전 과정에 군림하는 독점 세력이 된다.

사족으로, 흔히 댐 건설을 주장하면서 건교부는 고용 효과니, 경기 부양이니, 뉴딜정책이니 한다. 하지만 댐 건설 현장을 직접 가보면 이 또한 허구임을 알 수 있다. 이제 댐 건설 현장에 사람은 없으며, 거대한 중장비만 움직이고 있을 뿐이다. 소수의 기술자들이 외부에서 기계를 가져와 공사를 하는데 지역 경제발전을 떠드는 것은 앞뒤가 맞지 않는다. 대형 기계들로 공사를 진행하는 건설회사들은 공사 수익을 나눌 이유가 전혀 없다.

2) 댐 건설을 조장하는 신화들

앞서 몇 가지를 소개했지만, 한국의 물 정책과 국민들의 물 관련 의식 속엔 비과학적 신화들이 넘쳐나고 있다. "한국은 유엔이 정한 물 부족 국가", "한국인 물 낭비 심각", "한국의 수돗물 값 너무 싸", "세계적인 물 부족에 우리도 준비해야", "한국 강우의 특성상 물 관리 험난", "댐은 가뭄과 홍수 예방에 최선" 등이 이러한 예다.

우선 정부와 언론은 "한국은 유엔이 정한 물 부족 국가"라며 지겹도록 우려먹었다. 하지만 유엔은 그런 걸 정한 적도 없을 뿐만 아니라, 도리어 2003년 세계물포럼(UNESCO 주최)에서 각국의 물 빈곤지수(WPI: World Poverty Index)를 발표해 한국의 물 사정을 매우 양호하다고 평가했다(142개국 중 43위).[9] 결국 '물 부족 국가' 이론은 미국의 한 사설 인구연구소(PAI: Population Action Institute)가 인구 증가를 경고하기 위해 사용한 지표[10]를, 건교부가 유엔의 권위를 입혀 여론 호도용으로 사용한 것이다. 건교부는 환경연합이 2002년부터 이에 대해 항의했음에도 2006년에야 공식 자료에서 이를 삭제했다.

다음으로 "한국 사람들은 물소비가 많다"는 것도 통계에 대한 의도적 오독이었다. 건교부와 환경부는 국민 1인당 물 공급량이 한국은 395ℓ/1인/1일이라며, 유럽보다 많고 일본과 비슷하다고 했다(건교부, 2001). 하지만 정부의 물 공급량은 국민들의 물 사용량과 다르다. 중간에서 누수되거나 손실되는 양을 포함하기 때문이다. 따라서 한국인들이 사용하는 물 이용량(유수량)은 공공용을 포함해 281ℓ/1인/1일에 불과하며, 이마저도 지난 수년 동안 271ℓ/1인/1일로 줄어들었다(건교부, 2006). 또한 누수에 대한 환경단체들의 지적이 계속되면서 최근에는 누수율도 줄어들어, 1인당 물 공급량도 2002년엔 374ℓ/1인/1일로 감소했다. 결국 국민을 물 낭비자로 몰아붙인 위의 선전은 정부가 부실한 물 공급망의 책임을 국민에게 떠넘기기 위해 기획했다는 점에서 대단히 부도덕하고 비열한 공세였다.

셋째, "세계적인 물 부족에 우리도 준비해야" 한다는 것도 일면 맞지만,

---

9) 건교부(2006ㄴ) 보완.
10) 인구행동계획(PAI)은 인구 문제에 관심을 가진 미국의 사설연구소로, 인구 증가를 경고하기 위해, 인구수에 의해 1인당 이용 가능한 자원, 국토, 물, 에너지 등이 감소한다고 했다. 그중 물의 경우는 빗물의 자연유출량을 인구수로 나눠 1인당 물 사용 가능량을 1,700톤 이상이면 물 풍부국, 1,700톤 미만 1,000톤 이상이면 물 스트레스국, 1,000톤 미만이면 물 기근국으로 나눴다. 하지만 이러한 지표는 국토의 면적과 인구수의 영향을 많이 받을 뿐만 아니라, 수도보급률, 수질, 물 이용 효율, 시설 투자 등을 평가할 수 없다(한국은 1인당 1,560톤, 731억 톤/4,700만 명). 때문에 수질 오염이나 시설 투자 미흡으로 물 부족을 겪는 아프리카국가들은 물 풍요국이 되고, 인구 밀도가 높은 나라들은 물 빈곤국이 되는 모순을 안고 있다.

세계의 물 사정과 한국의 물 사정이 매우 다르기 때문에 타당한 주장이 아니다. 세계적인 물 부족 문제가 발생하는 것은 인구가 급증하고, 농업 관개 면적이 증가하면서 용수 수요가 증가하고 있기 때문이다. 또한 수질 오염이 악화되면서 아프리카와 아시아 개도국에서 이용 가능한 물의 양이 줄어들기 때문이다. 따라서 인구가 안정되고, 농업 면적이 감소하며, 수질 관리가 상당한 수준에 있는 한국의 물 문제와 개도국의 물 문제를 직접 연결하는 것은 비논리적이다. 개도국에서는 최소한의 투자도 못해 10억의 인구가 수돗물을 이용하지 못하고 있지만, 선진국들에서의 물 문제는 물 관리 기구의 비효율과 과잉 개발에 따른 환경 파괴이기 때문이다.

넷째, '한국의 싼 수돗물 값'도 진리가 아니다. 한국의 소비자들이 직접 지불하는 비용은 상대적으로 유럽이나 다른 나라에 비해 적지만, 비시장 가격으로 감춰진 부분이 크기 때문이다. 즉 다른 나라들의 수돗물 값에는 수돗물을 생산하는 비용 모두가 포함되어 있지만, 한국의 수돗물 값에는 국가가 이미 지출한 댐 건설비, 상하수도 건설 비용 등은 뺀 시설 운영비로만 구성되어 있다. 따라서 온갖 지원이 집중된 도시의 물 값은 싸지고, 별다른 시설이 없는 농촌 지역의 수돗물 가격은 하늘 높이 치솟는 기현상이 발생한다. 과천에 비해 정선의 수돗물 값이 3.5배에 이르는 것은 잘못된 수돗물 가격 체계의 극단적인 결과다(환경부, 2004). 또한 생산 비용을 제대로 반영하지 못한 수돗물 값의 현실은 지원이 없는 중수도, 빗물 이용 시설 등의 시장 진입을 가로막는 족쇄가 되고 있다.

다섯째, 건교부는 여름에 장마가 쏟아지고, 겨울과 봄에 가뭄이 오는 한국의 강우 패턴에 대해 대단히 엄살을 부린다. 하지만 한국의 기후는 한국에만 있는 것이 아니라, 몬순기후의 일반적 특징이다. 따라서 막대한 치수 예산을 들이고도, 급증하는 수해 피해를 입는 한국의 상황에 대한 변명으로는 적절치 않다. 특히 치수 시설이 거의 없는 동남아의 여러 국가들이 겪는 피해가 우리와 별 차이가 없는걸 보면, 이러한 핑계는 너무도 무책임하다. 만약 한국이 국제 하천을 끼고 있거나, 상류에 빙하지대가 있었다면 정부는 또 어떤 논리를 개발했을지 궁금할 뿐이다.

사실 댐 건설 억지는 이러한 많은 신화들과 연결되어 있으며, 이들의 지지를 받고 있다. "세계적으로도 물 부족이 심화되고, 더구나 한국은 물 부족 국가이고, 기후는 괴팍해서 관리하기가 힘들고, 철없는 국민들은 물을 낭비하면서도 싼 수돗물 값을 요구한다. 따라서 댐이 유일한 대안이다"고 댐 건설론자들은 주장을 반복하고 있는 것이다. 이를 언론이 확산하고, 교육이 세뇌하는 것이다.

그리고 이러한 신화는 종종 국가 계획을 통해 좀 더 세련되게 나타나는데, '2011년 물 부족량 12억 톤', '댐 부족으로 치수정책에 한계' 등이 그것이다. 하지만 이들 계획 역시 허점투성이의 선전에 불과했다. 2001년 수자원장기종합계획은 2011년 물 부족량이 12억 톤이며 이를 위해 12개의 댐을 쌓아야 한다고 했었다. 하지만 환경단체들에 지속적으로 시달린 끝에, 2006년 수자원장기종합계획에서는 2011년에 약 3억 톤 부족하다고 정정했다. 그나마 대규모 다목적댐을 통해 공급할 필요는 없다고 했다. 2001년 계획이 '10년 동안 생활용수와 공업용수가 20%씩 늘어나고, 인구가 6.7%나 증가하며, 농지 감소에도 불구하고 농업용수 수요가 증가한다'고 주장했던 것들이 오류로 밝혀지고, 농촌용수공급계획 등의 개발량이 누락된 것이 드러나면서 계획이 대폭 조정됐기 때문이다. 또 건교부는 시간이 가면 물 사용량이 늘어난다고 했으나, 이 또한 1980년 이후 20년이 지난 시점에서 1인당 물 사용량이 도리어 11%나 줄고, 인구 증가를 감안하더라도 9개국에서는 총 취수량조차 감소했다는 OECD 국가들의 경험이 소개되면서,[11] 물 공급을 위해 댐을 계속 지어야 한다는 논리는 좌초하게 됐다.

---

11) OECD, 2001, *OECD Environmental Outlook*, 지속가능발전위원회 번역.

3) 토건국가 일본의 사례

개번 매코맥(Gavan McCormack)의 저서『일본, 허울뿐인 풍요(The Em-
ptiness of Japanese Affluence)』에 의하면, 일본의 토건업 종사자는 제조업
종사자 480만 명을 훨씬 넘어서는 600만 명에 달하며, 국가 예산의 43%를
쓰고, GDP의 20%를 생산하는 일본 경제의 중심 산업이다(1995년 기준).
그런데 이 엄청난 규모의 토건업은 건설성이 공사를 발주하고 기업들이
공사비의 일부를 정치인들과 관료들에게 상납하며 정치인이 이러한 거래
를 지원하는 유착, 가격 조작, 뇌물 제공의 사슬 구조로 이루어져 있다.
그는 일본의 이러한 구조를 '토건국가(土建國家)'로 명명하고, 이러한 구조
가 국가의 부를 빨아들여 비효율적으로 낭비하고 암세포와 같이 성장하면
서 재정 위기와 환경 파괴를 유산으로 남겼다고 평가했다.

실제로 이러한 유착은 경쟁을 회피하기 때문에 건설 단가의 정기적인
상승을 가져와 일본의 도로 건설 비용을 독일의 4배, 미국의 9배로 높였다
고 한다. 또 토건의 우선순위가 공동체와 시장의 욕구에 의해 결정되는
것이 아니라, 스스로의 확대재생산을 목표로 하는 토건업계 자체의 필요에
의해 확장되고 있다는 것이다. 하지만 납세자들은 이러한 방식을 모르거나
알더라도 대책이 없기 때문에 개별공사와 공공사업 전체에 쓰일 자금을
비합법적으로 비밀리에 징수당한다. 이러한 돈의 상당 부분이 조세에 기반
을 둔 국가의 경상세입과 특별적자국채로 조달되기 때문이고, 지금도 일본
세수의 15%는 누적된 부채의 이자를 지급하는 데 사용하고 있다.

일본의 물 분야는 이러한 유착이 특별한 곳인데, 댐은 전후 2,704개가
세워졌고 현재도 146개가 건설되고 있으며, 해안선을 메우고 강을 곧게
펴거나 콘크리트를 바르는 일들 역시 지속되고 있다. 건설성은 댐 건설의
이유로 공업용수에 대한 수요 증가를 들고 있으나, 이 역시 산업구조의
변화 때문에 설득력을 잃었다[1973년 158억 톤/년, 2000년 119억 톤/년. (일본

국토교통성, 2002)]. 거대한 댐들은 일본이 성취한 가장 중요한 업적으로 홍보되고 있지만, 그 본래 목적인 물의 보전과 관리를 어렵게 하고 있다. 역설적이게도 댐 건설 자금을 조달하느라 누적된 부채는 댐 자체가 쓸모없게 된 후에도 오랫동안 상환해야 할 상황이다.

매코맥은 일본에서 관료와 정치인과 기업인들이 직권 남용과 부패로 결합된 회로를 보여주기 위해 '토건국가(土建國家)'라는 표현을 썼다.[12] 따라서 건설이라는 행위는 권력의 재생산과 이윤의 분배 과정에서 부수된 것이며, 전후 장기간 지속된 일당 지배체제하에서 민중에 기생하는 부류들의 '나눠 먹기' 과정이다. 따라서 토건국가는 미국의 군산복합체라는 용어와 비교되어, 지속가능하지도 정당화될 수도 없는 건설업계·건설성·정치가들을 연결하는 황금의 고리를 조롱하는 단어인 셈이다.

하지만 이러한 일본의 실패는 한국에서도 똑같이 반복되고 있다(홍성태 엮음, 2005). 한국의 물 관련 예산은 환경부, 건교부, 농림부, 행자부, 산자부, 해양부, 지자체 등에 걸쳐 연간 20조 이상이나 된다. 만약 물 부서를 단일 기관으로 만든다면, 이는 당장 첫손가락으로 꼽을 수 있는 거대 부서가 될 것이다. 하지만 이들 예산의 대부분은 건설 예산이기 때문에 이 많은 예산으로 혜택을 받는 사람들이란 소수의 댐 마피아들뿐이다.

4. 댐을 넘어서

이제 우리는 댐들이 지금까지 해왔던 일들, 그리고 댐 마피아들이 주장했던 목표들이 어느 정도 달성됐는지 알게 됐다. 그리고 댐이 가져온 막대한 피해를 감수할 이유가 없으며, 댐 자체를 회피하기 위한 방안을

---

12) 이 개념은 매코맥이 처음 고안한 것이 아니라 이미 일본에서 사용되고 있던 것이다. 다만 국내에는 매코맥의 책을 통해 잘 알려지게 되었다.

모색할 때임을 인식하게 됐다. 그동안 우리가 선택의 범주에서 제외시켜왔던 창조적이고 공동의 이익에 부합하는 대안들을 보다 적극적으로 추구해야 할 때가 온 것이다.

따라서 우리는 허구와 주술로 무장한 댐의 신화를 뒤로하고, 댐으로부터 완전히 자유로운 새로운 물 정책으로 향해야 한다. 새로운 물 정책은 화학 성분 H_2O를 필요한 만큼 확보하는 문제를 넘어, 우리 생활과 깊이 연관된 물의 환경적·사회적·정치적·경제적 함의를 이해하고, 다양한 형태로 순환하는 물 환경의 지속가능성을 유지하기 위한 과정이 되어야 한다. 이를 위해 다음 3가지 과제들이 중요하다.

1) 댐에 대한 인식의 전환

댐과 물에 대한 생각을 바꿔야 한다. 이제 댐의 시대는 막을 내렸다. 설혹 우리가 여러 조건들 속에서 몇 개의 댐을 선택하더라도, 더 이상 물 정책의 중심에 댐의 자리는 없어야 한다. 이는 자연을 파괴하고 인간의 편익만을 추구하는 인간중심주의, 지방의 발전가능성을 박탈하고 지역의 자원을 수탈하는 중앙집권주의, 무엇이든 필요한 만큼 공급하겠다는 공급만능주의, 목적을 잃어버린 개발제일주의, 인간의 기술에 대한 맹목적 신뢰 등을 집약한 괴물인 댐을 20세기와 함께 퇴장시켜야 한다는 의미다.

나아가 이러한 인식의 개혁은 물과 맞닿아 있는 다양한 관계까지 확장되어야 한다. 즉, 물에 대한 인식은 수량 확보를 위한 토목이나 수질 개선을 위한 시설에 한정된 것이 아니라, 물의 현황에 대한 사회의 이해를 넓히고, 물 정책에 대한 사회적 합의를 구하는 일이기도 하다. 또한 지역과 사회구성원 간의 책임과 권한을 나누거나, 세대·지역 간 균형과 형평을 모색하는 것까지 포함한다.

이를 위해 우선, 가장 시급한 것은 이미 피해자의 위치에 있는 파괴된

강 생태계와 그곳에 거주하는 사람들과 공동체의 권리를 복원하고, 지원하기 위한 방안을 찾으려는 태도다. 또한 파괴적인 개발을 멈추고, 새로운 개발의 모델 보전의 모델을 찾아 나서려는 자세다.

다음으로 시설과 물량 공급 중심의 물 정책은 자연과의 조화를 추구하는 정책으로 개선해야 한다. 물 부족을 완벽히 극복하는 것이 가능하지도 않고 바람직하지도 않다. 따라서 우리 사회는 환경 용량의 한계를 수용하고, 자연의 운행에 적응할 수 있는 방향을 찾아야 한다. 우리는 어떠한 자원이라도 무한하거나 영원할 수 없음을 인정하고, 인내할 수 있는 의식을 가져야 한다.

마찬가지로 홍수를 극복과 제거의 대상으로 몰아붙여, 비효율적인 댐 건설에 전념할 이유가 없다. '홍수 역시 자연의 일부 현상이며, 하천이 스스로의 길을 만들어 가는 과정'이라는 인식이 필요하다. 또 홍수가 '영양물질을 바다에 공급하고, 국토를 청소하며, 어류나 식물종의 이동을 돕고, 골재를 생산하는 것 등'의 긍정적 효과도 있다는 것도 함께 보아야 한다. 우리가 하천을 제방에 가두고 국토를 이용하기 때문에, 우리 사회가 태생적으로 홍수의 위험을 안을 수밖에 없고, 인간의 기술로 홍수를 완벽하게 통제하는 것이 불가능하다는 이해도 해야 한다. 따라서 홍수의 존재를 부정하고 대결하는 정책이 아니라, 자연의 물길을 어느 정도 허락하며 타협하는 지혜를 모색해야 한다.

2) 정책의 개선

변화된 인식은 변화된 실천으로 나아가야 한다. 물이 부족하다고 댐만 건설할 것이 아니라 우리 사회를 물 절약 사회로 고치기 위해 나서야 한다. 수질 개선을 위해 하수처리장만 증설할 것이 아니라 오염 발생 자체를 억제하고, 하천 생태계를 활성화해 수질 관리에 도움을 주도록 해야 한다. 제도의 개선을 위해서는 다음의 방법들이 검토될 수 있다.

첫째, 물의 수요 관리를 통해 자연에 대한 부담을 줄이고, 댐에 대한 요구를 피할 수 있다. 이때 수요 관리란 단순한 물 절약의 개념이 아니라, 물 사용의 패턴을 바꾸는 가격·법률·산업 재편 등을 포함하는 일련의 정책이며 사회적 실천이다. 이는 가정에서 변기에 벽돌을 넣고, 양치질할 때 수도꼭지를 잠그는 정도의 문제가 아니라, 누수관을 교체하고, 물 절약을 법제화하고 물 관련 산업을 발전시키며, 물 낭비적 산업을 억제하는 정책들을 펼치는 것까지 포함한다. 다양한 교육과 홍보들은 물론, 물에 대한 사회의 관념과 생활 패턴을 전환시켜 우리 사회를 물 절약 사회로 발전시키는 것이다. 우리나라의 극히 부실한 물 관련 자료와 정보의 수준을 진척시키거나, 분산되고 비효율적인 물 업무를 개선하는 것도 수요 관리의 계기가 될 수 있다.

둘째, 하천의 유역 관리와 수리권의 확립은 물 관리를 효율화하는 주요한 방향이다. 중앙 정부에 의해 일방적으로 시행되는 정책이란, 지역의 특성을 반영할 수 없어 실효를 거두지 못하는 경우가 많다. 따라서 유역의 구성원들이 공동으로 참여하고, 유역의 현황을 반영해 통합적으로 하천을 관리하기 위한 방안을 마련하는 것은 획기적인 조치가 될 수 있다. 또한 수리권의 정착을 통해 상하류의 권리와 의무를 분명히 할뿐만 아니라, 합리적인 협력체제를 구축하는 밑거름으로 삼을 수 있다. 상류 지역의 박탈감을 해소하고, 양질의 수자원을 확보하기 위해서는 상하류가 서로의 필요를 위해 무엇인가 주고받아야 하기 때문이다.

셋째, 물을 공급하는 방법 중에서도 환경에 대한 부하(負荷)가 적고 비용이 적게 드는 방법을 개발해야 한다. 중수도 확대, 빗물의 이용, 하수처리장의 처리수 재활용, 지하철 역사 지하수 이용, 산지 경영을 통한 녹색댐 활성화, 해수의 담수화 등도 좋은 방안이다.

넷째, 치수에도 얼마든지 자연친화적 방법이 있다. 무엇보다 치수를 감안한 국토 계획이 우선인데, 수해 위험 지역에 대한 이용을 관리하는 것이 중요하다. 또한 하천변의 저지대와 농경지 등을 극단적인 홍수기에 저류지로 쓰거나, 도시 지역에 우수 저장 시설을 설치하는 것도 홍수에 대한 우리 사회의 내성을 강화하는 방안이다. 또한 예경보와 구조 시스템의 정비, 유역 전체를 감안한 종합적인 치수대책 등은 치수정책의 효율을 획기적으로 높일 수 있다.

3) 제도의 개선

이렇게 정책의 변화를 추구하고, 이를 실현하기 위해서는 적정한 행정 체계를 갖춰야 한다. 댐 건설조차 지속가능한 물 정책의 합리적인 한 부분으로 녹여낼 수 있기 위해서는 행정의 구조와 제도를 개혁해야 한다. 이를 위해 건설부서가 주도하는 물 정책은 전환되어야 하며, 물 정책의 수립과 집행 과정은 충분한 참여와 견제를 허락해야 한다. 일방적이었던 절차를 대신해 주민의 참여를 구조화하고, 물 정책은 사회적 감시 아래 놓여야 한다. 진지하고 설득력 있는 준비, 민주적이고 투명한 절차 없는 정책은 결코 성공할 수 없다.

좀 더 직설적으로 이야기하면, 부처별로 각 부분의 정책들이 계획되고 집행되는 지금의 구조는 전략적이고 통합적인 접근이 불가능하다. 따라서 일원화를 통해, 공급과 수요, 환경과 개발 등을 총체적으로 연결해서, 물 흐르듯이 정책을 집행할 수 있어야 한다. 현실적으로 의미 있는 물 일원화의 방향은 두 가지다. 하나는 물 정책을 수립하고, 정책 집행을 감독하는 독자적인 기구(물 관리청 혹은 위원회)를 구성하는 방안이다. 다른 하나는 환경부에 위와 관련한 업무를 통합하는 것이다. 하지만 어느 쪽이라도 물 정책의 '집행'은 지방 정부가 중심이 되는 것이 전제되어야 한다. 물 관리의 일원화나 건설부서의 주도권 박탈 못지않게 중요한 원칙은

하나의 부서가 계획을 수립하고 집행하고 감독하게 해서는 안 된다는
것이다. 이는 이름만 바뀔 뿐 현재의 구조를 잔존시키는 것이어서 불필요
한 건설과 개발을 조장할 가능성이 크기 때문이다. 따라서 과도한 중앙
집중을 막고, 사냥꾼(개발부서)과 밀렵 감시인(환경부서)의 결탁을 방지하
며, 지역의 참여를 활성화하고 환경 감시 기능이 살아있을 수 있도록,
집행은 지역에서, 계획과 감시는 환경업무 부서에서 담당하게 해야 한다.

덧붙여, 건교부의 개발 편향과 여러 부처로 나뉜 물 정책의 비효율을
개혁하는 것은 환경운동에서 10여 년 동안 지적해 온 과제다. 참여정부도
정권 출범과 함께 100대 국정 과제로 물 관리의 일원화를 발표하고 논의를
진행하기도 했다. 그러나 참여정부는 건설 마피아의 막개발과 독주를 막을
수 있는 최소한의 장치나 사회적 감시 체계를 확보하지 않았다. 그리고
사실상 가능성이 없는 건교부·환경부 통합론을 제시하면서, 물 정책의
개선 방안은 논의조차 중단시키고 말았다. 이는 한편으로 환경을 포기한
채 개발 관료와 결탁한 참여정부의 변절 때문이고, 다른 한편으로 물
일원화를 적극 이슈화하지 못한 환경운동의 능력 탓이기도 하다.

그냥 주어지는 것은 없다. 물 정책의 개혁, 반사회적인 건설 마피아에
맞선 환경운동의 분발이 절실하다.

참고문헌

건교부. 1996. 『수자원장기종합계획 2001~2020』.

_____. 2001. 『수자원장기종합계획 2001~2020』.

_____. 2002. 『댐건설장기종합계획』.

_____. 2006ㄱ. 『댐건설장기종합계획』.

_____. 2006ㄴ. 『수자원장기종합계획 2006~2020』.

농림부. 2002. 『3차 농촌용수10개년계획』.

맥컬리, 패트릭(Patrick McCully). 2001. 『소리잃은 강』. 김은숙 외 옮김. 지식공작소

맥코맥, 개번(Gavan McCormack). 1998. 『일본. 허울뿐인 풍요』. 한경구 외 옮김. 창작과비평사.

염형철. 2003. 「댐과 개발의 시대는 갔다」. ≪환경과 생명≫, 2003 봄호.

_____. 2006. 「물 산업 민영화 중단하라」. ≪환경과 생명≫, 2006 여름호.

옥천군. 2000. 『대청호 맑은 물 공급을 위한 시범사업』.

이미홍·조윤택·홍수열. 1999. 「지속가능한 수자원 수급을 위한 정책방안 및 관리체계 도출」. 『물 절약 범국민운동 연구결과 발표회 자료집』.

이희승. 2002. 「댐 사업 국내외 동향」. 댐 사업 국제 동향과 우리의 선택 발표문.

홍성태 엮음. 2005. 『개발공사와 토건국가』. 한울아카데미.

환경부. 2004. 「전국수도종합계획」.

_____. 2005. 『상수도 통계 2005』.

日本 國土交通省. 2002. 「日本の水資源)」.

OECD. 2001. 지속가능발전위원회. 2002. 『OECD 환경 개관』.

World Commission on Dams. 2001. *DAMS AND DEVELOPMENT*.

건설교통부 http://www.moct.go.kr.

수자원공사 http://www.moct.go.kr.

한국전력공사 홈페이지 자료실. 「2005년 발전량 통계」. http://www.kepco.co.kr.

PAI 홈페이지. http://www.populationaction.org.

부록 1: 연표로 보는 한국의 근대화와 물

년도	일반 연표	물 관련 연표
식민지 시대(1894~1945)		
1894		부산에 대청동 배수지 설치(최초의 현대식 상수도 시설)
1905		부산 범어사에 최초로 수원지 만듦 일본인들이 자가 급수의 목적으로 만듦
1906		서울의 상수도 착공(1908년 준공) 뚝섬에 수원지를 만듦 「수리조합조례」 제정
1908.2		전북옥구서부수리조합 설립(수리조합 효시)
1909		수도급수에 관한 규정
1910		상수보호규정 공시
1910.8.29	한일합방안 공포. 대한제국을 조선이라 고치고 조선총독부를 설치	
1910.9.10	조선총독부, 임시토지조사국 관제 공포(토지조사사업이 본격적으로 시작됨. 1918년 완료)	
1910.12.10	회사령 공포·시행	
1914.3.1	지방행정구역 개편(317군 4,351면을 12부 218군 2,517면으로)	
1917.7		「조선수리조합령」 반포
1918.6.18	총독부, 토지조사사업 완료(1912년부터 시작)	
1919.3.1	민족대표 33인, 태화관에서 <독립선언서> 낭독, 상해에 대한민국임시정부 수립	
1919.9.10	사이토 총독, 문화정책 공표	
1920.12.27	총독부, 산미증식계획 수립	
1920	김좌진, 청산리대첩 ≪조선일보≫, ≪동아일보≫ 창간	대규모 수해
1921.9.26	부산부두 석탄운반 노동자 5,000여 명, 임금 인상 요구, 총파업	

1924.4.25	화요회 중심의 조선공산당 창립	
1924.7.9	암태도 소작쟁의(8.30 소작인의 주장 관철)	
1924		대규모 가뭄
1925.5.7	「치안유지법」 공포	
1925.7.18		집중호우 및 태풍(7/18~7/20, 9/5~9/7) 을축년 대홍수
1926.6		동양척식주식회사에 토지개량부 설립
1926	6·10 만세운동	
1927	신간회 조직	
1927. 7		조선토지개량주식회사 설립
1928		조선하천조사서 발간
1929	광주학생항일운동	대규모 가뭄. 부전강댐 완공(1925~1929)
1932.12.10	「조선소작조정령」 제정	
1932.12.20	총독부, 산미증식계획 중단	
1932	이봉창·윤봉길 의거	
1933.3.28	미곡통제령 공포	
1933	조선어학회, 한글맞춤법 통일안 발표	
1934		삼남 지방 수해
1936		수해, 낙동강 유역 피해 극심
1937		수력 보성강댐 완공
1938.5		조선토지개량협회 발족
1939		대규모 가뭄
1940	일제, 민족말살통치 강화 한국 광복군 결성	
1940.7		조선수리조합연합회 발족
1942	조선어학회 사건	임오년 가뭄
1942.12		조선농지개발영단 설립
1943		수풍댐 완공(1937~1943)
해방 후 혼란기(1945~1960)		
1945.8.15	8·15 광복, 미소군정 사건 조선건국준비위원회 발족(위원장 여운형)	
1946	제1차 미소 공동위원회 개최	
1947.2.11	공민증제 실시	
1948.1.7	의무교육제도 실시	
1948.4.3	제주도 항쟁 시작	
1948.5.10	5·10 총선거	

1948.7.17	「헌법」 제정	
1948.8.15	대한민국 정부 수립, 제1공화국 정식 출범	
1948.9.9	북한, 조선인민민주주의공화국 출범	
1948.9.22	「반민족행위처벌법」 통과	
1948.10.9	「양곡매입법」 공포	
1948.10.19	여수·순천 반란 사건 발발	
1948.12.12	유엔 총회 대한민국 승인	
1948.12.	한미경제원조협정체계	
1948		내무부 토목과·이수과 설치
1949.1.22	기획처·상공부: 경제부흥5개년계획 수립	
1949.3.27	상공부: 발·송전사업 국영안 입안	
1949.5.20	국회 남로당프락치 사건	
1949.6.21	「농지개혁법」 공포, 자작농 창설, 농민만 농지 취득 허용	
1949.6.26	김구 암살당함	
1949.6		조선수리조합을 대한수리조합으로 개칭
1950.1.26	한미상호방위원조협정 체결	
1950.4.3	농지 개혁 실시	
1950.5.30	제2대 국회의원 선거	
1950.6.25	한국전쟁 발발, 유엔군 참전	
1951.6.27	한국전쟁 휴전 협상 시작	
1950.6		조선농지개발영단과 대한수리조합연합회를 통합
1950.10.25	중공군 한국전 참전	
1951		영호남 일대 한해
1952.1.18	이승만 대통령, 평화선 선언	
1952.4		「농지개혁사업특별회계법」 공포
1952.5.7	거제도 포로 폭동	
1952.8.5	제2대 정·부통령 선거	
1953.2.15	제1차 화폐 개혁	
1953.7.27	판문점에서 휴전협정 조인	
1953.10.1	한미상호방위조약체계(1954.11. 17 부터 발효)	
1953	제1차 농업증산계획	
1953.6		식량증산 및 수리시설의 복구를 위한 원조협정(UNKRA 등과의 협정)

1953.9.9		「수산업법」 제정
1954.5.20	제3대 국회의원 선거	
1954.11.27	사사오입개헌	
1955.2.17	부흥부 신설	
1956.5.12	한국 최초의 TV(RCA-TV) 개국	
1956.5.15	제3대 대통령 선거	
1957		수력 괴산(칠성)댐 완공(1952~1957)
1957.8.28		「농약관리법」 제정
1958.5.2	제4대 국회의원 선거	
1958.10.15	뇌염으로 1,900여 명 사망(보사부집계)	
1958.12.24	「보안법」 파동	
1958	제2차 농업증산계획	
1959.4.30	≪경향신문≫ 폐간 사건	
1959.9.17	태풍 사라호 엄습(924명 사망)	
1960.3.15	제4대 정·부통령 선거(대통령에 이승만, 부통령에 이기붕 당선) 민주당은 무효 선언, 마산 부정선거 시위	
1960.4.19	4월 혁명 발발, 2만 이상 학생 데모	
1960.4.26	이승만 하야	
1960.7.29	제5대 국회의원 총선거	
1960.8.12	제2공화국 탄생(대통령 윤보선, 총리 장면)	
1960.10.12	민의원, 「민주반역자처리법안」 통과	
1960.12.12	지방선거	
1960	「외자도입촉진법」 제정	
1961.1.26	충주 비료 공장 준공	
1961.2.8	한미경제협정 조인(기존 3개 협정을 단일화)	
1961.3.8	정부, 「데모규제법」과 「반공특별법안」 마련	
박정희 시기(1961~1979)		
1961.5.16	박정희 소장 군사 쿠데타로 전권 장악. 군사혁명위 구성(의장 장도영, 부의장 박정희)	
1961.6.10	「국가재건최고회의법」, 「중앙정보부법(중앙정보부 창설)」, 「농어촌고리채정리법」 공포	

1961.7.4	「반공법」 공포	
1961.7.22	경제기획원 설치, 경제재건5개년계획 발표	
1961.12.2	국토건설단 설치	
1961		수자원국 신설(경제기획원 소속, 국토건설청 산하)
1961.7.11		남원, 영주 대홍수 (7월 11일)
1961.10.2		재해대책업무 이관(내무부에서 국토건설청으로)
1961.12.5		청계천 복개 공사 완공
1961.12.19		「공유수면관리법」 제정
1961.12.30		「하천법」 제정
1961.12.31		「수도법」 제정, 공시
1961.12		대한수리조합을 토지개량조합으로 개칭
1962.1		「토지수용법」 제정 공포
1962.1.13	제1차 경제개발 5개년계획 수립(1966년까지)	
1962.3.22	윤보선 대통령 사임	
1962.3.24	박정희 의장, 대통령 권한 대행	
1962.5.31	증권 파동	
1962.6.10	제2차 화폐개혁(10대 1로 평가절하, '원'으로 변경)	
1962	제3차 농업증산계획 수립, 농촌진흥청 설립	
1962.3.20		「재해구호법」 제정
1962.6.16		풍수해대책위원회 규정 제정
1962.6.18		국토건설청 해체, 건설부로 확대 개편
1962.8.28		순천 호우, 순천 수해복구본부 설치
1963.2.18	박정희 군정연장 선언	
1963.6.22		최초 풍수해대책위원회 개최
1963.7.10		건설부 수자원국 방재과 신설
1963.8.10		태풍 베스 내습
1963.8.30	박정희 의장 예편, 공화당 대통령 후보	
1963.10.15	대통령 선거 실시	
1963.12.5		「방조제관리법」 공포
1963.12.17	제3공화국 발족, 「신헌법」 발표, 박정	

	희 제5대 대통령 취임, 6대 국회 개원	
1963	「국토건설종합계획법」 제정	「공해방지법」 제정
1964.3.24	대일굴욕외교 학생 시위	
1964.4.14		충남 지방 폭우(19일까지)
1964.6.3	6.3사태, 서울에서 비상계엄령 선포	
1964.8.2		태풍 헬렌 내습
1964.8.3		한강, 낙동강, 금강, 영산강 수계 홍수위 보고규정 공포
1964.8.8		청주, 북한강 유역 폭우, 수해대책본부 설치(12일까지)
1964.8.14	중앙정보부 인혁당 사건 발표	
1964.9.3		서울·강릉 지방 호우
1964.10.14		「국토건설종합계획법」 제정
1964.10.31	한, 월남 한국군 파병협정 체결	
1964	「수출산업공업단지조성법」 대도시인구집중방지책 발표	농업용 지하수 사업 최초로 착수(서부 경남 지역)
1965.2.10		수력 춘천댐 완공(1961~1965)
1965.3.24	첫 파월 비둘기부대 1진 사이공 도착	
1965.5.16	박 대통령, 미국 방문(한미 정상회담)	
1965.6.27	한일협정 조인	
1965.6.30		전국 대가뭄
1965.7.16		중부 호우(17일까지)
1965.7.22		집중호우로 낙동강, 금강, 섬진강 범람
1965.7.29		태풍 하리에트 내습
1965.8.12		부산 지방 호우
1965.12.20		다목적 섬진강댐(1960~1965) 완공
1965	식량증산7개년계획 수립 국세청 설립	식량증산7개년계획 하반기 전천후농업용수원개발 계획 수자원종합개발10개년계획(1966~1975) 한강 유역 조사사업 시작(1971년 완료) 수력 의암댐 완공(1962~1965)
1966.4.23		「특정다목적댐법」 제정
1966.7.9	한미행정협정체계	
1966.7.15		서울 지방 호우
1966.7.23		중부 지방 호우(26일까지)
1966.7.29	제2차 경제개발5개년계획 발표(1976년까지)	

1966.8.3		「한국수자원개발공사법」 제정
		「하수도법」 제정
1966.8.24		태풍 위니 내습
1966.8.30		태풍 베티 내습
1966.9.25		내풍 헬렌 내습
1966.10.31	존슨 미국 대통령 방한	
1966	외자도입관련 법안을 통합해 「외자 도입법」으로 일원화	낙동강 유역 조사 사업 착수(1972년 완료). 농림부 농지국 내에 개간간척 과 설립(지하수 사업 전담)
1967.1.16		「농어업재해대책법」 제정
1967.2.18		「풍수해대책법」 제정
1967.4.11		방재기구 보강
1967.5.3	제6대 대통령 선거(박정희 후보 당선)	
1967.6.7		태풍 샤리 내습
1967.6.8	제7대 국회의원선거 실시	
1967.6.13	부정선거 규탄 데모, 서울시내 11개 대학 임시 휴교	
1967.7.5		「풍수해대책법시행령」 제정
1967.7.6		재해대책본부 운영 규정 제정
1967.7.8	중앙정보부, 동백림 간첩단 사건 발 표	강원·서울·제주 지방 호우(20일까지)
1967.7		전국 가뭄(8월까지)
1967.8.10		중부 및 호남 지방 집중호우
1967.9.13		호남 지방 집중호우
1967.12.1		농어촌개발공사 발족
1967.12.27		여의도 윤중제 공사 기공식
1967		한국수자원개발공사 설립(1966년에 제정된 「한국수자원개발공사법」 근거) 한국관정식 관개사업 착수(농림부 요 청에 의거, UNDP에서 시행) 보사부 환경위생과에 공해계 신설 수자원국 내에 재해대책본부 설치
1968.1.21	김신조 등 북한무장공비 31명 침입 (1·21 사태)	
1968.2.8		방재기본계획 수립
1968.4		전남 지방 가뭄(8월까지)
1968.4.1	향토예비군 창설	
1968.4.18	박정희, 존슨 회담(호놀룰루)	
1968.5.27	제1차 한미국방장관회담	

1968.7.4		중부·영남 지방 호우(20일까지)
1968.8.5		태풍 폴리 내습(17일까지)
1968.10.24		동해안 폭풍우(26일까지)
1968.11.2	울진·삼척 무장공비 사건	
1968.11.21	시·도민증 대신 주민등록증제도 발급	
1968.12.5	국민교육헌장 선포	
1968		금강 유역 조사사업
		한강개발3개년계획
		영산강 하구조사 시작(1971년 완료)
		여의도 개발 시작(1972년 완료)
		한강 서빙고 지구 개발 시작(1973년 완료)
		한강 성수 지구 개발 시작(1972년 완료)
		한강 풍납 지구 개발 시작(1975년 완료)
		수력 청평댐 완공(1943~1968)
		수력 화천댐 완공(1944~1968)
1969.1.8		강릉 지방 설해(2월 3일까지)
1969.2		지하수개발공사 설립
1969.3.1	국토통일원 설치	
1969.4.28	현충사 중건 준공	
1969.4.30		「풍수해대책법시행령」 1차 개정
1969.6.19	3선 개헌 학생 데모 시작	
1969.6.27		「풍수해대책법시행규칙」 제정
1969.7.17		전국 집중호우(25일까지)
1969.7.21	경인고속도로 개통	
1969.7.30		전국 호우(8월 10일까지)
1969.9.13		남부 지방 호우(9.13~9.24)
1969.9.14	3선 개헌안 날치기 통과	
1969.10.8		남강댐 준공
1969.10.17	개헌안 국민투표	
1969.12.27	제3한강교 개통	
1969		한강중지도 개발(1973년에 완료)
		한강 압구정 지구 개발(1973년에 완료)
1970.1	「수출자유지역설치법」 제정	농지개량조합으로 개칭
1970.2		농업진흥공사 발족(토지개량조합연합회와 지하수개발공사 합병)
1970.4.8	서울 와우아파트 붕괴(33명 사망)	
1970.5		경기·강원 지방 가뭄(6월까지)

1970.5.26	미국의 대한원조(무상 1,000만 달러 규모) 협정 조인	
1970.6.5		서울 지방 집중호우
1970.7.3		태풍 올가 내습(7일까지)
1970.7.7	경부고속도로 개통	
1970.8.5		중부·경남 지방 호우
1970.8.30		태풍 빌리 내습
1970.9.7		태풍 빌리 피해복구계획 수립
1970.9.17		전국 호우
1970.10.16	신민당 대통령 후보에 김대중 지명	
1970.10.21		영산강유역개발계획 확정
1970.10.23		충남 지방 폭우(25일까지)
1970.11.13	전태일 분신자살 사건	
1970.12.27		4대강종합개발계획(1971~1981)
1970.12.30	호남고속도로 개통	
1970	「농촌근대화법」 공포, 농지개량사업 본격 시행	
1970	수도권인구과밀억제에관한기본지침 발표	
1970		4대강유역종합개발위원회 신설 한강 반포지구 개발 시작(1972년 완료)
1971.1.1	정부, 「근대화 백서(1961~1970)」 발표	
1971.1.4		영동·충청 지방 폭설(22일까지)
1971.2.6	한미 주한미군 감축, 한국 군현대화 계획 합의	
1971.2.9	제3차 경제개발5개년계획 발표	
1971.3.31	서울~부산 간 자동전화 개통	
1971.4.10		안동 다목적댐 착공
1971.4.27	제7대 대통령 선거(박정희 당선)	
1971.6.7		「풍수해대책법시행령」 2차 개정 정비
1971.6.9		호남·경남·충청 지방 호우(30일까지)
1971.7.7		태풍 올리브 내습(8일까지)
1971.7.10		태풍 폴리 내습
1971.7.16		중부 지방 호우(17일까지)
1971.7.25		중부·충남 지방 호우(26일까지)
1971.9.23		호남·충남 지방 집중호우(25일까지)
1971.9		사단법인 농지개량회 설립
1971.10.2	공화당 항명파동(오치성 내무 해임결 의안)	
1971.10.15	서울시에 위수령 발동, 10개 대학 임	

	시 휴교	
1971.12.6	박 대통령, 국가비상사태 선언	
1971.12.27	「국가보안법」 변칙 통과	
1971	농업기계화5개년계획 수립: 농업기계화 강력 추진	한강 잠실지구 개발(1974년 완료)
1972.1.21		경기·영호남 지방 설해 및 폭풍(3월 21일까지)
1972.4.23		영호남 지방 호우(5월 2일까지)
1972.7.3		영호남 지방 호우(11일까지)
1972.7.4	7·4 남북공동성명	
1972.8.3	경제안정과 성장에 관한 긴급명령 (8·3 기업사채동결조치)	
1972.8.18		집중호우(8.19~8.20), 서울 큰 수해
1972.8.16	남북 첫 직통전화 개설	
1972.8.30	남북적십자 첫 본회담(평양)	
1972.9.14		영호남 지방 호우(20일까지)
1972.9.18	남북적십자 2차 본회담(서울)	
1972.10.17	대통령 특별 선언 발표, 국회 해산, 비상계엄 선포, 대학에 휴교령(10월 유신)	
1972.11.21	개헌 위한 국민투표 실시(유신헌법)	
1972.12.23	통일주체국민회의, 제8대 대통령 박정희 선출	
1972.12.27	유신헌법 공포, 박정희 제8대 대통령 취임	
1972.12.31		동진강 수리간척사업 준공
1972	제3차 경제개발5개년계획 시작 (1976년까지) 「농지의보전및이용에관한법률」 제정 (농지 보전 시행 강화, 제2차 농어민 소득증대특별사업 추진, 새마을운동 착수) 제1차 국토종합개발계획 시행	한국대댐회의 창립 및 국제대댐회 가입
1973.2.27	제9대 국회의원 선거	
1973.3.11		치산녹화10개년계획
1973.4.23		영호남 지방 호우(5월 2일까지)
1973.5.7		영호남·제주 지방 폭풍(8일까지)

1973.6.23	박 대통령 6·23 선언	
1973.6		전국 가뭄
1973.7.3	포항종합제철 제1기 설비 준공	
1973.7.18		태풍 빌리 내습(19일까지)
1973.7.29		중부 지방 폭풍(30일까지)
1973.8.2		중부 지방 호우(4일까지)
1973.8.8	김대중 납치 사건 발생(일본 동경)	
1973.8.16		태풍 아이리스 내습(18일까지)
1973.8.28		중부 지방 폭풍
1973.9.9		전남·경남 지방 호우(10일까지)
1973.9		농지개량조합이 농지개량조합연합회로 개칭
1973.10.6	4차 중동전 발발, 1차 오일쇼크	
1973.10.15		다목적 소양강댐(1967~1973) 준공
1973.11.14	남해고속도로 개통	
1973	전략산업개발계획(철강, 기계, 조선, 전자, 비철금속, 석유화학, 섬유공업)	팔당수력발전소 완공 보건사회부 위생국 공해과 발족 「산업기지개발촉진법」 제정 산업기지개발공사 광역상수도 사업 시작 물고기 떼죽음 사건(전남 순천 와룡읍 제2수원지 농약 오염에 의한 사고)
1974.1.8	긴급조치 1·2호 선포	
1974.1.14	긴급조치 3호	
1974.1.21		경기·영호남 지방 설해 및 폭풍(3월 21일까지)
1974.4.3	긴급조치 4호, 민청학련, 2차 인혁당 사건 발표	
1974.4.21		서울, 충남 남해안 일대 폭풍 및 해일(5월 24일)
1974.5.31		중부 지방 폭풍(6월 1일)
1974.7.3		영호남 지방 호우
1974.7.4		한강 홍수통제소 개소
1974.7.6		태풍 길다 내습(7일까지)
1974.8.15	박 대통령 저격 사건 발생, 육영수 여사 사망	
1974.8.15	서울지하철 1호선 개통(1974년 4월 기공)	
1974.8.22	김영삼 신민당 총재 당선	

1974.8.28		전국 호우(30일까지)
1974.9.11	유신 반대 학생 데모 격화	
1974.10.24	≪동아일보≫ 기자들, 자유언론실천 선언	
1974		한국수자원개발공사가 산업기지개발 공사로 명칭 변경(여천, 창원, 온산, 구미 산업단지 착수) 수력 팔당댐 완공 공업용수도 수원·안양 완공(1971~ 1974) 물고기 떼죽음 사건(충북 진천읍 진 천 저수지)
1975.1.23		치산녹화 3차년도 사업계획 확정
1975.2.12	유신헌법 찬반 투표 실시	
1975.4.8	긴급조치 7호(고려대 사태)	
1975.5.13	긴급조치 9호 발표	
1975.7.9	사회안전법 등 4대 전시입법 비롯 21 개 법안 국회 통과	
1975.7.28		경기·경북 지방 집중호우
1975.8.6		태풍 필리스 내습(7일까지)
1975.10.6		제2차 농업종합개발계획 확정
1975.12.31		「내수면어업개발촉진법」
1975.12		「공공용지취득및손실보상에관한특 례법」
1975	「농지확대개발촉진법」 제정: 농지 개 간 장려	하천정비기본계획(한강·낙동강 및 금 강의 직할 하천). 보건사회부 환경위 생국 수질보전과
1976.3.1	김대중, 함석헌 등 명동성당에서 민 주구국선언 발표	
1976.6.7		태풍 라비 내습
1976.7.22	키신저 한반도 문제 해결을 위해 4자 회담 제안	
1976.7.24	경찰, 동일방직 농성노동자 강제진압	
1976.8.2		전북 지방 호우
1976.8.13		경기·강원 지방 호우
1976.8.18	북한 판문점 도끼 사건	
1976.9.9		태풍 프렌 내습

1976.10.14		영산강 유역 농업개발 1단계 준공
1976.10.8		다목적 안동댐 완공(1971~1977)
1976.10.27	안동 다목적댐 준공	
1976.10.29		동해안 지방 폭풍
1976	「농산물유통및가격안정에관한법률」 제정	
1977.6.19	고리원전 1호 발전기 점화	
1977.7.1	부가가치세 신설, 의료보험제 실시	
1977.7.6		전국 호우
1977.8.7		안양천 집중호우
1977.11.11	이리역 폭발 사고	
1977.12.22	수출 100억 달러 달성	
1977.12.30		방재계획관제 신설
1977	수도권인구재배치기본계획 「공업배치및공장설립에관한법」 제정 쌀·보리 자급 달성, 녹색혁명 성취 수출 100억 달러 달성 제4차 경제개발5개년계획(1981년까지)	「환경보전법」, 수질 환경 기준, 배출 허용 기준 마련 공업용 수도 대덕 완공(1976~1977)
1978.1.27		영산강 2단계 개발
1978.4.14	세종문화회관 개설	
1978.4		공법인 농지개량조합연합회 설립
1978.6.5		태풍 폴리 내습
1978.7.6	박정희, 제9대 대통령에 선출	
1978.7.7		중부·호남 지방 호우
1978.7.21		낙동강 유역 종합개발 사업 기공
1978.8.8	투기 억제 8·8조치	
1978.8.19		태풍 칼멘 내습
1978.10.5	자연보호헌장 선포	
1978.11.7	한미연합사령부(CFC) 발족	
1978	「농업기계화촉진법」 제정: 농기계 보급 촉진 국토개발연구원 설립 (1999년에 국토연구원으로 개칭)	산업기지개발공사 반월 신도시 개발 완료(1975~1978) 한강하천정비기본계획 공업용수도 광양(1) 완공(1974~1978) 낙동강보존회 발족 낙동강 하굿둑 건설 반대운동 정수장 중금속 검출(부산시 명장 정수장)
1979.1.28		남해안 폭풍(31일까지)
1979.6.15		제주개발건설사업소 및 충청남도지

		방토관리청 설치
1979.6.24		전국 호우
1979.8.1		전국 호우
1979.8.11	경찰 신민당사 난입(YH사건)	
1979.8.24		태풍 쥬디 내습
1979.10.9	내무부, '남조선민족해방전선' 검거 발표	
1979.10.18	부산에 비상계엄 선포, 계엄하 부산·마산 시민 학생들 데모(부마민중항쟁)	
1979.10.26	박정희, 김재규 중정부장에 의해 피살	삽교호 방조제 준공
1979.10.27	전국에 비상계엄령 선포	
1979.12.12	전두환 등 신군부 군사반란	
1979.12.21	최규하 대통령 취임	
1979	한국토지개발공사 설립(1996년에 한국토지공사로 개칭)	환경영향가제도 도입 광역상수도 수도권(1) 완공(1973~1979) 식수 중금속 오염 사건(울산공단 6가 크롬)
1980년대(1980~1992)		
1980.1.10		충주 다목적댐 기공
1980.4.5		영호남 지방 폭풍
1980.4.19		중부 지방 폭풍
1980.4.24	강원도 정선 사북탄광 폭동	
1980.5.14	서울시내 대규모 학생 시위	
1980.5.17	비상계엄 전국 확대 실시	
1980.5.18	광중민중항쟁발생(~27일)	
1980.5.31	국가보위비상대책위원회 발족	
1980.7.4	김대중 등 37명 내란 음모 사건 발표	
1980.7.17		전국 호우
1980.7.21		집중호우(7.21~7.23)
1980.8.25		호남·동해안 지방 호우
1980.8.29		태풍 노리스 내습
1980.9.1	전두환, 11대 대통령에 취임	
1980.9.11		태풍 오치드 내습
1980.10.25		동해 해상 폭풍
1980.11.12	「정치정화법」	
1980.11.14	신문협, 방송협, 언론기관 통폐합 결정	
1980.12.1	컬러텔레비전 방송 시작	

1980.12.2		대청댐 완공
1980.12.26	「언론기본법」, 「노동관계법」 개정	
1980	「독점규제및공정거래에관한법률」	수자원장기종합개발계획(1981~2001)
		환경청 신설, 수질보전국 신설, 수질측정망 운영
		양수 청평댐 완공
		공업용수도 울산(1) 완공(1962~1980)
		공업용수도 포항 완공(1969~1980)
1981.3.2		「온천법」 제정
1981.3.3	전두환, 12대 대통령 취임, 제5공화국 출범	
1981.3.25	11대 국회의원 총선거	
1981.3		농지개량조합 통폐합 조정
1981.5.28	국풍81 개막(여의도)	
1981.7.1		전국 호우
1981.7.12		낙동강·금강 수계 제1단계 사업 계획 수립
1981.7.31		태풍 오그덴 내습
1981.8.29		영호남·충청 지방 호우
1981.9.2		태풍 아그네스(9.1~9.4)
1981.9.30	제24회 하계올림픽 서울 개최 결정	
1981.12.17		「풍수해대책법」 개정
1981.12		영산강 하굿둑 완공
1981		전국 주요 하천 기초 조사(1983년 완료)
		광역상수도 수도권(2) 완공(1977~1981)
		공업용수도 창원 완공(1966~1981)
1982.1.1	중고생 교복자율화 발표	
1982.1.5	정부, 야간통금 전면 해제	
1982.3.3		충주 다목적댐 착공
1982.3.18	부산 미문화원 방화 사건	
1982.4.8		전국 폭풍
1982.5.7	이철희·장영자 어음 사기 사건	
1982.6.9		「풍수해대책법시행령」 3차 개정 정비
1982.8.13		태풍 세실 내습
1982.8.27		태풍 엘리스 내습
1982.10.7		「풍수해대책법시행규칙」 1차 개정 정비
1982.11.9		동서해안 지방 폭풍

1982.12.23	김대중, 형집행 정지 석방 후 미국행	
1982	제2차 국토종합개발계획 시행 「수도권정비계획법」 제정	한강유역환경보전종합계획(1983년 완료) 한강하류부 종합개발(1985년 완료) 중랑천 환경정화시범사업 실시(1984년 완료) 환경보전장기종합계획 수립(한강, 낙동강, 금강, 영산강) 광역상수도 구미권(1) 완공(1979~1982)
1983.4.23		낙동강 하굿둑 공사 기공
1983.4.26		전국 폭풍
1983.5.18	김영삼, 단식 시작(23일간 시작)	
1983.6.12	한국 청소년축구 세계4강(멕시코)	
1983.6.30	KBS <이산가족 찾기> TV 생방송 시작	
1983.7.21		전국 호우
1983.9.1	소련전투기 KAL기 격추(탑승자 269명 몰사)	
1983.9.27		태풍 포레스트 내습
1983.10.9	버마 아웅산 묘소 폭발 사건(서석준 부총리 등 17명 사망)	
1983.12.5	정부 '유화조치' 발표	
1983	「농어촌소득원개발촉진법」 제정: 농외소득시책 강화	한강종합개발기본계획 공업단지에 폐수종말처리장 설치(정비된 배출 허용 기준 적용) 물고기 떼죽음 사건(수원 서호 PCB) 목포 영산강보존회 창립
1984.2.7		남해안 폭풍
1984.2.25	정치활동금지 2차 해금	
1984.4.18		여수·서귀포·군산 폭풍
1984.6.15		호남 지방 폭풍
1984.6.27	88올림픽고속도로(광주~대구) 개통	
1984.7.3		전국 호우
1984.7.30		전남 지방 해일
1984.8.2		보성 지방 호우
1984.8.20		태풍 홀리 내습
1984.8.23		전국 호우

1984.8.31		집중호우(8.31~9.4), 서울 큰 수해
1984.9.1		주암 다목적댐 기공
1984.9.28	서울대 학원프락치 사건	
1984.11.30	정치활동 3차 해금	
1984.12.29		낙동강 임하 다목적댐 착공
1984	수도권정비계획기본계획(1984~1996)	5대 강 수은 검출 사건 발생. 건설부에 상하수도국 신설. 광역상수도 금강 계통 완공(1976~1984)
1985.1.8		낙동강 수계 수해 상습지 개선사업
1985.2.1		한강·낙동강·섬진강 하천정비기본계획 수립 고시
1985.2.8		남해·동해안 지방 폭풍
1985.2.12	12대 국회의원 총선거, 신민당 제1야당 부상	
1985.3.16		낙동강 수계 홍수 예경보 설치
1985.4.11		여수·울진·제주 폭풍
1985.4.20		수해상습지역 주민집단이주대책 강구
1985.5.4	대우자동차 파업	
1985.5.5		전남·영남 지방 호우
1985.5.23	서울 미문화원 점거 농성 사건	
1985.6.22		전북 지방 호우
1985.6.24	구로공단 연대파업농성('구로동맹파업')	
1985.7.3		영호남 지방 호우
1985.8.10		태풍 키트 내습
1985.8.12		내풍 제프 내습
1985.8.13		태풍 리 내습
1985.8.17	「학원안정법」 파동	
1985.9.2		전국 호우
1985.9.10	김근태(전 민청학련 의장) 고문 사건 폭로(이근안 경감 수배)	
1985.9.20	남북한 상호 고향 방문단	
1985.9.25	농축산물 수입 개방 반대 시위	
1985.10.5		브랜던 내습
1985.10.10		중부 지방 호우
1985.10.17		충주댐 완공
1985.10		전국 상습 침수 지구 일제조사
1985.11.9		중부·전북 지방 폭풍
1985		양수 삼량진댐 완공
1986.1.31		전국 폭풍

1986.2.14		경기·강원 지방 폭풍
1986.4.5		강원·영동 지방 폭풍
1986.5.2	올림픽대로 개통	
1986.5.3	5·3 인천사태	
1986.6.16		영남 지방 호우
1986.6.23		태풍 낸시 내습
1986.7.2	부천서 성고문 사건 발생	
1986.7.11		전남 지방 폭풍
1986.7.14		전남 지방 호우
1986.7.19		중부 지방 호우
1986.8.27		태풍 벨라 내습
1986.9.10		한강종합개발사업 준공
1986.9.20		태풍 에비 내습
1986.10.5	제10회 아시안 게임 한국 종합 2위	
1986.10.28	건국대 애학투련 사건	
1986.11.15		속초 지방 폭풍
1986.11.26		평화의 댐 건설 발표 및 태풍 베논 내습
1986	「농지임대차관리법」 제정: 농지임대차 합법화 「공업발전법」 제정	수력 전곡(연천)댐 완공, 현대건설 시공, 현재 철거 중
1987.1.2		전남 지방 해일
1987.1.12		부산·강원·충남 지방 폭풍
1987.1.14	박종철 고문치사 사건 발생	
1987.2.2		영동 지방 폭설
1987.2.26		제주 지방 폭풍
1987.3.14		전남 지방 폭풍
1987.3.15		전남 지방 폭풍
1987.4.7		경기·충남·전북·전남 지방 폭풍
1987.4.13	전두환 대통령 4·13 호헌 조치 발표	
1987.4.21		전국 해안 폭풍
1987.5.18	박종철 고문치사 사건 은폐 조작 폭로	
1987.6.2		경남·호남 지방 호우
1987.6.9	이한열 사망	
1987.6.10	6·10 민주항쟁	
1987.6.29	노태우 민정당 대표위원 6·29선언 발표	
1987.7.15		태풍 셀마(7.15~7.16)
1987.7.21		중부 지방 집중호우(7.21~7.23) 및 태풍 베논 내습
1987.7.26		태풍 아넥스 내습
1987.8.10	옥포·창원·인천 등 전국에서 파업	

1987.8.15		경기·강원·충남 지방 호우
1987.8.19	전대협 결성, 종합주가지수 500선 돌파	
1987.8.29	오대양 사건	
1987.8.30		태풍 다이너(8.30~8.31)
1987.9.25		남해안·동해안 폭풍
1987.10.27	직선제 개헌안 국민투표(찬성 93.1%)	
1987.12.1		전국 폭풍
1987.12.4		「한국수자원공사법」 제정
1987.11.6		낙동강 하굿둑 완공
1987.11.29	KAL기 폭파 사건	
1987.12.4	중부고속도로 개통	
1987.12.10		광역상수도 대청댐 계통 완공(1984~1987)
1987.12.15		방재계획과 및 방재시설과 확대 개편
1987.12.16	제13대 대통령 선거, 노태우 후보당선	
1987	농어가부담경감대책: 고리사채 제도 금융으로 대체	공업용수도 거제 완성(1977~1987) 비소오염(경기도 시흥군 소래읍 우물물)
1988.2.25	노태우 제13대 대통령 취임, 6공화국 출범	
1988.4.26	제13대 국회의원 선거, 여소야대 정국	
1988.6.27	국회 '광주특위'와 '5공 특위' 등 7개 특위 구성	
1988.7.7	노대통령 7·7선언	
1988.7.8		경기·강원 지방 호우
1988.7.12		경기·강원·전북 지방 호우
1988.7.17		전남 지방 호우
1988.7.19	월북 작가 100여 명 해방 전 작품 해금	
1988.7.20		경기·강원·충북 지방 호우
1988.7.22		강원·충남 지방 호우
1988.7.26		전남 지방 호우
1988.8.13	전대협 발족, 8·15남북학생회담 추진	
1988.8.16		경북·경남 지방 호우
1988.8.25	MBC 노조, 방송사상 첫 파업	

1988.8.27		인천·경기·충남 지방 호우
1988.9.16	제24회 서울올림픽 개막	
1988.9.25		강원·충남 지방 호우
1988.11.12	국회, 5공 광주청문회 시작	
1988.11.23	전두환 전대통령, 설악산 백담사 은둔	
1988.12.14		전남 지방 폭풍
1988		환경보전장기종합계획 수립. 광역상수도 수도권(3) 완공(1984~1988). 광역상수도 남강계통 완공(1985~1988). 광역상수도 태백권 완공(1985~1988)
1989.2.6		충남·충북·전북 지방 폭풍설
1989.2.8	정부, 북방정책협의체 구성	
1989.2.13	여의도에서 '수세폐지 및 고추 전량 수매 쟁취를 위한 전국농민대회' 개최(죽창시위)	
1989.3.6		강원·전남 지방 폭풍설
1989.3.20	노대통령, 중간 평가 유보 선언	
1989.3.25	문익환 목사 방북 파문	
1989.4.3	안기부 등 공안합동수사본부 설치	
1989.5.28	전국교직원노동조합 결성	
1989.6.4		충남·전남·전북·경남 지방 호우
1989.6.14		전남 지방 호우
1989.6.30	임수경, 북한 방문	
1989.7.9		경기·충남·전남·전북 지방 호우
1989.7.15		충남·충북·경남·경북 지방 호우 영산강 수계 치수사업 계획 수립
1989.7.25		호우(7.25~7.27) 경기·광주·충북·전북·경남·경북 지방 호우
1989.7.28		태풍 쥬디(7/28~7/29)
1989.8.11		서울·경기 지방 호우
1989.8.15	문규현, 임수경 판문점 통해 귀환	
1989.8.20		서울·경기·부산·광주 지방 호우
1989.8.29		충남·전남·전북·경남 지방 폭풍
1989.8		수돗물 중금속 오염 사건(수도권)
1989.9.8		전북·제주 지방 호우
1989.9.11	노태우, 정기국회에서 '한민족공동체 통일방안' 발표	
1989.9.13		충남·충북·전남·전북·경남·경북 지방

		호우
1989.9.17		인천·충남·전북·경남 지방 폭풍
1989.9		맑은물공급종합대책, 40개 호소에 대한 환경 기준 설정
1989.10.28	한국축구팀, 이탈리아 월드컵 본선 진출	
1989.11.1		강원·충남 지방 폭풍
1989.12.31	전두환 국회 증언	
1989	200만 호 주택건설사업 농어촌발전종합대책, 농업진흥지역 제도 도입 결정	합천댐 완공(1982~1989) 광역상수도 달방댐 완공(1985~1989) 홍수 조절 금강산댐 완공(1987~1989) 낙동강 하구 생태계 보전 지역 지정 대암산 생태계 보전 지역 지정(고층 습원) 식수 오염(혹은 1차 물파동) 수돗물 중금속 기준치 초과
1990.1.22	민주정의당·통일민주당·신민주공화당 3당 합당, 민주자유당 출범. 전국 노동조합협의회 창립(의장 단병호)	
1990.1.30		경기·강원·충남·충북 지방 대설(2월 1일까지)
1990.2.18		충북·전남·전북 지방 폭풍
1990.3.26		방재계획과와 시설과를 방재과로 통합
1990.4.4	경제활성화종합대책 발표	
1990.4.7	「농어촌발전특별조치법」, 「농어촌진흥공사및농지관리기금법」 제정	
1990.4.11		전남·경남,·제주 지방 폭풍우(13일까지)
1990.4.13	KBS 노조 파업 사태	
1990.4.28	현대중공업 파업 사태	
1990.4		「농어촌진흥고사및농지관리기금법」 공포
1990.5.1		충북·전남·전북 지방 폭풍(3일까지)
1990.6.1		「재해구호 및 복구비용부담기준개정(안)」 심의
1990.6.18		태풍 오페리아 내습
1990.6.20	정부, 전교조 교사 1,000여 명 중징계	
1990.6		상수원 수질보전특별대책지역(팔당

		호와 대청댐 주변 지역) 지정
1990.7.2		농어촌진흥공사 설립(농업진흥공사 흡수)
1990.7.7		「피해주택복구절차개선(안)」 심의
1990.7.11		태풍 로빈 내습
1990.7.14		전국 호우
1990.7.23		경기 지방 호우 (25일까지)
1990.8.1		「환경정책기본법」 제정
1990.8.1		「수질환경보전법」 제정
1990.8.1		「농어업재해대책법」 개정
1990.8.20		태풍 졸라 내습
1990.9.4	제1차 남북고위급 회담 개최(서울)	
1990.10.1	한소 외무장관, 대사관 개설 합의	
1990.10.17	제2차 남북고위급 회담 개최(평양)	
1990.9.9		집중호우(9.9~9.12): 한강 하류부 일 산제 무너짐
1990.11.9		중부·남부 지방 폭풍
1990.12.1		전국 폭풍
1990.12.27		풍수해대책업무를 건설부장관에서 내무부장관으로 이관
1990		팔당호 골재 채취 반대운동
1990		환경청이 환경처로 승격
1990		수자원장기종합계획(1991~2011), 수 자원 보전에 대한 중요성 추가
1990		수질 관리 환경처에서 전담
1990		금강 하굿둑 완공
1990		수돗물 발암 물질 파문(2차 물 파동)
1991.2.15		전국 대설(24일까지)
1991.3.8		전국 폭풍(11일까지) 「오수·분뇨및축산폐수의처리에관한 법률」 제정
1991.3		낙동강 페놀 오염 사고(1차·2차)
1991.4.23		중앙재해대책본부 업무 기능 이관(건 설부에서 내무부로) 「풍수해대책법시행령」 5차 개정 정비
1991.6.1		영호남 지방 호우
1991.6.20	광역의회의원 선거	
1991.7.4		태풍 캐드린 내습
1991.7.4		「풍수해대책법시행규칙」 3차 개정 정비
1991.7. 20		집중호우(7.20~7.26)

1991.8.22		태풍 GLADYS (8.22~8.26)
1991.9.4		태풍 미어리얼 내습
1991.9.10	통합민주당 출범	
1991.9.17	남북한 동시 유엔 가입	
1991.11.28	정부, 남북 기업 간 물자 직교역 첫 승인	
1991.11.28		새만금 간척사업 착공
1991.12.9		호남·중부 지방 폭풍설
1991.12.10		「국제자연재해경감10개년국가위원회 설치(안)」 의결
1991.12.13		「환경개선비용부담법」 제정
1991.12.13	제5차 남북고위급회담 '남북합의서' 채택	
1991.12.31	남북한 '비핵화공동선언' 합의	
1991		수돗물오염에 대한 시민단체 대책협의회 구성 공단폐수 업무를 환경처 수질보전국으로 이관 신경제5개년계획과 환경개선계획. 지방으로 수질 단속 권한 이양 4대강수질개선종합대책 발표 전국상수도정화대책 발표 다목적 횡성댐 기공(1991~2000) 수력 도암(강릉) 완공 대구 비산 염색 공단 폐수 불법 방류 사건과 사실 폭로 「환경범죄의처벌에관한특별조치법」
1992.1.13		영동 지방 폭풍설
1992.1.22	북미고위급회담 개최(미국 뉴욕)	
1992.1.30	북한, NPT 서명	
1992.2.19	「남북합의서」 발효	
1992.7.17		태풍 제니스 및 켄트 내습(8월 8일)
1992.8.15	1992 범민족대회(서울대, 4만여 명 참가)	
1992.8.24	한중 국교 수립	
1992.8. 26		전국 호우
1992.8. 31		태풍 테드 내습
1992.10.17		충청·경기·강원 지방 낙뢰

1992.11.12	경제기획원: 제7차 경제사회발전5개년계획 확정	
1992.12.1	정부: 정보산업발전 국가전략계획 발표	
1992.12.12		전국 폭풍설
1992.12.19	제14대 대통령 선거	
1992	제3차 국토종합개발계획	다목적 주암댐 완공(1984~1992) 세계 환경의날 기념 환경단체 연대행사 개최

1990년대(1993~현재)

1993.2.28	김영삼 정부 출범, 신경제정책 발표	
1993.3.13	북한 NPT 탈퇴 선언, 핵 위기 고조	
1993.5.3	율곡사업 특감 착수, 군사정 개혁	
1993.6.2		전국 호우
1993.6.28		전국 호우
1993.7.1	신경제5개년계획 발표	
1993.7.11		태풍 퍼시 내습
1993.7		맑은물공급종합대책 재수립
1993.8.1		태풍 로빈 내습
1993.8.7	대전엑스포 개막(11.7 폐막)	
1993.8.12	「정부: 금융실명제및비밀보장에관한 긴급재정경제명령」 공포	
1993.9.3	「약사법」 개정안·한의사·약사 분쟁	
1993.10		신재해대책종합추진계획 수립
1993.12.10		「지하수법」 제정
1993.12.9	쌀 개방 관련 담화	
1993	신농정5개년추진계획: 양정 개혁 방안 마련, 농지 소유 상한 확대, UR 협상 타결	광역상수도 섬진강 계통 완공(1988~1993) 다목적 임하댐 완공(1984~1993) 공해추방운동연합 통합해 전국 조직 환경운동연합 결성 전국 조직 배달환경클럽 결성 청색증(青色症) 환자 국내 첫 발생
1994.1		낙동강 수돗물 악취 사건, 발암 물질인 벤젠·톨루엔 검출
1994.2.8		전국 대설
1994.4.21		방재담당관과 재해복구담당관 신설
1994.4		영산강 수돗물 악취사건 및 물고기 떼죽음 사건

1994.6.30		중부 지방 호우
1994.7.8	김일성 북한 주석 사망, 남북 정상회담 무산	
1994.8.28		남부 지방 호우
1994.8		임진강 물고기 떼죽음 사건
1994.10.21	성수대교 붕괴	
1994.11.17	김영삼 대통령 시드니 세계화 구상 발표	
1994.12.16	WTO 비준동의안 국회 통과	
1994.12.23		방재계획관을 방재국으로 확대 개편
1994	농어촌발전대책 및 농정개혁추진방안 마련 농특세 신설 「농지법」, 「농안법」, 「농협법」 등 28개 법률 제·개정	환경부로 승격, 상하수도국 신설 건설부 상하수도국을 환경부로 이관 보사부 음용수 관리과 환경부로 이관· 건설교통부 수자원 심의관실 수자원 심의관실에 경인운하과 신설 광역상수도 수도권(4) 완공(1989∼1994) 양수방식 무주댐 완공 공업용수도 군산 완공(1989∼1994) 공업용수도 대불 완공(1990∼1994) 가뭄
1995.1.5		「소하천정비법」 제정
1995.1.5		「먹는물관리법」 제정
1995.5		생수 시판
1995.6.21	쌀 15만 톤 북한 지원 합의	
1995.6.27	지방자치제 선거, 민자당 참패	
1995.6.29	삼풍백화점 붕괴	
1995.7.18	김대중, 정계 복귀 선언	
1995.8.19		집중호우 및 태풍(JANIS, 8/19∼8/30)
1995.10.28	수출 1,000억 달러 돌파	
1995.11.16	노태우 전 대통령 구속	
1995.11.24	5·18 특별법 제정지시	
1995.12.3	전두환 전 대통령 구속	
1995	유엔 안보리 비상임 이사국 피선	낙동강 물고기 떼죽음 한강·금강 범람 위기 대구 위천공단건설(부산·경남 지역 물 분쟁, 1989년부터 시작) 강원도 양양 양수발전댐 건설 반대운동

		행정자치부 민방위, 방재국으로 개편
		광역상수도 금호강 계통 완공(1985~1995)
		광역상수도 주암댐 계통 완공(1989~1995)
		양재천 자연형 하천 조성사업 시작 (계속 진행 중)
1996.4.16	한반도 4자회담 제안	
1996.5.31	2002 월드컵 일본과 공동 유치	
1996.8.12	한총련 사태	
1996.9.18	북한 잠수함 침투 사건	
1996.10.11	경제협력기구(OECD) 가입	
1996.11.1	외채 1,000억 달러 초과, 명예퇴직 바람	
1996.11.13	조선총독부 건물 완전 철거	
1996.12.26	「노동관계법」, 「안기부법」 국회 날치기 통과	
1996.12.27	민주노총 파업 돌입	
1996		광역상수도 구미권(2) 완공(1992~1996)
		다목적 부안댐(1991~1996)
		공업용수도 울산(2) 완공(1990~1996)
		집중호우(7.26~7.28)
		경기 북부 지역 집중호우
		대청호 녹조 현상
		포철, 경상도 낙동강 영천댐 물싸움
		시화호 사건(1987년 착공, 1994년 물막이 공사 완료, 1996년 해양 방류)
		환경단체들 하천 복개 반대운동 전개
		임진강 물고기 떼죽음 다시 발생
1997.1.23	한보철강 부도, 이후 대기업들 잇따라 부도	
1997.2.12	북한 황장엽 노동당 비서 망명	
1997.5.17	김현철 구속 수감	
1997.7.1	자동차등록대수 1,000만 대 돌파	
1997.8.6	KAL기 괌 추락 사고(232명 사망)	
1997.8.19	KEDO 지원 북한 경수로 공사 착공	
1997.11.21	정부, IMF에 긴급구제금융 지원 요청	

1997.12.3	IMF 협상 타결(구제금융 결정)	
1997.12.18	제15대 대통령 선거, 국민회의 김대중 후보 당선	
1997	제2차 수도권정비계획(1997~2011)	탄천 물고기 떼죽음
		수자원 장기종합계획(1997~2011)
		수질개선기획단 발족
		댐 건설 저지 국민연대 발족
		물 관리 민영화 시작
		광주하수처리장
		광역상수도 부안댐 계통 완공(1993~1997)
		공업용수도 광양(2) 완공(1988~1997)
		우포늪 생태계보전지역 지정
1998.7.16		농림부 영산강 4단계 간척사업 백지화
1998.7.31		집중호우(7.31~8.18), 경기 북부 지역 집중호우 발생(8.3~8.8)
1998.9.29		태풍 야니(9.29~10.1)
1998	김대중 정부 출범	광역상수도 보령댐 계통 완공(1992~1998)
	농업·농촌발전계획 수립: 「농업·농촌기본법」 제정	광역상수도 주암댐(2) 완공(1993~1998)
		공업용수도 녹산 완공(1994~1998)
		무제치늪 생태계보전지역 지정
1999.2.8		「한강수계상수원수질개선및지역주민지원등에관한법률」
1999.2.8		「습지보전법」 제정
1999.5.19		새만금 간척사업 일시 중단
1999.7.23		집중호우 및 태풍 올가(7.23~8.4), 경기 북부 지역 집중호우 발생(7.31~8.2)
1999.9.7		「댐건설및주변지역지원등에관한법률」
1999	제3차 국토종합개발계획 조기 종료 복제 송아지 '영롱이' 출범	동강댐 백지화 논란
		「하천법」 개정
		새서울 우리 한강 사업계획 발표
		건설교통부 수자원국으로 개편
		광역상수도 수도권(5) 완공(1992~1999)
		다목적 남강댐 완공(1987~1999)
		공업용수도 아산(1) 완공(1994~1999)

		21세기 물 부족 시대에 대비한 농업·농촌용수종합이용계획 수립
2000.1.1		농업기반공사설립(농지개량조합, 농지개량조합연합회, 농어촌진흥공사 통합)
2000.6.5		동강댐 건설 백지화 대통령 공식 선언
2000.8.23		호우, 태풍 프라피룬(8.23~9.1)
2000	농업기반공사 출범: 농조·농조연·농진공 등 3기관 통합, 통합협동조합 출범: 농협·축협·인삼협 통합·제4차 국토종합계획 시행 국토의난개발방지종합대책 발표	횡성댐 완공 광역상수도 충주댐 계통 완공(1994~2000) 광역상수도 제주도 완공(1994~2000)
2001.2.11		건교부, 시화호담수화계획 포기 선언
2001.5.25		새만금 간척사업 재개 확정 발표
2001	도하뉴라운드 출범	수돗물 바이러스 논란 가뭄 수자원국에 하천관리과 신설 광역상수도 밀양댐 계통 완공(1994~2001) 광역상수도 동화댐 계통 완공(1995~2001) 광역상수도 포항권 완공(1995~2001)
2002.1.14		「낙동강수계물관리및주민지원등에관한법률」 「금강수계물관리및주민지원등에관한법률」 「영산강·섬진강수계물관리및주민지원등에관한법률」
2002	「2020년수도권광역도시계획(안)」 발표 「수도권의개발제한구역조정(안)」 발표	청계천복원계획 발표 강릉 태풍(루사) 피해
2003.7.1		청계천 고가도로 철거, 복원 공사 시작
2003.7.15		서울행정법원 새만금 사업의 집행 정지 신청 받아들임
2003.9.11		남해안 및 경상남도 지역 태풍(매미) 피해
2003	노무현 정부 출범	

부록 2 : 물 관련 기관 및 단체

• 정부기관

환경부
http://www.me.go.kr/
환경정책, 국제 협력, 자연 보전, 대기, 수질, 상하수도, 폐기물, 유독물·토양 등의 내용으로 구성, 최신 자료 수록

건설교통부
http://www.moct.go.kr/
국토계획과 토지, 교통, 건설산업 등 건설 교통에 관한 각종 정보와 건설 교통 통계, 지방별 건축 조례, 민원 안내, 뉴스

행정자치부
http://www.mogaha.go.kr/
조직과 기능, 역점 시책, 대화의 광장, 공무원 채용 시험 정보, 민원 안내, 각종 제도 및 통계 정보 등 소개

해양수산부
http://www.momaf.go.kr/
해양 환경 관련 주요 업무 소개. 갯벌, 적조, 엘니뇨, 독도, 망간단괴, 해양 수산 용어에 대한 설명, 관련 사이트 링크

농업과학기술원
http://www.niast.go.kr/
농업 환경, 생물 자원, 작물 보호 및 잠사·곤충 분야 연구 수행, 새로운 농업 기술 안내, 병해충 및 전문 인력, 기자재, 도서 자료 분야 DB 검색, 자료실 및 관련 사이트 링크

농림부

http://www.maf.go.kr/

농업 기상, 병충해 정보, 농지 보전 등의 국내 농업 관련 정보 및 해외 농업 정보 제공. 통계 자료, 가격 정보, 자료실 제공

산업자원부

http://www.mocie.go.kr/

통상·무역, 산업·기술, 중소기업, 자원, 에너지 분야의 주요 정책 소개와 민원 업무, 기업 활동 구제 완화 등의 정보 제공

한강유역환경관리청

http://hanriver.me.go.kr/

부서별 업무 소개, 한강 권역 및 생태계 정보, 환경 자료실, 관련 사이트 제공

낙동강환경관리청

http://nd.me.go.kr/

낙동강 유역 현황과 수질개선대책, 오염 사고 대응, 상수도 현황, 수환경 관련 법령, 환경 영향 평가, 생태계 보전 관련 자료, 환경산업, 환경오염 측정 및 현황, 제도, 울산·부산 지역 환경 감시 조사 등

금강환경관리청

http://kum.me.go.kr/

배출 시설 설치 허가, 환경산업체 관리, 폐기물 예치금, 부담금 제도 운영, 자연·대기 등에 관한 자료 수록

영산강환경관리청

http://www.yemo.go.kr/

광주·전남·제주 지역의 환경 전반에 대한 관리 기관으로 영산강 환경 현황, 민원 등 소개

전주지방환경관리청

http://www.chonju.me.go.kr/

전라북도 지역 환경오염도, 민원 안내, 상식 등 수록

경인지방환경관리청

http://kremo.me.go.kr/

1986년 10월 서울경인지청으로 발족, 부서별 업무 환경 소식, 환경오염도, 대화 마당, 사이버 민원실, 환경 자료실, 사이버 신고센터 개설

원주지방환경관리청

http://wonju.me.go.kr/

환경 영향 평가 및 국토이용계획 변경 협의, 사전 환경성 검토 협의, 환경 영향 평가 협의 사업장 사후 관리, 샘물 개발 환경 영향 심사 및 운영 사항, 환경 영향 평가 대행자 등록 및 관리

대구지방환경관리청

http://taegu.me.go.kr/

환경 영향 평가 협의 및 사후 관리, 환경 보전 홍보·계도, 예산·물품·기타 행정 지원

국립환경연구원

http://www.nier.go.kr/

환경 보존에 관한 조사 연구 및 개발, 기준안, 국제 공동 연구 등 연구 분야, G-7 프로젝트, 환경 정보 DB, 환경자료집, 환경오염공정시험 방법, 한국의 귀화생물, 생물 다양성에 관한 협약 등 소개

• 공공기관/지자체

▶ 공사

한국수자원공사
http://www.kowaco.or.kr/
수자원 개발, 수질 개선 목적의 공기업, 다목적댐·수도 건설, 광역상수도
관리 정보 등

한국자원재생공사
http://www.koreco.or.kr/
폐기물 재활용 종합 정보, 관련 산업 창업 및 융자 지원, 기술 지도, 관련
시설 및 폐기물 교환 이용 정보 제공

한국토지공사
http://www.koland.co.kr/
매각 대상 토지, 지가 동향, 분양, 입찰 정보, 토지박물관 정보, 부동산 상담,
민원실 제공

한국도로공사
http://www.freeway.co.kr/
고속도로 정보와 교통 상황, 건설공사 현황 등의 서비스

▶ 상수도

서울특별시 상수도사업 본부
http://www.water.seoul.kr/
수도 민원 접수, 상하수도 요금 납부, 수질 검사 결과, 수돗물 등 안내

부산광역시 상수도사업 본부

http://www.waterworks.pusan.kr/

일일 수질 현황, 물에 대한 상식, 입찰 및 요금 안내

인천광역시 상수도사업 본부

http://waterworksh.inchon.kr/

인천상수도의 역사, 수돗물 처리 과정, 상수도 사업 추진 방향, 통계 자료, 수도 요금, 급수 공사비, 수질 관리 기준, 절약 방법 및 상식, 단수 안내 등

광주상수도 수질연구소

http://www.water.kwangju.kr/

상수원부터 가정의 수도꼭지까지 정밀 수질 검사 실시. 수질 변화 및 수질 사고에 대한 사전 조사 활동 및 상수도 수질 관리 업무 수행

▶ 관리공단

환경관리공단

http://www.emc.or.kr/

환경오염 측정망 및 운영 관리, 상수원 수질개선사업, 환경 시설 설치 및 운영 지원, 환경 보전 홍보 등의 주요 사업 소개. 입찰 정보, 관련 사이트 정보 제공

국립공원관리공단

http://www.npa.or.kr/

공단 소개, 국립공원의 이념 및 환경 해설, 20개 국립공원 탐방 안내, 갤러리, 관련 자료 제공

환경정책·평가연구원

http://www.kei.re.kr/

환경 관련 정책 및 기술 연구 개발, 환경 영향 평가 등 자료 소개

한국해양연구원

http://www.kordi.re.kr/

해양 환경 및 기후, 해양 자원 개발, 극지·해양 공간의 연구 활동 소개. 해양
과학 정보 제공. 관련 사이트, 연구 사업 홈페이지 링크

- **협회/학회**

▶ 협회

환경마크협회

http://www.kela.or.kr/

환경마크인증, 환경마크 부착품의 보급 촉진, 홍보, 유관 단체들과 협력, 교육
사업, 기타

(사)한국환경벤처협회(KEVA)

http://www.keva.or.kr/

환경벤처기업체들이 환경 정보와 경영 관련 지식을 상호 교류하고, 회원
기업의 활성화와 기술 혁신을 통한 국가경쟁력의 강화로 환경 보전과 경제발
전에 기여함을 목적으로 활동

한국환경교육협회

http://www.greenvi.or.kr/

국민 환경 보전 실천 교육, 환경 교육을 위한 전국 단위 순회 강좌, 환경
보전을 위한 세미나 및 심포지엄 개최

환경운동연합

http://www.kfem.or.kr/

환경에 대한 각종 정보와 주요 사안, 해외 단체 소개, 테마별 환경 소식
등 제공

녹색연합

http://www.greenkorea.org/

환경운동과 그린 캠페인, 깃대종 살리기, 생태 기행, 출판물『작은 것이 아름답다』간행

그린훼밀리운동연합

http://www.greenfamily.or.kr/

청소년 환경 교육에 역점을 두고 있음. 전국 200여 개 학교에 녹색소년단을 결성, 교사 및 학생들에게 환경 이론과 현장 체험적인 교육 실시

전국환경관리인연합회

http://www.kemf.or.kr/

취업 정보, 환경 기술 및 뉴스, 관련 법규, 업체 소개 및 자료 제공

환경정의시민연대

http://www.ecojustice.or.kr/

모든 사람들의 평등한 환경권을 추구하는 운동을 진행, 환경정책 자료와 시민 참여 마당

(재)한국환경민간단체진흥회

http://www.kengo.or.kr/

대 국민 환경보전의식 고취를 위한 환경 교육과 민간 환경단체의 재정 지원으로 환경 보전에 대한 역량 증대 및 환경 관련 국가경쟁력 강화

한국산업폐기물처리공제조합

http://www.kiwtma.co.kr/

조합원 명단, 정보 공유 게시판, 새 소식 제공

소비자문제를 연구하는 시민의 모임

http://www.cacpk.org/

소비자 상담, 에너지 및 환경정책 조사 연구, 여성 문제, 교육 자료 간행, 상담 서비스

녹색소비자연대

http://www.gcn.or.kr/

녹색 소비 및 구매, 쓰레기 재활용 등 활동 소개, 신용카드, 신용 정보 보호 등에 대한 정보와 제품 고발, 상담 서비스 제공

시민운동정보센터

http://www.kngo.net/

민간단체 DB 제공. 자유발언대, 토론 마당, 자료실, 신문 자료 제공

내셔널트러스트

http://www.nationaltrust.or.kr/

시민의 기부와 모금으로 보전 가치가 있는 자연 및 문화 자산을 확보해 보전하는 환경운동단체

그린넷

http://www.greennet.org/

청소년 및 환경·교육을 위한 환경 사랑 네트워크로서 관련 사이트 주제별 모음, 환경 교육 프로그램 소개, 웹진 《그린넷》 발행

녹색서울환경방

http://green.metro.seoul.kr/

환경 관리실 소개, 환경 행정 방향, 환경 분야 예산 대기 환경, 서울의 자연환경, 공원 녹지, 환경규제제도, 환경 보전 비용 확보

수원환경운동센터

http://ecosuwon.jinbo.net/

회원사업, 생태보전운동, 쓰레기 정책 대안 만들기 , 녹색교통운동

▶ 학회

한국수자원학회

http://www.kcn.or.kr/ksww/

물 관련 학회, 발표 논문 제공, 학술 정보, DB 구축 및 정보 서비스

한국환경과학회

http://society.kordic.re.kr/~kenss

학회지와 학술 간행물의 발간 및 배포, 학술 발표회 및 학술 강연회 개최, 학술 자료의 조사·수집 및 교환, 환경 보전에 관한 자문

UN 환경프로그램(UNEP)학국위원회

http://www.unep.or.kr/

대기의 보호(오존층), 수자원 관리, 해양 보호, 토양 자원의 보호, 국내 환경 문제 해결과 환경 정보의 한층 원활한 교류를 위해 국내 환경단체, 기업 및 환경 전문가를 포함한 개인들과 긴밀한 유대 관계 유지

대한토목학회

http://www.ksce.or.kr/

토목공학의 발전과 토목기술자의 지위 향상, 토목기술의 연구와 지도, 토목정책에 대한 조사와 건의, 정부·기타 공공 단체가 행하는 토목사업에 대한 기술 협조, 기술자 간의 상호 친목 및 협조를 목적으로 활동

한국지반공학회

http://www.kcn.or.kr/

건설 기술 정보의 공유와 관련 건설 산업 정보화를 지원하고 건설 기술 연구

개발과 건설 공사 현장에 직접 활용 및 적용되는 핵심 정보를 직접 제공하며 건설인 서로 간의 정보 유통 경로를 제공함으로써 건설산업의 발전을 위한 기초 정보 인프라 역할 도모

한국기상학회

http://www.komes.or.kr

기상학의 발전과 그 응용 및 보급에 기여하고 나아가 과학의 발전을 위한 연구 개발

대한환경공학회

http://www.kosenv.or.kr

환경 공학 학문의 발전과 환경 공학 기술자의 지위 향상, 환경 공학 기술의 개발 및 지도, 환경보전대책에 관한 조사 연구에 대한 내용 제공

대한자원환경지질학회

http://ysgeo.yonsei.ac.kr/~kseeg/

자원지질 및 환경지질학의 연구 발전을 도모하고 광물 자원 개발과 지구 환경의 보전·이용에 공헌하기 위해 1968년도에 설립됨

한국농공학회

http://society.kordic.re.kr/~ksae/

학회 소개, 행사 안내, 학회 가입, 회원 정보, 간행물, 논문 투고, 전문 위원회 등의 내용으로 구성

한국수질보존학회

http://www.kcn.or.kr/kswq/

국내 수질 보존 관련 학술발표회 및 강연회(전문가 초청 등) 개최, 회지 및 학술 간행물 간행, 국내·외의 학술 교류 및 국제회의에 논문 발표

환경생물공학회

http://www.kangwon.ac.kr/~kibb/

국내에서의 생물 공학 기술(Biotechnology)의 발전과 보급에 이바지하고 회원 상호 간의 연구 협력을 목적으로 하는 국내외의 생물공학 전문가들의 모임

한국해양환경공학회

http://www.kosmee.or.kr/star.htm

해양 오염 예측 기술, 해양 오염 방제 기술, 해양 오염 관리 기술, 해양 오염 평가 기술, 해양 환경 회복 기술, 해양 생태계 보존 기술, 해양 안전·구난 기술 등의 학문 분야를 중심으로 연구 목적을 설정, 활동

한국대댐회

http://www.kncold.or.kr/

한국대댐회는 국제민간학술단체로서 회원국(National Committee) 상호 간 대댐(댐고 15m 이상)의 설계, 시공, 유지·운영에 관한 경험 및 기술 정보 교환과 관련 기술의 연구 개발

대한지리학회

http://society.kordic.re.kr/~kgs/

한국의 국토, 도시, 지역 및 세계 지역에 대한 지리학적 조사 및 연구, 국내 및 국제 학술 발표회, 지역 답사회

• 국외

ASCE

http://www.asce.org/

미국에서 가장 오래된 국제 엔지니어링 단체로 리더십·기술·전문성을 향상하고 엔지니어들의 삶의 질을 제고하는 것에 목적을 둔 단체

AWRA(국외)

http://www.awra.org/

수자원에 대한 이해의 증진과 교육, 전문적인 발전, 정보에 의한 학문적인 토론을 제공하는 논제 등으로 구성. 관련 협회와 각 협회별 행사 일정 및 학교 사이트 제공

AWWA(국외)

http://www.awwa.org/

과학적인 수질과 공급을 위한 국제적인 비영리 단체로서 양질의 수돗물과 충분한 양의 급수 준비·공중위생을 위한 관리·정책에 초점을 둠

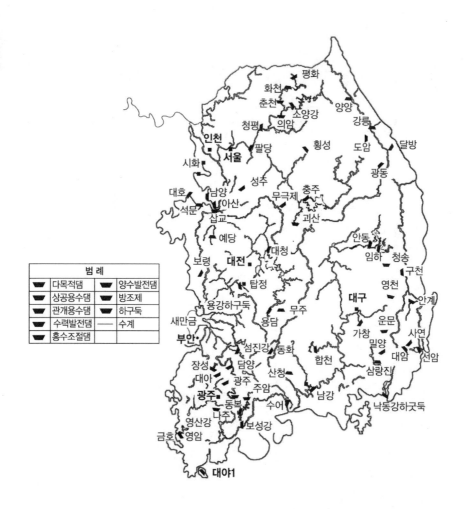

범례

다목적댐	양수발전댐
상공용수댐	방조제
관개용수댐	하구둑
수력발전댐	—— 수계
홍수조절댐	

찾 아 보 기

필자 소개

홍성태 상지대 문화콘텐츠학과 교수, 사회학
이미홍 국토도시연구원 책임연구원, 행정학
이상헌 한국환경자원공사 국제정책연구센터 부장, 행정학
오은정 서울대 인류학과 박사과정
염형철 환경운동연합 활동처장

민주사회정책연구원 소개

　민주사회정책연구원은 상지대, 성공회대, 한신대, 3개 대학교가 공동으로 운영하는 연구소입니다. 3개 대학교는 21세기 한국사회와 국제사회의 변화에 부응할 수 있는 개방성과 공공성을 갖춘 대학의 전형을 만들고, 3개 대학교 간 공동발전과 교육, 연구 분야의 교류 증진을 위하여 1999년 11월 19일 「민주대학 컨소시엄 교류협정」을 체결했고, 이에 기초해 2000년 11월 19일 공동부설연구소로서 민주사회정책연구원을 설립했습니다. 민주사회정책연구원은 3개 대학교에 소속된 연구자를 중심으로 대학 간·학제 간 공동연구를 활성화하고, 이를 통해 한국사회의 민주적 발전에 기여할 진보적 정책 대안을 개발하고자 합니다. 민주사회정책연구원에서는 월례포럼의 성과를 정리한 《민주사회와 정책포럼》, 반년간 학술지 《민주사회와 정책연구》를 발간하고 있으며, 앞으로 <민주사회정책연구총서>를 계속 발간할 계획입니다.

홈페이지 www.adsp.or.kr

한울아카데미 909
한국의 근대화와 물

ⓒ 홍성태 외, 2006

지은이 | 홍성태·이미홍·이상헌·오은정·염형철
펴낸이 | 김종수
펴낸곳 | 도서출판 한울

편집책임 | 안광은
편집 | 서윤아

초판 1쇄 인쇄 | 2006년 12월 11일
초판 1쇄 발행 | 2006년 12월 22일

주소 | 413-832 파주시 교하읍 문발리 507-2(본사)
     121-801 서울시 마포구 공덕동 105-90 서울빌딩 3층(서울 사무소)
전화 | 영업 02-326-0095, 편집 02-336-6183
팩스 | 02-333-7543
홈페이지 | www.hanulbooks.co.kr
등록 | 1980년 3월 13일, 제406-2003-051호

Printed in Korea.
ISBN 89-460-3643-5 93330 (양장)
ISBN 89-460-3644-3 93330 (학생판)

* 책값은 겉표지에 있습니다.
* 이 도서는 강의를 위한 학생판 교재를 따로 준비했습니다.
  강의 교재로 사용하실 때에는 본사로 연락해 주십시오.